Dieter Spanhel
Schule als soziales System

D1671541

Dieter Spanhel

Schule als soziales System

Eine Theorie der Einzelschule als
Orientierungsrahmen für Schulentwicklung

Der Autor

Prof. (em.) Dr. Dieter Spanhel: Nach einer Tätigkeit als Volksschullehrer und Zweitstudium Wissenschaftlicher Assistent und Professor für Pädagogik an der Katholischen Universität Eichstätt. 1982 bis zur Emeritierung 2005 Inhaber eines Lehrstuhls für Allgemeine Pädagogik an der Universität Erlangen-Nürnberg; Beirat am Kompetenzzentrum für Schulentwicklung der Universität Erlangen-Nürnberg; 25 Jahre in der Lehrerausbildung und -fortbildung sowie in der Ausbildung von Beratungslehrern/innen tätig; Durchführung eines 4-jährigen Modellversuchs der Bund-Länder-Kommission für Bildungsforschung und Forschungsförderung zur integrativen Medienerziehung an einer Erlanger Hauptschule; Publikationen zu medienpädagogischen Fragen und zu den anthropologischen Dimensionen des Lernens in einer Gesellschaft im digitalen Wandel.

Dieses Buch ist erhältlich als:
ISBN 978-3-7799-8512-9 Print
ISBN 978-3-7799-8513-6 E-Book (PDF)
ISBN 978-3-7799-8514-3 E-Book (ePub)

1. Auflage 2024

© 2024 Beltz Juventa
in der Verlagsgruppe Beltz · Weinheim Basel
Werderstraße 10, 69469 Weinheim
Alle Rechte vorbehalten

Herstellung: Joachim Fischer
Satz: xerif, le-tex
Druck und Bindung: Beltz Grafische Betriebe, Bad Langensalza
Beltz Grafische Betriebe ist ein klimaneutrales Unternehmen (ID 15985–2104-100)
Printed in Germany

Weitere Informationen zu unseren Autor:innen und Titeln finden Sie unter: www.beltz.de

Inhalt

Einleitung

Eine Theorie der Einzelschule ist unabdingbar für eine Erfolg versprechende Schulentwicklung. Diese ist dringend notwendig, damit Schule die gegenwärtigen und künftigen Herausforderungen bewältigen kann, die aus den tiefgreifenden gesellschaftlichen Veränderungen in der Folge des digitalen Wandels und der Corona-Pandemie resultieren. Seit Beginn der 2000er Jahre herrscht die Überzeugung vor – und sie wird von empirischen Belegen untermauert –, dass alle Bemühungen um Schulentwicklung bei der Einzelschule ansetzen müssen (Pirner u. a. 2019). Ansätze, Maßnahmen und Modellversuche zur Schulentwicklung auf der Basis von Konzepten und Forschungsergebnissen der externen oder internen Schulevaluation haben bisher gewisse Fortschritte gebracht. Sie reichen jedoch für die notwendigen Veränderungen von Schule und Unterricht nicht aus, wie sie aufgrund der neuesten Ergebnisse der internationalen Vergleichsstudien dringend geboten erscheinen. Nach den neuesten Ergebnissen der PISA-Studie 2022 haben sich seit der letzten Untersuchung 2018 bei den 15-jährigen Schülern/innen die Lernleistungen in allen gemessenen Bereichen Lesekompetenz, Mathematik und Naturwissenschaften deutlich verschlechtert. Dieser Absturz lässt sich nicht allein den Schwierigkeiten des Unterrichtens während der Corona-Pandemie und der zunehmenden Zahl an Kindern mit Migrationshintergrund zuschreiben. Aber sie haben die Probleme der Schule weiter verschärft und schonungslos offengelegt. Unsere Schulen befinden sich in einer tiefen Krise und viele haben das noch gar nicht richtig begriffen und sind verunsichert.

Das Starren auf die Testleistungen der 15-Jährigen verstellt den Blick auf die enormen Herausforderungen, unter denen unsere Schulen seit Jahren arbeiten. Sie liegen in der Diskrepanz zwischen hohen Lernanforderungen angesichts des rasanten digitalen Wandels einerseits und miserablen schulischen Lernbedingungen andererseits. Die PISA-Testleistungen beruhen auf den Ergebnissen jahrelanger, aufeinander aufbauender Lernprozesse an den einzelnen Schulen, die sich unter schwierigen Rahmenbedingungen um gute Lernleistungen der Schüler/innen bemühen. Zwar ist es nicht die vorrangige Aufgabe der Schule, die Heranwachsenden auf gute Leistungen in den PISA-Tests vorzubereiten. Aber die Testergebnisse verweisen auf unzureichende Lernbedingungen und auf Ansatzpunkte für notwendige Verbesserungsmaßnahmen an allen Schulen. Bisher haben sich allerdings nur einige wenige auf den Weg gemacht und sich in einem oft schwierigen Entwicklungsprozess neu aufgestellt, um den Anforderungen einer Gesellschaft im digitalen Wandel gerecht zu werden.

Für einen Neuansatz ist ein Perspektivenwechsel bei der Betrachtung der einzelnen Schule erforderlich, um neue Möglichkeiten und alternative Konzepte für die Initiierung, Konzipierung und Begleitung zielführender Maßnahmen und Prozesse der Schulentwicklung in den Blick zu bekommen. Das ist schwierig, weil alle Beteiligten und Betroffenen, Lehrkräfte, Schüler/innen, Schulleitungen, Eltern und Vertreter/innen der Schuladministration sowie Schulforscher/innen sich in den Bahnen und Routinen jahrzehntelang eingefahrener Theorie- und Praxiskonzepte bewegen. Deshalb ist es notwendig, in Distanz zu dieser Praxis zu treten und Beobachtungsinstrumente zu gewinnen, die einen neuen Blick auf Schule eröffnen. Mit der folgenden Theorie versuche ich eine solche reflexive Distanz herzustellen und Begriffe als Beobachtungsinstrumente anzubieten, die es ermöglichen, die Schule aus einer veränderten Perspektive zu betrachten und verborgene Zusammenhänge und Funktionsweisen, Voraussetzungen und Hemmnisse für eine Verbesserung der Schulqualität aufzudecken.

Der Neuansatz, der hier verfolgt werden soll, geht von einer Betrachtung der Einzelschule als soziales System aus und beruht auf einem systemtheoretisch-konstruktivistischen Ansatz. Eine Theorie der Schule auf dieser Basis wurde bislang noch nicht explizit und systematisch ausgearbeitet. Nach meiner Überzeugung ist ein systemtheoretischer Ansatz komplex genug, um die enorme Komplexität des Systems Schule zu erfassen, an der bisher die meisten Bemühungen um Schulentwicklung gescheitert sind. Nach dem Misslingen der Bildungsreformen und Versuchen zur Schulentwicklung auf der Basis von Top-down-Modellen in den 1970er und 1980er Jahren kam erst gegen Ende der 1990er Jahre die einzelne Schule als Ganzes in den Blick. Schulen wurden nun als pädagogische Handlungseinheiten verstanden (Fend 2008). Ihre besondere Eigenart versuchte man mit ihrer Kennzeichnung als Institution oder Organisation zu erfassen, aber es wurden daraus keine umfassenden oder weiterführenden Konzepte zur Schulentwicklung abgeleitet. Seit Anfang der 2000er Jahre richtete die Bildungsforschung ihren Fokus auf die Frage der Schulqualität, speziell auf die Qualität der Lernleistungen der Schüler/innen und die Möglichkeiten ihrer Verbesserung durch Schulentwicklung. Der Zusammenhang zwischen Schulqualität und Schülerleistungen ist allerdings keineswegs eindeutig. So verweisen Ditton und Müller (2011, S. 105) auf einen weithin geteilten Befund der empirischen Bildungsforschung. Demnach verbleibt „ein Varianzanteil von 20 % bis 50 % der Schülerleistung, der durch das Bildungswesen erklärt werden kann." Dies zeigt zwar die enorme Bedeutung der Schulqualität für die Schülerleistungen, die große Schwankungsbreite zwischen 20 % und 50 % verweist aber auch darauf, dass sich daraus kein stimmiges Konzept von Schulqualität ableiten lässt. Nach Eikenbusch (2016, S. 150) könne es „kein global wirksames Konstrukt von Schulqualität geben. Dann gibt es auch keine Einbahnstraßen oder Patentlösungen, sondern jede Schule muss immer wieder lernen (und lehren), Qualität zu entwickeln, qualitätsbewusst zu handeln und sich auf den Prüfstand zu stellen."

Bereits seit den 1980er Jahren wurden praktische und theoretische Konzepte für eine „lernende Schule" entwickelt, dafür, wie die einzelnen Schulen als lernende Organisation oder Institution ihre Qualität verbessern könnten. Ein solches Praxisprojekt zur Förderung von Schulentwicklung ist der 2006 von der Robert Bosch Stiftung und der Heidehof Stiftung gegründete Deutsche Schulpreis, an dem sich alle Schularten beteiligen können. Bis zum heutigen Tag haben mehrere Hundert Schulen teilgenommen. Fauser, Prenzel, Schratz (2007, S. 8 ff.) haben als Grundlage für den Deutschen Schulpreis sechs Qualitätsbereiche guter Schulen beschrieben. Ihre Begründung und Entwicklung wurden später in dem „Handbuch Gute Schule" von P. Fauser genauer dargelegt (Beutel u. a. 2016, S. 170 ff.). Diese Qualitätsbereiche dienen den Bewerberschulen für den Deutschen Schulpreis als Orientierungsrahmen für ihren Prozess der Schulentwicklung. In einem der Qualitätsbereiche wird eine gute Schule als „lernende Institution" gekennzeichnet und darauf werden große Hoffnungen gesetzt. Die Notwendigkeit von Schulentwicklung wird mit dem Hinweis begründet, dass Schule nicht nur auf gesellschaftliche Veränderungen reagieren muss, sondern dass sie selbst ein Faktor gesellschaftlicher Veränderung ist, eine Investition in eine bessere Zukunft. Prinzipien für Schulentwicklung und Beispiele für Entwicklungsmaßnahmen werden aufgeführt. Die Preisträgerschulen geben faszinierende Beispiele dafür, wie sie sich verändern, in ihren Entwicklungsprozessen lernen und wie sich das nicht nur auf die Lernleistungen, sondern auch auf die Persönlichkeitsentwicklung der Schülerinnen und Schüler auswirkt.

Aber auch diese Kennzeichnung der Schule als lernende Institution enthält keine genauen Angaben und theoretischen Begründungen dafür, wie das Lernen einer Schule als Institution genau funktioniert, wie sie das Gelernte speichert und weitergibt und wie sich das Lernen der Schule auf die Lernleistungen der Schüler/innen auswirkt. Über dieses Konzept der „lernenden Schule" hinaus gibt es vielfältige andere Ansätze und Auflistungen hinsichtlich der Voraussetzungen und Rahmenbedingungen für Schulentwicklung, der Anforderungen an Schulleitungen und Lehrkräfte, der Strategien und Arbeitsweisen und der Gestaltung eines pädagogischen Arbeitsraumes (z. B. Eikenbusch 1998). Aber bis heute ist es nicht gelungen, die besonderen Prozesse und Leistungen einer lernenden Schule so zu präzisieren, dass daraus klare Folgerungen für Forschung und Praxis abgeleitet werden können. Vielmehr bestehen immer noch Bedenken und Zweifel, ob Schulen überhaupt lernen können: „Schulen können ja gar nicht lernen, das sind Konstrukte. Es können nur Menschen lernen, die Schule machen" (Eikenbusch 2016, S. 151). Warum spricht man dann von der „lernenden Schule" (Schratz, Steiner-Löffler 1998)?

In der gegenwärtigen Situation stellt sich meines Erachtens gar nicht mehr die Frage, ob Schulen lernen können. Während der Corona-Krise waren sie gezwungen, zu lernen, um die Herausforderungen der Pandemie und ihre Folgen zu bewältigen. Sie mussten ihre Strukturen, Arbeitsweisen und Regulationen zur

Steuerung der Lernprozesse der Schüler/innen umgestalten. Und dies ist ihnen mehr oder weniger gut gelungen, ohne dass sie einen Begriff oder ein Konzept für das Lernen ihrer Schule zur Verfügung gehabt hätten. Und seit der Rückkehr zum Normalbetrieb an den Schulen heißt es nun, Schule könne nicht mehr so arbeiten wie bisher: Von Politik und Wirtschaft wird vehement die Digitalisierung von Unterricht und Schule gefordert. Dabei zeigt sich in den Verlautbarungen der Kultusministerkonferenz eine bedenkliche Engführung der bildungspolitischen Diskurse hinsichtlich der Auswirkungen der „digitalen Revolution" auf die Schule. Die damit verbundenen Herausforderungen an Bildung und Erziehung sind meines Erachtens mit den dort vorgeschlagenen Konzepten der „Medienbildung" (KMK 2012) und der „Bildung in der digitalen Welt" (KMK 2017) allein nicht zu bewältigen. Dort wird konstatiert: „Bei der Gestaltung von Lehr- und Lernprozessen werden digitale Lernumgebungen entsprechend curricularer Vorgaben dem Primat des Pädagogischen folgend systematisch eingesetzt" (Strategiepapier der KMK 2017, S. 12). Ich halte diese Forderung für problematisch, weil damit der Eindruck erweckt wird, mit der Vermittlung von „Kompetenzen in der digitalen Welt" (KMK 2017, S. 16) in den Unterrichtsfächern ließen sich die Herausforderungen des digitalen Wandels für die Schule und die Folgen der Corona-Krise bewältigen. Bis dahin war eine Integration der neuen Medien in die verkrusteten Strukturen eines hierarchischen Schulsystems gescheitert (Spanhel 2005a). Deshalb ist es nachvollziehbar, dass nun die Weiterentwicklung der Schulen unter der Formel „Bildung in der digitalen Welt" stärker auf eine Digitalisierung von Schule und Unterricht ausgerichtet wird. Aber bei diesem Problemlösungsmuster werden die Mehrdimensionalität des Lernens und die Steuerungsproblematik bei den selbstgesteuerten Lernprozessen der Schüler/innen außer Acht gelassen. Schulentwicklung darf nicht einseitig nur an einem Medienkonzept orientiert werden, sondern Digitalisierung von Schule und Unterricht muss in eine systematische, alle Bereiche umfassende Schulentwicklung eingebettet werden. Die Lernleistungen der Schüler/innen werden sich nur dann nachhaltig verbessern, wenn auch die veränderten personalen Lernvoraussetzungen und außerschulischen medialen Lernbedingungen bei den Kindern und Jugendlichen erkannt und in die Reformbemühungen einbezogen werden. Die schulischen Lernbedingungen müssen auf diese Veränderungen hin ausgerichtet und im Rahmen eines umfassenden und systematischen Entwicklungsprozesses einer Schule grundlegend neu gestaltet werden.

Ausgangspunkt ist daher im Folgenden die These, dass sich schulische Lern- und Bildungsprozesse unter den Bedingungen einer Gesellschaft im digitalen Wandel nur dann verbessern lassen, wenn es den einzelnen Schulen in ihren Entwicklungsmaßnahmen gelingt, die anthropologischen, sozialen und pädagogischen Dimensionen des menschlichen Lernens bei der Gestaltung schulischer Lernsituationen zur Geltung zu bringen. Dafür sind theoretische Konzepte notwendig, die den Schulen für ihren Entwicklungsprozess Orientierung, Argumentations- und Planungshilfen sowie Beobachtungs- und Reflexionsinstrumente zur Verfügung stellen. Seit den 1980er Jahren sucht man nach geeigneten Referenzrahmen. Als Orientierungsrahmen dafür wurden auf der Grundlage empirischer Daten aus der Bildungsforschung immer wieder neue Kriterienkataloge für Schulqualität konzipiert (Steffens, Bargel 2016, S. 309 ff.). Sie greifen zu kurz, weil ein theoretischer Bezugsrahmen fehlt, aus dem Qualitätskriterien für eine gute Schule abgeleitet und in den die Ergebnisse empirischer Bildungsforschung eingeordnet werden können. Ein solcher Bezugsrahmen kann nicht gefunden werden, solange die Einzelschule als pädagogische Einrichtung aus einer begrenzten Perspektive als Organisation oder Institution und nicht als ein lebendiges soziales System betrachtet wird (Merkens 2006; Helsper u. a. 2008).

Für die Fundierung eines umfassenden Referenzrahmens bietet sich die Systemtheorie an, denn sie geht davon aus, dass alle lebenden Systeme (organische, psychische oder soziale Systeme) stets in Entwicklung begriffen sind. Sie verfügt nicht nur über die erforderlichen Begriffe, sondern beschreibt die Grundlagen, Rahmenbedingungen und Strukturen sozialer Systeme, zeigt, wie Entwicklungsprozesse ausgelöst und durch welche Faktoren im Inneren sie gesteuert werden. Soziale Systeme sind Sinnsysteme, die sich in ihren Aktivitäten und in ihrer Entwicklung an bestimmten Sinnorientierungen ausrichten, mit denen konkrete Handlungsziele verbunden sind (Willke 2005). Bei einer systemtheoretischen Betrachtung zeigt sich das *soziale System der einzelnen Schule* als eine Einheit, als ein geschlossenes Netz von komplexen sozialen Beziehungen, die auf Kommunikation beruhen und auf ein pädagogisches Sinnkriterium ausgerichtet sind. Schule als System funktioniert in ihrem Inneren selbstgesteuert auf der Basis komplexer Strukturen, nach eigenen Operationsweisen und selbst gesetzten Regeln und kann daher mehr leisten, als die Summe ihrer Mitglieder. Gleichzeitig ist sie nach außen durch vielfältige Austauschprozesse mit ihrer Umwelt eng verbunden. Auf der Grundlage dieses Theorieansatzes lässt sich sehr genau beschreiben, unter welchen Voraussetzungen und auf welche Weise eine Einzelschule als soziales System tatsächlich lernen und ihre Operationsweise auf die Erreichung selbst gesetzter pädagogischer Ziele ausrichten kann. Durch eine Transformation der Strukturen, Prozesse und Regulationen des Systems können Schulqualität und Lernleistungen der Schüler/innen verbessert und die Entwicklung ihrer Persönlichkeit gefördert werden. Eine Theorie der Einzelschule als soziales System, das sich in seinen Sinnorientierungen an pädagogischen Zielvorstellungen ausrichtet, stellt den geforderten pädagogischen Bezugsrahmen für Schulentwicklung dar, der im Folgenden begründet werden soll.

Das ist für mich das stärkste Argument für eine systemtheoretische Betrachtungsweise von Schule. Ihre Tragfähigkeit und Praxisrelevanz habe ich vor Jahren im Rahmen einer Studie über die beruflichen Belastungen von Lehrkräften aufgezeigt (Spanhel 1995, S. 48–158). Später habe ich sie als theoretische Grundlage für ein Schulentwicklungsprojekt auf der Basis responsiver Evaluation im Rahmen eines BLK-Modellversuchs zur Integrativen Medienerziehung in der Hauptschule herangezogen (Spanhel 1999). Der systemtheoretische Ansatz hat sich außerdem bei meinem Versuch einer theoretischen Grundlegung der Medienpädagogik (Spanhel 2002; 2007, S. 33 ff.) sowie für die Praxis der Medienerziehung (Spanhel 2006; 2014) als tragfähig und weiterführend erwiesen. Das systemische Denken habe ich ursprünglich aus dem Studium der frühen Forschungen von Jean Piaget gelernt (Piaget 1973; 1981), insbesondere aus seiner strukturgenetischen Erkenntnistheorie, wie sie später R. L. Fetz in ihren Grundlagen und methodischen Konsequenzen zusammenfassend dargelegt hat (Fetz 1988). Im Folgenden verwende ich die Grundbegriffe und Konzepte einer Theorie sozialer Systeme in Anlehnung an und mit Bezug auf die Arbeiten von Bateson (1990a, 1990b), Luhmann (1991), Büeler (1994), Willke (1991; 2005) und S. J. Schmidt (2000). Faßler (2014) hat die phylogenetische Entwicklung des Sozialen und in diesem Kontext die „Entstehung und Zukunft menschlicher Selbstorganisation" aufgezeigt.

Mit der Beschreibung der Einzelschule als soziales System wird deutlich, wie sich die Sicht auf Schule durch eine systemisch-konstruktivistische Perspektive verändert: Der Fokus richtet sich auf das *Verhältnis* zwischen der Schule als soziales System und den personalen Systemen der Lehrenden und Lernenden. Dieses Verhältnis zeichnet sich dadurch aus, dass beide Systeme über fortlaufende Kommunikationsprozesse sehr eng aneinander gekoppelt sind. Daher weist die Schule als ein soziales System emergente (d. h. besondere, höhere) Eigenschaften auf, die aus den Eigenschaften der in ihr handelnden Personen nicht erklärbar sind: Das Ganze ist mehr als die Summe seiner Teile (Büeler 1994, S. 69). Schule ist ein hochkomplexes Sozialsystem, das sich nicht nur durch eigene Handlungsfähigkeit auszeichnet, sondern das auf Grund seiner operativen und kognitiven Komplexität über die Fähigkeit zur Reflexivität verfügt und damit zur Selbstbeobachtung, Selbstthematisierung und Selbstbeschreibung sowie zur Speicherung von Wissen und damit zum Lernen fähig ist. Ich möchte helfen zu verstehen, wie Lehrende und Lernende durch ihr Handeln diese besonderen Eigenschaften und diese höhere Ordnungsleistung des Systems bewirken und wie sie die Schule zu einem *lernenden System* machen. Ich möchte begreiflich machen, wie die pädagogischen Funktionen der Schule von den Strukturen, Prozessen und Regulationen dieses Systems abhängen und wie durch deren Transformation unter Mitwirkung aller in der Schule handelnden Personen die Schulqualität verbessert werden kann. Mit anderen Worten: Es geht um die Frage, wie die *systemischen Bedingungen des Lernens* das Zusammenwirken der anthropologischen, pädagogischen, sozialen und organisatorischen, der personalen und gesellschaftlichen Bedingungsfaktoren steuern. Es geht um die Verbesserung der systemischen Lernbedingungen durch Schulentwicklung und damit um die Verbesserung der Lernmöglichkeiten und Lernprozesse sowohl der Schule, der Lehrkräfte und insbesondere auch der Lernleistungen der Schüler/innen. Diese auf den ersten Blick schwierigen Zusammenhänge werde ich in der Folge Schritt für Schritt beschreiben, dabei die systemtheoretischen Begriffe erläutern und dann die Möglichkeiten und Konsequenzen aufzeigen, die sich daraus für die Entwicklung und Qualitätsverbesserung der Schulen ableiten lassen.

Mit einer Betrachtung der Einzelschule als soziales System strebe ich vier Ziele an, die ich vorneweg kennzeichnen möchte, damit Sie als Leserin/Leser wissen, was Sie von dem folgenden Text erwarten können.

1. Der Text soll die Erkenntnis vermitteln, dass alle Grundlagen des sozialen Systems Schule Ergebnis von Entwicklungsprozessen sind. Das bedeutet, dass die aktuellen Gegebenheiten jeder Schule durch Schulentwicklung umgestaltet und in Auseinandersetzung mit den veränderten gesellschaftlichen Rahmenbedingungen und Anforderungen weiterentwickelt werden können.
2. Jede Schule als soziales System besitzt eine eigene Identität. Sie verfügt über ein reflexives Bewusstsein und über Handlungsfähigkeit und ist daher in der Lage, sich Entwicklungsziele selbst zu setzen und diese unter Mitwirkung aller Beteiligten und Betroffenen selbstgesteuert zu verwirklichen. Dafür gibt es keinen „richtigen" Weg, weil jede Schule anders ist und eigenständig agiert.
3. Eine Theorie der Schule als soziales System beschreibt die anthropologischen Grundlagen menschlichen Lernens und das Zusammenwirken der personalen, sozialen, organisatorischen und gesellschaftlichen Bedingungen schulischen Lernens und wie sie optimiert werden können. Die selbstgesteuerten Lernprozesse der Schülerinnen und Schüler können nur durch Gestaltung der Lernkontexte angeregt, unterstützt und auf vereinbarte Lernziele hin ausgerichtet werden.
4. Schule als Handlungssystem benötigt ein Evaluationsverfahren, um die einzelnen Entwicklungsschritte im Rahmen eines iterativen Prozesses zielorientiert steuern zu können. Sie braucht spezielle Beobachtungsinstrumente, um zu erkennen, welche neuen Handlungsmuster, Strukturen oder Regeln, die erprobt werden sollen, einen Unterschied machen. Mit Hilfe eines wissenschaftlich evaluierten Fragebogens für das Kollegium kann eine Schule ihren Entwicklungsstand bewerten und einen Entwicklungsprozess initiieren, steuern, kontrollieren und evaluieren.

Eine Theorie der Schule als soziales System beruht auf Beobachtungen aus einer übergeordneten Perspektive, sei es der des Wissenschaftlers, der Schulleitung oder eines Kollegiums. Die erforderlichen Beobachtungsinstrumente liefert die Theorie in Form eigener Begriffe. Mit ihrer Hilfe lässt sich beobachten, wie das System Schule sein eigenes Funktionieren und die Beziehungen zu seiner Umwelt beobachtet (Beobachtungen zweiter Ordnung). Ich möchte im Folgenden zeigen, welchen Unterschied es für Schulverwaltung, Schulleitung und Lehrpersonen macht, die Schule mit den Begriffen der Systemtheorie zu beobachten und welche Handlungsalternativen für die Gestaltung einer Schule sich daraus ableiten lassen. Die Begriffe werde ich jeweils im Fortgang der Überlegungen explizieren und in ihren Zusammenhängen erläutern und zusätzlich an konkreten Beispielen aus unterschiedlichen Schulen verdeutlichen. Empirisch überprüfbare Beispiele liefern die Preisträgerschulen des seit 2006 verliehenen Deutschen Schulpreises der Bosch Stiftung, die vielfältige und ganz eigene Formen von Schule mit dem Anspruch einer „guten Schule" geschaffen haben. (Vgl. dazu die jährlich erscheinenden Broschüren „Der Deutsche Schulpreis. Was für Schulen!" 2007 ff.) Die Preisträgerschulen aus allen Schularten sind Ergebnis jahrelanger und oft mühsamer Entwicklungsarbeit, die selbst unter schwierigen Bedingungen im Umfeld, unter administrativen Einschränkungen, Lehrplandruck und anfänglichen Bedenken von Elternseite zu erstaunlichen Erfolgen führt. Sie zeichnen sich durch nachhaltige und überzeugende Leistungen in allen sechs Qualitätsbereichen aus, die als Beurteilungskriterien für die Vergabe des Schulpreises maßgeblich sind. Diese Qualitätsbereiche sind nicht systemisch begründet. Die Praxisbeispiele können daher nicht als Beweis für die „Richtigkeit" einer systemtheoretischen Betrachtungsweise von Schule dienen. Vielmehr möchte ich damit von vorneherein kritische Argumente entkräften, die unterstellen, dass sich theoretisch begründete Problemlösungsmöglichkeiten unter den einschränkenden Bedingungen derzeitiger Praxis nicht verwirklichen ließen. Die unterschiedlichen Schulen in diesen Praxisbeispielen richten sich auf ihre spezifischen, selbst gesetzten Entwicklungsziele und veranschaulichen damit, wie auf vielfältige Weise umfassende Entwicklungsprozesse erfolgreich umgesetzt werden können.

Zusammenfassend möchte ich die Ziele der folgenden Untersuchung noch einmal so umschreiben: Der systemtheoretische Ansatz für eine Theorie der Einzelschule als soziales System liefert die begrifflichen Instrumente für eine differenzierte Beobachtung der einzelnen Schule. Das ermöglicht eine Beschreibung des Zusammenspiels ihrer Elemente, ihrer Strukturen, Prozesse und Regulationen. Damit ist ein Bezugsrahmen für die Begründung von Qualitätsmerkmalen einer guten Schule gewonnen, der als Orientierungsrahmen für innere Schulevaluation und die Diagnose von Schulproblemen, für die Planung von Entwicklungsmaßnahmen und für die Steuerung, Reflexion und Evaluation von Entwicklungsprozessen dient. Ins Zentrum möchte ich eine Lernkultur und eine Schulkultur der Offenheit stellen und deren Merkmale aus den besonderen Eigenschaften der Schule als soziales System ableiten. Diese bestehen darin, dass jede *Schule als System* über *Handlungsfähigkeit, Reflexionsfähigkeit, Selbststeuerungsfähigkeit und Lernfähigkeit verfügt und daher in der Lage ist, selbst Ziele zu formulieren, Modelle und Zukunftspläne für eine verbesserte Qualität der Schule zu entwerfen und selbstgesteuert zu verwirklichen.* Auf dieser Basis kann sich jede einzelne Schule die auf ihre ganz spezifischen Bedingungen zugeschnittenen eigenen Handlungsalternativen und Strategien für Entwicklungsprozesse hin zu einer Verbesserung ihrer Schulqualität und der Lernleistungen ihrer Schülerinnen und Schüler aus eigener Kraft erarbeiten und ein selbst gesetztes Profil verwirklichen.

I. Kapitel:
Schule als soziales System

1. Warum eine Theorie der Einzelschule?

Die Einzelschule als soziales System wird als ein Gesamtzusammenhang sozialer Beziehungen betrachtet, als eine soziale Einheit, die klar von ihrer Umgebung abgegrenzt und trotzdem auf vielfältige Weise mir ihr verbunden ist. Die Positionierung der einzelnen Schule im gesellschaftlichen Umfeld und ihre Beziehungen zu relevanten Umweltsystemen ist in Abbildung 1 schematisch dargestellt. Ich betrachte die einzelnen Schulen als Teilsysteme innerhalb des umfassenden Erziehungs- und Bildungssystems der Gesellschaft, das seinerseits ein Teilsystem der Gesellschaft darstellt, neben anderen gesellschaftlichen Teilsystemen, wie z. B. Politik, Wirtschaft, Wissenschaft, Recht, Medien, Religion. Sie sind Ergebnis der funktionalen Differenzierung der Gesellschaft und erfüllen jeweils bestimmte, für ihren Erhalt und ihre Weiterentwicklung unbedingt notwendige Funktionen (vgl. Büeler 1994, S. 207 ff.). Im Laufe der Geschichte haben sich die gesellschaftlichen Teilsysteme durch funktionale Differenzierung in eine Vielzahl von Teilsystemen weiter untergliedert. Das gilt auch für das Erziehungs- und Bildungssystem, das sich in einzelne Erziehungs- und Bildungseinrichtungen, z. B. Kitas, Schulen, Heime, Jugendzentren ausdifferenziert hat, die alle auf je spezifische Weise an der gesellschaftlichen Funktion der Erziehung und Bildung der nachwachsenden Generation mitwirken. Diese Teilsysteme eröffnen funktionale Perspektiven, unter denen die Gesellschaft oder gesellschaftliche Phänomene betrachtet werden können. Dementsprechend können die Einzelschulen aus pädagogischer, wissenschaftlicher, ökonomischer, rechtlicher, medialer oder religiöser Perspektive beobachtet werden. Damit sind jeweils begrenzte Hinsichten auf die Schule verbunden, die spezifische Problemlagen und Lösungsmöglichkeiten offen legen können (Nassehi 2021, S. 115 ff.).

Im Folgenden werde ich die Einzelschule als ein soziales System aus erziehungswissenschaftlicher Perspektive betrachten, um bisher nicht erkannte oder zu wenig beachtete Probleme der Schulentwicklung und alternative Lösungswege zur Verbesserung der Schulqualität aufzudecken.

Für das Schulsystem hatte Fend in seiner ersten Theorie der Schule (1980) ihre Funktionen genauer als Enkulturations-, Qualifikations-, Allokations- und Integrationsfunktion gekennzeichnet (Fend 2006, S. 51). Sie ergeben sich daraus, „dass aus gesamtgesellschaftlicher Sicht das Bildungswesen vor allem die Funktion der Reproduktion und Innovation von Strukturen von Gesellschaft und Kultur beim biologischen Austausch der Mitglieder einer Gesellschaft erfüllt. Jede neue Generation wird über das Bildungswesen an den Stand der Fähigkeiten, des Wissens und der Werte herangeführt, der für das Fortbestehen der Gesellschaft erforderlich ist" (Fend 2006, S. 49). Diese einzelnen Funktionen

Abbildung 1: Die Einzelschule als soziales System im gesellschaftlichen Kontext (Eigene Darstellung in Anlehnung an Hermanns 1995, S. 68)

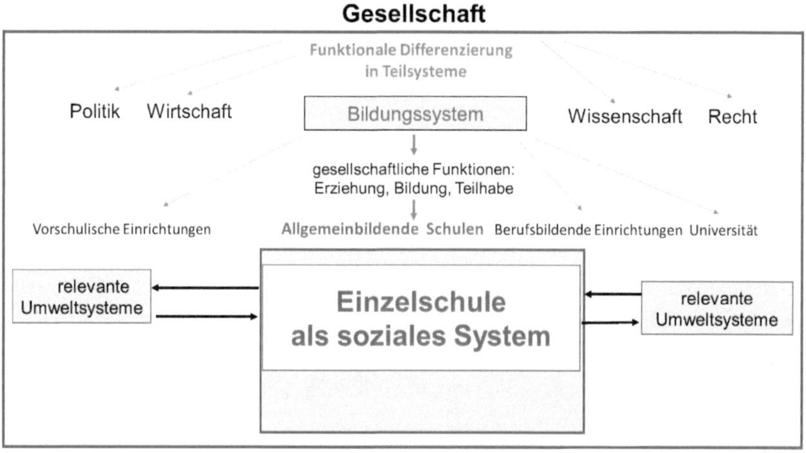

Gesellschaft

Funktionale Differenzierung
in Teilsysteme

Politik   Wirtschaft   Bildungssystem   Wissenschaft   Recht

gesellschaftliche Funktionen:
Erziehung, Bildung, Teilhabe

Vorschulische Einrichtungen   Allgemeinbildende Schulen Berufsbildende Einrichtungen Universität

| relevante Umweltsysteme | | **Einzelschule als soziales System** | | relevante Umweltsysteme |

wurden seither unterschiedlich bewertet. In den 1970er und 1980er Jahren wurde die Legitimationsfunktion der Schule, ihr Beitrag zur Erhaltung und Weitergabe der bestehenden kulturellen Errungenschaften einerseits gering geachtet oder als Zementierung ungerechter gesellschaftlicher Verhältnisse kritisiert und andererseits in ihren Möglichkeiten als Motor gesellschaftlicher Entwicklung überschätzt. Aber sie bildet das Fundament zur Erfüllung ihrer Qualifikationsfunktion (ihrer Erziehungs- und Bildungsaufgaben). Diese wiederum muss als Grundlage für die Realisierung der Selektions- (Allokations-)Funktion der Schule gesehen werden, deren Dominanz in der schulpädagogischen Diskussion heftig beklagt wird. Sie habe zu einer Ausprägung der Schule als staatlicher Zwangsinstitution mit Organisationsstrukturen geführt, die die volle Verwirklichung der Erziehungs- und Bildungsaufgaben auf vielfache Weise beeinträchtige (vgl. Büeler 1994, S. 218 ff.). Ich sehe den Dreh- und Angelpunkt aller Systemfunktionen der Schule in ihrer Erziehungs-, Bildungs- und Integrationsfunktion. Sie stehen im Zentrum aller Konzepte zur Schulentwicklung, die jedoch auf das Zusammenspiel und die Verwirklichung aller Funktionen in einem ausgewogenen Verhältnis achten müssen.

Innerhalb des Bildungssystems bieten die allgemeinbildenden Schulen in ihren vielfältigen Ausprägungen (Grundschulen, Mittelschulen, Realschulen, Gymnasien, Gesamtschulen) aus systemischer und pädagogischer Sicht spezifische Rahmenbedingungen zur Verwirklichung der Qualifikationsfunktion. (Natürlich können auch die einzelnen Schulen aus dem breiten Feld des beruflichen Schulwesens ebenfalls als soziale Systeme betrachtet werden. Ich beziehe mich jedoch in den folgenden Ausführungen in meinen Beispielen und Argumentationen auf die allgemeinbildenden Schulen.) Sie sind für alle Kinder und

Jugendlichen verpflichtend und bieten ihnen über einen langen Entwicklungszeitraum vom sechsten Lebensjahr bis ins Erwachsenenalter einen wichtigen Lebens-, Lern- und Erfahrungsraum. Mit dem Eintritt in die Schule bezeichne ich sie im Folgenden als Schüler/innen. Mit der Einzelschule als „Zwangsinstitution" ist die besondere Chance aber auch Verpflichtung verbunden, für die Sozialisierung, Erziehung und Bildung aller Schüler/innen und ihre Teilhabe an der Gesellschaft zu sorgen und damit deren Erhalt und Weiterentwicklung zu sichern. Die Organisationsstrukturen stehen dafür aus systemischer Sicht zur Disposition, sind veränderbar und dürfen nicht von vorneherein als Hindernisse betrachtet werden. Die Lernleistungen der Schüler/innen liefern die Grundlagen für die Selektionsfunktion der Schule. Allerdings ist zu bedenken, dass im Rahmen von Schulentwicklung die Art der Leistungsmessung (z. B. Ziffernbenotung, Wortgutachten oder schulartübergreifende Leistungstests) erhebliche Rückwirkungen auf die Qualifikationsfunktion der Schule haben können.

1.1 Konzepte zur Entwicklung und Qualitätsverbesserung der Schulen

Die rasanten kulturellen und sozialen Entwicklungen in der Gesellschaft haben auf das Bildungssystem in den letzten Jahrzehnten tief greifende Auswirkungen gehabt und die einzelnen Schulen mit Aufgaben und Anforderungen konfrontiert, die sie zu grundlegenden Reformen zwingen. Das zeigt sich an den Problemen im Zusammenhang mit Migration, Globalisierung oder Mediatisierung / Digitalisierung. Aufgrund des rasanten gesellschaftlichen, kulturellen, wissenschaftlichen und wirtschaftlichen Wandels sehe ich die größte Herausforderung für die Schule darin, die Heranwachsenden auf künftige, nicht vorhersehbare, unbestimmte Anforderungen vorzubereiten, wie sie sich z. B. aus der Entwicklung der Künstlichen Intelligenz ergeben könnten. Dazu gehört insbesondere die Befähigung zum Umgang mit Unsicherheit, Konflikten, Pluralität der Wertorientierungen, Virtualität und mit der Vielfalt der Lebensmöglichkeiten.

Damit könnte das Bildungssystem selbst einen Beitrag zur Weiterentwicklung der Gesellschaft und zur Bewältigung damit verbundener zukünftiger Aufgaben und Herausforderungen leisten. Allerdings hinkt es den gesellschaftlichen Entwicklungen hinterher und daher halte ich es für problematisch, es als „Instrument des sozialen Wandels" (Fend 2006, S. 46) zu begreifen. Gleichwohl stellt meiner Ansicht nach das Schulsystem einen wichtigen Faktor dar, um gesellschaftliche Entwicklungen im Hinblick auf die Belange der jungen Generation kritisch zu begleiten, zu unterstützen oder zu korrigieren. Ich möchte zeigen, dass ein systemtheoretischer Zugang zu Schulentwicklung gerade dafür die besten Konzepte bietet. Im Hinblick auf eine Antizipation der Zukunft unserer Gesellschaft spricht

Büeler (1994, S. 219) der Schule eine weitere Funktion zu, die „Synchronisierung und Koordination der Selbstorganisationsdynamik in den beteiligten personalen und sozialen Systemen".

Für die Weiterentwicklung der Einzelschulen gibt es auf Grund der Komplexität des Schulsystems mehrere Ansatzpunkte. Auf der Grundlage bildungswissenschaftlicher Erkenntnisse erfolgten in den letzten Jahrzehnten strukturelle und inhaltliche Veränderungen auf der Ebene des Bildungssystems, z. B. durch Verlängerung der Schul- oder Studienzeiten, durch verbindliche frühkindliche Bildungsangebote, durch Einführung neuer Fachinhalte oder die Neugewichtung von Bildungszielen sowie durch Umgestaltung der Schulstrukturen (Gesamtschule statt gegliedertes Schulsystem, Inklusion statt Förderschulen). Die Konsequenz war eine weiter zunehmende Komplexität des Schulsystems. Diese Maßnahmen auf der Ebene bildungspolitischer Entscheidungen brachten bisher jedoch nicht die gewünschten Erfolge bei der Erfüllung der gesellschaftlichen Funktionen durch die einzelnen Schulen. Seit den 2000er Jahren ist das deutsche Schulsystem durch internationale Vergleichsstudien zu den Basiskompetenzen der Schülerinnen und Schüler, in denen es nur mittlere Plätze einnehmen konnte, zusätzlich unter Druck geraten (Deutsches PISA-Konsortium 2001; 2003; 2018). Die seither auf der Ebene der Bundesländer durchgeführten Maßnahmen, die sich zunächst stärker auf die äußere Schulentwicklung bezogen, haben zwar bereits vielfältige Bemühungen um eine Verbesserung der Schulqualität ausgelöst, aber auf breiter Ebene noch kaum zufrieden stellende Ergebnisse bei den einzelnen Schulen gebracht (Pirner u. a. 2019).

Schulpädagogik und Bildungsforschung haben sich seither stärker auf die Frage konzentriert, wie die Qualität der einzelnen Schulen durch Maßnahmen einer gezielten *inneren Schulentwicklung* verbessert werden könnte. Die Diskussion um den Stellenwert der äußeren oder inneren Schulentwicklung und eine entsprechende Ausrichtung der Bildungsforschung spiegelt sich in den Beiträgen zu dem Sammelband von Steffens / Bargel (2016), die eine Bestandsaufnahme aus den Erkenntnissen des „Arbeitskreises Qualität von Schule" seit Mitte der 80er Jahre vorlegen. Im Ergebnis hat sich die Erkenntnis durchgesetzt, dass die veränderten gesellschaftlichen Anforderungen an das Bildungssystem eine Verbesserung der Erziehungs- und Bildungsprozesse durch Umgestaltung der inneren Schulstrukturen erfordern: Es kommt darauf an, wie an den einzelnen Schulen die Lern-, Erziehungs- und Bildungsziele ganz konkret angegangen und verwirklicht werden. Und es geht um die Frage, wie dabei neue administrative Anforderungen als Folge gesellschaftlicher Veränderungen durch veränderte Organisationsstrukturen und Lehr-Lernprozesse berücksichtigt werden. Als Qualitätsbereiche der Schule werden ihre Outcome-, Prozess- und Input-Qualität sowie ihre Rahmenbedingungen (Ressourcen) gekennzeichnet. In ihrer Bilanz beklagen Steffens / Bargel (2016, S. 309 ff.), dass nach wie vor ein ausgearbeitetes Referenzsystem für die Schulqualitätsforschung fehle und fordern: „Zugleich müssen alle Aspekte der Schulgestaltung in einem *systemischen Zusammenhang* gesehen und bearbeitet werden: die zielbezogene Ausrichtung der Schule, die kollegiale Aushandlung und Verständigung, die Sorge um das Wohl und die Förderung der Einzelnen bis hin zur effizienten Arbeitsorganisation des Alltags mit Zeitmanagement, Ressourcennutzung und regulativen Setzungen" (Steffen / Bargel 2016, S. 341; kursiv D. S.).

Ohne Zweifel liegt in der Verbesserung dieser Prozesse die zentrale Aufgabe für jede Schulentwicklung und dafür wurden unterschiedliche Ansatzpunkte gewählt und erprobt. Auf eine Untersuchung ihres Zusammenwirkens auf einer systemtheoretischen Grundlage wartet man jedoch immer noch. Es gibt zwar eine kaum noch überschaubare Menge an Publikationen zur Schulevaluations-, Schulqualitäts- und Schulentwicklungsforschung und eine Vielzahl an Modellversuchen in der Praxis. Die daraus folgenden Konzepte und Maßnahmen der Schuladministration zur Verbesserung der Schulqualität und zur Einleitung von Prozessen der inneren Schulentwicklung wurden aber bisher nur von wenigen Schulen umgesetzt. Sie haben bisher nur selten zu den angezielten Veränderungen geführt (Vgl. hierzu Pirner u. a. 2019, S. 5 ff.). Das liegt meines Erachtens zum einen an den sehr unterschiedlichen Ausgangsbedingungen an den einzelnen Schulen und zum anderen daran, dass sich die staatlichen Reformmaßnahmen immer nur auf einzelne Aspekte des Schulbetriebs richteten (z. B. Ganztagsschule, Schülerleistungen, Inklusion, Medienkonzept). Auch der Versuch, Schulentwicklung auf der Grundlage von Leistungsrückmeldungen zu steuern (TBSR – Testbasierte Schulreformen), hat bisher zu wenig ermutigenden Ergebnissen geführt (Maier 2009). Zudem mangelte es meist an einer ausreichenden Unterstützung der angestrebten Entwicklungen durch eine verbesserte personelle und finanzielle Ausstattung der Schulen und durch Maßnahmen zur Verbesserung der Lehrkräfteausbildung sowie durch kontinuierliche Fortbildungen, externe fachliche Begleitung und geeignete Evaluations- und Reflexionsformen.

1.2 Perspektivenwechsel: Die Einzelschule als ein soziales System

Im Folgenden nehme ich einen Wechsel der theoretischen Perspektive vor und betrachte die *Schule als soziales System*. Soweit ich sehe, ist bisher eine Beschreibung der Einzelschule und ihres Funktionierens auf der Basis einer Theorie sozialer Systeme in systematischer Weise noch nicht vorgelegt worden. H. Fend hat zwar seine „Neue Theorie der Schule" (2006) um einen Abschnitt über „Verstehen und Handeln im Bildungswesen in systemtheoretischer Sicht" ergänzt (S. 124–136). Er bezieht sich dabei aber ausschließlich auf die Theorie sozialer Systeme von Luhmann (1984 und 1987), ohne sie in ihren Konsequenzen für die Beschreibung schulischer Abläufe zu präzisieren. Er sieht deutliche Grenzen für diesen Ansatz und legt daher seinen folgenden Ausführungen das Paradigma der verstehenden Soziologie zugrunde (Fend 2006, S. 137 ff.). Aber eigentlich liegt eine Theorie sozialer Systeme auf der Hand, weil doch Lernen, Erziehung und Bildung allesamt auf *sozialen Prozessen* beruhen. Nach allen bisherigen Erfahrungen mit Schulentwicklung muss davon ausgegangen werden, dass eine Verbesserung der Schulqualität nur durch Entwicklungsprozesse auf der Ebene der einzelnen Schulen erreicht werden kann. Ausgangspunkt der folgenden Überlegungen ist also die Betrachtung der Einzelschule als soziales *System* und nicht wie meist bisher als Organisation (Rolff 1992; Baumgartner u. a. 1995) oder als *Institution* (Lindemann 2006 S. 120 ff.).

Worin aber besteht der grundlegende Perspektivenwechsel, der mit dieser Orientierung am Systembegriff verbunden ist? Ziel der Schulqualitäts- und Schulentwicklungsforschung war es bisher, die Ursachen für bestimmte, klar umrissene Praxisprobleme in der Schule empirisch zu erforschen, um darauf aufbauend im Sinne eines kausal-analytischen Ansatzes Lösungskonzepte zu entwickeln. Im Gegensatz dazu zielt ein systemtheoretischer Ansatz darauf ab, die Schule als Ganzes zu beobachten und zu beschreiben, und zwar als soziales System, das mehr ist als die Summe seiner Teile. In der Schulqualitäts- und Schulentwicklungsforschung wird die einzelne Schule zwar häufig als „pädagogische Handlungseinheit" bezeichnet, ohne zu einer konsequent systemtheoretischen Sicht vorzudringen (vgl. z. B. R. Messner: „Die Einzelschule als pädagogische Handlungseinheit und das Zusammenspiel der Handlungsebenen und institutionellen Akteure" in: Steffens/Bargel 2016, S. 94 ff.). Entscheidend ist, dass es im Folgenden nicht um eine Untersuchung einzelner Aspekte der Schule geht, z. B. um organisatorische Probleme oder um Schwierigkeiten bei der Erbringung spezifischer Leistungen, wie z. B. der Vermittlung von Basiskompetenzen (Lesekompetenz; Mathematische oder Naturwissenschaftliche Kompetenz), um Kooperations- und Kommunikationsfähigkeit oder um die Verbesserung der Inklusion oder des Schulklimas. Vielmehr möchte ich die Einzelschule als soziales System in ihrer ganzen Komplexität vorstellen. Auf dieser Basis kann dann ein Konzept entwickelt werden, das unterschiedliche Ansatzpunkte für Schulentwicklungsmaßnahmen eröffnet und alternative, aufeinander abgestimmte Lösungsmöglichkeiten für die vielfältigen Probleme und Anforderungen unter den gegenwärtigen gesellschaftlichen Bedingungen ermöglicht. Erst in diesem Kontext erhalten empirische Forschungsergebnisse oder die evidenzbasierten Kriterien für erfolgreiches Lehren und Lernen in der Schule, wie sie z. B. Hattie vorgelegt hat (Hattie/Zierer 2018), ihre je spezifische Bedeutung.

Wenn ich bei der Beschreibung der Schule die Begriffe einer Theorie sozialer Systeme anwende, ist das Ziel keineswegs eine soziologische Theorie, sondern ich strebe eine *pädagogische Theorie* an (vgl. Piaget 1980; Büeler 1994; Spanhel 1995; 1999; Fend 2006). Sie bleibt nicht bei einer Analyse der sozialen Strukturen der Schule stehen, sondern soll Erkenntnisse darüber liefern, wie die Strukturen, Prozesse und Regulationen des sozialen Systems zusammenwirken und gestaltet werden müssten, damit Schule als Sinnsystem die pädagogischen Anforderungen bestmöglich erfüllen kann. Es müssen die inneren Beziehungen zwischen den Strukturen und Prozessen, dem Lernen der Schule als Ganzes und den Lernprozessen der Schülerinnen und Schüler, Lehrerinnen und Lehrer in den Blick genommen werden. Im Mittelpunkt steht die Frage nach den Möglichkeiten *einer Steuerung dieser pädagogischen Prozesse* im Rahmen eines sozialen Systems. Es kommt darauf an, das Zusammenwirken der Steuerungsfaktoren aufzudecken, um Ansatzpunkte und Möglichkeiten dafür zu erkennen, wie Kinder und Jugendliche immer besser angeleitet und befähigt werden können, die vorgegebenen Lern-, Erziehungs- und Bildungsziele auf der Grundlage selbstgesteuerter Lernprozesse zu erreichen (Hüther 2016).

Angesichts der Komplexität dieser Zusammenhänge müssen zur Beantwortung dieser Frage unterschiedliche wissenschaftliche (pädagogische, psychologische, soziologische) Erkenntnisse herangezogen und in einen systematischen Zusammenhang gebracht werden. Dafür liefert der systemtheoretische Ansatz einen Bezugsrahmen im Sinne einer Metatheorie, die das soziale System Schule in seiner Ausrichtung auf pädagogische Sinnorientierungsangebote betrachtet und die Prozesse im System unter pädagogischen Kriterien analysiert. Sie bietet die Möglichkeit, die Komplexität und wechselseitige Bedingtheit der Probleme offenzulegen und einschlägigen Forschungsergebnissen ihren systematischen Stellenwert und ihre theoretische Bedeutung zuzuweisen. In diesen Rahmen können auch die praktischen Erfahrungen aus Modellversuchen und aus den Preisträgerschulen des Deutschen Schulpreises der Bosch Stiftung eingeordnet werden (Beutel u. a. 2016; Bohl, Schelle, Helsper 2010; Hattie 2014; Rolff 2016; Thiel, Tilmann 2012). Auf diese Weise erhalten sie ihre spezifische Bedeutung und können als Ansatzpunkte für Schulentwicklungskonzepte und als Handlungsorientierungen für konkrete Maßnahmen zur Verbesserung der Schulqualität dienen.

Systemtheoretische Ansätze sind in den Erziehungswissenschaften nicht weit verbreitet. (Ansätze aus den 1980er bis 1990er Jahren, z. B. von Huschke-Rhein 1989, Balser 1993, Büeler 1994 und Grzesik 1998, wurden in den 2000er Jahren aber nur sporadisch weiterverfolgt, z. B. Simon 2008; Arnold/Prescher 2014.) Sie verfolgen nicht auf die Schule gerichtete Zielstellungen, mit der Konsequenz, dass ich nicht an bestehende Ansätze anknüpfen kann und zentrale Begriffe und grundlegende Annahmen erst einführen muss. Das kann nur schrittweise im Fortgang des Textes geschehen. Das führt dazu, dass ich Begriffe verwende, noch ehe sie eingeführt sind, und dass es bei der Erläuterung von Grundannahmen zu Wiederholungen kommt. Sie sind infolge der Linearität der Sprache kaum zu vermeiden, können aber helfen, tiefer in das systemische Denken einzudringen. Diese Theorie beschreibt nicht nur die Strukturen, Prozesse und Regulationen des Systems Schule, sondern zeigt auch ihre grundsätzliche Veränderbarkeit auf, verweist auf Möglichkeiten zu ihrer Veränderung und bietet so eine Basis für pädagogisches Argumentieren. Damit ändert sich das Theorie-Praxis-Verhältnis: Die Theorie kann *keine Handlungsanleitungen* geben, sondern nur mögliche Handlungsorientierungen und Handlungsalternativen aufweisen. „Aus wissenden Experten, die Lösungen für die Praxis bereithalten, werden Pädagoginnen und Pädagogen zu forschenden Begleitern von Entwicklungsprozessen. (...) ...Die Gestaltung pädagogischer Praxis lässt sich daher als ein reflexiver und diskursiver Verantwortungsprozess beschreiben, der eine Beteiligung, Entscheidung und Mitbestimmung in Gestaltungs- und Veränderungsprozessen bedingt" (Lindemann 2006, S. 10). Dementsprechend sollten sich Schulentwicklungsprozesse an dem Verfahren einer „responsiven Evaluation" orientieren (Spanhel 2001), das eine evidenzbasierte Steuerung des Gesamtprozesses ermöglicht. Im dritten Kapitel werde ich darauf Bezug nehmen.

2. Besondere Merkmale der Schule als soziales System Systemtheoretische Grundbegriffe

Der folgende theoretische Bezugsrahmen wird zeigen, dass es die Komplexität der einzelnen Schule als System ist, die Schulentwicklung durch eine Übertragung von praktischen Erfahrungen von einer Schule auf eine andere so schwierig macht. Jede einzelne Schule als ein System ist komplex und daher einmalig, was die Vielschichtigkeit und das Zusammenwirken ihrer Teilsysteme, Strukturen, Elemente und Prozesse sowie die in ihr wirkenden Ideen und Handlungsstrategien, aber auch ihre Vernetzung mit einem spezifischen Umfeld betrifft. Diese Komplexität der einzelnen Schule muss im Folgenden so beschrieben und reduziert werden, dass das Zusammenwirken ihrer Teilsysteme und Elemente, die Besonderheiten der Lern- und Kommunikationsprozesse und die Bedeutung der Austauschprozesse mit ihren relevanten Umweltsystemen beobachtbar und begrifflich fassbar wird. Voraussetzung dafür sind zentrale systemtheoretische Begriffe als Beobachtungsinstrumente, um Schule aus dieser neuen Perspektive in den Blick zu bekommen. Mit Hilfe dieser Instrumente gewinne ich aus der Beobachtung des sozialen Systems Informationen über bedeutsame Unterschiede gegenüber den bisherigen Sichtweisen von Schule, die expliziert werden müssen. Da sie sich wechselseitig aufeinander beziehen, werden sie sich im Verlaufe des Textes weiter klären (Willke 1991, S. 120 ff.). Einen groben Überblick über den Zusammenhang der Begriffe und ihre Anwendung auf das soziale System Schule gibt Abbildung 2. Alle Zusammenhänge können nicht dargestellt werden. Weitere zentrale Begriffe, z. B. Kommunikation, Kopplung, personales System werden in den folgenden Abschnitten genauer erläutert.

2.1 Soziale Systeme

Systemische Perspektive bedeutet, aus einer Beobachterposition heraus die Schule als ein soziales System und nicht als Organisation oder Institution zu betrachten. Aus dieser Sicht stellt sich die Schule wie ein lebendiger Organismus dar, der sich immer wieder aus seinen Elementen, aus den Kommunikationen seiner Mitglieder, neu konstituiert. Luhmann geht von der überraschenden und schwer nachvollziehbaren Annahme aus, dass soziale Systeme nicht aus einer Gruppe von Menschen bestehen, sondern aus den Kommunikationen, die sie untereinander austauschen. Soziale Systeme, die ihre *Elemente, die Kommunikationen,* immer wie-

Abbildung 2: Begriffe zur Beschreibung des sozialen Systems Schule, die im Text fortlaufend erläutert werden (eigene Darstellung)

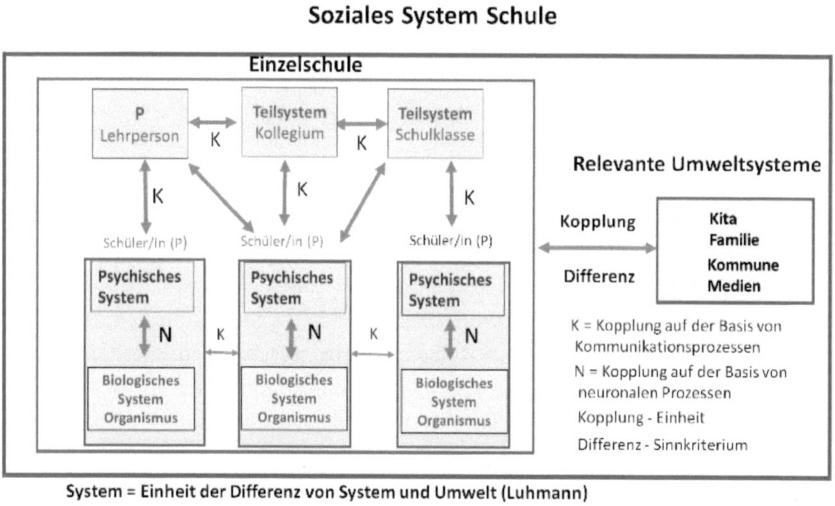

Soziales System Schule

Einzelschule			Relevante Umweltsysteme

Einzelschule

| P Lehrperson | K | Teilsystem Kollegium | K | Teilsystem Schulklasse |

K   K   K

Schüler/in (P)   Schüler/in (P)   Schüler/in (P)

| Psychisches System | Psychisches System | Psychisches System |

N   N   N

| Biologisches System Organismus | Biologisches System Organismus | Biologisches System Organismus |

Relevante Umweltsysteme

Kopplung — **Kita Familie**

Differenz — **Kommune Medien**

K = Kopplung auf der Basis von Kommunikationsprozessen

N = Kopplung auf der Basis von neuronalen Prozessen

Kopplung - Einheit

Differenz - Sinnkriterium

System = Einheit der Differenz von System und Umwelt (Luhmann)

der selbst hervorbringen, werden als „autopoietisch" bezeichnet (Luhmann 1991, S. 60 ff.). Lehrpersonen und Schüler/innen sind Mitglieder der Schule, aber nur durch ihre Kommunikationsbeiträge konstituieren sie das soziale System Schule. Als ein „autopoietisches System" kann Schule durch ihre Mitglieder fortlaufende Kommunikationen selbst erzeugen (Selbst-Reproduktion), durch Selbststeuerung nach bestimmten Regeln (Regulationen) zu Kommunikationsprozessen verknüpfen und so die Strukturen des Systems Schule gestalten. Die Komplexität der Einzelschule ergibt sich daraus, dass im Schulalltag fortlaufend unterschiedliche Systeme zusammenwirken, das soziale System Schule und die personalen Systeme der Lehrpersonen und Schüler/innen, die wiederum als Kopplung zwischen einem psychischen und einem biologischen System (Organismus) zu betrachten sind (Abbildung 2). Daraus ergibt sich unter anderem, dass pädagogisches Handeln stets aus dem Zusammenwirken dieser drei Systemebenen resultiert und zugleich darauf einwirkt.

Die einzelne Schule als ein soziales System zeigt sich als ein Netz von sozialen Beziehungen, die auf einem fortlaufenden Prozess von Kommunikationen beruhen, die miteinander verknüpft (gekoppelt) sind, d. h. nach bestimmten Regeln aneinander anschließen. Nach außen ist jedes System klar abgegrenzt und in eine bestimmte Umwelt integriert. In Anlehnung an N. Luhmann (1991, S. 35 ff.) kann das *System Schule als die Einheit der Differenz von Schule und Umwelt* beschrieben werden. Eine systemische Sicht bedeutet also die Betrachtung der Schule als einer unauflöslichen Einheit, unterschieden und abgegrenzt von anderen Systemen in ihrer Umwelt, mit denen sie gleichwohl durch vielfältige Kommunikationsprozesse eng verbunden (gekoppelt) ist. Dazu gehören die Schülereltern, die Schuladministration, die Kommune als Schulträger, andere Bildungseinrichtungen, das Schulsystem, das soziale Umfeld, die Medien (vgl. Abbildung 2). Eine Theorie der Schule darf daher ihren Blick nicht allein auf die Schule beschränken, sondern muss sich immer auf „Schule in ihrer Umwelt" ausrichten. Zu ihrem Kern gehören die Beobachtung und Beschreibung der Austauschprozesse des Systems mit seinen bedeutsamen Umweltsystemen.

Aber damit nicht genug: Die Einzelschule verfügt auch über eine „innere Umwelt". Das sind soziale Teilsysteme in ihrem Inneren, z. B. Schulleitung, Kollegium, einzelne Schulklassen, Fachschaften oder temporäre Arbeitsgruppen sowie personale Systeme, z. B. die Lehrenden und Lernenden und andere in der Schule tätige Personen, die als Systeme durch unterschiedliche Aufgaben voneinander abgegrenzt sind, aber in vielfältigen Austauschprozessen untereinander stehen. Wenn von relevanten Umwelten der Schule die Rede ist, müssen immer die innere und äußere Umwelt einer Schule gesehen werden. Dadurch erhöht sich nochmals die Komplexität des sozialen Systems Schule.

Personale Systeme

Soziologisch orientierte Theorien fragen nach den Konstitutionsbedingungen und Merkmalen *sozialer Systeme* auf der Grundlage des Zusammenwirkens ihrer Mitglieder als psychische Systeme (Willke 1991; 2005; Luhmann 1991). Mir geht es aber im Folgenden darum, die Strukturen und Operationsweisen des sozialen Systems der Schule als Bedingungen der Möglichkeit für die Entwicklungs-, Lern- und Bildungsprozesse der Kinder und Jugendlichen aus einer *pädagogischen* Perspektive zu beschreiben. Für eine solche pädagogische Theorie der Schule ist es unabdingbar, die körperliche Dimension der Handelnden einzubeziehen, die in den soziologischen Theorieansätzen vernachlässigt wird. Deshalb werde ich die handelnden Personen in der Schule nicht als psychische, sondern als *personale Systeme* betrachten: Diese beruhen auf der engen Kopplung eines organischen Systems (Körper, Sinnesorgane, Affekte) mit einem psychischen System (Bewusstsein), und sind in der Lage, Kommunikationen (Sprache als symbolisches Sinnsystem) hervorzubringen und daher an einem sozialen System teilzuhaben.

Das ist besonders wichtig hinsichtlich der psychischen Entwicklung der Kinder und Jugendlichen, die sich während der gesamten Schulzeit noch im Prozess ihrer körperlichen Entwicklung befinden. Die Wechselwirkungen zwischen ihrem organischen und psychischen System haben zur Folge, dass die Entwicklung der Symbolsysteme des Bewusstseins und der Sprache eng an die körperliche Entwicklung der Heranwachsenden gekoppelt ist (Ko-Ontogenese). Schüler/innen werden häufig wie „Kopfmenschen" behandelt und nur in ihrer geistigen Leistungsfähigkeit angesprochen. Dabei wird übersehen, dass ihr Organismus die unverzichtbaren Energien für ihr Denken, Sprechen und Handeln liefert und ihr Lernen durch ihre Bedürfnisse, Gefühle und Affekte angetrieben oder behindert wird. Bei der Förderung ihrer Lernfähigkeit sowie ihrer Denk- und Sprachfähigkeit als Fundament der Kommunikationskompetenz müssen über die ganze Schulzeit hinweg die Wechselwirkungen mit der körperlichen Dimension und die Bedürfnisse des Organismus in Rechnung gestellt werden. Wenn im Folgenden von Lehrpersonen oder Schüler/innen die Rede ist, dann sind sie stets als *personale Systeme* angesprochen, deren Agieren auf der engen Kopplung von Körper, Bewusstsein und Sprache beruht (Büeler 1994, S. 144 ff.).

Symbolsysteme

Zur Beschreibung des Zusammenwirkens zwischen der Schule und ihren Mitgliedern muss noch eine weitere Systemebene eingeführt werden, die der Symbolsysteme. Bei der Betrachtung der handelnden Personen in der Schule, seien es Lehrkräfte oder Heranwachsende, ist es einerseits wichtig, die Einheit von Körper und Geist im Auge zu behalten. Andererseits muss zwischen ihrem psychischen System und dem Symbolsystem Sprache bzw. Kommunikation unterschieden werden, weil personale Systeme nur über Symbolsysteme eine Beziehung zum sozialen System Schule herstellen können. Psychische Systeme beruhen auf der Gleichursprünglichkeit und sehr engen Kopplung von Bewusstsein und Sprache (Willke 2005). Nur psychische Systeme können Kommunikation hervorbringen, über die sie an das soziale System Schule „gekoppelt" sind. Psychische Systeme beruhen auf der Fähigkeit des Menschen zum Zeichengebrauch, d. h. auf der Fähigkeit, Symbolsysteme in Form von Sprache oder Medien hervorzubringen. Soziale Systeme funktionieren als Symbolsysteme. „Kommunikation als Element sozialer Systeme baut auf den Symbolsystemen des Bewusstseins und der Sprache auf und ist als spezielle Ausprägung von Prozessen der Symbolisierung zu verstehen. Kommunikation bringt Individuen und soziale Systeme auf der gemeinsamen Basis von Sinn in eine Relation struktureller Kopplung, die Zusammenhang und Distanz, Autonomie und Relationierung zugleich erlaubt und erfordert." (Willke 2005, S. 18). Der Unterschied zwischen sozialen und psychischen Systemen liegt in der Art und Weise, wie sie Sinn verarbeiten: „Psychische Systeme verarbeiten Sinn in Form von Gedanken und Vorstellungen; soziale Systeme dagegen prozessieren Sinn in Form von sprachlich-symbolisch vermittelter Kommunikation. (...) Soziale Systeme bilden sich auf der Grundlage von Kommunikationen. Für ihre Kontinuität ist fortlaufende Kommunikation unerläßlich." (Willke 1991, S. 46) Das bedeutet, dass das System einer Einzelschule aus einer Abfolge aufeinander folgender Kommunikationsprozesse beruht, in denen sich ihre Mitglieder (Lehrpersonen und Schüler/innen) auf der Basis unterschiedlicher Symbolsysteme (Sprache, Medien) miteinander verständigen.

Kopplung

Da Systeme gegenüber ihrer Umwelt klar abgegrenzt sind, können sie sich gegenseitig nicht direkt beeinflussen, sie sind vielmehr über wechselseitige Austauschprozesse aneinander gekoppelt. Kopplung beruht auf Kommunikationsprozessen. (Zum Begriff der Kopplung vgl. Büeler 1994, S. 105 ff.) Die Frage ist, wie auf diesem Weg das soziale System Schule durch die Lehrpersonen die Lernprozesse der Schüler/innen als personale Systeme steuern und unterstützen kann. Kopplungsprozesse brauchen Zeit. Sie vollziehen sich als ein gemeinsamer Entwicklungsprozess des sozialen Systems Schule und der personalen Systeme der Lehrenden und Lernenden. In diesem Entwicklungsprozess (Ko-Ontogenese) während der gesamten Schulzeit sind die Systeme bedeutsame Umwelten füreinander und durch vielfältige, aber stets selektive Austauschprozesse miteinander verbunden. Das soziale System Schule und die personalen Systeme verändern sich währenddessen fortlaufend. Der Kopplungsprozess führt dann im Laufe der Zeit auf der Basis der Kommunikationsprozesse zu strukturellen Angleichungen zwischen den beteiligten Systemen: Schüler/innen übernehmen Informationen und Kommunikationsformen der Lehrenden und diese verstehen das Denken, die Lernschwierigkeiten und Anliegen der Schüler/innen; die Lehrpersonen ordnen sich den Organisationsstrukturen der Schule unter und diese passen sich den Arbeitsbedürfnissen der Lehrpersonen an. Der Erfolg der Schule hinsichtlich der Schulqualität und der Lernleistungen der Schüler/innen resultiert also nicht aus der Summe einzelner Maßnahmen auf der Grundlage von Ursache-Wirkung-Zusammenhängen. Hattie z. B. hat aus einem Datensatz von 1400 Meta-Analysen 105 Einflussfaktoren beim Lernen im Unterricht für die Teilbereiche Lehrstrategien, Implementation und Lernstrategien herausgefiltert (Hattie/Zierer 2018, S. 86 ff.). Es macht daher wenig Sinn, die Lernleistungen der Schüler/innen durch Änderung von einzelnen dieser Bedingungsfaktoren ändern zu wollen, weil diese sich wechselseitig bedingen, in spezifischen Mustern zusammenwirken und Lernprozesse nur auslösen. Die Frage, wie die Lernprozesse der Schüler/innen im Einzelnen auf der Basis von *Kopplungsprozessen* initiiert, unterstützt und gesteuert werden können, steht im Zentrum des zweiten Kapitels.

2.2 Komplexität des sozialen Systems Schule

Komplexität ist ein weiteres grundlegendes Merkmal sozialer Systeme (Luhmann, S. 46 ff.; Willke 1991, S. 10 ff.). Die Komplexität der Einzelschule ergibt sich aus ihrer funktionalen Binnendifferenzierung (siehe Abbildung 4). Das bedeutet, dass das System in seinem Inneren in eine Vielzahl von sozialen Teilsystemen mit spezifischen Aufgaben gegliedert ist, die zusammenwirken, um die gesellschaftliche Funktion des Gesamtsystems sicherzustellen. In den Teilsystemen interagieren unterschiedlich viele Mitglieder (personale Systeme) miteinander. Die daraus resultierende Fülle an Kontaktmöglichkeiten kann längst nicht vollständig realisiert werden. Damit Schule ihre Aufgaben erfüllen kann, muss daher Komplexität reduziert werden: Die Teilsysteme und das Gesamtsystem werden untereinander nach bestimmten Regeln und Organisationsmustern vernetzt und damit eine Vielzahl möglicher anderer Relationen ausgeschaltet. Aus dieser Notwendigkeit einer Reduktion der Komplexität des sozialen Systems ergeben sich zwei grundlegende Einsichten für Schulentwicklung: Für die seit Jahrzehnten eingespielten Strukturen, Muster und Regeln des alltäglichen Schul- und Unterrichtsbetriebs gibt es stets Alternativen, d. h. die altbewährten Muster sind grundsätzlich veränderbar. Aus systemischer Sicht liegen Alternativen in den ausgeschalteten, aber möglichen Relationen. Unter ihnen muss nach *funktionalen Äquivalenten* gesucht werden, nach neuen Mustern in den Handlungspraktiken und Gestaltungsformen, die die Funktionen in gleicher oder besserer Weise erfüllen. In Prozessen der Schulentwicklung geht es stets um die Suche nach besseren alternativen Handlungsmustern, Strukturen oder Regulationen zur Realisierung der vereinbarten Ziele. Ihre bewusste Gestaltung bzw. Umgestaltung hilft, die Komplexität des Systems zu verringern oder besser in den Griff zu bekommen. Wie diese Reduktion von Komplexität an der einzelnen Schule erfolgt und wie die sich daraus ergebenden veränderten Lernräume und pädagogischen Beziehungen gestaltet werden könnten oder im Hinblick auf eine Verbesserung der Schulqualität gestaltet werden sollten, muss jede Schule für sich immer wieder neu aushandeln und entscheiden.

An der Entwicklung der Preisträgerschulen des Deutschen Schulpreises wird das deutlich sichtbar. Der Deutsche Schulpreis hat sechs Qualitätsbereiche ausgewiesen, die gute Schulen auszeichnen (Beutel u. a. 2016). Die Preisträgerschulen haben im Kontext dieser Qualitätsbereiche ihre gewohnten Praktiken in Frage gestellt, nach alternativen Organisationsformen, Methoden, Handlungsmustern und Regelungen gesucht und diese über Jahre erprobt, variiert und die Erfolge in den Qualitätsbereichen evaluiert. Die Ergebnisse zeigen sich in den Dokumentationen der Preisträgerschulen der letzten 15 Jahre, die sehr anschaulich die Fülle an möglichen funktionalen Äquivalenten in allen Systembereichen zur Verbesserung der Schulqualität vor Augen führen. Beispielhaft dafür stehen die Dokumentationen „Was für Schulen!" (2008, 2009, 2014 und 2016), in denen es um Profile und Konzepte, Werkzeuge guter Praxis, Unterrichtsqualität und Schule als lernende Institution geht.

Kontingenz

Kopplungsprozesse zwischen Systemen laufen aufgrund ihrer Komplexität nicht immer reibungslos ab und ihre Ergebnisse sind selten vorhersehbar. In den

Schulen werden bei genauer Beobachtung in den Beziehungen zu ihren Mitgliedern sowie in den Beziehungen zwischen Gruppen und einzelnen Personen zwei Probleme sichtbar: Zum einen *Konflikte*, z. B. zwischen Schülern/innen, zwischen Lehrkräften und Eltern oder zwischen Lehrkräften und der Schulleitung, die allen Handelnden in der Schule vertraut sind und die oft frustrierend wirken. Zum anderen das grundlegende Problem der Kontingenz. *Kontingenz* heißt, dass sowohl personale als auch soziale Systeme grundsätzlich die Möglichkeit haben, variabel oder unvorhergesehen zu handeln und zu reagieren, weil es für sie aufgrund ihrer Komplexität in der konkreten Situation immer Handlungsalternativen gibt. Anthropologisch gesehen können Menschen aufgrund ihrer Umweltoffenheit und Plastizität prinzipiell offen und variabel handeln und reagieren (Willke 1991, S. 18 f.). Personen werden vom Verhalten ihrer Kommunikationspartner überrascht, weil diese auf völlig unerwartete Weise reagieren. Kontingenz als ein besonderes Merkmal aller sozialen Beziehungen ist in den Schulen täglich zu beobachten: Lehrpersonen sind oft überrascht, dass Schüler auf eine Aufforderung hin völlig unvorhersehbar reagieren. Und auch Schüler wissen in einer Unterrichtssituation oft nicht, wie eine Lehrkraft auf ihr unmögliches Verhalten reagieren wird. Unverständnis oder Konflikte können die Folge sein.

Aus systemtheoretischer Sicht ist damit ein grundlegendes Problem in der Beziehung zwischen Systemen angesprochen, das der „doppelten Kontingenz" (Luhmann 1991, S. 148 ff.; Willke 1991, S. 18 ff.): Von doppelter Kontingenz ist die Rede, weil beide in Beziehung stehenden Systeme kontingent handeln können. Auch eine Schule als soziales System kann alle möglichen, nicht kalkulierbaren Zustände annehmen und z. B. völlig unvorhersehbar auf eine Anordnung der Administration oder auf Elternprotest reagieren, weil ihr als Schule in einer Entscheidungssituation immer Wahlmöglichkeiten zur Verfügung stehen. Kontingenz ist stets mit Enttäuschungsgefahr verbunden und erfordert ein Sich-Einlassen auf Risiken. *Doppelte Kontingenz* lässt sich in allen pädagogischen Situationen beobachten und bedeutet: Lehrpersonen erfahren ihre eigene Kontingenz als Freiheitsgrad und Handlungsspielraum, während sie zugleich die Kontingenz der Schüler/innen als Problem mangelnder Erwartungssicherheit erleben. Das hängt nicht nur damit zusammen, dass Kinder und Jugendliche erst lernen, ihr Verhalten zu kontrollieren, d. h. rational zu handeln und sich an Normen und Regeln zu halten. Lehrer/innen werden auch deshalb nie vor Überraschungen gefeit sein, weil sie nie genau einschätzen können, welche internen Regelungen ein bestimmtes Verhalten im personalen System der Schüler/innen auslöst. Sie könnten sich manchen Ärger ersparen, wenn sie sich immer wieder bewusst machen würden, dass sich kontingentes Verhalten nie ganz ausschalten lässt und als ständige Herausforderung in ihrem Berufsalltag immer wieder bewältigt werden muss. Aber auch Lehrpersonen handeln kontingent, für die Schüler/innen auf nicht vorhersehbare Weise, weil sie in ihren Reaktionen nicht allein von ihrem Wissen, sondern ebenso von unbewussten Gefühlen, Affekten oder körperlichen Gegebenheit (Einflüssen ihres organischen Systems) gesteuert werden, die von den Lernenden nicht erkennbar sind.

Die Unwägbarkeiten der doppelten Kontingenz mit der Folge von Missverständnissen und Konflikten ist die eine Seite der sozialen Beziehungen in der Schule. Die andere, positive Seite liegt darin, dass die interagierenden Systeme, sowohl die beteiligten Personen als auch das System Schule, einen Gewinn daraus ziehen, d. h. voneinander Informationen übernehmen. Luhmann (1991, S. 286 ff.) spricht in diesem Zusammenhang von *Interpenetration* und meint damit, dass sich die Systeme im Kommunikationsprozess wechselseitig durchdringen. An einem Beispiel wird das deutlich: In den sozialen Beziehungen im Rahmen einer Unterrichtsstunde agieren Lehrende und Heranwachsende als individuell handelnde Subjekte. Sie hören zu, überlegen und treffen eine Auswahl aus vielen Handlungsalternativen und leisten schließlich einen Diskussionsbeitrag zum Unterrichtsthema. Aus systemischer Sicht ist dieses Handeln Teil des Kommunikationsprozesses, der das soziale System Unterricht konstituiert. Die Informationen, die die Teilnehmer aus dem Kommunikationsprozess entnehmen, lösen Regulierungen in ihren inneren Strukturen aus. Diese führen z. B. bei der Lehrerin zu pädagogischem Handeln (Ermahnung) als Reaktion auf unerwünschtes Schülerverhalten (Schwätzen). Die Klasse reagiert darauf regelkonform: Es kehrt Ruhe ein und die Kinder konzentrieren sich eine Zeitlang auf das Unterrichtsthema. Die Lehrerin sieht die Wirksamkeit ihres pädagogischen Handelns bestätigt und dadurch festigt sich Ermahnen als ein Erfolg versprechendes Handlungsmuster. Bei einigen Schülern/innen lösen die Informationen, die sie während der aufmerksamen Verfolgung der Diskussion aufgenommen haben, Transformationen in ihren Denkmustern aus: Sie eignen sich Wissen über das Unterrichtsthema an, das ihnen Erfolg bei der anstehenden Prüfung beschert. Dadurch festigt sich Aufmerksamkeit als ein Handlungsmuster, das für sie positive Effekte zur Folge hat.

Dazu ein weiteres Beispiel: Die Schulleitung eines Gymnasiums beobachtet als soziales System, dass einige Kollegen/innen noch Schwierigkeiten mit den neu eingeführten Methoden des personalisierten Lernens mit digitalen Medien haben. Das kommt in Pausengesprächen und in Form von Klagen in einer Sitzung des Kollegiums zum Ausdruck. Die Schulleiterin sieht sich aufgrund dieser Beobachtungen zum Handeln gedrängt und regt die Bildung einer Arbeitsgruppe im Kollegium an. Diese erarbeitet Anwendungsbeispiele in verschiedenen Fächern, erprobt sie in den einzelnen Klassen und evaluiert sie schließlich in der Gruppe. Die verunsicherten Kollegen/innen können sich in ihren Fächern an den Beispielen orientieren, selbst experimentieren und so an Handlungsfähigkeit gewinnen.

Konflikt

Mit zunehmender Kontingenz und Komplexität der Systeme steigt das *Konfliktpotenzial* in zwischenmenschlichen Beziehungen, weil auf der einen Seite zwischen den Handlungspartnern Unstimmigkeiten über die Sinnorientierungen entstehen können, an denen sie ihr gemeinsames Handeln ausrichten wollen. Auf der anderen Seite eröffnet Kontingenz verschiedene Handlungsmöglichkeiten und es kann zu Konflikten über die Entscheidung kommen, welche Handlungsalternativen verwirklicht werden sollen. Diese beiden Formen des Konflikts lassen sich in der Schule auf allen Ebenen sozialer Beziehungen beobachten, zwischen Schülerinnen und Schülern, den Lehrkräften untereinander, den Heranwachsenden und den Lehrpersonen oder zwischen Kollegium und Schulleitung. Um das Ausmaß der Kontingenz zu verringern und Konflikte möglichst zu vermeiden, werden soziale Situationen in der Schule durch Normen und Regeln, Rituale und Gewohnheiten abgesichert. Wichtig ist dabei nicht nur, dass die Heranwachsenden im Laufe der Schulzeit immer besser lernen, ihr Verhalten an Normen und Regeln auszurichten und zu kontrollieren. Es kommt auch darauf an, dass Regeln klar sind und anerkannt werden, was am ehesten dann der Fall ist, wenn sie gemeinsam ausgehandelt wurden. Trotzdem ist der Alltag in jeder Schule durch Missverständnisse, Unstimmigkeiten, Enttäuschungen und Konflikte gekennzeichnet, weil sich die doppelte Kontingenz und ihre Folgen nie ganz vermeiden lassen. Um die Erwartungssicherheit in den sozialen Beziehungen im Raum der Schule zu erhöhen, ist aus pädagogischer Sicht der Aufbau von gegenseitigem *Vertrauen* von besonderer Bedeutung (Luhmann 1991, S. 179 ff.; Hüther 2016, S. 108 ff.). Was Vertrauen als Grundprinzip für die Arbeit einer ganzen Schule bedeuten kann, zeigt das Beispiel des Gymnasiums Neckartenzlingen mit ca. 2000 Schülerinnen und Schülern: „Die Grundpfeiler des Lebens und Lernens an der Schule sind nicht Gesetze, Verordnungen, Curricula, Aufsichtspflicht, sondern Vertrauen, Verantwortung und Ehrenamt ...Das so gewährte Vertrauen garantiert offensichtlich ein Arbeitsklima, das sehr angenehm und effektiv ist" (Der Deutsche Schulpreis 2007, S. 68 ff., hier S. 73).

Interpenetration

Wie die Beispiele zeigen, ist die Beziehung zwischen personalen und sozialen Systemen auf der Basis von Kopplungsprozessen zwar störanfällig, bringt aber beiden Seiten einen Gewinn. Er ergibt sich daraus, dass der Prozess der Kopplung auf Interpenetration zwischen den personalen Systemen und den sozialen Teilsystemen (z. B. Unterricht oder Schulleitung) oder dem Gesamtsystem Schule beruht. Dadurch wird sichergestellt, dass personale und soziale Systeme einerseits in ihrem Handeln als Subjekte bzw. kollektive Akteure unabhängig bleiben, andererseits aber von der gemeinsamen Konstitution und Teilhabe am Kommunikationsprozess profitieren. Soziale Systeme (z. B. Schule, Kollegium, Schulklasse) sowie personale Systeme (z. B. Lehrpersonen, Schüler/innen) nehmen in diesen Austauschprozessen an *Eigenkomplexität* zu. Zum einen werden bei den Heranwachsenden durch die Steigerung der Eigenkomplexität ihre Lerninstrumente und ihre Handlungsfähigkeit fortlaufend verbessert. So lässt sich der Entwicklungsprozess der Heranwachsenden als zunehmende Verwicklung in Verhältnisse beschreiben, die immer verwickelter werden. Das kennzeichnet sehr präzise, wie die fortlaufenden Anregungen aus den schulischen Kommunikationsprozessen während der gesamten Schulzeit den Entwicklungsprozess der Heranwachsenden vorantreiben und die Entwicklung ihrer Persönlichkeit fördern. Zum anderen ist dieser Zusammenhang für die Qualität der Schule von entscheidender Bedeutung. Durch die Zunahme ihrer Eigenkomplexität wird die Fähigkeit der Schule zur Aufnahme von Informationen, Anregungen oder Störungen aus der Umwelt sowie ihrer Kapazität zur Verarbeitung dieser Daten verbessert. Daraus ergeben sich sowohl Notwendigkeiten als auch Möglichkeiten zu Transformationen in den sozialen, sachlichen und zeitlichen Strukturen im Inneren. Auf diese Weise *lernt* das soziale System Schule und damit eröffnen sich ihm neue Ansatzpunkte, Handlungsmöglichkeiten und Strategien zur Weiterentwicklung.

2.3 Sinnorientierungen

Im Zuge der funktionalen Ausdifferenzierung des Bildungssystems kommt den einzelnen Schulen eine spezifische Aufgabe zu, die sie nur adäquat erfüllen können, wenn sie sich von anderen Systemen in ihrer Umwelt abgrenzen. „Der Sinn von Grenzen liegt in der Begrenzung Sinn." (Willke 1991, S. 37) Aus Sicht der Systemtheorie ist alles menschliche Handeln sinnorientiert und auf Sinnverwirlichung angelegt (vgl. Luhmann 1991, S. 92 ff.). Die Abgrenzung des Systems Schule von anderen sozialen Systemen in seiner Umwelt, z. B. Kindertagesstätten oder Hochschulen, erfolgt nicht in erster Linie durch raum-zeitliche Grenzen. Vielmehr sind diese eine Folge der Begrenzung durch den spezifischen *Sinn der Schule*. Der Sinn des Handelns der in der Schule tätigen Personen und der Schule als Gesamtheit ist darauf ausgerichtet, dass alle Kinder und Jugendlichen zwischen 6 und 18 Jahren die in den Erziehungs- und Bildungsplänen gesellschaftlich legitimierten und gesetzlich vorgegebenen Lern-, Erziehungs- und Bildungsziele erreichen. Sie dienen als Sinnorientierungsmöglichkeiten, die das Handeln aller im Raum der Schule auf ihre Verwirklichung ausrichten sollen. Sinn und System bedingen sich wechselseitig: Schule als System wird durch pädagogische Sinnorientierungen konstituiert und erzeugt kontinuierlich diesen systemspezifischen Sinn.

Durch das Sinnkriterium „Lernen", das diese pädagogischen Sinnorientierungen kennzeichnet, unterscheidet sich die Schule von sozialen Systemen mit anderen Sinnorientierungen (z. B. einem Krankenhaus oder einem Wirtschaftsunternehmen) und gleichzeitig wird dadurch ihre Einheit als System gesichert. Als *Sinnsystem* mit gesellschaftlichen Funktionen kann die Schule deshalb auch als eine *pädagogische Institution* angesehen werden, die zwischen personalen und sozialen Systemen vermittelt: „Institution ist ein organisierendes Prinzip (Symbolsystem; Organisation), welches das zusätzliche Kriterium einer normativ legitimierten und im gesellschaftlichen (öffentlichen) Interesse liegenden Leitidee verfolgt" (Willke 2005, S. 43). In etlichen Publikationen wird Schule zwar als Institution oder Organisation betrachtet, aber mit Bezug auf diese systemtheoretische Bestimmung von Institution wird deutlich, dass es sich dabei um eingeschränkte Sichtweisen handelt (Senge 1996; Schratz, Pant, Wischer, 2013, S. 7 ff.; Eikenbusch 2016, S. 146 f.). Durch die institutionelle Absicherung der Leitideen Erziehung, Bildung, gesellschaftliche Teilhabe ist das Handeln im Raum der Schule von der täglichen Sinnfrage entlastet: Es muss nicht ständig neu diskutiert und ausgehandelt werden, dass alles Handeln in Schule und Unterricht auf diese Sinnorientierungen hin auszurichten ist. Und die Mitglieder im System können sich besser verständigen, wenn sich ihr Handeln an gemeinsamen Zielen orientiert. Die tägliche Arbeit kann sich dann darauf konzentrieren, Möglichkeiten und Handlungsalternativen zu ihrer Realisierung zu finden und dementsprechend die Strukturen und Prozesse des sozialen Systems Schule und ihre auf Kommunikation gegründete Kopplung mit den personalen Systemen der Heranwachsenden zu gestalten. Das schließt nicht aus, dass auf gesellschaftlicher Ebene die pädagogischen Leitideen infolge des rasanten gesellschaftlichen Wandels immer wieder diskutiert und inhaltlich neu ausgefüllt werden müssen. Diese Diskussion findet derzeit kaum statt; sie überschreitet den Rahmen einer Theorie der Einzelschule als soziales System.

2.4 Operative Geschlossenheit und Offenheit

Komplexe sinnhafte Systeme wie die Schule entwickeln durch Grenzbildung und Abschließung nach außen in ihrem Inneren Spielräume für autonomes Operieren. „Operative Geschlossenheit" (Willke 1991, S. 42) bedeutet, dass nur das System selbst die Grundregeln und Tiefenstrukturen seiner Operationsformen bestimmt. Diese Operationsweise wird als Selbstreferenz bezeichnet: Operationen des Systems greifen auf Operationen des Systems zu; z. B. bearbeitet die Schulleitung bestimmte Informationen, die sie von den Klassenleitungen bzw. Lehrkräften erhalten hat. Das System Schule schafft damit selbst bestimmte Voraussetzungen und Prämissen seines Operierens. Wenn etwa ein Kollegium die Einführung eines Programms zur Gewaltprävention in der Unterstufe beschließt und die Formen der Umsetzung festlegt, werden damit die Voraussetzungen für entsprechende Unterrichtsentwürfe für die einzelnen Lehrpersonen geschaffen. Das bedeutet, dass Schule in ihrem Inneren auf Prozessen der Selbststeuerung beruht und in dieser Hinsicht von der Umwelt unabhängig ist.

Die Orientierung der Schule an den pädagogischen Sinnorientierungen auf der Grundlage geschlossener, selbstreferentieller Verweisungszusammenhänge bewirkt ihre Abgrenzung von und die Differenzen zu anderen Umweltsystemen. Auf Grund dieser operativen Geschlossenheit verfügt jede einzelne Schule über eine gewisse Autonomie (Näheres dazu im Abschnitt 6). Gleichzeitig muss sie jedoch immer in ihrer Einbettung in ihre je spezifische Umwelt gesehen und als Einheit mit den relevanten Umweltsystemen erfasst werden. Wie jedes System muss die Schule nach außen offen sein, weil sie zur Aufnahme von Informationen und Energien gezwungen ist. Sie kann ihre spezifischen Funktionsweisen im Inneren zur Erreichung ihrer Ziele nur durch vielfältige Austauschprozesse mit den bedeutsamen Systemen in ihrer Umwelt herausbilden (Fremdreferenz). Diese Beziehungen können wechselseitige Erwartungen und Anregungen, Informationen, aber auch Störungen oder Zwänge sein, die ihr Funktionieren am Laufen halten, ihre Strukturen anreichern und so ihre Entwicklung vorantreiben (Willke 1991, S. 48 f.).

3. Die Positionierung der Einzelschule in ihrem Umfeld

Die Ausgestaltung der Schule im Inneren kann nicht unabhängig von ihrer Verortung als System in ihrem Umfeld erfolgen. Jede Schule muss sich klarmachen, welche sozialen Systeme in ihrer Umwelt für sie bedeutsam sind, wie sie sich von ihnen abgrenzt und auf welche Weise sie mit ihnen in Beziehung steht. In der Abbildung 3 ist das System Schule durch einen Rahmen gekennzeichnet, der seine raum-zeitlichen und seine sinnhaften Grenzen markiert. Die Abbildung zeigt, dass sich jede Schule in vier Richtungen sinnhaft von relevanten Umweltsystemen abgrenzt, mit denen sie gleichwohl vielfältige Interaktions- und Austauschbeziehungen unterhalten muss, wenn sie ihre gesellschaftlichen Funktionen erfüllen will. Diese im Folgenden zu beschreibenden Grenzparameter (in der Abbildung rot) kennzeichnen die variablen Faktoren, die die Austauschbeziehungen des Systems Schule mit ihren Umweltsystemen bestimmen.

Abbildung 3: Grenzparameter (rot): Einzelschule und ihre relevanten Umweltsysteme (eigene Darstellung)

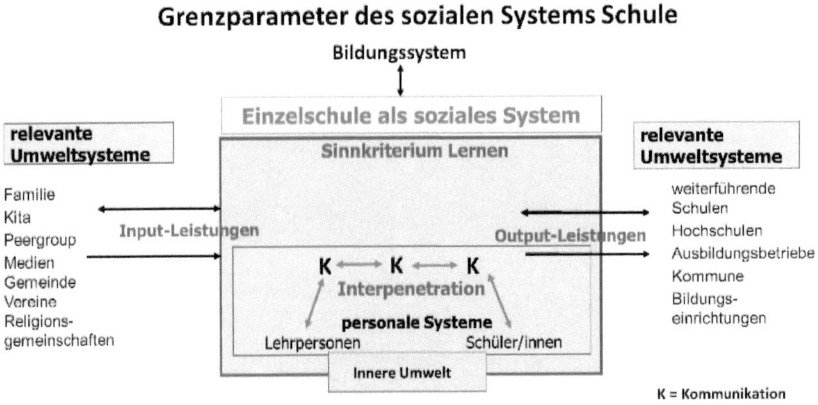

Sie machen deutlich, welche Aufgaben und Möglichkeiten, aber auch Probleme und Belastungen für die Schule mit diesen Grenzziehungen verbunden sind und welche Folgen sich daraus für das Funktionieren des Systems im Inneren und nach außen ergeben.

3.1 Sinnorientierungen zur Abgrenzung der Einzelschule vom Bildungssystem

Der erste Grenzparameter betrifft die sinnhafte Abgrenzung der Einzelschule als Teilsystem gegenüber dem umfassenden Bildungssystem sowie den anderen Bildungseinrichtungen der Gesellschaft (in der Abbildung Sinnkriterium „Lernen"). Dabei geht es um die Frage, wie sich die Funktionen der Erziehung, Bildung und Teilhabe entsprechend den Lernfähigkeiten der Heranwachsenden einerseits und den spezifischen Anforderungen der Gesellschaft andererseits ausdifferenziert haben. Der Grenzparameter beruht auf der Ausdifferenzierung des *Sinnkriteriums „Lernen"*: Alle Bildungseinrichtungen zielen auf das Lernen der Heranwachsenden, aber damit ist ein breites Spektrum an pädagogischen Sinnorientierungsmöglichkeiten verbunden. Die einzelnen Schulen unterscheiden sich durch ihre je spezifischen Lern-, Erziehungs- und Bildungsziele, auf die sie sich im Laufe der Zeit spezialisiert haben. Die Ausdifferenzierung des Bildungssystems entsprechend dem Sinnkriterium Lernen erfolgte stufenweise dadurch, dass sich für bestimmte Lernanforderungen immer spezifischere Erziehungs- und Bildungseinrichtungen entwickelt haben. Und seit der Erfindung der Schule haben sich auch immer neue Schularten und Schulformen mit spezifischen Lernanforderungen ausgebildet. Sie werden in den einzelnen Bundesländern auf der Grundlage bildungspolitischer Entscheidungen in Form eigener Erziehungs- und Bildungspläne und Organisationsstrukturen zu einem je eigenen Bildungssystem ausgestaltet. In diesem Kontext muss dann die einzelne Schule die verbindlichen Erziehungs- und Bildungspläne auf ihre konkrete Situation hin auslegen und die pädagogischen Sinnorientierungen unter ihren je spezifischen Bedingungen als Grundschule, Gymnasium oder Berufsschule je nach der sozialräumlichen Lage (Brennpunktschule in einer Großstadt) oder einer besonderen inhaltlichen Ausrichtung (Sportgymnasium) präzisieren. Schulen können innerhalb dieses Rahmens Schwerpunktsetzungen oder Ergänzungen in ihren Zielsetzungen vornehmen und auf diese Weise besondere Sinnorientierungsmöglichkeiten in Form eines eigenen Schulprofils eröffnen (z. B. als behindertengerechte Schule, als Medienschule oder als UNESCO-Schule) oder eine besondere inhaltliche Ausrichtung als christliche oder als zweisprachige Schule verfolgen. Diese unterschiedlichen Sinnorientierungen verweisen auf die Notwendigkeit, die Einzelschule als Ansatzpunkt für Maßnahmen zur Schulentwicklung und zur Verbesserung der Schulqualität zu wählen (Pirner 2019, S. 5).

Jede einzelne Schule muss sich vom übergeordneten Bildungssystem abgrenzen. Dafür ist es von entscheidender Bedeutung, wie sie die gesetzlich vorgegebenen Erziehungs- und Bildungsziele in ein Schulcurriculum übersetzt und an die konkrete Situation der Schule anpasst: an ihre sozial-räumliche Lage, die Zusammensetzung der Schülerschaft, die Erwartungen aus dem sozialen und politischen Umfeld. Mit Bezug auf das Sinnkriterium Lernen kommt es daher für jede einzelne Schule darauf an, differenziert und präzise die pädagogischen Sinnorientierungen zu fassen, an der sie ihre gesamte Arbeit ausrichten und durch die sie sich von anderen Schulen unterscheiden möchte.

An dieser Stelle wird deutlich, dass der erste Grenzparameter, d. h., die sinnhafte Abgrenzung der Einzelschule von anderen Erziehungs- und Bildungseinrichtungen, weder allein durch das Bildungssystem, noch durch die einzelne Schule erfolgt, sondern das Ergebnis eines Abstimmungsprozesses zwischen Schule, Bildungssystem und anderen bedeutsamen Umweltsystemen darstellt. Die Bemühungen um Schulentwicklung in den letzten Jahrzehnten zeigen, wie z. B. das Wissenschaftssystem auf den ersten Grenzparameter einwirkt. Durch die Schwerpunktsetzung und die Ergebnisse der Schulqualitäts- und Schulentwicklungsforschung werden bei der Frage nach den Sinnorientierungen einer Schule meist nur die Erfüllung der Fachlernziele gesehen und bei ihrer Beurteilung einseitig die Schulleistungen der Schüler/innen ins Zentrum gestellt (Bohl u. a. 2010). Dafür wurden differenzierte Kompetenzmodelle ausgearbeitet, curriculare Bildungsstandards formuliert, ausgefeilt und an Kriterien orientierte Methoden zur Leistungsmessung entwickelt sowie Testverfahren als Grundlage für Leistungsvergleiche erprobt (vgl. die PISA-Studien seit 2001). Für die Beurteilung der Qualität einer Schule wird meist ein mehrdimensionaler Leistungsbegriff als wichtig erachtet, der neben Fachlernzielen auch Erziehungsziele, Leistungsmotivation der Schüler/innen sowie die Leistungen der Lehrkräfte bei der Gestaltung abwechslungsreicher Lernumgebungen berücksichtigt (Prenzel 2016, S. 16 ff.). Letztlich stehen bei einer administrativen oder öffentlichen Beurteilung der Schulen immer die messbaren Lernleistungen der Schüler/innen im Mittelpunkt. Das ist bildungspolitisch und gesellschaftlich bedeutsam, weil darauf die Selektionsfunktion der Schule aufbaut: Von den Schulleistungen hängen Bildungskarriere, berufliche Chancen und der Zugang zu bestimmten gesellschaftlichen Positionen der Heranwachsenden ab. Mit dieser Fokussierung ist allerdings eine Engführung der Qualitätsbeurteilung von Schulen, insbesondere in der öffentlichen Diskussion (bei Eltern und in der Berufs- und Arbeitswelt) verbunden, die aus pädagogischer Sicht problematisch erscheint, weil die entsprechenden Erwartungen auf den Schulbetrieb zurückwirken. Wenn nur noch die Ziffernnoten die Qualität der Schulabschlüsse bestimmen, besteht die Gefahr, dass Erziehung und damit tendenziell eine ganzheitliche Förderung der Persönlichkeitsbildung der Heranwachsenden erschwert oder sogar beeinträchtigt werden.

In ihrem Prozess der Schulentwicklung zeigen viele Schulen aber auch, wie sie in einer eigensinnigen Interpretation der gesetzlichen Vorgaben den ersten Grenzparameter bestimmen und sich dadurch von anderen Schulen unterscheiden. Einzelne Schulen achten nicht nur auf Leistungsverbesserung. Sie kümmern sich darüber hinaus auch um den Erziehungsauftrag der Schule, um die sozial-moralische Entwicklung der Heranwachsenden sowie um ihre Teilhabemöglichkeiten an Kultur und Gesellschaft. Sie entwickeln eine besondere Schulkultur und zeichnen sich bei der Erfüllung spezifischer Anforderungen im Bereich der Sozialisation und Erziehung aus, z. B. im Hinblick auf Inklusion oder Gesundheitserziehung. Andere Schulen sind bei der Ausprägung eines besonderen Schulprofils erfolgreich, z. B. bei der Sprachförderung in Schulen mit einem hohen Prozentsatz an Schülern mit Migrationshintergrund, bei der Minderung von Konflikten oder Gewalt an Brennpunktschulen oder bei der Integration digitaler Medien in einer Schule mit dem Profil „Medienschule". Ein Beispiel dafür ist die Städtische Anne-Frank-Realschule in München, die 2014 Hauptpreisträger des Deutschen Schulpreises war. Sie grenzt sich vom gängigen Verständnis einer Realschule durch spezifische pädagogische Zielvorstellungen ab. Unter dem Titel: „Mädchenbildung: beharrlich, mutig, anspruchsvoll" wird die Besonderheit der Schule zusammenfassend so charakterisiert: „Die Anne-Frank-Realschule ist eine außergewöhnliche Schule, die schulische Bildung vom Kind her denkt. Ihr gelingt es, fachliches und soziales Lernen mit einem hohen und umfassenden Leistungsanspruch zu verbinden. Mädchenbildung wird hier abseits tradierter Rollenmuster neu definiert. Die Schule versteht Elitebildung nicht als elitäre Bildung, sondern nimmt alle Schülerinnen mit auf den Weg hin zu einem für sie bestmöglichen Abschluss. Auf den Punkt gebracht: Die Anne-Frank-Realschule ist eine Schule, die wichtige Anregungen für eine zeitgemäße und geschlechtersensible Mädchenbildung bietet, auch für koedukative Schulen!" (K. Höhmann, in: Der Deutsche Schulpreis 2014, S. 33).

3.2 Abgrenzung der Schule von sozialen Umweltsystemen, die Vorleistungen für die Schule erbringen

Hier geht es um das Verhältnis der Schule zu anderen sozialen Systemen in ihrem Umfeld, die für sie auf unterschiedliche Weise bedeutsam sein können. Dabei lassen sich zwei unterschiedliche *Grenzparameter* beobachten, die im Folgenden als Inputleistungen und Outputleistungen (vgl. Abbildung 3, S. 39) näher gekennzeichnet werden (Luhmann 1991, S. 275 ff.). In beiden Fällen handelt es sich um Kopplungsprozesse zwischen sozialen Systemen, die wechselseitig für einander relevante Umwelten darstellen.

Inputleistungen stellen jene Abstimmungsleistungen der Schule dar, die sie im Hinblick auf jene Vorleistungen erbringen muss, die andere soziale Systeme für sie bereitstellen. Das sind zu allererst die verbindlichen Vorgaben durch Schuladministration und Sachaufwandsträger (Kommune, Landkreis, Regierung), die die Schulen in ihren inhaltlichen, personellen, finanziellen und sachlichen Strukturen sichern sollen, sie damit aber auch weitgehend organisatorisch festlegen. Diese Vorgaben begrenzen weniger die Sinnorientierungsmöglichkeiten einer Schule als vielmehr die Handlungsmöglichkeiten zur Verwirklichung der in den Curricula festgelegten Ziele. In der schulpädagogischen Diskussion wurde bis zur Jahrtausendwende von einigen Seiten sogar bezweifelt, ob die Schulen unter diesen administrativen und organisatorischen Bedingungen im Kontext eines hierarchischen Bildungssystems ihre Qualifikationsfunktion überhaupt hinreichend erfüllen können. (Vgl. dazu z. B. die Diskussion in Helsper u. a. 2008, S. 84 ff.)

Die Inputleistungen einer Schule bestehen darin, diese von außen kommenden Vorgaben hinsichtlich ihrer Auswirkungen auf die Umsetzung der Erziehungs- und Bildungsaufgaben zu überprüfen und gegebenenfalls auf notwendige Änderungen hinzuarbeiten. Viele Schulen zeigen, dass dies möglich ist, und zwar sowohl für die einzelne Schule als auch generell durch das Bestreben um Gesetzesänderungen. In allen Bemühungen um Schulentwicklung geht es auch um diese schwierigen Abstimmungsleistungen, die jede Schule in der Auseinandersetzung mit gesetzlichen, administrativen oder kommunalen Vorgaben erbringen muss. Wichtig aus systemischer Sicht ist die Erkenntnis, dass diese strukturellen Vorgaben von der einzelnen Schule im Lichte ihrer Sinnorientierungen bewertet werden müssen und dass sie prinzipiell veränderbar sind.

Ganz wichtige Inputleistungen für die Schulen bestehen weiterhin in den Erziehungs- und Bildungsleistungen der Familien und Kitas, aber auch in den Sozialisationsleistungen der Peergroups und der Medien, die den Kindern wichtige Erfahrungs-, Lern- und Bildungsräume bieten (Spanhel 2020). Jede Schule muss ihre Arbeit auf diese spezifischen Vorleistungen abstimmen, um im Rahmen der institutionellen, organisatorischen und sachlichen Vorgaben eigene Lösungen für die Verwirklichung ihrer pädagogischen Sinnorientierungen entwickeln zu können. Schulen brauchen dafür Freiräume, um eigene Wege und Handlungsalternativen für den Umgang mit der Heterogenität ihrer Kinder und deren Bildungsvoraussetzungen, mit der Vielfalt der Kulturen, die sie mit in die Schule bringen, mit den unterschiedlichen Erwartungen der Eltern an Schule und Unterricht zu finden und zu erproben. In den folgenden Abschnitten wird sich zeigen, dass Schulen solche Freiräume haben, und wie sie als Basis für Schulentwicklung genutzt werden können.

Für ein Gymnasium z. B. sind die Leistungen der Grundschule Inputleistungen, für die Grundschulen sind es die Vorleistungen der Kitas. Einerseits sind die Schulen für eine Erfolg versprechende Bildungs- und Erziehungsarbeit auf diese Vorleistungen angewiesen. Andererseits stellen sie selbst auch spezifische Erwartungen an diese Umweltsysteme, z. B. an die Kitas hinsichtlich der Vorbereitung der Vorschulkinder auf den Schuleintritt oder an die Bereitschaft der Eltern zur Kooperation oder an die Kommunen hinsichtlich der sachlichen und räumlichen Ausstattung der Schule. Infolge vielfältiger kultureller und nationaler Herkunft der Schüler/innen und der großen Unterschiede im Bildungshintergrund der Familien stellen die äußerst heterogenen Bildungsvoraussetzungen bei den Kindern heute die größte Herausforderung für die Inputleistungen der Schule dar (Trautmann, Wischer 2011; Budde 2013). Die Frage ist, welchen Begriff von Vielfalt eine Schule hat, ob sie Heterogenität nur als eine Belastung oder auch eine Bereicherung ansieht. Davon hängt es ab, ob sie erkennt, dass es in ihrem Umfeld Problemgruppen gibt (Kinder aus Migrantenfamilien oder aus sozial benachteiligten Familien), die eine besondere Betreuung brauchen, welche Probleme damit verbunden und welche Voraussetzungen und Ressourcen dafür erforderlich sind. Dann muss sie entscheiden, ob sie diese besondere Herausforderung annehmen will und es sich zutraut, die unterschiedlichen Bildungsvoraussetzungen, Interessen und Lernfähigkeiten dieser Kinder auszugleichen, ihre Benachteiligungen zu überwinden und ihr individuelles Lernen planvoll zu fördern. Wenn sich z. B. eine Schule verpflichtet fühlt, die im Rahmen der UN-Kinderrechtskonvention verbindlich vorgegebene Aufgabe der Inklusion ernst zu nehmen, muss sie die eingefahrenen Organisationsstrukturen, Arbeits- und Sozialformen in den schulischen und unterrichtlichen Bereichen hinterfragen und neue Strukturen und Arbeitsformen entwickeln und erproben (Häcker, Walm 2015; Prengel 2015). Wie Heterogenität als Bereicherung genutzt werden kann, zeigt das Alexander-von-Humboldt-Gymnasium in Hamburg: „Die Vielfalt vor der eigenen Haustür bewahren" (In: Der Deutsche Schulpreis: Vom Umgang mit Vielfalt – Beispiele guter Praxis". Seelze 2012, S. 71 ff. In diesem Band finden sich weitere Beispiele für den praktischen Umgang mit Heterogenität an einzelnen Schulen.)

Die Qualität einer Schule wird sichtbar, wenn es ihr gelingt, divergierende Inputleistungen nicht nur in der Schuleingangsphase, sondern während der gesamten Schullaufbahn auszugleichen und die kulturelle Vielfalt pädagogisch fruchtbar zu machen. Um diese Inputleistungen einer Schule besser beurteilen zu können, wurde z. B. für den Qualitätsbereich Umgang mit Vielfalt im Rahmen des Deutschen Schulpreises eine Checkliste entwickelt, die folgende vier Aspekte umfasst: Selbstverständnis (Vielfalt als Bereicherung und Konzepte für einen aktiven Umgang mit spezifischen Unterschiedlichkeiten); Unterricht (Methoden für individualisiertes und personalisiertes Lernen); Monitoring (Begleitung, Beobachtung und Dokumentation der individuellen Lernentwicklung); Unterstützung und Förderung (Wahrnehmung der Persönlichkeit der Schülerinnen und Schüler in ihren Stärken und Schwächen) (Beutel u. a. 2016, S. 49).

Für die Inputleistungen einer Schule ist von entscheidender Bedeutung, dass sie auf die vielfältigen Anforderungen von außen nicht nur reagiert, sondern von sich aus ihre eigenen Erwartungen signalisiert. Vielfältige Austauschprozesse und Abstimmungsleistungen zwischen einer Schule und den für sie wichtigen Umweltsystemen führen zu einer engen Kopplung. Die Schule versucht auf der einen Seite, ihre Erwartungen gegenüber der Schuladministration, den Kommunen sowie den Familien, Kitas und Heimen zu verdeutlichen und zu begründen, damit sich diese darauf einstellen können. Auf der anderen Seite muss sie aber auch offen für deren Erwartungen, Befürchtungen und Schwierigkeiten sein, sie anhören und gemeinsam mit ihnen nach Möglichkeiten suchen, um die unterschiedlichen Vorstellungen aufeinander abzustimmen. Bei der Frage, welche Anforderungen aus den Umweltsystemen eine Schule für sich als relevante Aufgaben annehmen und wie sie darauf eingehen sollte, kann es durchaus zu Konflikten im Kollegium kommen. Sie lassen sich vermeiden, wenn sich Schulleitung, Kollegium und Schulforum auf Relevanzkriterien einigen, nach denen künftig entschieden wird, auf welche Anforderungen aus dem Umfeld sich die Schule einlassen möchte.

3.3 Abgrenzung der Schule von sozialen Umweltsystemen, für die sie Outputleistungen erbringt

Mit *Outputleistungen* werden die spezifischen Leistungen der Schule bezeichnet, die sie für andere relevante Umweltsysteme erbringt, z. B. für weiterführende Schulen, für Berufsschulen oder Hochschulen, für Ausbildungsbetriebe oder andere Bildungseinrichtungen (vgl. Abbildung 3, S. 39). Im weiteren Sinne sind dies auch Leistungen, die für die Politik und andere gesellschaftliche Systeme, etwa das Wirtschafts-, Rechts- oder Mediensystem erbracht werden müssen, auf die ich aber im Folgenden nur beispielhaft eingehen kann. In der Folge der neuesten PISA-Studie wird über unzureichende Outputleistungen der Schulen geklagt, z. B. über die mangelnde Lesefähigkeit vieler Schülerinnen und Schüler oder die Tatsache, dass viele Jugendliche die Schule ohne Schulabschluss verlassen. Die Outputleistungen der Schule gehen jedoch weit über die in den Zeugnissen dokumentierten Schulleistungen oder in Portfolios festgehaltenen Kompetenzen der Heranwachsenden hinaus. Sie sind auch eine Antwort der Schule auf neue Erwartungen und Anforderungen, die sich in der Folge gesellschaftlicher Veränderungen an die Schule stellen, z. B. die Befähigung zum eigenständigen Lernen mit digitalen Medien im Rahmen von Home-Schooling während der Corona-Pandemie. Hinzu kommen Erwartungen anderer gesellschaftlicher Teilsysteme, wie z. B. des Wirtschaftssystems hinsichtlich der Vermittlung grundlegender Kompetenzen wie Zuverlässigkeit, Einsatzbereitschaft, Kommunikations- und Kritikfähigkeit, Werbe- und Konsumkompetenz oder politische Bildung.

Was mit Outputleistungen einer Schule gemeint ist, kann das Beispiel der Gesamtschule Kaiserplatz in Krefeld verdeutlichen, die nach dem Motto arbeitet: „Abschlüsse sichern – Leben erfahren". Das Kollegium bemüht sich gezielt darum, ein Scheitern von Schulkarrieren und von Perspektivlosigkeit der Schülerinnen und Schüler zu vermeiden und durch zahlreiche Kooperationen eine begründete Berufswahl zu ermöglichen. Dadurch werden die Eingliederung der Absolventinnen und Absolventen in die Berufswelt erleichtert und die Voraussetzungen für ihre Teilnahme am gesellschaftlichen Leben verbessert (Der Deutsche Schulpreis, 2010, S. 128 f.).

Die systemische Leistung der einzelnen Schule liegt wie bei den Inputleistungen in dem Bemühen, die gegenseitigen Erwartungen zwischen Schule und Umweltsystemen aufeinander abzustimmen. Dazu müsste die einzelne Schule z. B. die Erwartungen der weiterführenden Bildungsinstitutionen, der Kommune oder der Elternschaft, der Wirtschaft oder der Politik kritisch hinterfragen und deutlich machen, was sie vernünftigerweise unter den ihr vorgegebenen Rahmenbedingungen leisten kann. Und sie müsste aufzeigen, welche besonderen Anliegen sie im Sinne ihrer eigenen Profilbildung verwirklichen will.

Bezüglich dieser Outputleistungen kann es an jeder Schule zu Konflikten kommen. Das betrifft besonders die Frage, welche Strategien oder Handlungsalternativen die Schule auswählen soll, um eine Aufgabe unter den Bedingungen mangelnder finanzieller und personeller Ressourcen und ungenügender sachlicher und räumlicher Ausstattung bewältigen zu können, z. B. die Beschulung einer großen Zahl von Migrantenkindern ohne Deutschkenntnisse und ohne zusätzliche Fachlehrkräfte oder die Durchführung von Home-Schooling während der Corona-Pandemie ohne angemessene Ausstattung der Schulen mit digitalen Medien.

Die Beschreibung dieser ersten drei Grenzparameter zeigt, dass Schule als soziales System nach außen hin abgeschlossen ist, aber trotzdem in vielfältigen Austauschprozessen mit den relevanten Umweltsystemen steht, die selbst auch als geschlossene Einheiten agieren. Systeme können – wie schon gesagt – wegen ihrer operativen Geschlossenheit grundsätzlich nicht direkt auf die inneren Regulationen anderer Systeme einwirken (vgl. Abschnitt 1.2). Schule ist daher nicht vollständig abhängig von ihren Umweltbeziehungen, muss aber offen hinsichtlich der Aufnahme von Energie (Personal, Ressourcen) und Informationen sein, um ihre Aufgaben erfüllen und sich weiter entwickeln zu können. Systeme sind wechselseitig füreinander relevante Umwelten. Da sie bei der Bewältigung ihrer Aufgaben aufeinander angewiesen sind, ist es wichtig, dass Schule und ihre Umweltsysteme in *erwartbarer Weise* aufeinander reagieren und ihre Interaktionen aufeinander abstimmen. Je enger die Beziehungen, desto besser können sie zusammenwirken und voneinander profitieren, z. B. bei der Abstimmung zwischen Schule und Elternschaft über grundlegende gemeinsame Erziehungsmuster oder bei einer Kooperation der Schule mit anderen Bildungseinrichtungen in der Gemeinde, z. B. der Bibliothek, der Volkshochschule oder einem Jugendzentrum. Dieses besondere Beziehungsverhältnis zwischen sozialen Systemen wurde oben (Abschnitt 1.2) als „strukturelle Kopplung" bezeichnet (Maturana 1982 in Willke 1991, S. 46): In den Systemen kommt es dabei zu strukturellen Angleichungen, die aber eben nicht das Ergebnis direkter Einwirkungen von außen, sondern Resultat systeminterner Regelungsprozesse über einen längeren Zeitraum sind. Eine Grundschule kann zum Beispiel die Eingangsstufe so gestalten, dass sie den spezifischen Vorleistungen der Kitas gerecht wird, und die Kitas können versuchen, sich den Erwartungen der Grundschule anzupassen. Aber die Kita kann nicht bestimmen, wie die Grundschule ihre Eingangsstufe gestalten sollte, und die Grundschule kann der Kita nicht vorschreiben, wie sie die erforderlichen Vorleistungen zu erbringen hat. (Vgl. dazu das Beispiel der Preisträgerschule „Schule am Pfälzer Weg, Bremen": Chancen der Vielfalt: verstanden, gewürdigt, umgesetzt. In: Der Deutsche Schulpreis, Seelze 2012, S. 47 ff.)

Für Maßnahmen zur Schulentwicklung ist es daher wichtig, dass Schulen ihre Beziehungen zu bedeutsamen Umweltsystemen bewusst gestalten und so kontrollieren, dass sie die Arbeit an der Schule stabilisieren, angestrebte Entwicklungsprozesse unterstützen und neue Herausforderungen bewältigen können. Gute Schulen sind in der Lage, ihre Außenbeziehungen fortlaufend zu beobachten und gegenseitige Abstimmungsprozesse so zu steuern und zu stabilisieren, dass berechtigte Erwartungen berücksichtigt, korrigiert oder mit Gründen zurückgewiesen, gleichzeitig aber auch die pädagogischen Bemühungen der Schule anerkannt und unterstützt und damit Kräfte zehrende Konflikte vermieden werden. Diese Besonderheit der Beziehungen zwischen unterschiedlichen Systemen als Kopplung muss in den folgenden Abschnitten noch weiter geklärt werden, weil die Notwendigkeit von Abstimmungen zwischen eigenständigen Systemen für das „Funktionieren" von Schule von zentraler Bedeutung ist.

4. Die innere Umwelt des Systems Schule: Abgrenzung des sozialen Systems Schule von den personalen Systemen seiner Mitglieder

Für eine Schule als Organisation oder Institution sind die in ihr handelnden Personen Mitglieder, die sie gestalten und ihr Funktionieren sichern. Aus dieser Sicht müssten die Beziehungen der Schule zu ihren Mitgliedern, den Lehrpersonen und den Heranwachsenden, aus zwei Perspektiven betrachtet werden, denn eine Beziehung ist immer das Ergebnis einer doppelten Beschreibung (Bateson 1990a, S. 165). Zum einen aus der *Perspektive der Schule*: Wie wirkt die Schule auf die in ihr handelnden Personen ein? Wie können die Zwänge oder Freiräume der Schulorganisation die Lehrpersonen in ihrer Unterrichtsarbeit beeinflussen? Wie wirken Unterrichtsorganisation und eine unterschiedliche Gestaltung der Lehr-Lernprozesse auf die Aufmerksamkeit und die Lernleistungen der Schüler/innen? Wie wirken die im Kollegium getroffenen Maßnahmen gegen Gewalt und Mobbing bei den Schülern/innen? Zum anderen aus der *Perspektive der handelnden Personen*: Wie wirken sich die Kompetenzen einzelner Lehrkräfte auf den Schulbetrieb aus? Wie können Lehrpersonen auf die Planung und Durchführung von Maßnahmen zur Schulentwicklung einwirken? Wie wirken Schüler/innen bei der Gestaltung des Unterrichts oder des Schullebens mit? Welche Möglichkeiten haben sie, Projekte oder Schulveranstaltungen eigenständig zu organisieren?

In einer systemtheoretischen Betrachtungsweise geht es nicht um eine isolierte Betrachtung dieser Perspektiven, sondern um die Frage, wie in den innerschulischen Beziehungsverhältnissen in der Schule einzelne Gruppen und die handelnden Personen zusammenwirken. Im Fokus steht dabei die Qualität der Beziehungen zwischen sozialen und personalen Systemen. Im vorherigen Abschnitt habe ich gezeigt, wie sich jedes soziale System von seinen relevanten sozialen Umweltsystemen abgrenzen muss. Nun stellt sich die Frage, wie sich das soziale System Schule von den personalen Systemen der in ihr handelnden Personen abgrenzt. Diese Frage ist höchst bedeutsam, weil aus systemischer Sicht die in ihr handelnden Personen nicht vollständig Teil der Schule sind. Sie gehören als personale Systeme nicht zum sozialen System, sondern fungieren als (bedeutsame) innere Umwelt für das soziale System Schule. Dabei handelt es sich um ein besonderes Beziehungsverhältnis zwischen einem sozialen System und personalen Systemen, das genauer untersucht werden muss, um das Funktionieren von Schule als sozialem System zu verstehen.

In der stark vereinfachten schematischen Darstellung in Abbildung 4 stellt der rosafarbene Kasten das soziale System Schule dar. Dieses System besteht aus fortlaufenden Kommunikationsprozessen. Der blaue Kasten im unteren Teil symbolisiert die innere Umwelt der Schule. Die personalen Systeme (PS) agieren zwar „in der Schule", sie haben jedoch nur durch ihre Teilhabe am Kommunikationsprozess Anteil am sozialen System Schule. Ansonsten bleiben Lehrpersonen und Schüler/innen als personale Systeme autonom, d. h. sinnhaft abgegrenzt von anderen personalen oder sozialen Systemen. Das ist ein ungewohnter Gedanke: Kinder, Jugendliche und Lehrpersonen sind zwar Mitglieder einer Schule, aber am sozialen System Schule haben sie nur durch ihre Kommunikationsbeiträge Anteil; als personale Systeme gehören sie zur inneren Umwelt der Schule.

Abbildung 4: Schematische Darstellung der inneren Umwelt des Systems Schule (eigene Darstellung)

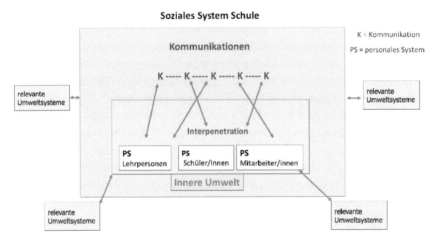

Von ihren Erlebnissen und Erfahrungen in Freizeit, Familie oder Medien (relevanten Umweltsystemen, mit denen sie in Beziehung stehen), ihren Bedürfnissen nach Zuwendung oder Anerkennung, ihren Ängsten oder Wünschen weiß die Schule als System nichts und kann darauf nicht reagieren, solange sie nicht im Kommunikationsprozess offengelegt werden.

„In systemtheoretischer Perspektive gehören die Mitglieder eines sozialen Systems als Personen zur Umwelt dieses Systems; denn sie gehören nie ‚mit Haut und Haaren‘, sondern nur in bestimmten Hinsichten, mit bestimmten Rollen, Motiven, und Aufmerksamkeiten dem System zu. (...) Die Innenwelt umfasst die Relationen des Systems mit seinen Mitgliedern. Diese müssen untereinander abgestimmt werden, weil sie durch unterschiedliche eigene Umweltbezüge – etwa außersystemische Rollenverpflichtungen – divergente Orientierungen entwickeln. (....) Die Abstimmung betrifft die Mitglieder (Individuen, Gruppen,

Abteilungen) in ihrem Verhältnis untereinander und in ihrem Verhältnis jeweils zum fokalen System" (Willke 1991, S. 39 f.).

Diese Abstimmungsprozesse zwischen den handelnden Personen im Raum der Schule führen zu der Frage nach dem besonderen Beziehungsverhältnis zwischen dem sozialen System Schule, das auf dem Prozessieren von Kommunikation beruht, und den personalen Systemen, den handelnden Personen als Mitgliedern der Schule. Beziehungen zwischen unterschiedlichen Systemen wurden oben bereits als Kopplung gekennzeichnet (Abschnitt 2.1). Um diese besondere Kopplung zwischen der Schule (soziales System) und den in ihr handelnden Personen (personale Systeme) genauer zu beschreiben, stütze ich mich auf den von Luhmann geprägten Begriff der *Interpenetration* (Luhmann 1991, S. 290 ff.). Damit bezeichnet er eine besonders enge Kopplung zwischen psychischen und sozialen Systemen, die sich wechselseitig bedingen. Durch die Teilnahme an den Kommunikationsprozessen durchdringen sich die sozialen Systeme (Schule, Kollegium) und personalen Systeme (Lehrende und Lernende) und dabei verbessern beide Systeme ihr Wissen und ihre Kompetenzen, ohne die Autonomie ihres Handelns zu verlieren. Das ist möglich, weil sie aus dem Kommunikationsprozess jeweils eigene Informationen nach eigenen Kriterien sinnhaft auswählen und diese auf je eigene Weise verarbeiten: Personale Systeme bearbeiten Sinn in Form von Gedanken und Vorstellungen, während soziale Systeme Sinn in Form von sprachlich-symbolisch vermittelten Kommunikationen verarbeiten. Trotz dieser Interpenetration bleiben Schule und Kollegium (als soziale Systeme) und Lehrende und Lernende (als personale Systeme) voneinander getrennt agierende Systeme.

„Interpenetration führt zur Inklusion insofern, als die Komplexität der beitragenden Systeme von den aufnehmenden Systemen mitbenutzt wird. Sie führt aber auch zur Exklusion insofern, als eine Mehrzahl von interpenetrierenden Systemen, um dies zu ermöglichen, sich in ihrer Autopoiesis (Selbstkonstituierung, D. S.) voneinander unterscheiden müssen." (Luhmann 1991, S. 299) Diese wechselseitige Durchdringung kommt in der Darstellung in Abbildung 4 durch die Doppelpfeile zwischen den Kommunikationen und den personalen Systemen zum Ausdruck: Die handelnden Personen leisten ihren Beitrag zum Kommunikationsprozess und konstituieren durch ihre Teilhabe das soziale System Schule. Dieses handelt als kollektiver Akteur und nutzt diese Beiträge, damit es seine Erziehungs- und Bildungsfunktion erfüllen kann. Die Kommunikationsprozesse wirken zugleich auf die einzelnen Personen zurück (rekursive Prozesse) und können die autonom operierenden personalen Systeme zu Transformationen in ihrem Inneren anregen.

Ich muss diese besondere Sichtweise der Beziehungen zwischen der Schule als sozialem System und ihren Mitgliedern als personalen Systemen noch genauer erläutern. Entscheidend ist die Erkenntnis, dass sowohl personale als auch soziale Systeme sinnhaft konstituiert sind. Sie be- und verarbeiten Sinn zwar auf unterschiedliche Art und Weise (Luhmann 1991, S. 92 ff.), durch ihre Teilnahme an den Kommunikationsprozessen tragen sie jedoch zum Fortgang der schulischen Abläufe bei, indem sie sich gemeinsam an den Sinnorientierungen der Schule ausrichten. Insofern führt Interpenetration zur Inklusion, d. h., dass Schule die kognitive Komplexität der personalen Systeme (die Erfahrungen und das Wissen und Können der Lehrpersonen und der Schüler/innen) in Form ihrer Kommunikationsbeiträge zur Erfüllung ihrer Aufgabe mitbenutzt.

Zum Beispiel nutzt eine Realschule die Anregungen, Erfahrungen und Kenntnisse, die zwei Kolleginnen bei einer Fortbildung zum personalisierten Lernen mit Medien erworben haben. In einer Sitzung des Kollegiums stellen die beiden beispielhaft einige methodische Möglichkeiten vor und anschließend wird in den Klassenstufenteams diskutiert und entschieden, in welchem Fach erste Schritte mit einem der vorgestellten Verfahren durchgeführt werden sollen. Nach einer Erprobungsphase werden dann die Erfahrungen im Kollegium ausgetauscht und entschieden, wie diese Methode weitergeführt, verbessert und auch in anderen Fächern eingesetzt werden könnte. Aus diesen Erfahrungen gewinnt das Kollegium neues Wissen. Das erhöht die Komplexität der Schule als System und bereichert ihre Handlungsfähigkeit. Gleichzeitig können die einzelnen Lehrpersonen ihre kognitive Komplexität erhöhen und ihre methodische Kompetenz verbessern.

Zur Interpenetration zwischen personalen und sozialen Systemen auf der Grundlage unterschiedlicher Verarbeitungsformen von Sinn noch ein weiteres Beispiel: Die Leiterin einer Grundschule hat sich seit längerem mit Fragen, Problemen und Möglichkeiten von Schulentwicklung befasst und sich Gedanken darüber gemacht, wie sie ihre Schule auf den Weg bringen könnte. Nach Rücksprache mit dem Schulleitungsteam trägt sie ihre Vorstellungen im Kollegium vor, um einen ersten Impuls zu setzen. In einer hitzigen Diskussion werden Zustimmungen, Widerspruch und alternative Vorschläge geäußert. Die unterschiedlichen Ideen, Erwartungen und Ängste der Mitglieder des Kollegiums werden in diesem Kommunikationsprozess verarbeitet und führen zu einem Konflikt. Die Schulleiterin könnte nun ihren Vorschlag mit autoritärer Gewalt durchzusetzen versuchen. Sie könnte aber auch in weiteren Kommunikationsprozessen (evtl. unter Einbeziehung externer Experten) dem Kollegium Konzepte und Erfahrungen mit Entwicklungsprozessen an anderen Schulen vorstellen oder Einzelgespräche mit Kolleginnen und Kollegen führen, um eine tragfähige Basis für ihr Entwicklungsvorhaben zu gewinnen.

Das Beispiel verdeutlicht: Lehrkräfte und Schulleiterin bearbeiten Sinn auf der Grundlage von Regulationen zwischen ihren inneren Strukturen, den Wahrnehmungs-, Gefühls-, Wertungs-, Denk- und Handlungsmustern. Auf dieser Basis bringen sie Kommunikationsbeiträge hervor und setzen dadurch einen Kommunikationsprozess im Kollegium in Gang. Durch ihre Beiträge zu diesem Kommunikationsprozess konstituieren sie das System Kollegium: Sie bringen Kommunikationen ein, nehmen welche auf, verarbeiten sie und reagieren in

Form von Anschlusskommunikationen darauf. Das soziale System Kollegium bearbeitet Sinn auf der Grundlage dieser fortlaufenden Kommunikationen, die aber nur von den handelnden Personen erzeugt und in Gang gehalten werden können: Nur durch ihre Kommunikationsbeiträge sind die handelnden Personen Teil des sozialen Systems und gestalten es mit. Als personale Systeme bleiben sie in ihren Operationen unabhängig.

In diesem Sinne kann eine Schule ihre innere Umwelt nie vollkommen kontrollieren. Das kann z. B. bei der Umsetzung von Beschlüssen des Kollegiums zur Regelung der Notenvergabe in den einzelnen Schulklassen zu unterschiedlichen Vorgehensweisen führen, weil die Lehrpersonen dazu bisher ihre eigenen Erfahrungen gemacht und ganz andere Vorstellungen von Leistungsbeurteilung entwickelt haben. Wenn es zu Beschwerden (von Eltern) oder Konflikten (zwischen einzelnen Lehrpersonen) kommt, werden die persönlichen Differenzen sichtbar und können für die Einheit der Schule bedrohlich werden. Im Kollegium können auf Grund von Vorschlägen einheitliche Regelungen zur Leistungsbeurteilung vereinbart werden. Diese Diskussion im Kollegium stellt einen Prozess *systemischer Kommunikation* dar, in dem es um die Festlegung spezifischer Operationsweisen für das System geht. Das ist ein typisches Beispiel für das selbstreferentielle Prozessieren des Systems, in dem sich die Schule auf ihr eigenes Agieren bezieht.

Bei einer Betrachtung der Schule als soziales System ist es von herausragender Bedeutung, dass Schulen ihre innere Umwelt als einen eigenen Bereich beobachten, der einerseits wertvolle Ressourcen, Anregungen und Ideen liefert, aber auch zu mannigfaltigen Konflikten und Störungen führen kann, die frühzeitig erkannt und behoben werden müssen. Sie müssen respektieren, dass Beziehungen zwischen personalen und sozialen Systemen nur über die Teilnahme an Kommunikation hergestellt werden können, dass die Systeme aber dabei autonom handeln und Lehrende und Lernende als personale Systeme für das System Schule nicht „verfügbar" sind. Wenn Schulen bestimmte Entwicklungsziele realisieren wollen, müssen sie sich darüber im Klaren sein, dass dies nur im Rahmen einer aktiven Beteiligung möglichst aller Mitglieder an den Kommunikationsprozessen der Schule gelingen kann. Sie müssen daher darauf achten, die schulischen Kommunikationen auf allen Ebenen offen und variabel zu gestalten, damit möglichst alle Schüler/innen bereit und trotz ihrer sehr unterschiedlichen Bildungsvoraussetzungen und personalen Strukturen dazu auch fähig sind.

5. Die Autonomie der Einzelschule

Die Grenzparameter zeigen die Einbettung der Schule in den gesellschaftlichen Kontext und bestimmen die Art der Beziehungen zu ihren bedeutsamen Umweltsystemen. Gleichzeitig grenzen sie das System von diesen Umwelten ab: Alles, was im Inneren der Schule geschieht, ist das Ergebnis von Prozessen der Selbststeuerung im System nach eigenen Regeln auf der Basis von Kommunikation. Auf Grund dieser operativen Geschlossenheit gewinnt die einzelne Schule ihre Autonomie. (Vgl. Abschnitt 2.4) Sie wird als System handlungs- und reflexionsfähig wie eine Person, kann im Laufe der Zeit eine eigene Identität aufbauen und im Rahmen eines Entwicklungsprozesses eigene Ziele verfolgen (vgl. Willke 1991, S. 128 ff.).

Diese Sichtweise ist ungewohnt und unterscheidet sich von einem traditionellen Verständnis von Schulautonomie. Seit den 1970er Jahren wird über die Autonomie der einzelnen Schulen diskutiert. In den Schulgesetzen der Länder ist jedoch nicht von Autonomie, sondern von Eigenverantwortlichkeit oder Selbständigkeit die Rede (Juranek 2019). Dabei geht es immer um das Verhältnis zwischen Schuladministration, Schulträgern und Einzelschule, z. B., was die Rekrutierung und dienstliche Beurteilung der Lehrpersonen oder die finanzielle Eigenständigkeit der einzelnen Schulen betrifft. Von besonderer Bedeutung ist dabei die Frage, wieviel Freiheit den Schulen im Hinblick auf die Steuerungsinstrumente (Curricula, zentrale Prüfungen, Leistungsvergleiche) gewährt werden, die vergleichbare Arbeitsweisen und pädagogische Leistungen der Schulen sicherstellen sollen. Ganz im Gegensatz dazu steht ein Verständnis von Schulautonomie, wie es im Folgenden in seinen Voraussetzungen und Folgen expliziert werden soll. Aus systemischer Sicht verfügt jede einzelne Schule als System unabhängig von den besonderen Regelungen oder Zugeständnissen der Administration über eine zumindest partielle Autonomie.

Durch die Abgrenzung gegenüber seiner Umwelt entsteht „die Möglichkeit der *operativen Geschlossenheit* eines Systems: ein System, wie etwa (...) ein Klassenzimmer,(...) eine wissenschaftliche Disziplin ...(oder eine Schule, D. S.) definiert für sich selbst diejenige Grenze, die es ihm erlaubt, die eigene Identität nach intern produzierten und prozessierten Regeln zu erzeugen und gegenüber einer externen Realität durchzuhalten". (Willke 1991, S. 42) Diese Regulationen bestimmen im Inneren auf der Grundlage von Prozessen der Selbstreferenz und Selbststeuerung die Abfolgen und Vernetzungen der Kommunikationen als Elemente des Systems Schule („basale Zirkularität"). D. h., Kommunikation bringt in einem selbstbezüglichen, rekursiven Verweisungszusammenhang von Operationen neue Kommunikation hervor (vgl. Willke 1991, S. 48). Sie eröffnet

Möglichkeiten für Anschlusskommunikationen auf der Ebene der Schulleitung, des Gesamtkollegiums, der Fachkonferenzen, der Schülervertretungen, die sich auf Angelegenheiten der Schule selbst beziehen. Diese Kommunikationsabläufe sichern das Funktionieren der Schule als System und werden als *systemische Kommunikation* bezeichnet. Sie müssen der Schule als einem handelnden Kollektiv zugerechnet werden. Im Unterschied dazu lassen sich die individuellen Kommunikationsbeiträge der Lehrpersonen und Heranwachsenden, die sich auf ein Unterrichtsthema oder auf Lernprobleme bei einzelnen Schülerinnen oder Schülern beziehen, jeweils einer bestimmten Person als Handlung zuschreiben.

Die Autonomie einer Einzelschule zeigt sich darin, dass sie als System handlungsfähig ist. Wenn z. B. der Direktor eines Gymnasiums der Elternvertretung einen Beschluss der Lehrerkonferenz mitteilt, dann spricht er als Schulleiter, als Repräsentant des Systems, und der Inhalt des Beschlusses kann ihm nicht als Person zugerechnet werden. Die anschließende Diskussion mit den Elternvertretern kann als systemische Kommunikation betrachtet werden, sofern die Personen in ihrer Rolle als Vertreter einer Institution argumentieren. Durch den Direktor handelt die Schule als Akteur. Sie ist als soziales System genauso handlungsfähig wie eine Person. Schulisches Handeln ist Ergebnis von „intern produzierten und prozessierten Regeln", also von der Art und Weise, wie Zeugnis- oder Stundenplankonferenzen oder dienstliche Besprechungen der Fachlehrer durchgeführt oder wie Absprachen oder Entscheidungen im Kollegium z. B. darüber getroffen werden, welche Schulbücher in den einzelnen Fächern eingesetzt werden sollen. Das Handeln der Schule als System manifestiert sich auch in der Klasseneinteilung, in der Gestaltung des Stundenplans oder in der Einrichtung von Wahlkursen. Dieses systemisch koordinierte Handeln hat das Ziel, die Operationsweisen und Organisationsstrukturen im Inneren zu sichern und die Schule insgesamt gegenüber ihrer Umwelt in einer bestimmten Weise zur Geltung zu bringen. Dadurch wird die Schule im Inneren in einem gewissen Grade operativ unabhängig von staatlichen Vorgaben, finanziellen Zwängen, administrativen Verordnungen oder Erwartungen der Eltern oder der Wirtschaft. Solche Umweltereignisse können im System nur eigene Verarbeitungsprozesse *anstoßen*, mit welchen Regulationen aber die einzelne Schule darauf reagiert, lässt sich nie genau vorhersehen oder von außen bestimmen.

Schulautonomie zeigt sich darin, dass selbst dort, wo die Schule als Teilsystem den Regeln, Prozessen und Strukturen des Bildungssystems untergeordnet ist, den administrativen Anweisungen (Regelungen, Steuerungsversuchen) auf der Basis interner Operationen ein *schulspezifischer Sinn* zugeschrieben wird. Jede Schule sucht aufgrund ihrer besonderen Situation ihren eigenen Weg, wie Anordnungen „von oben" oder Steuerungsversuche von außen umgesetzt werden. Damit ist die grundlegende Problematik gekennzeichnet, die viele bisherige Verfahren zur externen Schulevaluation und darauf aufbauende Ansätze zu einer extern oder administrativ gesteuerten Schulentwicklung belastet oder zum Scheitern verurteilt hat.

Soziale Systeme lassen sich aufgrund ihrer „operativen Geschlossenheit" eben nicht von außen steuern. Aufgrund dieser Autonomie besitzt jede Schule als System *Handlungsfähigkeit* und kann eine eigene *Identität* ausbilden. Damit verfügt sie über die grundlegenden Voraussetzungen und Möglichkeiten einer selbstgesteuerten Schulentwicklung. „Denn Systeme mit hoher Eigenkomplexität können den selegierten Input durch intern produzierte Informationen, Verknüpfungen, Bedeutungen und Eigenschaften aufbereiten. Im Laufe seiner Geschichte kann ein soziales System Erfahrungen, Wissen und anderen Ressourcen speichern, die ihm (...) gegenüber Umweltzwängen eine **partielle Autonomie** erlauben: gegenüber einer einseitigen Bestimmung durch die Umwelt ist es nun zu einem bestimmten Grade möglich, eigene Präferenzen durchzuhalten, subjektive Weltentwürfe auch gegenüber Kontingenzen der Umwelt aufrechtzuerhalten und so den sinnhaften Aufbau eines von seiner Umwelt abgrenzbaren und abhebbaren Sozialsystems mit eigener Identität und Handlungsfähigkeit zu leisten"(Willke 1991, S. 34; Hervorhebung im Original).

Auf die Einzelschule übertragen heißt dies: Eine Schule kann aufgrund ihrer Eigenkomplexität im Laufe der Zeit ihre eigenen Erfahrungen, Erkenntnisse, Ziele und Zukunftsvisionen speichern. Wie personale Systeme besitzt auch das System Schule ein Gedächtnis: Das sind die Ordnungsmuster, Verfahrensweisen und Regeln, aber auch Schulordnungen, Protokolle oder andere schriftliche Festlegungen, in denen Erfahrungen, Wissen und Vorstellungen der Schule abgespeichert werden. Vieles davon ist in eingeübten und tradierten Handlungsmustern gespeichert, die oft gar nicht bewusst sind oder explizit thematisiert werden. Sie können die Autonomie einer Schule einschränken. Aber grundsätzlich ist sie auf der Basis ihres Wissens und ihrer Erfahrungen in der Lage, die von außen (von der Schuladministration oder einem Beratergremium) kommenden Vorschläge, Vorgaben oder Maßnahmen zur Schulentwicklung zu beurteilen und daraus eine spezifische Auswahl zu treffen. Die ausgewählten Daten werden nach den internen Operationsweisen mit den eigenen Vorerfahrungen, Vorstellungen von Schulqualität und Präferenzen verknüpft und aufbereitet. Auf dieser Grundlage kann dann die Schule eigene Ideen und Ziele für ihre Zukunft entwickeln. Schließlich muss sie sich auf bestimmte Zielstellungen einigen und entscheiden, mit welchen Strategien und Maßnahmen zur Qualitätsentwicklung sie diese Ziele erreichen will.

Diese Selbststeuerungsmechanismen machen das System Schule in seiner Tiefenstruktur operativ unabhängig von Steuerungsversuchen von außen und ermöglichen ihm den Aufbau einer eigenen Identität. Diese verkörpert das Sinnkriterium der Schule, ihre wesentlichen Zielstellungen, nach denen sie die Energien und Informationen, Anregungen und Vorschläge aus ihrer Umwelt auswählt, die sie braucht, um sich weiter zu entwickeln und ihre Identität zu stabilisieren. Durch die Aufnahme und Selektion von Informationen aus Umweltsystemen wird die selbstbezügliche und geschlossene Operationsweise im Inneren durchbrochen. Insofern kann Schule als ein partiell geschlossenes System betrachtet werden, das Offenheit ermöglicht (Willke 1991, S. 49). Von den Austauschprozessen profitiert jedoch nicht nur die Schule, sondern auch das Umweltsystem, mit dem sie in Beziehung steht. Ein überzeugendes Beispiel dafür, wie eine Schule autonom handeln, Gewinn aus ihrer Verankerung im Umfeld ziehen kann und gleichzeitig die Kommune als Umweltsystem bereichert, ist die Franz-Leuniger-Schule in Mengerskirchen im Westerwald: „Es braucht ein ganzes Dorf, um ein Kind zu erziehen – und mittendrin eine Schule wie unsere!" In der Laudatio als Preisträgerschule des Deutschen Schulpreises heißt es dazu: „Konsequent handelt sie nach ihrem Leitsatz „Stärken stärken – Schwächen schwächen". Sie nimmt alle Kinder ihrer fünf Ortschaften auf und lebt Inklusion. (...) Außergewöhnliches hat die Schule geleistet mit dem Netzwerk „Bildungsforum Mengerskirchen". Es bindet alle Beteiligten vor Ort ein und schafft Raum für Engagement von Eltern, Politik, Wirtschaft und anderen Bildungseinrichtungen. Durch überlegte Schulentwicklung und das Bildungsforum hat die Schule ihre Gemeinde lebendig und attraktiv gemacht." (In: Der Deutsche Schulpreis, 2018, S. 27)

Aber welche Steuerungsfaktoren und Regelungsgrößen bestimmen die Regulierungen im Inneren des Systems? Die Abgrenzung der Schule nach außen ermöglicht Identität mit einer eigenen Präferenzordnung, in der sich die jahrelangen Erfahrungen der Schule niederschlagen und die die Selbstregulationsprozesse im Inneren stabilisiert. Sie besteht aus einem meist ungeschriebenen Satz von Werten, Normen, Zielen, Regeln und Rollen, nach dem entschieden wird, wie in einer konkreten Problemsituation gehandelt werden soll. In diesem Erfahrungsschatz ist das gesamte Wissen darüber versammelt, was sich über Jahre hinweg an dieser Schule für ein reibungsloses Funktionieren und die Verwirklichung ihrer Ziele als bedeutsam erwiesen hat oder nicht. Die Präferenzordnung einer Schule kann nicht einfach von der Schulleitung verordnet werden, sondern ist Ergebnis von Abstimmungsergebnissen mit relevanten Umweltsystemen und von Regulationsprozessen auf der Basis systemischer Kommunikation im Inneren, an denen das Kollegium sowie die Eltern- und Schülervertretung mitwirken. Dadurch formt jede Schule ihre ganz eigene *Identität* aus. „Die Präferenzordnung eines sozialen Systems bezeichnet den Zusammenhang sinnhaft-symbolisch konstituierter regulativer Mechanismen, welche die Transaktionen zwischen System und Umwelt steuern. (...) Die Steuerung der Selektion von Umweltdaten durch eine nach Sinnkriterien gebildete Präferenzordnung ist Bedingung der Möglichkeit der Systembildung. (...) Die Besonderheit psychischer und sozialer Systeme liegt darin, dass sie einen Grad an Eigenkomplexität und Umweltdifferenzierung erreicht haben, der ihnen die Bildung interner Außenweltmodelle und mithin aufgrund interner reflexiver Prozesse Selbstbewußtsein und die Thematisierung der eigenen Identität ermöglicht." (Willke 1991, S. 31)

Damit sind die grundlegenden Voraussetzungen genannt, die der einzelnen Schule als soziales System die Ausbildung einer eigenen Identität ermöglichen. Grundsätzlich verfügt jede Schule aufgrund der außerordentlichen operativen und kognitiven Komplexität nicht nur über Handlungsfähigkeit, sondern auch über die Fähigkeit zur Reflexion, sich selbst zu beobachten und zu thematisieren. Allerdings sind diese Fähigkeiten unterschiedlich ausgeprägt. Wenn eine Schule sie nutzt, wendet sie sich reflexiv ihren eigenen Abläufen zu, beobachtet ihre Stärken und Schwächen, ihre Schwierigkeiten und Probleme, nimmt ihre Einschätzungen von außen wahr und zeichnet auf dieser Basis ein Bild von sich selbst. Ihre Identität sichert die Einheit als System und bringt sie nach außen zur Darstellung. Identität kann sich in einem Profil oder in einer differenzierten Selbstbeschreibung niederschlagen. Sie festigt sich, wenn die Schule immer wieder die Erwartungen erfüllt, die entsprechend diesem Image von außen an sie herangetragen werden. Schule ist aufgrund ihrer Reflexionsfähigkeit auch in der Lage, Ideen und Vorstellungen über eine Verbesserung ihrer Funktionsweisen, Strukturen und Regeln zu konzipieren und schließlich ein *Idealbild* von sich selbst zu entwerfen. Hier zeigt sich am Beispiel der Schule eine besondere Fähigkeit symbolischer Systeme: Sie verfügen über Imagination und Futurität, sie sind in der Lage, Ziele, Bilder, Vorstellungen von ihrer zukünftigen Entwicklung zu entwerfen, Pläne zu ihrer Erreichung auszuarbeiten und selbstgesteuert umzusetzen (Willke 2005, S. 237). Wenn Schulen ein Idealbild konzipieren und mit ihrem Selbstbild konfrontieren, kann dies eine starke Motivation und ein hervorragender Ausgangspunkt für die Einleitung von Maßnahmen zur Schulentwicklung sein.

Während diese systemische Auffassung von der Autonomie einer Schule einerseits Möglichkeiten für selbst gestaltete Entwicklungsprozesse eröffnet, macht sie andererseits auch verständlich, warum Schulen oder Kollegien von außen angebotene Konzepte, Modelle oder Programme zur Unterstützung eines gewünschten Schulentwicklungsprozesses nicht ohne weiteres annehmen. Ich habe dies mehrfach in meiner eigenen Arbeit erlebt und möchte das an drei Beispielen erläutern:

Beispiel Modellversuche. In den 1990er Jahren wurden von der Bund-Länder-Kommission für Bildungsforschung und Forschungsförderung zahlreiche Modellversuche zur Medienerziehung an den Schulen veranlasst. Ich habe selbst einen Modellversuch zur integrativen Medienerziehung an einer Hauptschule in Erlangen über die Dauer von drei Jahren durchgeführt (Spanhel 1999). Die Veröffentlichung der Ergebnisse erfolgte in Form von Praxisbausteinen für die Lehrkräfte, einer CD-Rom mit Unterrichtsbeispielen und mit einem Fragebogen zur Erfassung des Medienverhaltens der Schüler/innen im Kontext ihres Freizeitverhaltens. Diese Materialien wurden an alle bayerischen Schulen verschickt, und der Modellversuch wurde in zahlreichen Fortbildungsveranstaltungen vorgestellt, fand aber keine Resonanz an den Schulen. Daran konnte auch der begleitende, von der Bund-Länder-Kommission vorgelegte Orientierungsrahmen zur Medienerziehung an den Schulen (1995) nichts ändern.

Beispiel Gewaltprävention in der Schule. Im Rahmen dieses Modellversuchs hat mein Mitarbeiter auf der Grundlage vorliegender Präventionskonzepte auf wissenschaftlicher Basis ein Programm zur Prävention von Mediengewalt entwickelt, theoretisch begründet, erprobt, evaluiert und bis in einzelne Arbeitsschritte zur Umsetzung in der Schule ausgearbeitet und in einem bekannten Schulbuchverlag veröffentlicht (Kleber 2003). Obwohl damals viele Schulen mit dem Problem medieninduzierter Gewalt zu kämpfen hatten, wurde das Programm kaum genutzt.

Beispiel der Preisträgerschulen und der nominierten Schulen für den Deutschen Schulpreis (Seelze 2006 ff.): An diesen Schulen lassen sich die emergenten Eigenschaften der Schule als System, ihre Imagination und Futurität, sehr gut beobachten. Sie belegen, dass die verfestigten Strukturen, Regelungen und Methoden der traditionellen Schule veränderbar sind. Sie demonstrieren dies an einer unglaublichen Vielfalt an kreativen und zukunftsfähigen Modellen von Schule, mit sehr unterschiedlichen, neuen, aber funktional äquivalenten Ordnungsmustern, Verfahrensweisen und Kommunikationsformen im Inneren. Ihre Evaluation ergab, dass sie sowohl hinsichtlich der Schulleistungen, als auch aller anderen Merkmale von Schulqualität völlig überzeugen konnten. In ihrer Gesamtheit stellen sie uns ein lebendiges Bild möglicher Formen von Schule der Zukunft mit hoher Leistungsfähigkeit und Qualität vor Augen. (Einen guten Überblick gibt das Heft „Der Deutsche Schulpreis 2011: Was für Schulen! Schule der Zukunft in gesellschaftlicher Verantwortung", mit einem Überblick über sämtliche Bewerberschulen im Jahr 2011, S. 126–140.) Aber die Bemühungen der Deutschen Schulakademie, auf der Basis der Erfahrungen und Modelle der Preisträgerschulen bei anderen Schulen Entwicklungsprozesse auszulösen oder sie zur Teilnahme am Schulpreis zu bewegen, stoßen nach den bisherigen Beobachtungen an enge Grenzen. Selbst wenn begeisterte Schulleitungen und Lehrkräfte aus Preisträgerschulen ihre Erfahrungen an andere Schulen weitergeben wollen, bleibt ungewiss, wie diese sie aufnehmen und für die eigene Schule nutzen.

Die Beispiele verweisen darauf, dass Schulen aufgrund ihrer Autonomie diese Angebote von außen gar nicht ohne weiteres annehmen *können*. Sie verweisen auf den unauflöslichen Zusammenhang von operativer Geschlossenheit im Inneren und Offenheit nach außen, über den sich jede Schule im Klaren sein muss. Sie ist auf Konzepte, Wissen, Erfahrungen von außen angewiesen, um lebendig zu bleiben und sich in ihrer Arbeit auf veränderte Bedingungen in ihrem Umfeld einstellen zu können. Aber sie kann aus diesen Angeboten nur bestimmte, ihrem Selbstbild und ihren Erwartungen entsprechende und ihr bedeutsam erscheinende Informationen auswählen und mit ihrem eigenen Wissen, eigenen Erfahrungen, Zielen und Problemen abgleichen. Dann muss sie bewerten, welche Veränderungen mit der Übernahme dieser Konzepte auf die Schulleitung, das Kollegium und die Strukturen und eingespielten Prozesse und Regeln in der Schule zukommen würden. Alle Beteiligten und Betroffenen müssten abwägen und in einem schwierigen Abstimmungsprozess entscheiden, ob sie sich in der Lage sehen und auch bereit sind, die damit verbundenen Maßnahmen, Aufgaben und Belastungen zu akzeptieren und durchzuführen.

Die Preisträgerschulen sind sich ihrer Autonomie bewusst. Sie entwickeln ein klares Selbstbild, ein Profil, in dem sich die grundlegende pädagogische Ausrichtung ihrer Schule bündelt und das z. B. in der Namensgebung oder einem Slogan zum Ausdruck kommt. Auf der Homepage werden die sich daraus ergebenden pädagogischen Sinnorientierungen, die besonderen Angebote, Aktivitäten und Außenbeziehungen der Schule genauer beschrieben. Der Name ist Programm: Alle in der Schule Tätigen bemühen sich, ihr Handeln daran auszurichten. Viele Schulen zeigen, dass es auch unter schwierigen Rahmenbedingungen möglich ist, auf der Basis gemeinsamer Überzeugungen eine Idee von Schule zu entwerfen und eine eigene Identität aufzubauen und durchzuhalten, gleichzeitig aber offen zu sein für Anregungen, Impulse und Hilfen von außen, um im Inneren kreative Entwicklungsmaßnahmen umzusetzen. Ein eindrucksvolles Beispiel für praktizierte Autonomie einer Schule bietet die Hauptschule an der Wiesentfelser Straße in München: Sie hat es geschafft, in einem schwierigen Wohngebiet und entgegen dem schlechten Ruf der Hauptschule in der Öffentlichkeit ein besonderes Profil ihrer Hauptschule zu entwickeln und eine Atmosphäre aufzubauen, die den Kindern vieles geben kann, was sie zu Hause vermissen. Zudem konnte sie in ihrem Umfeld viele Kooperationspartner finden, die sie dabei unterstützen, den eigenen Lern- und Leistungswillen der Schüler zu stärken (Der Deutsche Schulpreis, 2010, S. 148 ff.).

6. Innere Strukturen der Einzelschule als System

Schule ist so komplex, dass ihre Mitglieder nicht mehr alle prinzipiell möglichen sozialen Beziehungen auch realisieren können (Abbildung 5). Die Binnengliederung einer Schule macht deutlich, wie diese Komplexität durch die sozialen Strukturen reduziert wird, indem sich aus der Vielfalt möglicher Beziehungen nach bestimmten Regeln spezifische Beziehungsmuster ausbilden. Sie führen zu Teilsystemen, z. B. Schulklassen, Kollegium, Fachschaften, Wahlkursen, in denen die Mitglieder engere Beziehungen zueinander pflegen. Die Teilsysteme sind nach einem bestimmten Muster organisiert. Die Organisation sorgt dafür, dass sie im Sinne einer funktionalen Differenzierung unterschiedliche Aufgaben übernehmen, und so die Schule ihre Funktionen arbeitsteilig effektiver lösen kann. Die Teilsysteme können auftretende Probleme oder spezifische Anforderungen bearbeiten, ohne dass die Schule als Ganzes betroffen ist. Sie sind, wie das Gesamtsystem, geschlossene offene Systeme. Sie sind gegenüber dem Gesamtsystem und gegenseitig durch eigene Sinnorientierungen voneinander abgegrenzt und steuern ihre Prozesse im Inneren nach eigenen Regeln, tauschen aber offen Informationen untereinander aus. Nicht alle Teilsysteme stehen ständig zueinander in Beziehung, manche existieren nur zeitlich begrenzt oder nehmen nur zu bestimmten Zeitpunkten Verbindung miteinander auf.

Abbildung 5: Die Organisation der Teilsysteme einer Schule als System (eigene Darstellung)

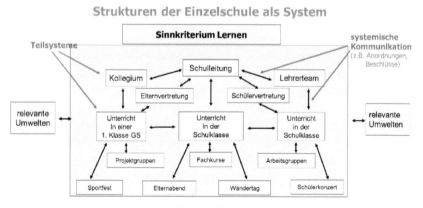

Strukturen der Einzelschule als System

6.1 Verhältnis zwischen Teilsystemen und Gesamtsystem

Die Organisation der Teilsysteme, die Ordnungsmuster bzw. Strukturen bilden das Grundgerüst einer Schule. Sie sichern ihr Funktionieren, indem sie die vielfältigen Austauschbeziehungen zwischen dem Gesamtsystem und seinen Teilsystemen sowie das Verhältnis der Teilsysteme untereinander regeln. Aus systemischer Sicht fungieren Teilsysteme und Gesamtsystem gegenseitig als relevante Umweltsysteme füreinander. Dann ist die Frage, welche besondere Qualität die Ordnungsmuster haben, in denen diese Austauschprozesse organisiert sind. Welling, Breiter, Schulz (2015, S. 21) bezeichnen die Organisation der Schule als „kommunikativen Prozess des Organisierens". Die Teilsysteme sind durch *systemische Kommunikation* miteinander verknüpft, die sich auf das Funktionieren der Schule und ihrer Teilsysteme bezieht (siehe Abbildung 5). Systemische Kommunikationsprozesse betreffen z. B. die Beziehungen von Schulklassen, Arbeitsgruppen oder Kollegium untereinander oder zur Schule und richten sich auf deren Operationsweisen oder Probleme als Teilsysteme und nicht auf Interessen oder Intentionen ihrer Mitglieder. Das bedeutet, dass es z. B. bei Absprachen zwischen einem Team der Fachlehrkräfte, die gemeinsam ihr Fach auf einer Klassenstufe vertreten und einem einzelnen Kassenleiter gerade nicht um persönliche Angelegenheiten der Lehrpersonen geht, sondern um eine Abstimmung über die Gestaltung von Prüfungsaufgaben oder eine Übereinkunft über die Reaktion auf Disziplinschwierigkeiten. Die Funktionsweise der systemischen Kommunikation lässt deutlich erkennen, dass das System Schule auf Prozessen der *Selbstreferenz* beruht: Kommunikationsprozesse beziehen sich auf das Prozessieren von Schule auf der Basis von Kommunikationsprozessen.

Dabei ist zu beachten, dass ein Teilsystem, das Informationen von außerhalb erhält – von der Schule, von anderen Teilsystemen oder von relevanten externen Umweltsystemen, z. B. den Eltern – diese nur selektiv wahrnimmt und im Inneren nach eigenen Regelungen verarbeitet. Diese Autonomie und operative Geschlossenheit der Teilsysteme hat Konsequenzen im Hinblick auf die Steuerbarkeit des Gesamtsystems Schule. Die Teilsysteme operieren selbstgesteuert nach eigenen Regeln und sind von außen nicht direkt beeinflussbar. Anordnungen der Schulleitung können daher in den einzelnen Schulklassen durchaus unterschiedlich aufgenommen und umgesetzt werden. Oder Anregungen oder Beschwerden eines Fachleiterteams werden von dem Klassenstufenteam, der Schulleitung oder dem Schulentwicklungsteam unterschiedlich beurteilt und ihre Diskussion in einer Sitzung des Kollegiums kann zu heftigen Auseinandersetzungen führen. Gesamtsystem und Teilsysteme mit ihren unterschiedlichen Funktionen sind voneinander abhängig. Schule als komplexes Gesamtsystem kann daher ihre Funktionen nur erfüllen, wenn sich die Teilsysteme durch Steuerungs- und Regelungsprozesse nicht nur in den Gesamtzusammenhang der Strukturen, sondern auch in das Selbstbild der Schule integrieren. Umgekehrt können Teilsysteme ihre spezifischen Leistungen für die Schule nur erbringen, wenn ihnen ein gewisses Maß an Eigenständigkeit gewährt wird. Integration und Autonomie müssen austariert werden und sind Voraussetzung für die Steuerbarkeit und Leistungsfähigkeit des sozialen Systems Schule, mithin auch Voraussetzung für Schulentwicklung (Willke 1991, S. 80 ff.). Neuerungen von außen haben nur dann eine Chance, wenn sie sich in die Organisationsstruktur und in die Identität der Schule einpassen lassen.

6.2 Komplexität der Strukturen

In den letzten Jahren hat die Komplexität der Schule als System weiter zugenommen. Das ist die Folge einer fortgesetzten funktionalen Binnendifferenzierung der einzelnen Schule auf Grund zusätzlicher gesellschaftlicher Aufgaben und Erwartungen. Diese Komplexität schlägt sich in der Vielschichtigkeit, Vernetzung und Folgelastigkeit der Strukturen nieder, mit schwer wiegenden Folgen für das professionelle Handeln der Lehrpersonen (Willke 1991, S. 18). Zudem wird Integration für die Schulen immer mehr zu einem Problem.

Die Einzelschulen als Systeme sind vielschichtiger geworden durch neue Abschlüsse und Fachinhalte, durch spezifische Fördermaßnahmen und vielfältige Angebote für Wahlunterricht, Kurse, Neigungsgruppen, durch die Institutionalisierung von Funktionen (Vertrauenslehrer/innen, Beratungslehrer/innen, Schulpsychologen/innen) und Gremien (Steuerungsgruppe, Schulforum). Die Komplexität erhöht sich noch weiter dadurch, dass Lehrende und Lernende zugleich mehreren Teilsystemen angehören, in denen sie jeweils unterschiedliche Rollen ausüben. Damit erhöht sich zwar der Handlungsspielraum für die Lehrpersonen, gleichzeitig vergrößert sich aber auch der alltägliche und oft belastende Entscheidungsdruck. Auf der Ebene der Schulklassen und des Unterrichts zeigt sich die Vielschichtigkeit des Entscheidungsfeldes für berufliches Handeln darin, dass die Lehrpersonen zugleich mehrere und teilweise widersprüchliche Aspekte im Handeln berücksichtigen müssen: Haupt- und Nebenziele, z. B. Erziehungs- und Lernziele; die Ansprüche einzelner Schüler/innen und die der ganzen Klasse; die kognitive, soziale und körperliche Dimension der Person; pädagogische, organisatorische und juristische Aspekte. Für die Interaktionspartner sind nicht immer eindeutige Handlungsorientierungen erkennbar, was zu Missverständnissen oder Konflikten mit Schüler/innen, Kolleg/innen oder Eltern führen kann.

Die fortschreitende Ausdifferenzierung des Systems Schule führt zu Integrationsproblemen. Die ausgegliederten Teilfunktionen müssen im Hinblick auf den ganzheitlichen Entwicklungsprozess der Heranwachsenden und die übergreifenden Bildungsziele sinnvoll zusammenwirken. Das muss durch eine enge *Vernetzung* sichergestellt werden. Die Pfeile in Abbildung 5 können nur grob andeuten, wie die Teilsysteme untereinander vernetzt sind. Sie zeigen auch, dass bestimmte temporäre Teilsysteme, z. B. Arbeits- oder Projektgruppen, Ausdifferenzierungen von anderen Teilsystemen, etwa den Schulklassen darstellen. Die Teilsysteme liegen auf unterschiedlichen Ebenen, was in jeder Schule unterschiedliche Organisationsstrukturen zur Folge hat. Die Teilsysteme auf der untersten Ebene (Abbildung 5) z. B. betreffen ihre Kopplung sowohl mit der Schule als Ganzes, als auch mit allen einzelnen Schulklassen. Unter diesen Gegebenheiten ist es für die Schulleitung und die Lehrpersonen nur schwer überschaubar, wie sich einzelne Entscheidungen auf Schulebene in den einzelnen Teilsystemen auswirken. Die notwendige Vernetzung der Vielzahl an Teilsystemen führt insbesondere mit der zunehmenden Größe der Schule und Vielfalt der Aufgaben (z. B. bei mehreren Fachzweigen an einer Schule) zu organisatorischen Problemen und hat zusätzliche administrative Regelungen sowie ein steigendes Maß an Bürokratisierung zur Folge. Das belastet die Lehrpersonen mit vielen Verpflichtungen und Tätigkeiten, bei denen sie das Gefühl haben, dass sie die Erfüllung ihrer eigentlichen pädagogischen Aufgaben beeinträchtigen.

Ein weiteres Problem ist mit der Folgelastigkeit des beruflichen Handelns verbunden. Bestimmte Entscheidungen der Schulleitung oder einzelner Lehrpersonen können eine Reihe von Folgeprozessen auslösen, die so nicht intendiert und ihnen nicht bewusst waren, weil sie sich der unmittelbaren Beobachtung entziehen. Plötzlich können zu einem späteren Zeitpunkt und an ganz anderer Stelle Auswirkungen dieser Entscheidungen sichtbar werden. Eine Konsequenz kann die zunehmende Verrechtlichung des Schulsystems sein. Für Schulleitungen und Lehrpersonen können sich daraus Belastungen ergeben, wenn sie durch nicht kalkulierbare Folgen und mögliche, aber nicht vorhersehbare Auswirkungen ihres professionellen Handelns verunsichert werden. Diese stören alltägliche Abläufe, durchkreuzen die Verwirklichung angestrebter Maßnahmen, verursachen Enttäuschungen, Ärger und Ohnmachtsgefühle und lähmen Entschlussfreudigkeit und Spontaneität des professionellen Handelns. Viele Kollegien suchen sich diesen Problemen durch Rückgriff auf bewährte Routinen und Problemlösungsmuster zu entziehen, was schließlich eine Einschränkung der Handlungsmöglichkeiten und eine Erstarrung des gesamten Systems zur Folge hat. (Vgl. hierzu: Welling, Breiter, Schulz 2015, S. 18 ff.)

6.3 Innere Ordnung der Einzelschule in Form organisierter Komplexität

Die besondere innere Ordnung einer Schule in Form von sozialen, räumlichen und zeitlichen Strukturen, begrenzten Zuständigkeiten und Rollen sorgt einerseits für eine Reduzierung der Komplexität und sollte die Handlungsfähigkeit des

Systems und seiner Mitglieder sichern. Durch wechselnde Herausforderungen und die Suche nach neuen Handlungsorientierungen und ihre Verwirklichung nimmt andererseits die organisierte Komplexität der Schule wieder zu. Insgesamt braucht die Schule ein gewisses Maß an Komplexität, das bereits bei kleinen Schulen gegeben ist. Dann ist sie als System reflexions- und handlungsfähig: Sie kann ihr eigenes Funktionieren beobachten, bei veränderten gesellschaftlichen Herausforderungen revidieren und Handlungsalternativen entwickeln. Die Bedingung für die Möglichkeit interner Schulentwicklung liegt in der organisierten Komplexität der Schule als System, d. h. in der Möglichkeit, die komplexen Strukturen immer wieder neu und anders zu organisieren. Die organisierte Komplexität der Einzelschule muss deshalb in ihren Dimensionen der sozialen, zeitlichen, sachlichen, operativen und kognitiven Komplexität genauer analysiert werden, um Möglichkeiten für alternative Organisations- und Handlungsmuster besser zu erkennen.

Soziale Komplexität

In Abbildung 5 zeigt sich die soziale Komplexität des Gesamtsystems einer Schule in ihrer Gliederung in zahlreiche Teilsysteme mit unterschiedlichen Aufgabenbereichen. Diese funktionale Binnendifferenzierung hat sich im Laufe der Zeit aufgrund der vielfältigen pädagogischen Anforderungen als sinnvoll und notwendig erwiesen. Administrative Vorgaben legen die Organisationsstrukturen grob fest, lassen aber der Einzelschule noch Spielräume, z. B. bei Angeboten an Kursen oder Neigungsgruppen, Regeln zur Konstituierung der Schüler- und Elternvertretung oder bei der Bildung der Jahrgangsklassen und Zuordnung der Lehrkräfte. Die Organisation der Schule muss als ein Prozess der Konstruktion einer sozialen Ordnung angesehen werden, der darauf abzielt, die Teilsysteme in ihren Funktionen und Arbeitsweisen so aufeinander abzustimmen, dass die Schule durch ihr Zusammenwirken ihre Aufgaben bestmöglich erfüllen kann. Dies geschieht durch Reduktion der sozialen sowie der anderen Formen von Komplexität durch Strukturbildung, Prozessaufbau und Festlegung von Regeln (Schulordnung, Stundenplan, Schulcurriculum).

Die traditionelle Form der Organisation einer Schule ist uns allen aus unserer eigenen Schulzeit wohl vertraut. Sie hat sich über lange Zeiträume etabliert und verfestigt und erscheint unveränderbar. Aber die soziale Komplexität einer Schule lässt sich auch ganz anders reduzieren. So können z. B. die Schulklassen nach unterschiedlichen Prinzipien organisiert sein, nicht nur nach einzelnen Jahrgangsstufen, sondern jahrgangsübergreifend; die Klassen eines Jahrgangs können nach Geschlecht, Leistung, Fächerwahl oder Sprachfähigkeit (bei hohem Migrantenanteil) organisiert sein oder ein kleines Lehrerteam betreut einen Schülerjahrgang mit mehreren Klassen über zwei Jahre hinweg. Auch die Lehrpersonen können in unterschiedlichen Teams zusammenarbeiten.

Alle Teilsysteme einer Schule, seien es Schulleitung oder Kollegium, eine Schulklasse, eine Theatergruppe oder ein Schulkonzert, ein Elternsprechtag oder die Schülervertretung, sind *Interaktionssysteme* mit einer bestimmten sozialen Zusammensetzung. Sie konzentrieren sich auf bestimmte Themen oder Aufgaben und sind hinsichtlich Umfang und Abfolge zeitlich festgelegt. Als Interaktionssysteme werden die Teilsysteme gekennzeichnet, weil sie eine überschaubare Zahl an Mitgliedern haben, die alle untereinander in direkte Beziehungen treten können. Dabei handelt es sich im Gegensatz zur systemischen Kommunikation um interpersonale Kommunikationsprozesse, in denen das Sprechen durch Formen der nonverbalen Kommunikation (Gestik, Mimik, Modulationen und Variationen des Sprechens) ergänzt wird.

Zeitliche Komplexität

Sie zeigt sich auf mehreren Ebenen: über das Jahr hinweg in der Gliederung in Schul- und Ferienzeiten, Feiertage, Schulfeste, Wandertage, Elternsprechtage, über den Tag hinweg als Unterrichts- und Freizeit, in Pausen, Konferenzzeiten und Versammlungen. Die Unterrichtszeit ist nochmals nach Fachinhalten oder sozialen Gruppierungen in Form von Stundenplänen aufgeteilt ist. Diese unterschiedlichen zeitlichen Abläufe im Schulalltag müssen koordiniert werden und verursachen oft schwierige und konflikträchtige Abstimmungsprobleme, wie die Stundenplankonferenzen zu Beginn eines jeden Schuljahres zeigen. Die zeitlichen Begrenzungen haben zur Folge, dass Kommunikationsprozesse zeitlich genau geplant, für die nächste Phase gedanklich offen gehalten und nach jeder Unterbrechung wieder neue Anknüpfungspunkte gesucht werden müssen. Das kann sich störend auf die Lernprozesse bei Schüler/innen oder auf Beratungsgespräche mit Eltern auswirken. Je größer eine Schule, je mehr Teilsysteme und Einzelaktivitäten, desto größer die zeitliche Komplexität des Systems. Die Schwierigkeiten einer Reduktion der zeitlichen Komplexität werden immer wieder bei der Planung fächer- oder klassenübergreifender Projekte, bei der Vorbereitung von Schulveranstaltungen oder der Einrichtung von Arbeitsgruppen sichtbar.

Die zeitliche Komplexität wird durch die Differenzierung von Struktur und Prozess aufgefangen. Bei ihrer Reduktion haben die einzelnen Schulen relativ große Spielräume, wenn es darum geht, zeitliche, soziale und sachliche Strukturen neu zu koordinieren, z. B. bei der Umstellung einer Schule auf den gebundenen Ganztagsbetrieb, bei der Auflösung der 45-Minuten-Unterrichtseinheit, bei der Einführung der Wochenplanarbeit oder bei außerunterrichtlichen klassenübergreifenden Lernformen, Theaterspiel, Schulradio oder bei einer

Kooperation mit außerschulischen Partnern. Bei der zeitlichen Abstimmung der Lern-und Arbeitsprozesse unter veränderten Strukturbedingungen müssen zusätzlich die Grundbedürfnisse des Organismus der Schüler/innen durch einen Wechsel zwischen Anspannung, Konzentration, Aufnahmebereitschaft, Stillsitzen und Entspannung, körperlicher Bewegung und spielerischer Freiheit berücksichtigt werden.

Wenn auch an den meisten Schulen noch der Vormittagsunterricht im 45-Minutentakt gilt, so gibt es doch gute Beispiele dafür, wie das Problem der zeitlichen Komplexität auch anders gelöst werden kann, z. B. die Kurfürst-Moritz-Schule in Moritzburg, Sachsen: „Die Schule rhythmisierte den Schultag neu, führte Blockunterricht mit 85-minütigen Einheiten ein und schärfte ihr musisches Profil" (Der Deutsche Schulpreis 2019, S. 32). Oder die Klosterschule im Hamburger Stadtteil St. Georg, in der der Umgang mit Zeit als ein „pädagogisches Potenzial" gesehen wird: „Die Klosterschule hat ihre Zeitchoreographie verändert und vielfältige Begegnungsformen geschaffen. Sowohl in der 75-minütigen Mittagspause als auch in den Neigungskursen treffen sich die Schülerinnen und Schüler quer durch alle Jahrgangsstufen. (...) Das Kollegium der Klosterschule hat die traditionelle gymnasiale Stundentafel überwunden. Lernen wird in der Rhythmik von Anspannung und Entspannung, von Pflicht- und Wahloption inszeniert. Der Unterricht findet überwiegend in Doppelstunden statt. (...) Lehrkräfte unterrichten in Jahrgangsteams und begleiten die Schülerinnen und Schüler langfristig." (Der Deutsche Schulpreis 2012, S. 113 f.)

An dieser Stelle wird noch ein anderes, genuin pädagogisches Problem der zeitlichen Komplexität sichtbar, das sich aus der Notwendigkeit der *Synchronisierung unterschiedlicher Entwicklungsverläufe* ergibt. Wie können die Entwicklung der Schule und die Entwicklung einer Schulklasse auf die individuellen Entwicklungsprozesse der Schüler/innen abgestimmt werden? Das brennende Problem der Heterogenität schlägt sich ja insbesondere in ihren individuellen und ganz unterschiedlichen Entwicklungsverläufen nieder. Die schulische Diskussion dieser Problematik dreht sich vor allem um Möglichkeiten zur Individualisierung und Personalisierung der Lernprozesse. Dabei wird die zeitliche Dimension außeracht gelassen, denn diese einzelnen kurzfristigen Prozesse sind in einen längeren kontinuierlichen Entwicklungsverlauf bei jedem Kind eingelagert. Ist es heute noch sinnvoll, Kinder gleichen Alters in einer Schulklasse zusammenzufassen oder sollte man besser altersgemischte Lerngruppen bilden, in denen sich die Entwicklungen der Kinder wechselseitig stimulieren? Bei einer weitergehenden Individualisierung des Lernens driften die Entwicklungsverläufe der einzelnen Kinder noch weiter auseinander. Wie kann dann noch sinnvoll in einer Schulklasse mit Gleichaltrigen gearbeitet werden?

Dafür gibt es keine Patentlösung, aber einige interessante Versuche, z. B. mit jahrgangsübergreifenden Klassen oder leistungsheterogenen Gruppen: „300 Kinder lernen auf unterschiedlichen Leistungsebenen nach individuellen Plänen.

Hochbegabte und langsam Lernende kommen so gemeinsam zu Erfolgen. Sie lernen in Klassen, die bewusst heterogen zusammengesetzt sind. In der altersgemischten Eingangsphase erleben die Kinder, dass es normal ist, verschieden zu sein. Unterricht findet häufig in fächerübergreifenden Projekten statt." (Der Deutsche Schulpreis 2013, S. 115)

Abstimmungsprobleme in der zeitlichen Dimension sind wohl eine der häufigsten Ursachen für Konflikte zwischen den unterschiedlichen Personengruppen im Raum der Schule. Zeit ist für alle eine wertvolle Ressource. Und das enge Zeitraster an den Schulen mit Vormittagsbetrieb erschwert oder verhindert die Lösung vieler pädagogischer Probleme, weil die Lehrpersonen weder Zeit noch Gelegenheit für Reflexion und gegenseitige Absprachen finden. Nicht nur zur Verbesserung der Unterrichtsqualität, sondern auch zur Bewältigung der vielfältigen Erziehungs- und Bildungsaufgaben der Schule erscheint daher heute die flächendeckende Einführung der Ganztagsschule unausweichlich, um in einem größeren zeitlichen Rahmen pädagogisch sinnvolle zeitliche Ordnungsformen für Lehrende und Lernende etablieren zu können.

Die Reduzierung der zeitlichen Komplexität durch zeitlich klar geregelte Prozessabläufe ist für die Schulen eine Notwendigkeit, um handlungsfähig zu bleiben. Auf der anderen Seite gewinnen die Schulen an zeitlicher Komplexität, da sie wie alle sozialen Systeme auf der Grundlage von Sprache und Kommunikation über Vergangenheit und Zukunft verfügen. Sie gewinnen an Handlungsfähigkeit, weil sie zeitlich unabhängig von ihrer Umwelt werden und bei der Bewältigung neuer Aufgaben, Erwartungen oder Herausforderungen aus der Umwelt auf Erfahrungen und frühere Entscheidungen zurückgreifen, neue Anforderungen vorausschauend berücksichtigen, Handlungsentwürfe planen und probeweise durchspielen und bewährte Prozesse stabilisieren können. Auf Zukunft hin gewinnt die Schule die Kraft zur Imagination. Das eröffnet ihr die Möglichkeit, sich von vorgegebenen Zielen zu lösen, intern eigenständig Zielvorgaben zu variieren oder eigene Zielstellungen zu entwerfen. Das gilt auch für die Teilsysteme der Schule, z. B. Schulleitung, Kollegium, Steuerungsgruppe, die eigene, sich einander bedingende oder konkurrierende Ziele und Sinngebungen für die schulische und unterrichtliche Arbeit entwerfen können. Durch diese Prozesse erhöht sich grundlegend die Eigenkomplexität und damit die Handlungsfähigkeit der Schule. Sie kann sich nicht nur rückblickend auf im Laufe der Jahre erworbene Kenntnisse und Erfahrungen stützen, die die tägliche Arbeit enorm erleichtern. Selbst wenn diese Muster und Routinen erstarren, ist Schule noch fähig, vorausschauend und flexibel zu handeln im Sinne einer aktiven Orientierung an eigenen Systemzielen und Sinngebungen oder einer Offenheit gegenüber sich abzeichnenden neuen Herausforderungen. Sie muss nicht nur auf Zwänge oder Anordnungen von außen reagieren. Auf diese Weise kann sie ihre Autonomie festigen, sich Spielräume für eigene Handlungsmuster schaffen und so ihre Handlungsmöglichkeiten und Problemlösungsalternativen vervielfältigen. Richtiges Zeitmanagement,

d. h., die Beherrschung der zeitlichen Komplexität des Systems Schule erweist sich damit als eine wichtige Voraussetzung für gelingende Schulentwicklung.

Sachliche Komplexität

Die Sachstrukturen der Einzelschule beziehen sich auf die Inhalte bzw. Themen der Kommunikationsprozesse, auf die pädagogischen Funktionen und Aufgaben der Schule sowie auf die dafür zur Verfügung stehenden Räume, die sachliche Ausstattung und die personellen und finanziellen Ressourcen. Die Kommunikationsinhalte weisen die größte Komplexität auf. Viele Schulen lösen sich inzwischen von den vorgegebenen staatlichen Curricula und erarbeiten im Laufe der Jahre schulspezifische Lehrpläne, die auf ihre besondere Schulsituation abgestimmt sind, andere orientieren sich an bestimmten pädagogischen Konzepten (Montessori, Waldorf, UNESCO-Projektschulen). Wenn in einem Entwicklungsprozess die von den Lehrenden und Lernenden gemachten Erfahrungen in die Überarbeitung der Pläne und Konzepte eingearbeitet werden, kann damit eine klare Ausrichtung der Arbeit erreicht und die sachliche Komplexität deutlich reduziert werden.

Ein wichtiger Aspekt der sachlichen Komplexität betrifft die *räumlichen Strukturen* einer Schule, z. B. die Anzahl, Größe, Ausstattung und Anordnung der Klassenzimmer, Fachräume und Gruppenräume, die Verfügbarkeit und Ausstattung von Aula, Foyer, Pausenhof, Schulgarten, Lehrerzimmer, Büro. Räumliche Gegebenheiten begrenzen oder erweitern die Möglichkeiten zur Gestaltung unterschiedlicher Lernumgebungen und Handlungsräume. Kinder und Jugendliche brauchen infolge ihrer körperlichen Entwicklung viel Bewegung und es ist das Schlimmste für sie, dass sie oft stundenlang im Klassenzimmer still sitzen müssen. Die Aufhebung starrer räumlicher Strukturen und die Schaffung variabler Lern- und Arbeitsräume und vielfältiger Bewegungsspielräume kann ein Segen für sie sein, wie das Raumkonzept der Montessori-Schule in Potsdam eindringlich vor Augen führt (Film auf dem Deutschen Schulportal). Um ein neues Schulentwicklungskonzept zu verfolgen, können bauliche Maßnahmen erforderlich sein und dabei ist auch an die Gestaltung der Arbeitsplätze für die Lehrkräfte zu denken.

Operative Komplexität

Die Analyse der operativen Dimension der Schule richtet sich auf ihre *Fähigkeit zur Selbststeuerung.* „Während Sozial-, Sach- und Zeitdimension grundlegende Aspekte jeder Sinnbildung bezeichnen, impliziert die operative Dimension eine besondere Qualität der in Frage stehenden Sinnsysteme: Es geht um die von ihnen realisierten Bedingungen der Möglichkeit, sich selbst als bestimmte Ordnung zu erhalten und sich nach selbst gesetzten Regeln zu steuern."(Willke 2005, S. 245) Die Voraussetzungen für die Fähigkeit zur Selbststeuerung der Schule sind Strukturbildung und Prozessaufbau, die der Verknüpfung von Elementen und Ereignissen zur Einheit des Systems Schule dienen. Sie führen zu einer bestimmten Ordnung, die das äußere Erscheinungsbild der Schule prägt, ihre räumlichen und sozialen Strukturen, ihre Abläufe und ihr Funktionieren. Operative Komplexität kennzeichnet die systemische Kommunikation und regelt die Abstimmungsprozesse zwischen der Schule und ihren Teilsystemen bzw. der Teilsysteme untereinander.

Operative Komplexität wird durch die organisatorischen Erfordernisse und Probleme der Schule bestimmt, wie sie sich z. B. in der Verteilung von Organisationsaufgaben, in speziellen Rollen (Beratungslehrer/innen, Klassensprecher/innen, Fachleiter/innen) und in den vielfältigen Abstimmungsproblemen zwischen Schulleitung und Steuergruppe, zwischen Kollegium und Elternvertretung, zwischen den Fachlehrkräften, die auf einer Klassenstufe unterrichten oder zwischen Schulpsychologen und Klassenlehrer niederschlagen (Rolff 1995; Langenohl 2008). Es geht um die Formen und Regeln der Verknüpfungen zwischen den Teilsystemen und den Mitgliedern der Schule (z. B. der Zuordnung der Lehrpersonen und der Schüler/innen zu den einzelnen Schulklassen, der Übertragung bestimmter Funktionen oder der Einteilung von Wahlkursen), um Abstimmungen bei der Einrichtung von Projekten, Arbeitsgruppen oder Veranstaltungen, um Prinzipien bei der Erstellung des Stundenplans oder Regeln bei der Entscheidungsfindung in Konferenzen oder um Beschlüsse und Absprachen zur Steuerung der Arbeitsprozesse und Aktivitäten in Richtung auf die gemeinsam vereinbarten Ziele. Ergebnisse einer Sekundäranalyse empirischer Schulevaluationsdaten bei über 200 Schulen zeigen, dass über alle Schularten hinweg besondere Schwierigkeiten bei der Abstimmung über gemeinsame Ziele und ihre Überprüfung zwischen Lehrkräften, Eltern und Schülern/innen bestehen. (Pirner u. a. 2019, S. 15)

Durch die prozesssteuernden Verknüpfungen gewinnt die Schule Zeit, Spielräume und Autonomie, um aus einer Vielzahl an Handlungsoptionen auswählen und bewusste Handlungsentscheidungen treffen und verwirklichen zu können. Schule wird handlungsfähig, was zweierlei bedeutet: Schule kann zum einen aus sich heraus Handlungsziele ohne äußere Anregungen oder Vorgaben setzen und verfolgen. Zum anderen ist sie in der Lage, den Zwängen oder Anforderungen von außen reflektierte, den eigenen Möglichkeiten entsprechende Ziele entgegenzusetzen und diese nach den eigenen zeitlichen Möglichkeiten in geplanten Handlungsschritten zu verwirklichen. Das heißt, dass die Autonomie der Schule die Abhängigkeit von ihrer Umwelt (von der Administration, den Eltern oder der Kommune) durch die innere Selbstbestimmung der ihr möglichen Operationsweisen überlagert.

Die *operative Komplexität* ist für die Schule von außerordentliche Bedeutung, „weil sie auf dem Hintergrund grenzbildender Strukturen, interner Differenzierung und eingerichteter Verfahrenssteuerung selbst-induzierte Zustandsänderungen erlaubt, bis hin zur bewussten Revision eben dieser Strukturen, Rollen und Prozesse." (Willke 1991, S. 70) Operative Komplexität und die darauf aufbauende Fähigkeit zur Selbststeuerung stellen die grundlegenden Bedingungen der Möglichkeit für Schulentwicklung dar. Diese Möglichkeiten kann die Schule nur durch Reflexion und Selbstthematisierung realisieren. Die Fähigkeit zur Reflexion in Form von Beratungen, Besprechungen, Konferenzen oder Arbeitsgruppen erlaubt dem System Schule, mögliche Konflikte im Inneren oder in den Beziehungen zu Umweltsystemen nicht nur zu erkennen und zu lösen, sondern auch gedanklich vorwegzunehmen, in ihren Folgen zu bewerten und für interne Korrekturen der Handlungssteuerung zu nutzen. Auf diese Weise kann eine Schule prospektiv Konflikte vermeiden und vorausschauende Handlungsentscheidungen treffen, die kontinuierlichen Nutzen für ihre Entwicklung bringen. Dabei macht sich die Schule selbst zum Thema ihrer Kommunikation, wendet sich reflexiv ihrem eigenen Prozessieren zu, beobachtet ihre Stärken und Schwächen und analysiert kritisch ihre Beziehungen zu relevanten Umweltsystemen.

Gelingende Selbststeuerung setzt jedoch die Integration des Systems voraus; eine desintegrierte Schule lässt sich nicht steuern (Willke 1991, S. 80 f.). Das bedeutet, dass das Zusammenspiel zwischen den Teilsystemen und Mitgliedern so organisiert werden muss, dass daraus zusätzliche Kräfte für die Bewältigung der anstehenden Erziehungs- und Bildungsaufgaben erwachsen. Die Teilsysteme und Mitglieder als autonome Akteure müssen dabei ihre auf eigene Ziele ausgerichteten Handlungsoptionen einschränken, damit sie Freiräume und Handlungspotenzial für die Verfolgung der *gemeinsamen* Ziele bereitstellen können. Genau hier liegen weitere entscheidende Voraussetzungen und Ansatzpunkte für Schulentwicklung.

Kognitive Komplexität

Die kognitive Komplexität der Schule ergibt sich aus der Art und Weise, wie Schule die kognitive Komplexität ihrer Mitglieder, der Schulleitung, der Lehrenden und Lernenden sowie der Teilsysteme auf der Basis der Interpenetration der Systeme nutzt. Kognitive Komplexität bringt in dem Maße einen Gewinn für die Entwicklung der Schule, wie es der Schulleitung gelingt, die Erfahrungen, das Wissen und die Fachkompetenz der Lehrkräfte und pädagogischen Fachkräfte so zu vernetzen, dass sie bei der Festlegung und Verwirklichung von Zielen, bei Entscheidungen über Strategien und Handlungsplanungen sowie bei der Bewältigung anstehender Probleme zu optimalen Lösungen führen. Dabei kommt es insbesondere auf den Einsatz und die Besetzung, die Legitimierung und partnerschaftliche Leitung der Gremien, Konferenzen und Besprechungen sowie auf vielfältige Formen der Teamarbeit auf den verschiedenen Ebenen an. Fundamental für die kognitive Komplexität der Schule ist die wissenschaftliche Qualifizierung der Lehrpersonen in der Ausbildung und die spezifische Qualifizierung der Mitglieder der Schulleitung (dazu Näheres in den folgenden Abschnitten). Auch fachliche oder wissenschaftliche Beratung von außerhalb, spezielle Kompetenzen einzelner Lehrpersonen, Eltern oder Schüler/innen können die kognitive Komplexität der Schule bereichern und bei der Lösung spezifischer Schwierigkeiten hilfreich sein. Bewährte Methoden der Verbesserung der kognitiven Komplexität einer Schule sind die Durchführung schulinterner Fortbildungen, sei es für das gesamte Kollegium, sei es für einzelne Gruppen unter fachspezifischen Gesichtspunkten oder auch die Teilnahme einer Schule an Wettbewerben oder Schulversuchen.

Die Ausschöpfung aller kognitiven Kräfte einer Schule setzt erst die besonderen Fähigkeiten der Schule als soziales System frei, verleiht ihr Selbstbewusstsein und Handlungskompetenz, befähigt sie zur Selbststeuerung, ermöglicht die Bewältigung ihrer Eigenkomplexität und bildet letztlich die Grundlage für die Qualität einer Schule. Darin liegt die besondere Bedeutung der Qualität der Schulleitung und der Professionalität der Lehrpersonen. Allerdings verweist eine Sekundäranalyse empirischer Schulevaluationsdaten bei über 200 Schulen aller Schularten darauf, dass die befragten Kollegien die Offenheit für neue Ideen, die Bereitschaft zu interner und externer Fortbildung und zum regionalen Erfahrungsaustausch mit anderen Schulen sowie die Zusammenarbeit mit außerschulischen Experten als nicht besonders wichtig für die Schulqualität einschätzen (Pirner u. a. 2019, S. 15 f.).

7. Prozesse als konstitutives Element des sozialen Systems Schule

Soziale Systeme beruhen auf dem Zusammenspiel von Strukturen, Prozessen und Regulationen. Bisher habe ich die Strukturen der Schule, ihre Organisation und ihr Zusammenspiel beschrieben. Sie sind den Prozessen untergeordnet und sollen das Funktionieren derjenigen Prozesse sicherstellen, durch die die Schule ihre Erziehungs- und Bildungsfunktion erfüllt. Das sind zu allererst die Kommunikationsprozesse, in denen sich alle sozialen Beziehungen im Raum der Schule vollziehen, Beziehungen zwischen einzelnen Personen (Schüler/in – Schüler/in; Schüler/in – Lehrer/in; Lehrer/in – Lehrer/in; Schüler/in – Direktor/in), zwischen Personen und Teilsystemen bzw. der Schule (Schüler/in – Schulklasse; Lehrer/in – Schulklasse; Rektor/in – Kollegium), zwischen den Teilsystemen (Schulklasse – Schulklasse; Kollegium – Schulleitung) sowie zwischen Teilsystemen und der Schule (vgl. Abbildung 5: Pfeile zwischen den Teilsystemen).

Zwei Formen von Kommunikationsprozessen sind zu unterscheiden: Zum einen geht es um die Prozesse der systemischen Kommunikation, die – wie bereits an mehreren Stellen angesprochen (siehe Abbildung 5 und Abschnitt 5 über Autonomie) – auf die Selbstregulation der Schule ausgerichtet sind. Sie beziehen sich auf die Organisation der Strukturen und auf die Konstruktion, Durchsetzung, Umsetzung und Kontrolle der Regeln, die das Funktionieren des gesamten Systems Schule und ihrer Teilsysteme steuern. Auf diese Weise sollen sie geeignete Rahmenbedingungen schaffen, unter denen erfolgreiches Lernen der Heranwachsenden möglich ist.

Systemische Kommunikationen sind flüchtig und lassen sich nicht direkt, sondern nur in ihren Ergebnissen beobachten, z. B. in Form mündlicher Absprachen im Kollegium oder zwischen Kollegium und Schulleitung, in Routinen bei der Teamarbeit oder in ungeschriebenen Regeln bezüglich der Pausenaufsicht. Oder sie schlagen sich in schriftlicher oder medialer Form nieder, seien es E-Mails der Schulleitung oder Zeugnisse, Einladungen zu einem Elternsprechtag, Stundenplan, Programm für ein Schulkonzert oder Ankündigungen auf der Schulhomepage. Beiträge zur systemischen Kommunikation werden zwar von einzelnen Personen geleistet, aber sie sind nicht Ausdruck ihres persönlichen Handelns, sondern Formen kollektiven Handelns. Sie erhalten im Prozess der Schulentwicklung besondere Bedeutung, weil viele Entwicklungsmaßnahmen in ihrer Wirksamkeit von der Gestaltung der systemischen Kommunikation abhängen.

Zum anderen stehen diejenigen Kommunikationsprozesse im Fokus der Schule, die auf die Initiierung, Steuerung, Kontrolle und Evaluation der Lern-

und Bildungsprozesse der Schüler/innen ausgerichtet sind und die ich daher als *pädagogische Kommunikation* bezeichne. Im 2. Kapitel werde ich genauer auf die Besonderheiten dieser pädagogischen Kommunikation eingehen, in die alle Lernprozesse eingebettet sind. Grundsätzlich ist festzuhalten: Die Qualität einer Schule beruht auf der Qualität ihrer Kommunikationsprozesse. Daher muss zunächst der Begriff von Kommunikation aus systemischer Sicht genauer expliziert werden, um ihre fundamentale Bedeutung für die Schule und die Lernleistungen der Schüler/innen zu verstehen.

7.1 Kommunikationsprozesse und die Bedingungen gelingender Kommunikation

Soziale Systeme beruhen auf Kommunikation, die immer an bedeutungstragende Zeichen, Medien oder Symbole gebunden ist. Kommunikation als Element sozialer Systeme baut auf den Symbolsystemen des Bewusstseins (Denken) und der Sprache auf, die sich in der Evolution gemeinsam entwickelt haben (Willke 2005, S. 108). Kommunikation (= das Soziale) „bringt Individuen und soziale Systeme auf der gemeinsamen Basis von Sinn in eine Beziehung symbolischer Kopplung, die Zusammenhang und Distanz, Autonomie und wechselseitige Abhängigkeit zugleich erlaubt und fordert". (Willke 2005, S. 18) Die Schule als soziales System kann daher auch als *symbolisches Sinnsystem* bezeichnet werden, denn die sie konstituierenden Kommunikationsprozesse sind sinnhaft orientiert. D. h., sie erhalten ihre Bedeutung durch ein Repertoire an Symbolen, z. B. Gesten, sprachliche Formen, Fachsprachen im Unterricht, Rituale oder Normen, die für das System Schule typisch sind und für Lehrende und Lernende offene und verstehbare Kommunikationsmuster bilden.

Sinn stellt das Medium der Symbolisierung dar. Diese erfolgt durch das wichtigste Symbolsystem für den Menschen, die *Sprache*. Sprache als Symbolsystem kann als eine Konstruktion und Kombination von Formen verstanden werden, die gegenüber den unerbittlich vergänglichen Gedanken und Kommunikationen bestimmte Sinnmuster in ihren Bedeutungen präsent und stabil hält, zunächst mündlich, dann aber insbesondere in Form der Schrift. Sprache schafft auf diese Weise einerseits Kontinuität und Kohärenz, bildet auf der anderen Seite aber auch vielfältige Formen, Muster und Sprachspiele (Spezialsprachen) für die Verständigung in unterschiedlichen Sozialsystemen aus, nicht nur für Wissenschaft, Medizin oder Popkultur, sondern ebenso für Erziehung, Schule und Unterricht (Bollnow 1966). Sprache bezeichnet Unterscheidungen, die der Mensch in seiner Umwelt beobachtet und macht sie intersubjektiv verfügbar, sodass sie sozial verarbeitet werden und dann Verhalten regulieren können. Für Unterricht und Schule ist sie deshalb von so fundamentaler Bedeutung, weil Sprache noch die feinsten Unterscheidungen darstellen kann, aus denen Lehrpersonen und Schüler/innen Informationen gewinnen und lernen können. Besondere Ausprägungen dieser Kommunikation zeigen sich z. B. in der spezifischen Form einer Unterrichtssprache (Priesemann 1970) oder in der „Sprache des Lehrers" (Spanhel 1973).

Kommunikation kann als soziales Handeln mit Hilfe der Sprache (oder anderer Symbolsysteme) mit dem Ergebnis der Sinnkopplung von personalen und sozialen Systemen verstanden werden (Schmidt 2000, S. 28). Dabei ist zwischen dem Sinnaspekt und dem Handlungsaspekt der Kommunikation zu unterscheiden. „Soziologisch kann Kommunikation beobachtet und bestimmt werden als ein System von Diskursen, zu denen Beiträge entlang kultureller Orientierungsschemata geleistet werden."(Schmidt 2000, S. 28) Sinn entsteht aus dem Verweisungszusammenhang, wenn Kommunikationspartner ihre Beiträge auf gemeinsame Themen hin ausrichten, z. B. bei einer Gedichtinterpretation im Deutschunterricht. Als kommunikatives Handeln gilt das Einbringen eines Beitrags in den Kommunikationsprozess. Damit Lehrende und Lernende durch Kommunikation das System Schule oder Unterricht konstituieren und aufrecht erhalten können, müssen ihre Kommunikationsbeiträge koordiniert und auf begrenzte Sinnorientierungsmöglichkeiten hin ausgerichtet sein. Das wird durch Orientierungsschemata erreicht, die eine Ausrichtung und Beschränkung möglicher Kommunikationsformen auf die Ziele (Sinnorientierungen) der Schule sichern. Sie sind auf drei Ebenen bedeutsam: Orientierungsmuster durch kulturelle Programme auf der Ebene von Schule und Unterricht, z. B. der Erziehungs- und Bildungsauftrag der Schule oder die Curricula der einzelnen Unterrichtsfächer; Sinnorientierungsmuster durch soziale Konstellationen der Kommunikationspartner, z. B. im pädagogischen Verhältnis oder in einem Beratungsgespräch oder Orientierungsmuster durch technische Voraussetzungen, z. B. in Lernprogrammen am Computer.

Damit gelingende Kommunikation zwischen Lehrenden und Lernenden überhaupt möglich ist, muss die Schule als Sinnsystem die Kommunikationen ihrer Mitglieder, ihr soziales Handeln an bestimmten Sinnkriterien ausrichten. Das übergeordnete Sinnkriterium, die Erfüllung ihres Erziehungs- und Bildungsauftrags auf der Basis von Lernen bezeichne ich als pädagogisches Sinnkriterium. Weitere Sinnorientierungen, z. B. ein gutes Schulklima, digitale Kompetenz oder Kritikfähigkeit, die in den vielfältigen Teilsystemen und einzelnen sozialen Beziehungen im Raum der Schule wirksam sind, müssen sich diesem übergeordneten Sinnkriterium unterordnen, wenn Schule die vorgegebenen und gesellschaftlich legitimierten Lernziele erreichen soll.

Gelingende Kommunikation hat zur Voraussetzung, dass sich alle Beteiligten untereinander verständigen können und dafür müssen sie über Kommunikationskompetenz verfügen. Sie müssen in der Lage sein, einen gemeinsamen begrifflichen Hintergrund zu schaffen. „Diese Verständigung kann nur in der Kommunikation erfolgen, das heißt im Prozess der ,Konstruktion eines Gemeinten' durch Sprecher *und* Hörer. Dazu müssen Sprecher brauchbare Ausdrücke einer

Sprache verwenden, eben Ausdrücke, die sich im Gebrauch bewährt haben und durch den Gebrauch konventionalisiert worden sind, wodurch sich ein gemeinsam geteiltes Erfahrungswissen über den Gebrauch von Zeichen herausbildet, das als Erwartungserwartung für das kommunikative Handeln von Aktanten dient." (Schmidt 2000, S. 27; Hervorh. im Org.)

Verständigung in einem Interaktionssystem, sei es in einer Schule, einer Schulklasse oder in einem Kollegium, ist nur auf der Grundlage einer gemeinsamen Sprache und Aufmerksamkeit, geteilter Erfahrungen und gemeinsamen kulturellen Wissens möglich (Tomasello 2009, S. 15 f.). Diese Voraussetzungen sind in gewissem Maße durch die soziale Organisation der Schule gegeben, werden aber im alltäglichen Zusammenleben fortlaufend verbessert und müssen immer wieder gesichert werden. Die Mitglieder einer Schulklasse z. B., die durch ihre Kommunikationsbeiträge aktiv am Unterricht mitwirken, entwickeln in diesem Kommunikationsprozess ein gemeinsam konstruiertes Sinnsystem geteilter Bedeutungen, das sich nicht nur auf ein Thema oder ein Unterrichtsfach, sondern auch auf die Gemeinschaft der Schulklasse bezieht. Die Kommunikationsbeiträge der Schüler/innen orientieren sich an diesem Wirklichkeitsmodell und erhalten dadurch einen Sinn. Davon abweichendes Handeln wird nicht akzeptiert. Eine Schulklasse hat z. B. gemeinsam Verhaltensregeln erarbeitet und vereinbart, jede Form von Gewalt im Umgang miteinander zu vermeiden. Wenn dann eine Gruppe von Jungens ihre Auseinandersetzungen verstärkt mir körperlicher Gewalt regelt, wird die Klasse versuchen, dies z. B. mit einem Programm zur Gewaltprävention zu unterbinden, denn Gewalt als Konfliktlösungsmuster entspricht nicht dem gemeinsamen Wirklichkeitsmodell. Gute Schulen formen ihre je eigenen Kommunikationsstrukturen und bilden spezifische Formen, Strukturen, Inhalte und Abläufe von pädagogischer Kommunikation aus, die ihre unverwechselbare Identität ausmachen.

7.2 Kommunikation in schulischen Interaktionssystemen

Das Besondere der sozialen Beziehungen in der Schule liegt darin, dass sie als direkte Face-to-Face-Interaktionen zwischen Lehrenden und Lernenden ablaufen. Die schulischen Teilsysteme werden als Interaktionssysteme bezeichnet, weil alle Mitglieder persönlich untereinander in Kontakt treten können. Das geschieht ganz überwiegend auf der Basis mündlichen Sprachgebrauchs. Gesprochene Sprache ist nicht nur das wichtigste menschliche Kommunikationsmedium, sondern unterscheidet sich auch grundlegend von allen anderen technischen, digitalen Kommunikationsmedien durch die Kopplung an den Organismus. Dadurch wird die Kombination von verbalen und nonverbalen Formen der Kommunikation möglich, die für die schulischen Interaktionssysteme bestimmend ist. Davon sind alle pädagogischen, dienstlichen, kollegialen oder persönlichen

Abbildung 6: Interaktionssystem Schulklasse (eigene Darstellung)

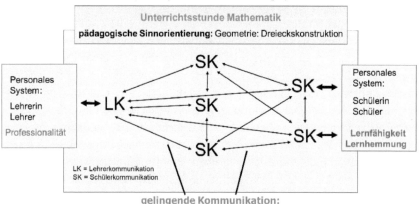

Interaktionssystem Schulklasse: Ausschnitt

(6. Schuljahr; 25 Mädchen und Jungen)

Beziehungen innerhalb der Schule betroffen. Aus der Kombination sprachlicher und nonverbaler Kommunikation in Schule und Unterricht erwachsen besondere Kommunikationsmöglichkeiten und auch Beziehungsformen, die so bei anderen, medial vermittelten Kommunikationen nicht gegeben sind. Sie eröffnen spezifische Handlungs- und Verständigungsmöglichkeiten, die die pädagogischen Intentionen der Lehrpersonen unterstützen können, aber kommunikative Kompetenz bei allen Beteiligten voraussetzen.

Häufig werden diese Möglichkeiten wieder eingeschränkt, weil die schulischen Interaktionssysteme durch einen hohen Grad an Rigidität, d. h., durch genau festgelegte Verhaltenserwartungen in Form von Sach- und Sozialnormen und einen hohen Grad an Repressivität, d. h. durch einen starker Geltungsanspruch der Normen und eine strenge Kontrolle ihrer Einhaltung geprägt sind, sodass wenig Spielraum für ein Aushandeln gemeinsamer Intentionen zwischen den Interaktionspartnern bleibt. Nach G. Bateson (1980a) hat jede Kommunikation einen Beziehungs- und einen Inhaltsaspekt. Der Beziehungsaspekt ist meist durch die Vorrangstellung der Lehrpersonen und der Inhaltsaspekts durch die straffe Ausrichtung der Lernprozesse der Schüler/innen auf die festgelegten Lernziele gekennzeichnet. Der Beziehungsaspekt wird nicht nur verbal, sondern sehr stark durch die nonverbalen Kommunikationsformen bestimmt. In den Formen der direkten Interaktion hat der Beziehungsaspekt Vorrang. Das bedeutet, dass Störungen in der Beziehung beseitigt werden müssen, damit sich die Kommunikationspartner (z. B. Lehrer/innen im Kollegium oder Lehrpersonen und Schüler/innen im Unterricht) über Inhalte (Sachthemen, Unterrichtsinhalte, Lernziele) verständigen können. Diese Beziehungsklärungen spielen sich meist auf der Ebene der Gefühle ab und erfolgen durch körperliche Ausdrucksformen. Sie liegen in den vielfältigen und variablen Ausdrucksformen der Gestik, Mimik, Körperhaltung und den spezifischen Ausdrucksweisen durch unterschiedliche Arten des Sprechens (Sprechgeschwindigkeit, Stimmhöhe, Lautstärke oder Modulationen in der Stimme). Dadurch werden nicht nur die kognitiven, sondern auch die emotionalen, affektiven und somatischen Strukturen des personalen Systems angesprochen. Bei der Auseinandersetzung mit einem Thema auf der inhaltlichen Ebene laufen diese Gefühlsklärungen auf der nonverbalen Ebene immer unbewusst mit oder sie führen zu Konflikten und müssen dann eigens thematisiert werden. Das Zusammenspiel von verbalen und nonverbalen Kommunikationsformen kann Verständigung erleichtern und die Bedeutung einer Aussage unterstützen und verstärken, aber auch auf vielfältige Weise und sehr nuancenreich verändern und dadurch eigene Probleme und Schwierigkeiten auslösen, wenn die Kommunikationspartner nicht in der Lage sind, die nonverbalen Signale richtig zu deuten.

Eine Sekundäranalyse empirischer Schulevaluationsdaten verweist darauf, dass Lehrpersonen einerseits von der besonderen Bedeutung sozial-emotionaler und kommunikativer Aspekte in den sozialen Beziehungen überzeugt sind, andererseits aber Schwierigkeiten haben, gerade diese adäquat zu berücksichtigen (Pirner a. a. 2019, S. 15 ff.). Das ist ein Hinweis darauf, dass Lehrpersonen die außerordentliche Bedeutung eines verantwortungsvollen Gebrauchs der Sprache als wichtigstem Kommunikationsmittel in Schule und Unterricht sehr wohl sehen. Die Schwierigkeiten bei der praktischen Umsetzung sind eine Folge davon, dass dieser zentrale Aspekt pädagogischen Handelns weder in der Theorie noch in der Ausbildung und Fortbildung der Lehrkräfte angemessen thematisiert wird. Schulqualität zeigt sich in einer Hochschätzung der Sprache als dem wichtigsten Kommunikationsmittel in den direkten Interaktionen im Schulalltag. Die Förderung der Sprachfähigkeit und Kommunikationskompetenz sowohl der Lehrpersonen als auch der Schüler/innen ist daher von höchster Bedeutung nicht nur für gelingende Verständigung, sondern ebenso für positive zwischenmenschliche Beziehungen. Ein ausgewogenes Zusammenspiel von verbaler und nonverbaler Kommunikation ermöglicht es den Partnern, Beziehungen zu klären, Gefühle wahrzunehmen, Anschlusskommunikationen zu sichern und auf diese Weise die Voraussetzungen für gelingende Lernprozesse zu schaffen. (Spanhel 2001a, S. 931; zur Bedeutung der Sprache für das pädagogische Handeln verweise ich hier auf O. F. Bollnow: Sprache und Erziehung 1966.)

7.3 Lernprozesse als Ergebnis der Partizipation an kommunikativer Praxis

Bei einer Betrachtung der Abbildungen 2 und 3 fällt sofort die fundamentale Bedeutung von Kommunikationsprozessen für das soziale System Schule und für die Lernleistungen der Schüler/innen ins Auge. Auf der Teilnahme der Lehrenden und Lernenden an den fortlaufenden Kommunikationsprozessen beruht die enge Kopplung von personalen und sozialen Systemen, die schließlich zu einer gemeinsamen Entwicklung *beider* Systeme auf der Grundlage von Lernprozessen führt. Im Abschnitt 4.1 und in der Abbildung 4 (S. 48) habe ich diese Kopplung als „Interpenetration" beschrieben, als wechselseitige Durchdringung von sozialen und personalen Systemen. Damit ist gemeint, dass sich die Systeme wechselseitig die kognitive Komplexität des anderen zu Nutze machen, um zu lernen und sich weiter zu entwickeln. Diese Sicht auf Kommunikation macht deutlich, was in der Schule oft nicht klar gesehen wird: Durch die Partizipation an einer kommunikativen Praxis lernen stets beide Seiten, die Personen (sowohl Schüler/innen als auch Lehrer/innen) und das soziale System (sei es eine Schulklasse, die Schulleitung, die Lehrerkonferenz oder das Schülerparlament). Alle an einem Kommunikationsprozess beteiligten personalen Systeme und das jeweilige soziale System können daher als *lernende Systeme* bezeichnet werden, die in Entwicklung begriffen sind. „Eine sich in der Operation des Verstehens vollendende Kommunikation hat Wirkungen auf der Seite der sprechenden Personen, deren mentale Symbolik die neuen Erfahrungen als individuelles Wissen speichert, und sie hat Wirkungen auf der Seite des involvierten Sozialsystems, dessen kommunikative Symbolik die neuen Erfahrungen ...als systemisches Wissen speichert" (Willke 2005, S. 116), also z. B. in Form von Absprachen, Beschlüssen, Protokollen oder Regeln.

Wie dieses Verständnis von Kommunikation den Blick auf alltägliche Prozesse in der Schule verändern kann, will ich an einem Beispiel erläutern: In der schulpädagogischen Literatur ist häufig von „classroom management" die Rede: Lehrkräfte sollten in der Lage sein, lernförderliche Bedingungen für den Unterricht in einer Schulklasse herzustellen (sie zu managen). Aus systemischer Sicht geht es um die Frage, wie sich Lehrende und Lernende in der unterrichtlichen Kommunikation darüber verständigen, wie sie künftig miteinander umgehen, kommunizieren und arbeiten wollen, um möglichst gute Lernergebnisse bei den Schülern/innen zu erzielen. Wenn eine Lehrkraft ihre Autorität einsetzt, um der Klasse mitzuteilen, wie bei ihr Unterricht abläuft und wie sich die Schüler/innen zu verhalten haben, um die gesetzten Lernziele zu erreichen, kann sie beobachten und lernen, wie die Schüler/innen auf ihr Management reagieren, ob sie die Regeln akzeptieren, zufrieden sind und sich aktiv am Unterricht beteiligen, oder ob sie sich unwohl fühlen, die Regeln testen, sie umgehen oder missachten oder sich zurückziehen. Die Schüler/innen müssen lernen, wie sie mit vorgegebenen und möglicherweise unliebsamen Vorschriften umgehen und was sie tun können, um ihre augenblicklichen persönlichen Probleme mit den Anforderungen im Unterricht zu vereinbaren. Versucht die Lehrkraft dagegen, gemeinsam mit der Schulklasse Verfahrensweisen und Regeln für eine beide Seiten befriedigende Zusammenarbeit zur Erreichung der Lernziele auszuhandeln und zu reflektieren, lernt das soziale System „Schulklasse und Lehrkraft", nach welchen Regeln Erfolg versprechender Unterricht ablaufen sollte und beide Seiten (Lehrkraft und Schüler/innen) lernen, an welchen Regeln sie sich orientieren und wie sie agieren müssen, um die gemeinsam vereinbarten Ziele zu erreichen. Beim Einsatz von „classroom management" als Instrument zur Steuerung des Schülerverhaltens denkt kaum jemand an die Rückwirkungen dieser Prozesse auf die Lehrenden und das soziale System. Aber diese Methode ist an Kommunikationsprozesse gebunden und dabei werden Lernprozesse bei allen Beteiligten, den Lehrenden und Lernenden und im System Schulklasse ausgelöst.

Diese fundamentale Einsicht, dass in Kommunikationsprozessen immer sowohl alle beteiligten Personen als auch das jeweilige soziale System lernen, hat weit reichende Konsequenzen in Hinsicht auf alle Bemühungen zur Verbesserung der Schulqualität und Maßnahmen zur Schulentwicklung. Und sie hat Konsequenzen für den Fortgang der weiteren Überlegungen. Wenn in allen Kommunikationsprozessen gelernt wird, sind für die Schule folgende Unterscheidungen von besonderer Bedeutung: Auf der Ebene der personalen Systeme sind zwei unterschiedliche Formen individueller Lernprozesse zu beobachten: Unbeabsichtigte Lernprozesse, die im Schulalltag nebenher laufen, kaum beachtet, noch wahrgenommen oder kontrolliert werden. Sie lassen sich unter dem Begriff Sozialisation zusammenfassen. Dabei lernen die Mitglieder (Schüler/innen und Lehrpersonen) sich in ihrem Verhalten unbewusst auf des Funktionieren des sozialen Systems Schule einzustellen.

Beabsichtigte, pädagogisch intendierte, auf bestimmte Lernziele ausgerichtete und kontrollierte Lernprozesse: Das sind die mit dem Erziehungs- und Bildungsauftrag der Schule angesprochenen Lernziele der Schüler/innen, wie sie in den Schulgesetzen, Schulordnungen, Curricula und Lehrplänen genauer festgelegt sind. Diese für die Theorie der Einzelschule zentralen Lernprozesse der Schüler/innen werden im zweiten Kapitel behandelt. Dazu muss die Systemebene gewechselt werden: Der Blick richtet sich dann nicht mehr auf das soziale System Schule, sondern auf die personalen Systeme der Schüler/innen und ihre Beziehungen zum sozialen System.

Auf der Eben der sozialen Systeme sind es die systemischen Lernprozesse der Schule sowie die Lernprozesse der sozialen Teilsysteme, die zu kollektivem Wissen von Schulleitung, Kollegium, Fachgruppen oder Entwicklungsteam führen und den Alltagsbetrieb in der Schule sichern. Ihre bewusste Gestaltung bildet auch die Basis für Maßnahmen zur Schulentwicklung. Welche Lernprozesse damit gemeint sind, zeigt sich am Beispiel der sechs Qualitätsbereiche von

Schule, an denen sich die Bewerberschulen des Deutschen Schulpreises bei ihren Bemühungen um Schulentwicklung orientieren sollen (vgl. Beutel u.a. 2016, S. 170). Der zweite Qualitätsbereich heißt „Umgang mit Vielfalt", d.h. die *Schule und die Lehrpersonen sollen lernen*, die Heterogenität der Schülerinnen und Schüler zu berücksichtigen. Auch im 4. und 5. Qualitätsbereich, Verantwortung und Schulklima/Schulleben, sind nicht nur die Heranwachsenden, sondern ebenso die *Lehrpersonen und das System Schule als lernende Systeme* angesprochen. Nach allen Erfahrungen wird im Schulalltag nur selten darüber gesprochen, was die Lehrenden, eine Schulklasse, das Kollegium oder die Schulleitung im Verlaufe eines Schuljahres gelernt haben oder im Kontext von Entwicklungsmaßnahmen lernen sollen. Diese systemischen Lernprozesse werden im dritten Kapitel genauer beschrieben, weil sie die Basis für Schulentwicklungsprozesse bilden.

7.4 Sozialisationsprozesse

Neben den Kommunikationsprozessen sind die Sozialisationsprozesse für das Funktionieren des sozialen Systems Schule wichtig. Weil sie gleichsam automatisch ablaufen, werden sie kaum beachtet und in ihrer Bedeutung oft unterschätzt. Sie sind jedoch eine unabdingbare Voraussetzung für gelingende Kommunikation. Sozialisationsprozesse sichern die auf Kommunikation beruhende Kopplung zwischen dem System Schule und ihrer inneren Umwelt, d.h. ihren Mitgliedern, die als personale Systeme nicht dem sozialen System angehören (vgl. Abbildung 4). Sie richten die Kommunikationsbeiträge der Lehrenden und Lernenden an der spezifischen Ordnung des Kommunikationssystems Schule und dem pädagogischen Sinnkriterium Lernen aus. Dabei bilden sich bestimmte Erwartungsmuster aus, die sich in einem Regelsystem niederschlagen und nur bestimmte Anschlusskommunikationen erlauben und andere unterdrücken. „Auf diese Weise wird der Kommunikationsablauf in eine Ordnung gebracht, die durch Ausrichtung auf den übergreifenden Sinnzusammenhang des Systems ein gegenseitiges Verstehen ermöglicht. Die Wirkung realisiert sich in der Teilnahme an den Kommunikationsprozessen, durch die sowohl das Regelsystem der mediengestützten Kommunikation als auch das ausgehandelte Wirklichkeitsmodell zu gemeinsamen Bezugssystemen sowohl für das psychische als auch das soziale System werden. Dadurch kann einerseits die Einheit und Identität des sozialen Systems gewährleistet und andererseits die Autonomie und Identität der Beteiligten gewahrt werden" (Spanhel 2013, S. 37).

7.4.1 Der Aufbau basaler Lernfähigkeiten als Grundlage für Verständigung

Sozialisation als Basis für gelingende Kommunikation ist selbst wieder an die Voraussetzung gebunden, dass sich ihre Mitglieder untereinander überhaupt *verständigen können*. Das ist scheinbar in den Schulen kein Problem, aber nur deshalb, weil viele Probleme nicht als Verständigungsschwierigkeiten erkannt, nicht beachtet oder einfach übergangen werden. Es geht nicht um Missverständnisse, die im anschließenden Kommunikationsprozess wieder behoben werden könnten. Das Problem liegt vielmehr in mangelhaften basalen Fähigkeiten, ohne die es Individuen schwer fällt oder unmöglich ist, sich mit anderen zu verständigen. Es geht um grundlegende Voraussetzungen für den Aufbau der Lernfähigkeit im Kindesalter, auf der später das schulische Lernen gründet. Dieser Prozess beginnt mit der Geburt im sozialen System der Familie. Die Entwicklung grundlegender Lernvoraussetzungen in der frühen Kindheit habe ich am Beispiel des Aufbaus der Sprachfähigkeit und der Medienkompetenzen beschrieben. Dabei handelt es sich um einen selbstgesteuerten Konstruktionsprozess im psychischen System der Kinder, der durch seine Einbettung in das soziale System der Familie und in die Strukturen der familialen Alltagswelt eine spezifische Ausrichtung erhält (Spanhel 2010, S. 23 ff.; Spanhel 2006, S. 141 ff.). Im Prozess der Einführung des Kindes in das soziale System der Familie entwickelt es die Fundamente seiner Lernfähigkeit, die Fähigkeit zum Handeln, zum Zeichen-, Symbol- und Sprachgebrauch. Die Eltern organisieren die dingliche und soziale Umwelt und die Ereignisse für ihre Kinder in unterschiedlichen Rahmen und kommunizieren in diesem Rahmen mit ihrem Kind so, als ob es seine Rolle als System-Mitglied spielen würde, obwohl es die Rolle gerade erst lernt („parental frames"; Kaye 1982, S. 77 ff.). Auf diese Weise stellen sie die Kinder in überschaubare, verlässliche und sinnstiftende Kontexte, in denen diese ihre Handlungsfähigkeit differenzieren, die Bedeutungskonstitution von Zeichen und Symbolen erlernen und damit ihre Zeichen- und Kommunikationsfähigkeit entwickeln als Voraussetzung dafür, sich in sozialen Beziehungen verständigen zu können. Diese frühen Lernprozesse laufen normalerweise völlig selbstverständlich, unabsichtlich und unhinterfragt im alltäglichen familiären Zusammenleben ab. Diese basalen Lernfähigkeiten müssen sich später in Sozialisationsprozessen in den unterschiedlichen sozialen Beziehungen, z. B. unter Gleichaltrigen in der Freizeit und im Zusammenleben in der Schule weiter ausbilden. Sie entwickeln sich in allen sozialen Beziehungen der Kinder weiter, in denen Kooperation durch „gemeinsame Ziele, gemeinsame Absichten, wechselseitiges Wissen, geteilte Überzeugungen (...) im Kontext diverser Kooperationsmotive" auf der Grundlage von Achtsamkeit, Vertrauen und gegenseitiger Rücksichtnahme praktiziert wird (Tomasello 2009, S. 17).

Aber in unserer Gesellschaft, in der viele Kinder in prekären familiären Verhältnissen, in sehr unterschiedlichen sozialen und kulturellen Kontexten oder in unverbindlichen und flüchtigen Beziehungen in medialen Netzwerken aufwachsen, werden diese Lernfähigkeiten in der frühen Kindheit und in der weiteren Sozialisation bis zum Schuleintritt oft nicht ausreichend grundgelegt und nur äußerst mangelhaft weiterentwickelt. (Zur Problematik der Sozialisation in einer Gesellschaft im digitalen Wandel vgl. Spanhel 2023). Deshalb kommt der Schule heute verstärkt die Aufgabe zu, mangelnde basale Lernvoraussetzungen zu erkennen, so gut wie möglich nachzuholen, sie einzuüben, zu festigen und weiter zu entwickeln. Das verweist auf eine besondere Bedeutung der Gestaltung des Zusammenlebens nicht nur in der Grundschule, um den Kindern die Chance zu geben, ihre unzureichenden basalen Lernfähigkeiten zu verbessern. Auch im weiteren Verlauf der Schulzeit kann es auf Grund mangelhafter basaler Lern- und Handlungsfähigkeit zu Lernschwierigkeiten und Verhaltensstörungen kommen, ohne dass diese tief liegenden Ursachen erkannt werden.

7.4.2 Wie Kinder Schule lernen

Den Stellenwert der schulischen Sozialisation betont der amerikanische Lernpsychologe J. S. Bruner in seinem Buch „The culture of education" (1995), wenn er darauf verweist, dass Heranwachsende nicht in der Schule lernen, sondern dass sie Schule lernen. Sie lernen sehr rasch, wie Schulalltag und Unterricht organisiert sind, nach welchen Regeln sie funktionieren, wie diese Regeln einzuhalten sind, was passiert, wenn man sie verletzt und wie man sie umgehen kann. Wenn Kinder und Jugendliche „Schule lernen", dann ist damit das Erlernen der spezifischen „Schulkultur", der Umgangsformen und Regeln des Zusammenlebens in ihrer Schule gemeint. Im schulischen Sozialisationsprozess wird das Handeln der Heranwachsenden auf die Sinnorientierungsmöglichkeiten der Schule eingegrenzt, sie übernehmen eine gemeinsame Sprache, gemeinsame Hintergrundinformationen, Handlungsintentionen und Kommunikationskompetenzen und werden dadurch zu Schülerinnen und Schülern als Mitglieder des sozialen Systems Schule. Ein Stück weit lassen sich dabei auch Sozialisationsmängel aus der Vorschulzeit ausgleichen. Diese Lernprozesse bilden eine wichtige Grundlage für die Selbstregulationsprozesse im System Schule. Sie vollziehen sich unbewusst und ungeplant im alltäglichen Zusammenleben und bieten den Heranwachsenden ein weites Feld zur Einübung in Selbstkontrolle, Beziehungsfähigkeit und Achtsamkeit (Kaltwasser 2016). Und das unterscheidet sie von den fachlich-systematischen Lernprozessen im Unterricht. Lernen vollzieht sich in Kommunikationsprozessen, und Kommunikation hat eine Inhalts- und eine Beziehungsdimension. Während im Unterricht die Inhaltsdimension im Vordergrund steht, geht es beim Erlernen der Schulkultur um Beziehungslernen, um das Lernen des sozialen Handelns in den zwischenmenschlichen Beziehungen, um die Entwicklung der Fähigkeit zum regelgeleiteten Handeln und die Entwicklung der emotionalen Intelligenz in Richtung auf moralische Autonomie. In diesen Prozessen werden auch die Lehrenden für das soziale System Schule sozialisiert.

Aber Sozialisationsprozesse finden nicht nur im Kontext einer Schule statt, sondern auch in ihren Teilsystemen, in denen die Mitglieder über längere Zeit beisammen sind, z. B. in den Schulklassen, aber auch im Kollegium. In diesen Interaktionssystemen bilden sich im Laufe der Zeit Kommunikationsmuster, Routinen und unausgesprochene Regeln aus, die den Umgang miteinander erleichtern und daher von allen mehr oder weniger beachtet werden. Dabei lernen die Schüler/innen, indem sie vom Kontext der Teilsysteme Handlungsmuster abstrahieren, erproben, einüben und in den Strukturen ihres psychischen Systems verankern. Aufgrund der doppelten Kontingenz in sozialen Systemen kommt es dabei auch zu Konflikten, Vorbehalten, Täuschungen oder Ausweichmanövern. In der Folge können Schüler/innen nicht akzeptable Problemlösungsmuster und Wertorientierungen lernen, die von den Lehrenden erkannt und reguliert werden müssen. Soziales Lernen zielt nicht auf die Konstruktion von Fachwissen, sondern auf Kommunikationskompetenz, die Konstruktion von Handlungsmustern, auf den Aufbau eines Systems an Wertorientierungen und einer Präferenzordnung als wesentlichem Element der individuellen Identität und als Voraussetzung für selbstgesteuertes Lernen (Spanhel 2013).

8. Regulationen und Steuerungsgrößen im sozialen System Schule

8.1 Steuerungsproblematik bei komplexen sozialen Systemen

Neben den Strukturen und Prozessen sind es die Regulationen, die das Funktionieren sozialer Systeme garantieren. Wie steuern Systeme ihre Prozesse und die Umgestaltung ihrer Strukturen, um die Erreichung ihrer Sinnziele zu sichern? Bei der Schule als Teilsystem des Bildungssystems der Gesellschaft und vor dem Hintergrund der Schulpflicht für alle Kinder ab dem 6. Lebensjahr ist es offensichtlich, dass sie vielfältigen Formen der Fremdsteuerung und Kontrolle durch staatliche Institutionen ausgesetzt ist. Viele Schulen fühlen sich auch heute noch durch gesetzliche Vorschriften, administrative Maßgaben und einengende Bedingungen des Schulträgers in ihrer Arbeitsweise beeinträchtigt, durch wachsende Kontrollen und Verwaltungsaufgaben belastet und durch mangelnde finanzielle und personelle Ressourcen behindert. Aber auch durch die Öffentlichkeit, durch Eltern oder Medien werden sie nicht selten unter Druck gesetzt. Dementsprechend wurde die Schule über Jahrzehnte und noch bis in die 2000er Jahre nach dem bürokratietheoretischen Modell als eine Organisation betrachtet, die aus Sicht mancher Pädagogen eine Realisierung der Erziehungs- und Bildungsaufgaben eher beeinträchtigte und erschwerte als unterstützte (Helsper u. a. 2008).

Aus systemtheoretischer Sicht stellt die Steuerung komplexer organisierter Systeme, wie der Einzelschulen, aufgrund ihrer Autonomie jedoch ein besonderes Problem dar (Willke 1991, S. 156 ff. und S. 181 ff.). Einflüsse von außen und Maßnahmen der Fremdsteuerung können nicht eins zu eins durch Transformation der Strukturen, Prozesse und Regeln im sozialen System Schule umgesetzt werden. Sie lösen vielmehr Prozesse der Selbstregulation aus, d. h. staatliche Gesetze oder Verordnungen, administrative Maßgaben oder Anordnungen werden entsprechend den Erfahrungen, dem Wissen und den selbst gesetzten Zielen einer Schule interpretiert, unter Berücksichtigung ihrer besonderen Situation und ihrer Ressourcen moduliert und nach ihren konkreten Möglichkeiten umgesetzt. Auf Grund steigender Komplexität wird in den Schulen eine funktionierende Steuerung in drei Bereichen immer wichtiger, aber auch schwieriger:

- die Eigenkomplexität der Schule nimmt durch fortschreitende Binnendifferenzierung in autonome Teilsysteme immer mehr zu;
- die Komplexität der relevanten Umweltsysteme steigt mit den rasanten medialen, technischen, wissenschaftlichen, wirtschaftlichen und sozialen Entwicklungen in der Gesellschaft;

- die zeitliche Komplexität wächst mit der zunehmenden Diskrepanz zwischen der Zukunftsorientierung der Schule mit nicht vorhersehbaren Lernanforderungen und den begrenzten zeitlichen Ressourcen für das Lernen der Heranwachsenden.

Da sich Schulen durch einen hohen Grad an organisierter Komplexität auszeichnen, müssen sie ein großes Maß an Steuerungsleistungen erbringen, um diese Komplexität zu reduzieren und sich als System in ihrer Umwelt erhalten zu können. Im Abschnitt 2.4 habe ich darauf hingewiesen, dass die Schule als komplexes operatives System über Autonomie verfügt und daher von außen nur bedingt gesteuert werden kann, während die Prozesse im Inneren durch Selbststeuerung geregelt werden. Dabei handelt es sich durchwegs um *Abstimmungsprobleme*, nach außen zwischen System und Umwelt (Assimilation und Akkommodation oder Anpassung und Zielerreichung), und innerhalb des Systems zwischen Teilsystemen und Gesamtsystem bzw. zwischen den Teilsystemen (Integration und Strukturerhaltung)(vgl. Willke 1991, S. 55 ff.). Diese Abstimmungsprobleme können die Schulen aus systemischer Sicht am besten durch *Kontextsteuerung* bewältigen. Das bedeutet, dass nicht ein Teilsystem der Schule, nämlich die Schulleitung, die Regelungen für die Prozesse im Schulalltag allein festlegen kann, sondern dass alle beteiligten und betroffenen Akteure in Form von Verhandlungssystemen die verbindlichen Kontextregelungen für die Schule als Gesamtkontext vereinbaren (Willke 1991, S. 188).

Die Steuerung der Prozesse im Schulbetrieb verlangt Kontrolle. Nach Willke (1991, S. 188 f.) kommt es bei einer Kontextsteuerung darauf an, die Kontrolle der Kontrolle in die Teilsysteme zu verlagern. Für die Schule heißt das konkret, dass Schulleitung und Kollegium unter Einbeziehung der Eltern- und Schülervertretung aushandeln, unter welchen Kontextbedingungen die Teilsysteme (Schulklassen, Arbeitsgruppen, Kurse) möglichst autonom ihre Aufgaben am besten erfüllen können. *Kontextsteuerung* kann als eine „Verschränkung von Kontextbedingungen und Autonomiespielräumen" gekennzeichnet werden. Auf diese Weise könnten die in der Einzelschule angelegten, historisch gewachsenen hierarchischen Strukturen ein Stück weit aufgebrochen werden.

Bei allen Entscheidungen und Regelungen im Inneren muss die Schule als System ständig Abstimmungsprozesse zwischen dem Druck der Fremdsteuerung und den Notwendigkeiten und Möglichkeiten der Selbstregulation leisten. Das ist der Korridor, in dem eine Schule ihre Autonomie nutzen kann, um eine Identität zu entwickeln und ihre Qualität zu entfalten. Dieser Korridor bietet Spielraum für Schulentwicklung. Damit die einzelne Schule eine Identität ausbilden und ihre gesellschaftliche Funktion erfüllen kann, muss sie als System Abstimmungsleistungen in folgenden Bereichen erbringen:

- Anpassung: Abstimmungsprozesse zwischen der Schule und ihren relevanten äußeren und inneren Umweltsystemen (Bildungssystem; andere Bildungseinrichtungen; Kommune und im Inneren die personalen Systeme der Lehrpersonen und Schüler/innen)

- Zielerreichung: Abstimmungsprozesse zur Orientierung der Kommunikation am pädagogischen Sinnkriterium der Schule und die Verwirklichung der vorgegebenen Erziehungs- und Bildungsziele;
- Integration: Abstimmungsprozesse bei der Koordination der Teilsysteme und Ausrichtung ihrer Leistungen am pädagogischen Sinnkriterium der Schule
- Strukturerhaltung und Weiterentwicklung: Abstimmungsprozesse hinsichtlich der Maßnahmen zur Qualitätskontrolle und -sicherung, Zukunftsentwürfe und Maßnahmen der Schulentwicklung (vgl. Willke 1991, S. 58).

In allen vier Bereichen ist die Schulleitung die maßgebliche Steuerungsgröße für die Abstimmungsprozesse. Bei Kontextsteuerung geschieht dies allerdings in enger Kooperation und Absprache mit dem gesamten Kollegium bzw. mit den für eine Sachentscheidung zuständigen Verhandlungssystemen, seien es Noten-, Fach-, Planungskonferenzen oder Klassenstufen- und pädagogische Konferenzen. Die Aufgaben der Schulleitung werden im Einzelnen im folgenden Abschnitt dargestellt. Die Abstimmungsprozesse hinsichtlich der Erreichung der Lernziele bei den Schülern/innen fallen in den Zuständigkeitsbereich der Lehrpersonen. Voraussetzung für eine erfolgreiche Kontextsteuerung in diesem Bereich ist die Professionalität der Lehrerinnen und Lehrer, die im übernächsten Abschnitt beschrieben wird. Die Analyse der eigentlichen Abstimmungsprozesse des Lehrens und Lernens, die den Kern der pädagogischen und unterrichtlichen Aktivitäten der Lehrpersonen ausmachen und die Gestaltung von Schulleben, Schulklima und Schulkultur betreffen, bildet den Inhalt des zweiten Kapitels. Die Aufgabe der Strukturerhaltung und Weiterentwicklung der Schule bedarf einer eigenen Untersuchung im dritten Kapitel.

8.2 Steuerungsaufgaben von Schulleitung, Kollegium und Verhandlungssystemen

Aus der Perspektive einer Kontextsteuerung wird die besondere Bedeutung der Schulleitung als Teilsystem einer Schule sichtbar. Sie hat eine herausgehobene Position, die gesetzlich verankert ist. Die Schulleitung ist für das Funktionieren des Gesamtsystems verantwortlich und muss dafür sorgen, dass die Schule die ihr gesetzlich vorgegebenen Aufgaben erfüllt. Schulen sind, wie dargelegt, in autonome Teilsysteme differenziert und zeichnen sich durch einen hohen Grad an organisierter Komplexität aus. Das erfordert schwierige Organisations- und Abstimmungsleistungen, die den besonderen Verantwortungsbereich der Mitglieder der Schulleitung im Inneren kennzeichnen. Aus systemischer Sicht müssen die Mitglieder der Schulleitung eine scheinbar widersprüchliche Aufgabe erfüllen: Auf der einen Seite ist die Autonomie der Teilsysteme zum Wohle des Ganzen durch verbindliche Vorgaben oder Anordnungen immer wieder einzuschränken. Auf der anderen Seite müssen sie den Teilsystemen Handlungsspielräume gewähren, damit diese ihre speziellen Aufgaben möglichst gut erfüllen können.

Gleichzeitig muss die Schulleitung die Schule nach außen repräsentieren und sich dabei um die Kopplungsprozesse der Schule mit den relevanten Umweltsystemen kümmern. (Zur aktuellen Diskussion um die Professionalität, die Anforderungen, Aufgaben und Kompetenzen der Schulleitung vgl. Steffens/Posch 2019, S. 373 ff.)

Zur Bewältigung dieser schwierigen Aufgaben verfügt die Schulleitung im Inneren über Steuerungs-, Bewertungs- und Kontrollfunktionen und ist dafür mit institutionellen Machtbefugnissen ausgestattet. Sie kann versuchen, ihre Aufgaben durch direkte Steuerung in Form von Anweisungen, Anordnungen oder Kontrollen zu erledigen. Dabei muss es zwangsläufig zu Konflikten oder zum Scheitern kommen, weil die Teilsysteme autonom agieren. Die Mitglieder der Schulleitung stehen daher vor dem Problem, einerseits die Selbststeuerungsfähigkeit, Problemlösungsstrategien und Fachkompetenzen der Teilsysteme zu fördern und zu erhalten, sie aber gleichzeitig immer wieder auf die vereinbarten Ziele und die grundlegenden pädagogischen Sinnorientierungen der Schule hin auszurichten und sie so in den übergeordneten Kontext des Gesamtsystems Schule zu integrieren. Diese Problematik lässt sich durch Kontextsteuerung lösen, indem grundlegende Entscheidungen in Verhandlungssysteme verlagert werden, in denen die Beteiligten und Betroffenen gemeinsam die erforderlichen Kontextregelungen aushandeln. Dies gelingt unter der Voraussetzung, dass die Schulleitung und die Teilsysteme gegenseitig ihre Autonomie respektieren, Einschränkungen ihrer Aktivitäten im Sinne des Gesamtsystems akzeptieren und dass die Schulleitung ausgehandelte Regelungen nicht blockiert, verwirft oder ihre eigenen Vorstellungen auf Machtbasis durchzusetzen versucht.

Die meisten Schulleitungen nehmen ihre Führungsaufgaben heute auf demokratische Weise, also im Sinne einer Kontextsteuerung wahr. Zu ihrer Unterstützung werden in den Schulen neben einer erweiterten Schulleitung *Verhandlungssysteme* in Form von Konferenzen des Gesamtkollegiums, Steuerungsteams für Schulentwicklung, Fachkonferenzen, Schulforen, o. ä. eingerichtet. Sie funktionieren mehr oder weniger gut, je nachdem, wieviel Spielraum ihnen die Schulleitung gewährt und ob er auch genutzt wird. Je mehr spezielle Zuständigkeiten geschaffen werden, desto schwieriger wird die Integration der Leistungen der Teilsysteme in die Aufgabenerfüllung des Gesamtsystems.

Die Preisträgerschulen des Deutschen Schulpreises bieten durchwegs überzeugende Beispiele dafür, wie solche Steuerungssysteme etabliert werden können und welchen Nutzen sie bringen. Sie zeigen aber auch , wie die Mitglieder einer Schulleitung als personale Systeme durch ihre besonderen Qualifikationen und

Leistungen, durch persönliches Engagement, Einfallsreichtum, fachliche Kompetenz und Durchhaltevermögen und auf der Grundlage einer souverän gehandhabten demokratischen Führungsstruktur die Entwicklung und Qualität einer Schule entscheidend prägen können. Im Idealfall führen die Ergebnisse aus den einzelnen Verhandlungssystemen zu einer gemeinsam vereinbarten und verbindlich festgelegten *Präferenzordnung* der Schule, die im Wesentlichen die Regulationsprozesse im Inneren des Systems steuert. Die Preisträgerschulen des Deutschen Schulpreises machen deutlich, dass ohne besondere Einsatzbereitschaft, persönliche Autorität und ohne zurückhaltende, aber konsequente Führung der Schulleiterin/des Schulleiters kaum eine zielgerichtete und nachhaltige Schulentwicklung möglich ist. (Vgl. Schule am Vaßberg, Rastede. Förderzentrum und Schule für Lebenshilfe. Der Deutsche Schulpreis 2008, S. 64 ff.; Wartburg-Grundschule Münster. Der Deutsche Schulpreis 2008, S. 30 ff.)

Die Interaktionen zwischen der Schulleitung und den anderen Teilsystemen beruhen auf systemischer Kommunikation in mündlicher oder schriftlicher Form (siehe Abbildung 4, S. 48). Das Besondere daran ist, dass diese Kommunikationen nicht der Person, sondern ihrer Rolle oder Funktion als Repräsentant der Schule zugerechnet werden, in der sie agiert. Formen der systemischen Kommunikation bestimmen den Austausch sowohl zwischen Schulleitung und Kollegium, Lehrerteams, Eltern- oder Schülervertretung als auch zwischen den Teilsystemen, seien es Konferenzen oder Besprechungen, Vereinbarungen oder Absprachen, Einladungen oder Elternbriefe, Protokolle oder Zeugnisse. Welling, Breiter, Schulz (2015) zeigen in ihrer empirischen Untersuchung an Fallbeispielen, wie diffizil diese „kommunikativen Prozesse des Organisieren" sind, die an den einzelnen Schulen völlig unterschiedlich ablaufen, und wie sie sich im Kontext der zunehmenden Mediatisierung der Schulen verändern.

Die Qualität systemischer Kommunikationsprozesse in der Schule wird entscheidend von der Schulleitung mitgeprägt. Wie jede Kommunikation hat auch systemische Kommunikation neben dem Inhalts- einen Beziehungsaspekt. Wenn sie sich in überschaubaren Interaktionssystemen abspielt, kommt auch in der repräsentativen Rolle die Person mit ihren Gefühlen, Einstellungen, Erwartungen, Wertschätzungen und Ängsten zum Ausdruck. Wie Schulleiterin oder Schulleiter und die Mitglieder des Schulleitungsteams als Person in ihrer repräsentativen Rolle mit den Kolleginnen und Kollegen, Kindern und Jugendlichen, Sozialpädagogen/innen, Hausverwalter/innen und Eltern kommunizieren sollten, dafür haben schon in den 1970er Jahren Tausch/Tausch (1971) auf Basis zahlreicher empirischer Forschungen folgende Kriterien beschrieben: Achtung, Wärme, Rücksichtnahme; einfühlendes, nicht wertendes Verstehen; Echtheit und Wahrhaftigkeit im Verhalten; Verzicht auf dirigierende oder lenkende Äußerungen. Diese Merkmale der Kommunikation prägen sehr stark das *Schulklima* und davon hängen Qualität und Muster, aber auch die Intensität, menschliche Tiefe und Emotionalität der Beziehungen zwischen allen Beteiligten im Raum der Schule ab. Für eine solche Art der Kommunikation müssten die Schulleitungen entsprechende Rahmenbedingungen schaffen, in denen sich ein Geist der „Potenzialentfaltung" ausbilden kann, der die Lehrkräfte und Heranwachsenden inspiriert und ermutigt, sich für neue Erfahrungen zu öffnen und das gesamte Potenzial ihrer Leistungs- und Lernbereitschaft zu entfalten (Hüther 2016, S. 168).

Grundsätzlich haben Schulleitungen auf Grund ihrer herausgehobenen Position besondere Chancen, Anregungen und Konzepte in das System einzubringen, die Lehrpersonen und Schüler/innen für Entwicklungsziele zu begeistern, sich für ausgehandelte Problemlösungen einzusetzen und Teilsysteme in ihren Aktivitäten zu unterstützen. Darüber hinaus ist es für die Autonomie und die Identität einer Schule wichtig, wie die Schulleitung sie nach außen repräsentiert, die positiven Seiten der Schule im Umfeld sichtbar macht und sich um Unterstützung der Schulentwicklung von außen bemüht. Dafür gibt es viele eindrückliche Beispiele aus dem Kreis der Preisträgerschulen des Deutschen Schulpreises, z. B. die Oscar-Paret-Schule in Freiberg a. N. In dem Bericht von A. Weyrauch über die Schule heißt es unter „demokratisch führen": „Die Schulleitung achtet die Initiativen und besonderen Fähigkeiten ihrer Lehrerinnen und Lehrer. Sie nutzt und fördert sie. Nicht umsonst ist die Schule ständig Baustelle, geistig, sozial, materiell. Das ist nicht ohne System. Nach jeder Idee folgen ein Konzept und die Beratung mit Lehrern, Eltern und Schülern. Was sinnvoll scheint, wird erprobt und mittlerweile auch evaluiert. Hier erwächst der Schule im Moment viel Kompetenz" (Der Deutsche Schulpreis 2008, S. 122).

8.3 Steuerungsleistungen der Lehrerinnen und Lehrer

In fast allen Bereichen, in denen Abstimmungsleistungen zu erbringen sind, ist die Kompetenz der Lehrpersonen gefragt. Ihre Professionalität erhöht die kognitive Komplexität der Schule und verbessert ihre Fähigkeit zur Reflexion und Selbststeuerung. Dabei werden bisher allerdings die *pädagogischen* und *didaktischen* Kompetenzen der Lehrpersonen zu sehr in den Vordergrund gestellt, während ihre *Fähigkeiten zur Bewältigung der organisierten Komplexität* einer Schule zu kurz kommen. Ein großes Problem liegt darin, dass sich an den Grundlagen der Lehrerausbildung seit Jahrzehnten nichts Wesentliches geändert hat, obwohl die veränderten Bildungs- und Erziehungsaufgaben in einer Gesellschaft im digitalen Wandel dringend eine Neuorientierung des beruflichen Handelns der Lehrerinnen und Lehrer verlangen. Ihr professionelles Handeln darf sich nicht mehr allein und primär an der Vermittlung von Fachwissen auf der Grundlage fachdidaktischer Kenntnisse und methodischer Fähigkeiten ausrichten, sondern muss sich verstärkt an der selbständigen Entwicklung der Person der Schülerin/des Schülers im Bildungsprozess sowie an der Schule und ihrer Qualitätsentwicklung und Qualitätssicherung orientieren. Der Bildungs- und Erziehungsauftrag der Schule besteht in der Begleitung der Persönlichkeitsentwicklung über die lange Zeit von neun bis dreizehn Jahren hinweg, von der Kindheit bis ins Erwachsenenalter. Damit ist eine enorme pädagogische und gesellschaftliche Verantwortung verbunden. (Zum Zusammenhang von Lehrerprofessionalität, Schulqualität und Schulentwicklung vgl. Steffens/Posch 2019.) Heute zählen zu den grundlegenden Arbeitsaufgaben der Lehrpersonen neben der zentralen Tätigkeit des Unterrichtens (Entwicklung und didaktische Aufbereitung des Stoffes, methodische Gestaltung der Lernumgebung, Zeitstrukturierung, "classroom management", Diagnosekompetenz) zusätzlich Erziehen, Beraten, Betreuen und Entwickeln von Schule. Wie Untersuchungen zeigen, führen die enorme Vielfalt der Anforderungen an die Lehrpersonen, die Erziehungsprobleme in Verbindung mit der Heterogenität der Kinder in den Schulklassen, die permanente Beobachtung ihrer Arbeit durch Eltern und Öffentlichkeit und immer neue gesellschaftliche Ansprüche an ihre Tätigkeit (Inklusion, Digitalisierung) zu besonderen beruflichen Belastungen. (Vgl. dazu Terhart 2011 und vbw 2014.)

Eine Neubestimmung der Anforderungen an die Professionalität der Lehrpersonen und eine darauf ausgerichtete Ausbildung wird allerdings seit Jahren durch eine aus meiner Sicht fragwürdige und in ihren praktischen Auswirkungen fatale theoretische Verhältnisbestimmung zwischen pädagogischer Professionalität und Organisation verhindert. Seit den 1970er Jahren bis herauf in die 2000er Jahre wird in Anlehnung an organisations- und bürokratietheoretische Modelle die These vertreten, Schulorganisation behindere oder erschwere professionelles pädagogisches Handeln und damit die Realisierung der gesellschaftlich vorgegebenen pädagogischen Zielsetzungen. In dem Sammelband von Helsper u. a. (2008) über „Pädagogische Professionalität in Organisationen" geht es um die Frage nach dem Verhältnis von Schulorganisation und Professionalität der Lehrpersonen, die nach Ansicht von Helsper noch nicht hinreichend geklärt ist. Der Zusammenhang von Schulorganisation und Professionalität wird aus unterschiedlichsten theoretischen Perspektiven behandelt, weil diese Thematik eine besondere Bedeutung für das Handlungsfeld Schule erlange: „Hier finden sich im Zuge der intensiven Diskussion um Lehrerbildung in den letzten Jahren sowie grundlegender Veränderungen in der Steuerung der Schulorganisation besonders deutliche Neubestimmungen dieses Verhältnisses." (Helsper 2008, S. 10) Letztlich aber lassen die Beiträge die Frage offen, ob die Organisationsstrukturen einer Schule das autonome pädagogische Handeln der Lehrpersonen beeinträchtigen, Möglichkeitsbedingungen dafür schaffen oder es unterstützen.

Mir ist es wichtig zu betonen, dass sich diese Problematik nur stellt, solange man Schule als eine bürokratische Organisation betrachtet. Ich sehe die Schule als ein autonomes soziales System, das sich in seinen Entscheidungen und seinem Handeln an einem pädagogischen Sinnkriterium orientiert. Aus dieser Sicht stellen sich die Lehrpersonen als autonom handelnde Subjekte dar (als personale Systeme), die sich diesem Sinnkriterium verpflichtet fühlen und die Organisationsstrukturen als notwendige Reduktionen von Komplexität begreifen, die sie mitgestalten können, weil sie grundsätzlich veränderbar sind und Schulentwicklung nach selbst gesetzten Zielen der Schule ermöglichen.

Bei einer Betrachtung der Schule als soziales System ist die Professionalität der Lehrpersonen an der Qualität ihres kommunikativen Handelns, an ihrer kommunikativen Kompetenz zu beobachten. Professionalität als eine ausgeprägte kommunikative Kompetenz, gestützt auf eine hohe kognitive Komplexität, die eine ständige Reflexion des eigenen Handelns ermöglicht und garantiert, stellt aus dieser Sicht die wichtigste Steuerungsgröße zur Verbesserung der Schulqualität dar. Dabei ist sie in zweierlei Hinsicht wichtig: Zum einen geht es um die Bedeutung des professionellen Handelns der Lehrpersonen als Systemmitglieder, sowohl für das Funktionieren des sozialen Systems, als auch für die Konstituierung und Erhaltung der sozialen Teilsysteme in der Schule. In dieser Rolle als Kolleginnen und Kollegen auf der Ebene der Schule, gegenüber der Schulleitung und untereinander sowie als Vertreter der Schule nach außen, z. B. gegenüber den Eltern, erfolgt ihr berufliches Handeln in Form systemischer Kommunikation und zielt auf die Regulationen der inneren Strukturen eines sozialen Systems, seien es Schule, Schulklasse, Kollegium oder Unterricht.

Zum anderen geht es um die Bedeutung des professionellen Handelns der Lehrpersonen als relevantes Umweltsystem der Schüler/innen, um Lern- und Bildungsprozesse bei ihnen auszulösen, zu begleiten und zu steuern. In dieser Rolle als Lehrende und Erziehende in den Teilsystemen Schulklasse und Unterricht und in den vielfältigen Kontakten mit Schülern/innen im Schulalltag vollzieht sich ihr berufliches Handeln als pädagogische Kommunikation und zielt auf Wirkungen in personalen Systemen (z. B. durch die Gestaltung der unterrichtlichen Lernumgebungen oder in Form konkreter Lernhilfen für einzelne Schüler). Dabei geht es nicht immer um direkte Kommunikation mit den Lernenden, sondern oft stehen Abstimmungsprobleme im Vordergrund, z. B. zwischen den Strukturen des Unterrichts (soziales System) und den Lerninstrumenten der Schüler/innen (personale Systeme).

Erstaunlich ist, dass in dem breiten Feld empirischer Forschung zur Lehrerprofessionalität dieses zentrale Merkmal der kommunikativen Kompetenz selten im Fokus steht. Die Forschungen richten sich vielmehr auf fachliches, fachdidaktisches sowie überfachliches pädagogisches Wissen als Kernbereiche des Professionswissens, mit einem Schwerpunkt auf den ersten beiden Wissensbereichen. Unabhängig davon wurden unterschiedliche Konzepte zur Kompetenzförderung von Lehrkräften entwickelt (z. B. „reflective teaching", „cognitive apprenticeship", „deliberate practice"), aber die Frage bleibt, wie theoretisches Wissen am Besten in berufliche Handlungsmuster integriert werden kann (K. E. Weber, K. Czerwenka, M. Kleinknecht 2019, S. 39 ff.). Vor diesem Hintergrund stimmt es bedenklich, dass die Ergebnisse aus einer internen Schulevaluation bei über 200 Schulen belegen, dass die befragten Lehrkräfte die kritische Selbstbewertung ihrer Erziehungs- und Unterrichtsarbeit sowie das Sprechen mit den Schülern und Schülerinnen über Unterricht nur als mäßig bedeutsam für Schulqualität einschätzen und zugleich ihre Umsetzung an der eigenen Schule als sehr gering ansehen (Pirner u. a. 2019, S. 18).

Zudem konzentriert sich Professionsforschung überwiegend auf den Unterricht, während der für das soziale System so wichtige Bereich des Schullebens und damit Kompetenzen im Bereich der systemischen Kommunikation völlig außer Betracht bleiben. (Kein einziger Beitrag in dem Sammelband von Steffens/Posch (2019) bezieht sich auf dieses zentrale berufliche Handlungsfeld.) Das hängt mit der Betrachtung der Schule als Organisation oder Institution und ihrem zentralen Ziel der Wissensvermittlung zusammen. Aus systemtheoretischer Sicht müsste das professionelle pädagogische Handeln durch folgende weitere Kompetenzen gestützt werden (vgl. Spanhel 2000, S. 82):

- pädagogisches Handlungswissen;
- Wertwissen: Werte und Ziele als Handlungsorientierungen, an denen die Erziehungs- und Bildungsprozesse der Schülerinnen und Schüler ausgerichtet werden sollen;
- Kommunikationskompetenz zur Verständigung über unterrichtliche und schulische Aufgaben, Probleme und Lösungsmöglichkeiten;
- ein differenziertes Handlungsrepertoire;
- eine ausgefeilte *Diagnosekompetenz*, die sich aber nicht nur auf die Diagnose von Lernfähigkeiten, Lernstörungen und Entwicklungsproblemen bei Schüler/innen beschränken darf, sondern sich insbesondere auch auf das Erkennen und die Beschreibung von Abstimmungsproblemen zwischen den Systemen richten muss.

Diese Wissens-und Handlungskomponenten pädagogischer Professionalität können aber nur dann ihre Wirksamkeit entfalten, wenn es gelingt, ein professionelles Selbst auf der Basis einer individuellen Präferenzordnung als zentrale Steuerungsinstanz aufzubauen. Das ist während der ersten Phase der Berufsausbildung, im Studium, kaum möglich, sondern müsste im Referendariat im Rahmen der beruflichen Tätigkeit als eines permanenten „training on the job" erfolgen.

Während der 2. Phase der Berufsausbildung an der Schule müsste daher die Aufmerksamkeit der Lehrkräfte besonders auf die Reflexion ihres Handelns und den Aufbau ihres beruflichen Selbst gelenkt werden. Im Rahmen des pädagogischen Anteils dieser Ausbildungsphase könnte sich die Reflexion auf folgende Erkenntnisse stützen: Ein professionelles Selbst entsteht als Teil des höheren Bewusstseins, wenn aktuelle Informationen mit Erinnerungen verknüpft und unter Beteiligung von Emotionen bewertet werden. Es steuert in den pädagogischen Interaktionen die Aufmerksamkeit, verarbeitet in Übereinstimmung mit pädagogischen Zielsetzungen einlaufende Informationen und wählt passende Handlungsmuster aus (Bauer u. a. 1996, S. 95 ff.). Den Kern des professionellen Selbst bilden *Selbstwirksamkeitsüberzeugungen*. Diese wirken situationsdefinierend, d. h., sie entscheiden darüber, ob neu auftauchende Anforderungen oder Ziele annehmbar sind, und welche situativen Veränderungsmöglichkeiten dafür gegeben sind. Sie bestimmen die Motivation für eine aktive Bewältigung der Probleme. Das bedeutet zweierlei: Zum einen müssen die Selbstdefinition der beruflichen Aufgaben und deren realitätsgerechte Wahrnehmung durch die Lehrkräfte immer wieder durch externe Rückmeldungen von Schülern/innen, Kolleginnen/Kollegen, Schulleitung und Eltern korrigiert und kontrolliert werden. Zum anderen: Selbstwirksamkeit ist durch eben diese Rückmeldungen steuerbar und damit lernbar und kann sich nur in einem angenehmen kollegialen Klima positiv entwickeln. Hertramph/Herrman bestimmen Professionalität als "situationsadäquate Variabilität des beruflichen Handelns". Dabei müsste ein Gleichgewicht zwischen der Definitionsmacht der Lehrenden und der externen Kontrolle immer neu hergestellt werden (Spanhel 2000, S. 87). Auch das erscheint schwierig angesichts der isolierten Tätigkeit der einzelnen Lehrpersonen in ihren Schulklassen und ihrer mangelnden Bereitschaft zur Abstimmung ihrer Erziehungsauffassungen mit den Kolleginnen und Kollegen und den Eltern.

Für die Schule als soziales System ist die Erkenntnis entscheidend, dass dieses professionelle Selbst der Lehrkräfte der Reflexion zugänglich ist, in seiner Wirkweise erkannt und kontrolliert und daher auch in seinem Aufbau gesteuert werden kann. Dafür müssten sie ein metakognitives Wissen über diese Steuerungsprozesse des professionellen Bewusstseins und ihre Wirkungsweisen erwerben. Am ehesten wäre eine solche Reflexion des professionellen Selbst in kleinen Teams auf der Basis wechselseitigen Vertrauens möglich, aber an den meisten Schulen arbeiten die Lehrkräfte immer noch als Einzelkämpfer. Offensichtlich finden sie auf Grund ihrer beruflichen Belastungen und des Zeitdrucks an Halbtagsschulen wenig Gelegenheit und Energie zur Reflexion ihres beruflichen Handelns.

8.4 Sozialisation als grundlegende Steuerungsleistung des Systems Schule

Im Abschnitt 7.3 wurden bereits Sozialisationsprozesse als Voraussetzung für gelingende Kommunikation und erfolgreiches Lernen beschrieben. Mit diesen Prozessen ist eine grundlegende Steuerungsleistung der Schule verbunden, die in der Ausrichtung der schulischen Kommunikation auf das pädagogische Sinnkriterium liegt. Als Steuerungsmedium legt sie alle Mitglieder der Schule auf eine gemeinsame Basis für Verständigung fest. Die Steuerung erfolgt durch die Sprache und die Sozialisation als „symbolisch generalisierte Medien" (Willke 1991, S. 156f; Spanhel 2013). Diese Medien beinhalten und vermitteln Wirklichkeitsmodelle, die als Basis für gelingende Kommunikation im Schulalltag dienen. Durch die Orientierung aller Akteure an diesen Wirklichkeitsmodellen entsteht ein „konsensueller Bereich" (Maturana 1985, S. 256), ein Bereich gemeinsamer Vorstellungen, Kenntnisse, Wertvorstellungen, Gefühle, Ausdrucksweisen als Grundlage für die Verständigung im Schulalltag. Im Kontext dieser Wirklichkeitsmodelle entwickeln Lehrpersonen und Schüler/innen in unbewussten Lernprozessen im alltäglichen Zusammenleben in der Schule ihre Sprach- und Symbolfähigkeit, ihre Fähigkeit zum sozialen Handeln, Medien- und Kommunikationskompetenz sowie ihre Identität weiter (Spanhel 2013, S. 30 ff.).

Von herausragender Bedeutung ist in diesem Kontext die ständige Weiterentwicklung ihrer Sprachfähigkeit. Im Sozialisationsprozess lernen Schüler/innen, „wie die Wirklichkeitsmodelle ihrer Gesellschaft aufgebaut sind, welche Handlungsmöglichkeiten (im weitesten Sinne von kognitiven bis zu kommunikativen und nicht-sprachlichen Handlungen) sie im Rahmen einer Sozialstruktur nutzen können und welche nicht. Spracherwerb führt also, abstrakt gesagt, zum individuellen Erwerb kollektiven Sprachverwendungswissens (auf der Ausdrucksebene wie auf der Inhaltsebene), das sich durch Reflexivität in der Zeit-, Sach- und Sozialdimension selbst stabilisiert. Dieses kollektive Wissen bildet die vom normalen Sprecher intuitiv erwartete Grundlage für die Interindividualität von Kognitions- und Kommunikationsprozessen." (Schmidt 2000. S. 29) Schulische Sozialisation betrifft alle Mitglieder im sozialen System Schule, weil sie alle auf die gemeinsamen Sinnorientierungsmuster, Verhaltens- und Sprachmuster und Problemlösungsmöglichkeiten verpflichtet werden. Dadurch wird die Beziehung zwischen der sozialen Ordnung der Schule und den individuellen Handlungsfreiräumen geregelt. Die Sprache als Instrument der sozialen Kontrolle spielt dabei eine besondere Rolle, denn in den Regeln einer korrekten Anwendung der sprachlichen Formen schlagen sich die in einer Schule anerkannten Erfahrungen, Gefühle und Überzeugungen nieder.

Der Haupteffekt schulischer Sozialisation für die Schüler/innen liegt nach Dreesen (1980) in der Vermittlung von vier Normsystemen: Die Schüler/innen lernen, unabhängig voneinander zu agieren, damit ihr Lernen individuell beurteilt werden kann und zu akzeptieren, dass dafür Leistung als nicht hinterfragbarer Maßstab gilt. Sie lernen, dass sie in ihrer Rolle als Lernende angesprochen werden und Merkmale ihrer Person, die in ihrer Freizeit- oder Medienwelt bedeutsam sind, in der Schule wenig zählen.

Im Schulalltag ist die Begrenzung möglicher Sinnorientierungen nicht immer klar erkennbar und meistens wird nur unterstellt, dass sich alle am pädagogischen Sinnkriterium orientieren. Gerade auch vor dem Hintergrund der Heterogenität der Schüler/innen sowie der Lehrpersonen müssen die sonst nebenher ablaufenden Sozialisationsprozesse als Grundlage für gelingende Kommunikation bewusst beobachtet und gesichert oder gegebenenfalls durch ein gemeinsam erarbeitetes pädagogisches Programm ergänzt werden (Gerecht 2010; Holtappels in Arnold, Prescher 2014, S. 119 ff.). In Schulen mit einem guten Schulklima ist die Gestaltung der sozialen Beziehungen ein Anliegen aller Beteiligten und Betroffenen. Die Regeln und Rituale des Zusammenlebens, die zugrunde liegenden Wertorientierungen und Ziele werden gemeinsam gefunden, vereinbart, verwirklicht und kontrolliert (Beutel u. a. 2016, S. 114 ff.).

Zusammenfassend lässt sich für die Regulationen durch Gestaltung der inneren Strukturen der Schule sagen: Guten Schulen gelingt es in hohem Maße, ihre Eigenkomplexität durch die Gestaltung der sozialen, sachlichen, zeitlichen, operativen und kognitiven Strukturen zu reduzieren und handhabbar zu machen. Das ermöglicht der Schule insgesamt wie auch den Teilsystemen eigenständige Zielsetzungen, befähigt sie zur Selbststeuerung und erweitert das Potenzial ihrer Handlungsmöglichkeiten. Voraussetzung dafür ist die Integration der Teilsysteme. Sie verursacht erhöhte interne Abstimmungsprobleme, die nur durch verstärkte Bemühungen um Selbstreflexion und Selbstthematisierung gelöst werden können. Dies hängt zum einen entscheidend vom Engagement der Schulleitung sowie von ihrer Fähigkeit ab, ihre Führungsaufgaben und ihr Verhältnis zu den anderen Teilsystemen, insbesondere dem Kollegium, partnerschaftlich zu gestalten. Zum anderen kommt es im besonderen Maße auf die Professionalität der Lehrpersonen an, auf ihre Kommunikationskompetenz und Lernfähigkeit, auf ihre Einsatzbereitschaft und Kooperationsfähigkeit (Hattie 2010). Als wichtigste Kriterien ihrer Professionalität gelten Autonomie, Berufsethos und Verpflichtung auf gesellschaftliche Zentralwerte, wissenschaftliche Basis der Berufsausübung (Berufswissenschaft und berufsrelevante Forschung), eigene Berufssprache, Reflexivität und Kooperation (Spanhel 2000). Schulentwicklung lässt sich nur auf der Basis einer hohen kognitiven Komplexität der Lehrpersonen verwirklichen, die sich das System Schule durch eine enge Kopplung mit ihnen nutzbar macht. Voraussetzung dafür ist eine gute Kooperation im Kollegium und eine gemeinsam gepflegte Berufskultur.

II. Kapitel:
Lernprozesse der Schülerinnen und Schüler im sozialen System Schule

1. Perspektivenwechsel: Das soziale System Schule aus der Sicht der personalen Systeme der Heranwachsenden

Für die Schule als soziales System stehen gemäß ihrer gesellschaftlichen Funktion ganz selbstverständlich die Lernprozesse der Schüler/innen im Zentrum ihrer Aktivitäten. Wenn es im Folgenden um die Frage der Verbesserung schulischer Lernleistungen durch Schulentwicklung geht, dann ist aus systemischer Sicht ein *Wechsel der Perspektive* erforderlich: Im Unterschied zum ersten Kapitel stehen nun die Schüler/innen als lernende personale Systeme und ihre Beziehungen zum sozialen System Schule im Fokus der Betrachtung. Aus dieser Perspektive zeigt sich, dass die Schule für sie nur als eines neben vielen anderen Umweltsystemen lernbedeutsam ist (Abbildung 6). Die Heranwachsenden lernen als personale Systeme von klein auf und in jeder Lebenssituation in den Austauschprozessen mit den sozialen Systemen ihrer Alltagswelt, in denen sie gerade aktiv sind. Sie lernen in den Interaktionen mit der Familie und den Geschwistern unterschiedlichen Alters, in kindlichen Spielgruppen, in der Nachbarschaft, in der Kita; dann in der Schule und daneben bei verschiedenen Freizeitaktivitäten in Peergroups, mit Freunden, in Vereinen, in den Netzwerken der sozialen Medien, bei Computerspielen sowie bei der Rezeption und aktiven Nutzung anderer digitaler Medien.

Die Ergebnisse dieser vielfältigen Austauschprozesse mit relevanten Umweltsystemen schlagen sich in den Strukturen, Prozessen und Regulationen des personalen Systems der Heranwachsenden nieder. Sie eignen sich dabei nicht nur Kompetenzen und Wissen an, sondern erweitern insbesondere ihre Lernfähigkeit. Diese Lernprozesse können im Sinne von Bateson (1990, S. 165 ff.) als „Lernen vom Kontext" betrachtet werden: Die Kinder und Jugendlichen lernen nebenbei nicht nur bestimmte Sachen (kulturelle Inhalte), sondern leiten aus dem Funktionieren sozialer Beziehungen Erfahrungen ab, konstruieren eigene Verhaltensmuster und entwickeln ihre Sprach-, Kommunikations- und Sozialkompetenz weiter. Das führt je nach der spezifischen Alltagswelt und Lebenssituation, je nach den sozialen Kontaktmöglichkeiten und dem individuellen Lebenslauf der Heranwachsenden zu sehr unterschiedlichen Lernerfahrungen und Entwicklungsverläufen, die als positiv oder auch als bedenklich angesehen werden können. Diese müssen aber als wichtige Voraussetzungen und Bedingungen für die schulischen Lernprozesse unbedingt genauer untersucht werden, vor allem deshalb, weil sich durch die rasche Ausbreitung der digitalen Medien diese besonderen Lernmöglichkeiten inzwischen vervielfältigt haben und immer größere

Abbildung 7: Kinder und Jugendliche als lernende Systeme in den Austauschprozessen mit relevanten sozialen Umweltsystemen (Eigene Darstellung)

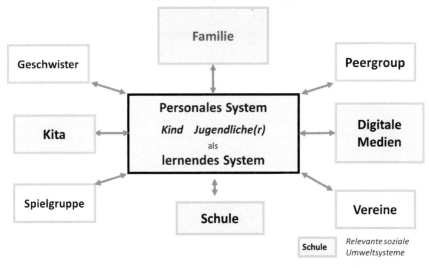

Unterschiede in der Persönlichkeitsentwicklung der Heranwachsenden verursachen.

Die schulischen Lernprozesse vollziehen sich auf der Basis von Kommunikationsprozessen, in denen die Schüler/innen als lernende Systeme agieren. Lernen vollzieht sich als sozialer Prozess auf der Basis fortlaufender Kommunikationen in den ständigen Austauschprozessen mit bedeutsamen Umweltsystemen und führt zu Transformationen der personalen und sozialen Systeme. Wie ich in Abschnitt 7.3 im ersten Kapitel gezeigt habe, lernen in den schulischen Kommunikationsprozessen alle beteiligten personalen und sozialen Systeme. Darin entfaltet sich die emergente Leistung des Sozialen (Willke 1991, S. 109 ff.), die über die Fähigkeiten eines Individuums hinausgeht: Diese Kommunikationen lösen nicht nur bei den Schüler/innen und Lehrpersonen als personalen Systemen, sondern auch in den sozialen Systemen der Schule und im System Schule selbst Lernprozesse aus, begleiten, unterstützen und steuern sie. Lernen als sozialer Prozess im Rahmen von Kommunikation muss daher im Mittelpunkt einer Theorie der Einzelschule als Rahmen für Schulentwicklung stehen.

Eine Beschreibung der Leistungen des Sozialen für das Lernen in der Schule ist schwierig, denn die Kommunikationsprozesse konstituieren einen in der Regel jahrelangen gemeinsamen Entwicklungsprozess, der das soziale System Schule und die personalen Systeme der Lehrenden und Lernenden eng aneinander koppelt. In diesem Entwicklungsprozess der Schule als lernendes System sind die personalen Lernprozesse integriert. Die Frage ist, worin die Bedingungen der Möglichkeit für diese sich wechselseitig bedingenden Lernprozesse liegen.

Dazu werde ich am Beginn dieses Kapitels die anthropologischen und sozio-kulturellen Grundlagen des Lernens aus systemischer Sicht darstellen und zeigen, wie sich die menschliche Lernfähigkeit im Laufe der kulturellen Evolution entfaltet und zunehmend beschleunigt hat. Erst dann kann ich die Lernprozesse der Schüler/innen unter den heutigen Bedingungen des sozialen Systems Schule als relevante (Lern-)Umwelt in den Blick nehmen. Bei einer Betrachtung des Lernens als sozialem Prozess geht es dabei insbesondere um seine kommunikativen Bedingungen. Die Untersuchung der Entwicklungsprozesse der Schule als lernendes System bleibt dem dritten Kapitel vorbehalten.

2. Anthropologische und sozio-kulturelle Grundlagen des schulischen Lernens

Das menschliche Lernen hat sich im Laufe der Evolution in der Auseinandersetzung des Menschen mit seiner Umwelt ausgebildet, die Entwicklung der Kultur ermöglicht und vorangetrieben. In diesem Prozess haben sich das Soziale und die menschliche Lernfähigkeit entwickelt und zunehmend beschleunigt (Faßler 2014; Schmidt 2000). Die rasanten soziokulturellen und gesellschaftlichen Veränderungen der letzten Jahrzehnte als Folge der Medienentwicklungen, Informationstechnologien und Digitalisierung beruhen letztlich auf dem menschlichen Lernen als Bedingung ihrer Möglichkeit. Sie sind das Ergebnis einer Steigerung der menschlichen Lernfähigkeit. Das Problem für die Schule liegt heute in der enormen Beschleunigung dieser kulturellen Evolution, mit tief greifenden gesellschaftlichen Wandlungsprozessen innerhalb einer Generation (Spanhel 2006, S. 83 ff.). Sie zwingen die Schule dazu, die Heranwachsenden auf nicht vorhersehbare neuartige Lebenssituationen in einer Gesellschaft im digitalen Wandel vorzubereiten (de Witt, Leineweber 2020; Willke 2002). Dafür reicht die Tradierung kulturellen Wissens in den bisherigen Vermittlungsformen nicht aus. Schulentwicklung ist daher unvermeidlich. Zum Verständnis für diese Entwicklung müssen die anthropologischen Grundlagen des Lernens, die sich beschleunigende Entwicklung der menschlichen Lernfähigkeit und aktuelle sozio-kulturelle Bedingungen des Lernens in einer Gesellschaft im digitalen Wandel aufgezeigt werden, um auf diesem Fundament einen Begriff von Lernen zu begründen.

2.1 Lernen als sozialer und kultureller Prozess

Aus anthropologischer Sicht zeigt sich die Würde des Menschen darin, dass er sich als frei handelndes Wesen nach den Regeln der Vernunft selbst bestimmen kann. Aber die Verwirklichung seines Menschseins, seine Würde und Vernunftbestimmtheit hängen von bestimmten Bedingungen ihrer Möglichkeit ab, die an die jeweiligen historischen Gegebenheiten gebunden sind, in denen der Mensch lebt. In der Evolution (Phylogenese) hat der Mensch auf der Grundlage seiner Lernfähigkeit die kulturelle Evolution immer weiter vorangetrieben und dadurch die Rahmenbedingungen verändert, unter denen er sich selbst bestimmen kann. Die Bedingungen der Möglichkeit für seine Lernfähigkeit liegen in seiner Handlungsfähigkeit, in der Fähigkeit zum Werkzeug-, Zeichen- und Mediengebrauch sowie in seiner Sprach- und Symbolfähigkeit, die Abstraktionen ermöglichen (Faßler

2014, S. 121ff; Schmidt 2000, S. 34f). Die Sprachfähigkeit des Menschen und die Entwicklung der Medien sind Voraussetzung und Folge der kulturellen Entwicklung: Kommunikationsmedien sind sowohl die Bedingungen der Möglichkeit für die Weiterentwicklung der Kultur in der Geschichte des Menschen als auch für die Weiterentwicklung der Lernfähigkeit im Entwicklungsprozess der Heranwachsenden (Spanhel 2005, S. 26 f. und S. 31 f.).

Aus systemischer Sicht lernt der Mensch als personales System, mit Geist und Körper, d. h. auf der Basis der Kopplung eines organischen und eines psychischen Systems mit einer unvorstellbaren strukturellen und operativen Komplexität. Er lernt als personales System in den fortlaufenden kommunikativen Austauschprozessen mit relevanten sozialen und kulturellen Systemen. Als Lernender stellt er ein operativ geschlossenes System dar, das bedeutet: Durch die energetischen und kommunikativen Austauschprozesse mit seiner Umwelt wird er zu internen Transformationen nur angeregt. Lernen vollzieht sich dann durch Transformation, Koordination, Ausdifferenzierung und Neuorganisation der Strukturen des Organismus, der Wahrnehmungs-, Gefühls-, Wertungs-, Denk- und Handlungsmuster, die in ihrem Zusammenwirken durch interne Regulationen gesteuert werden (Büeler, 1994, S. 172 ff.; Roth 2001; Hüther 2016, S. 13 ff.). Als *Lernen* betrachte ich einzelne, durch Interaktionen mit bestimmten Umweltgegebenheiten ausgelöste Transformationen innerer Strukturen, während *Entwicklung* die Gesamtheit der strukturellen Transformationen im personalen System über einen längeren Zeitraum bezeichnet (Hüther 2016; Piaget 1981).

Aufgrund seiner Einbettung in eine spezifische Kultur und Gesellschaft ist Lernen als ein genuin kulturelles und soziales Phänomen zu betrachten: Es ist an die Erfahrungen, Erkenntnisse, Programme und Artefakte gebunden, die in den kulturellen Errungenschaften einer Gesellschaft abgespeichert sind. Diese Erfahrungen werden in Prozessen der Kommunikation in vielfältigen sozialen Kontexten repräsentiert und an die nachfolgenden Generationen weitergegeben (Büeler 1994, S. 89 und S. 118). Dies geschieht in einem dreistufigen Prozess (Willke 2002, S. 15ff). Der Mensch lernt als personales System, indem er in seiner Umwelt mit Hilfe seiner Sinne Unterschiede beobachten kann. Wenn diese Daten einen Unterschied machen, also für ihn bedeutsam sind, werden sie zu Informationen, die er körperlich, zeichenhaft oder symbolisch (re-)präsentieren, verarbeiten und sich bewusst machen kann. In einem Konstruktionsprozess werden diese Informationen dann geordnet, systematisiert und in einen Zusammenhang gebracht. Sie erhalten aber erst durch die Einfügung in einen Erfahrungszusammenhang, in eine kommunikative Praxis einen Sinn, eine Bedeutung und werden zu *Wissen.* „Wissen ist also möglich, indem Beobachter in einer kommunikativ konstituierten und kommunikativ vermittelten sozialen Praxis Daten und Informationen in einen sinnhaften Zusammenhang bringen. Dieser sinnhafte, intelligible Zusammenhang kann in der Konfirmierung oder

Revision einer bestehenden Praxis oder aber in der Schaffung einer neuen Praxis bestehen" (Willke 2002, S. 22).

Dieses Verständnis von Lernen ist noch durch folgende anthropologische Aspekte zu ergänzen: Zum einen müssen die Heranwachsenden die Lern-, Sprach-, und Kommunikationsfähigkeit, die der Mensch in der Evolution erworben hat, als unabdingbare Lernvoraussetzungen in ihrer eigenen Entwicklung erst aufbauen und lebenslang weiter verbessern. Lassahn bezeichnet die Gesamtheit dieser in der Person aufzubauenden Fähigkeiten als „Weltbildapparat" (Lassahn 1977, S. 173 ff.). Ich spreche im Folgenden von „Lernapparat", der das Zusammenwirken der inneren Strukturen des personalen Systems durch Prozesse der Selbststeuerung reguliert. Er ist in jedem Lernprozess vorauszusetzen, zu aktivieren und weiterzuentwickeln. Egal, welches Lernziel in einer Unterrichtsstunde auf dem Plan steht und welches Wissen die Heranwachsenden konstruieren oder welche Kompetenzen sie in einem Computerspiel erwerben, sie werden dabei auch immer ihren „Lernapparat" transformieren. Jedes neu erworbene Wissen wirkt auf die personalen Strukturen zurück und transformiert die Voraussetzungen für die folgenden Lernprozesse. „Lernen führt über die Herausbildung labiler Beziehungsmuster zur Ausformung stabiler Beziehungsstrukturen" (Hüther 2016, S. 33 ff.).

Zum anderen gilt, dass an jedem Lernprozess der Schüler/innen ihr Körper beteiligt ist (Büeler 1994, S. 144; S. 151 ff.). Die Körpergebundenheit des Lernens gerät in der Schule allzu oft aus dem Blick. Faßler verweist darauf, dass die Körper-Gegenstand-Beziehung die Entwicklung der Menschheit über Jahrhunderttausende begleitete, und betont: *„Handliche Werkzeuge und gedankliche Werkzeuge* befanden und befinden sich in keiner evolutionären Gegnerschaft. Ihr Verhältnis ist nicht nur gleichzeitig (ko-existenziell); sie bringen sich wechselseitig hervor (sind ko-emergent oder ko-evolutionär)."(Faßler 2014, S. 180; kursiv vom Verf.) Er sieht in der Menschheitsgeschichte zwei parallel verlaufende Entwicklungen: „Das Erwachen des Denkens in der Modellierung. Das Erwachen des Sozialen in der Abstraktion. Verbunden sind Modellierung und Abstraktion, Denken und Soziales über die unabsichtliche und absichtliche Entwicklung von Zeichen, beginnend mit Strichen, Kerben, Bögen, Kreisen als Speicher von Unterschieden. Zeichenerfindung kann dabei im Zusammenhang mit den handwerklichen Erfahrungen gesehen werden" (Faßler 2014, S. 176).

Schließlich ist beim Lernen als sozialem Prozess die enge Kopplung zwischen den Symbolsystemen Bewusstsein, Sprache, Kommunikation und Wissen von fundamentaler Bedeutung (Willke 2005). Kommunikation als „das Soziale" ist ein genuin kooperatives Unternehmen, dessen besondere Leistung sich im Laufe der menschlichen Evolution herausgebildet hat, weil Individuen sich einen Anpassungsvorteil verschaffen konnten, wenn sie in der Lage waren, mit gemeinsamen Absichten, geteilter Aufmerksamkeit und kooperativen Motiven ein vereinbartes Ziel zu erreichen (Faßler 2014). Dafür mussten sie eine besondere Kompetenz entwickeln, verbessern und über die Generationen weitergeben, „die Fähigkeit, einen gemeinsamen begrifflichen Hintergrund zu schaffen – gemeinsame Aufmerksamkeit, geteilte Erfahrung, gemeinsames kulturelles Wissen". (Tomasello 2009, S. 15). Diese Fähigkeit der „geteilten Intentionalität" ist die Voraussetzung für die Teilhabe an Kommunikation und damit für Lernen. Im Prozess der frühkindlichen Sozialisation muss sich jedes Kind Sprache, Hintergrundwissen und Identität als basale Voraussetzungen für jedes weitere Lernen selbst aneignen (Spanhel 2023).

2.2 Entwicklung der menschlichen Lernfähigkeit

Grundlegend für einen anthropologischen Lernbegriff ist die Erkenntnis von der Entwicklung der Lernfähigkeit sowohl in der Menschheitsgeschichte als auch im Lebenslauf des Einzelnen. In seiner Lernfähigkeit zeigt sich die Weltoffenheit des Menschen. Die Tatsache, dass er biologisch nicht angepasst ist, kann er durch seine Lernfähigkeit ausgleichen. Das Besondere des Menschen als „offene Frage" (O. F. Bollnow 1965) wird dabei in den neuesten gesellschaftlichen Entwicklungen immer deutlicher: Heute eröffnen die *digitalisierten Lebenswelten* dem Menschen neue Möglichkeiten und Formen des Menschseins und der Lebensgestaltung, der Welterkenntnis und der Selbsterkenntnis, der Selbstdarstellung und des sozialen Zusammenlebens. Anthropologisch gesehen führten neue Entwicklungen im Bereich der Medien im Verlauf der Geschichte (Erfindung der Schrift, des Buchdrucks, der technischen und schließlich der digitalen Medien) immer wieder zu einer enormen *Verbesserung der menschlichen Lernfähigkeit* und in der Folge zu einem Schub in der kulturellen Entwicklung. Heute bringen Computer und digitale Medien vielfältige Entlastungen von Routinen bei der Gewinnung von Informationen, unterstützen die menschliche Gedächtnisfunktion, ermöglichen das Präsenthalten und Bearbeiten, aber auch Verarbeiten komplexer Informationen und erleichtern das abstrakte Denken durch Anschaulichkeit auf höheren Niveaus. Durch neue Bildgebungsverfahren machen sie neue Bereiche der Wirklichkeit der Wahrnehmung zugänglich. „Alle medien-technologischen Veränderungen bekräftigen eine der aufregendsten Eigenarten des Menschen: seine Fähigkeiten, abstrakte, indirekte, zeichengestützte Ding-, Welt- und Selbstmodelle zu entwickeln und sie auf sich selbst und seine Umgebung anzuwenden." (Faßler 2014, S. 167) Eine enorme Steigerung der Erkenntnisfähigkeit und der Produktion neuen Wissens in allen gesellschaftlichen Bereichen ist die Folge, mit der weiteren Konsequenz, dass sich Fortschritte in diesen autonom agierenden gesellschaftlichen Funktionsbereichen nicht aufhalten lassen, dass es keine Stoppregeln für immer weitere Optionssteigerungen gibt, mit teilweise beängstigenden Konsequenzen (Nassehi 2021, S. 173, S. 179 und S. 181 ff.).

Diese Steigerung der menschlichen Lernfähigkeit zeigt sich aber nicht nur in der Menschheitsgeschichte, sondern ebenso im Entwicklungsprozess der Kinder und Jugendlichen. Aufgrund ihrer anregungsreichen Lebenswelten haben sie noch nie so schnell und so viel gelernt wie heute. Das beobachte ich schon bei 10-jährigen Kindern, wenn ich meine eigenen begrenzten Erfahrungen und mein spärliches Wissen in diesem Alter mit den enormen Erkenntnissen, eigenen und vermittelten Erfahrungen und Kompetenzen Gleichaltriger heute vergleiche. Diese verbesserte Lernfähigkeit korrespondiert zwar mit einer enormen Vervielfältigung der Lernmöglichkeiten, gleichzeitig sind jedoch die Heranwachsenden mit einer Zunahme an *Lernzwängen* konfrontiert, die sie – auf sich allein gestellt – kaum bewältigen können. Vermehrte *Lernmöglichkeiten* für die Heranwachsenden ergeben sich mit den zunehmenden medialen Kommunikations- und Erfahrungsmöglichkeiten, mit dem exponentiellen Wachstum des menschlichen Wissens, der Zugänglichkeit zu diesem Wissen schon für Kinder, mit den Verarbeitungs- und Speichermöglichkeiten, mit den Darstellungs-, Ausdrucks- und Verbreitungsmöglichkeiten dank der Digitalisierung und der globalen Datennetze. Diese Möglichkeiten können vom Einzelnen niemals ausgeschöpft werden, aber sie setzen die Kinder und Jugendlichen unter einen ständigen Druck, mehr und schneller zu reagieren und dabei zu lernen. Weil aber auch die gesteigerte Lernfähigkeit begrenzt ist, geraten sie unter den Zwang, zwischen unterschiedlichen interessanten Lernangeboten auswählen zu müssen. Weitere Lernzwänge ergeben sich aus einer unvorstellbaren Zunahme an Komplexität der symbolischen Sinnwelten, d. h., der kulturellen Errungenschaften des Menschen, aus denen sie auswählen müssen. In ihrer digitalisierten Alltagswelt sind sie darüber hinaus nicht nur mit immer komplexeren symbolisch präsentierten Lerninhalten, z. B. Graphiken, Tabellen, 3-D-Darstellungen, Simulationen konfrontiert, sondern müssen sich in rasch wechselnde soziale Beziehungsnetze hineinfinden. Sie werden ständig vor neuartige Lebenssituationen gestellt, in denen sie häufig allein gelassen sind und die sie mit ihren begrenzten Kenntnissen und Fähigkeiten allein nicht ohne weiteres bewältigen können. Hinzu kommen die Lernzwänge der Schule als Zwangsinstitution in Form eines steigenden Leistungsdrucks, oft verstärkt durch die Eltern, die einen möglichst guten Schulabschluss ihrer Kinder erwarten.

Daraus ergibt sich als wichtige Konsequenz: Der anthropologisch begründete Zusammenhang von gesteigerter Lernfähigkeit mit den gleichzeitig zunehmenden Lernchancen und Lernzwängen in einer Gesellschaft im digitalen Wandel führt unausweichlich zu einer wachsenden Bedeutung der Fähigkeit zur Selbstorganisation und Selbststeuerung des Lernens sowie zur Fähigkeit der Imagination und Futurität, um sich auf Unbestimmtheit, Unwissenheit und unvorhersehbare Anforderungen in der Zukunft einstellen zu können.

In diesem Spannungsfeld zwischen wachsenden Lernangeboten, Lernmöglichkeiten und Lernzwängen in einer „Kultur der Digitalität" (Stalder 2016) werden ambivalente Konsequenzen für das Lernen der Heranwachsenden sichtbar:

- Auf der einen Seite sind sie gezwungen, möglichst selbständig so viel und so schnell zu lernen wie noch nie. Dafür bieten sich ihnen die digitalen Medienwelten vielfältige Informationen, mit denen sie sich – selbständig lernend – auseinandersetzen und dabei ihre Kenntnisse und Erfahrungen erweitern können. Auf der anderen Seite werden ihnen stereotype Handlungs- und Problemlösungsmuster vorgeführt, (z. B. Gewalt als Konfliktlösungsmuster), die sie kritiklos in ihrem Alltagshandeln erproben und möglicherweise übernehmen. Medieninhalte konfrontieren Kinder und Jugendliche mit Themen, Verhaltensmustern und Bildern, die sie nicht verstehen und die sie emotional überfordern. Sie können nicht nur zu psychischen Belastungen, sondern auch zu Konflikten und Problemen mit Eltern oder Gleichaltrigen führen, zu deren Bewältigung sie auf Hilfe und letztlich auf pädagogische Unterstützung bei der Aneignung grundlegender Medienkompetenzen angewiesen sind.
- Die zunehmende Lernfähigkeit hilft den Heranwachsenden einerseits, die ihnen subjektiv bedeutsam erscheinenden Lernmöglichkeiten in den digitalen Medien für ihre Entwicklung zu nutzen. Andererseits sind sie auf pädagogische Unterstützung in Form von Normen und Werten als Sinnorientierungsmöglichkeiten und auf Bewertungskriterien angewiesen, um entscheiden zu können, welche Informationen und Handlungsmuster aus der Fülle der Angebote für ihren Entwicklungsprozess wirklich wichtig sind.
- Infolge der Ausweitung der medialen Informationsmöglichkeiten beschleunigen sich einerseits die Wahrnehmungs- und Lernfähigkeit der Heranwachsenden. Auf der anderen Seite haben sie oft keine Ahnung, was in ihrem realen Umfeld passiert. Sie brauchen Hilfe, um die medienvermittelten Informationen, Normen und Wertorientierungen in ihrer Bedeutung für ihr Alltagshandeln und für ihren persönlichen Entwicklungsprozess richtig einschätzen zu können. Dazu müssen in der frühkindlichen Sozialisation und in der Familienerziehung ihre personalen und sozialen Lernvoraussetzungen besonders gefördert werden (Spanhel 2023).

In diesen Ambivalenzen deuten sich bereits die besonderen Herausforderungen an, die sich den Schulen bei den geplanten Maßnahmen zur Verbesserung der Lernleistungen der Schüler/innen stellen.

2.3 Merkmale des Lernens aus systemischer Sicht

Lernen ist das Ergebnis innerer Regulationsprozesse zwischen den neuronalen und den organischen Strukturen des personalen Systems, ein äußerst voraussetzungsvoller, komplexer und stets selbstgesteuerter Konstruktionsprozess: „Lernen ist ein sich selbst organisierender Prozess zur Wiederherstellung von Kohärenz." (Hüther 2016, S. 27 ff.) Wissen als Ergebnis des Lernens ist situiert, in sinnorientierte soziale Handlungskontexte eingelagert und dient der Herstellung sinnhafter Ordnung im Chaos der Überfülle an Informationen (Nassehi 2019, S. 261).

Aus systemischer Sicht lässt sich Lernen durch folgende Merkmale charakterisieren:

- Der Mensch lernt als personales System in der Auseinandersetzung mit relevanten Umweltsystemen.
- Lernfähigkeit als Grundlage des Lernens beruht auf dem „Lernapparat", d. h. der Gesamtheit der internen Strukturen und Regulationen des personalen Systems und entwickelt sich beim Lernen ständig weiter.
- Lernen ist ein kommunikativer, d. h. sozialer und kultureller Prozess auf der Basis der Kopplung der Symbolsysteme Bewusstsein, Sprache und Kommunikation.
- Lernen vollzieht sich als Konstruktionsprozess: In der Konfrontation mit relevanten Umwelten beobachtet der Mensch Differenzen, die er als Daten registriert, bewertet und durch Bedeutungszuschreibung zu Informationen macht.
- Lernen als ein sozialer Prozess ist sinnorientiert und führt im Ergebnis zu Wissen, wenn diese Informationen intern verarbeitet, repräsentiert, bewusst gemacht und kommunikativ bearbeitet werden. Erst durch Einbettung in soziale Praktiken bekommen sie einen Sinn, indem sie diese Praktiken bestätigen oder verändern.
- Lernprozesse sind Ergebnis von Prozessen der Selbststeuerung durch interne Regulationen im personalen System und erzeugen strukturelle Transformationen nicht nur im personalen System, sondern zugleich im sozialen System, d. h. in den Strukturen der Kommunikation.
- Lernprozesse sind damit durch Mehrdimensionalität gekennzeichnet. Die strukturellen Transformationen beziehen sich gleichzeitig auf die organischen und neuronalen Muster und somit auf die Handlungsmuster der Lernenden (personales Lernen), die Kommunikationsmuster des sozialen Systems (soziales Lernen) und die Konstruktionsmuster des Lerngegenstandes (sachliches Lernen).

3. Veränderte Voraussetzungen schulischer Lern- und Bildungsprozesse in einer Gesellschaft im digitalen Wandel

3.1 Entgrenzung und Entfesselung des Lernens der Kinder und Jugendlichen

Die alltäglichen Lernwelten der Kinder und Jugendlichen außerhalb der Schule haben sich in den letzten Jahren durch die rasante Entwicklung der digitalen Medien und ihre Folgen tief greifend verändert. Die Kenntnis der Potenziale und Probleme dieser digitalen Lernwelten für selbstgesteuertes Lernen und die Entwicklung der Lernfähigkeit der Heranwachsenden ist für Schule und Lehrende fundamental, wenn sie die Qualität der Schule und die Lernleistungen der Schüler/innen verbessern wollen.

Forschungen zeigen, wie die Medienrevolution in letzter Zeit bei den Heranwachsenden zu einer unglaublichen Ausweitung des informellen Lernens mit digitalen Medien geführt hat. Kinder und Jugendliche haben heute Zugang zu praktisch allen digitalen Medien. Bereits die Hälfte der sechs- bis 13-Jährigen verfügen über ein eigenes Smartphone, das 92 % von ihnen fast täglich nutzen. Nach der JIM-Studie 2022 (mpfs 2022) sind 97 % der 12- bis 19-Jährigen täglich online und die Nutzungsdauer beträgt ca. 204 Minuten täglich (2021: 241 Minuten!). Das allein entspricht schon etwa der Dauer von durchschnittlich fünf Unterrichtsstunden täglich. Hinzu kommen noch die Nutzung von Fernsehen, Hörmedien und Videospielen. Die Heranwachsenden sind im Schnitt also täglich länger mit den vielfältigen Angeboten der digitalen Medien konfrontiert als mit denen der Schule. Medien prägen auf ganz eigene Weise ihre Entwicklungsprozesse und damit die Lernvoraussetzungen, auf denen die Lehrpersonen in ihrer Unterrichts- und Erziehungsarbeit aufbauen müssen.

Aber was und wie lernen die Heranwachsenden, wenn sie in den sozialen Medien (WhatsApp oder TikTok) kommunizieren, bei YouTube nach Videoclips suchen, sich bei Netflix einen Krimi oder Animationsfilm zur Unterhaltung ansehen oder auf ihrer Playstation ein spannendes Computerspiel spielen? Diese Aktivitäten lassen sich folgenden inhaltlichen Bereichen zuordnen: 34 % der Unterhaltung, 27 % der Kommunikation, 28 % dem Spiel und 12 % der Informationssuche (mpfs 2020). Trotz dieser unterschiedlichen Sinnorientierungen zeichnen sich digitale Handlungs- oder Lernräume durch ihre Offenheit aus, die das *Wie* des Lernens bestimmt (Spanhel 2017). Ihre Offenheit resultiert aus der Verfügbarkeit, Zugänglichkeit, Multifunktionalität und Vernetzung der Medien, insbesondere aber aus der Freiheit bei der Auswahl und Nutzung der Medien, die viele Eltern ihren Kindern schon frühzeitig und in hohem Maße zugestehen und die die Jugendlichen als selbstverständlich für sich in Anspruch nehmen. Offenheit und Nutzungsfreiheit geben Raum nicht nur für selbstgesteuerte Lernprozesse, sondern auch für die Selbstorganisation der Lernkontexte (Spanhel 2014, S. 135 ff.). Diese beruhen auf dem Zusammenspiel von unterschiedlichen räumlich-zeitlichen, medialen und sozialen Strukturen und individuellen Handlungsmustern. Im Rahmen der Online Communities, der Nutzung von sozialen Medien und Plattformen im Netz lernen die Heranwachsenden, sozial und kulturell vielfältige sozio-technische Praktiken auszubilden (Koenig 2011, S. 41 f.). Sie erproben z. B. Möglichkeiten zur Kontaktherstellung und Partizipation, zur Bildung sozialer Gemeinschaften und Entwicklung neuer Kommunikationsformen innerhalb der Regeln und Grenzen, die von Hard- und Software bestimmt werden. Sie lernen, ihre Suchkriterien im Internet zu verfeinern, Spielstrukturen zu durchschauen, sich in den wechselnden Online-Beziehungen neu zu verorten, mit Kritik umzugehen, ihr Handeln zu reflektieren und aus unterschiedlichen Perspektiven zu beurteilen. Aber die Offenheit dieser Lernräume bietet nicht nur Lernchancen, sondern birgt auch die Gefahr, dass sich diese Praktiken auf Inhalte oder Ziele richten, die die Entwicklungsprozesse der Heranwachsenden beeinträchtigen oder an Normen und Werthaltungen orientieren, die ihre Integration in die Gesellschaft erschweren können, z. B. wenn sie sich durch ihre Online-Beziehungen in Blasen einfangen lassen, in denen nur ihre Vorurteile bestätigt werden, oder wenn sie in Gemeinschaften geraten, in denen sie politisch radikalisiert oder zu religiösem Fundamentalismus verführt werden. Und besonders verheerend ist es, wenn sie Idealen wie Schönheit oder Coolness nacheifern, die sie für real und erstrebenswert halten. Auf mögliche Gefährdungen des Entwicklungsprozesses der Heranwachsenden sowie auf die Notwendigkeit eines abgestimmten Zusammenwirkens von Kinder- und Jugendmedienschutz und pädagogischen Bemühungen habe ich an anderer Stelle hingewiesen (Spanhel 2017).

3.2 Besonderheiten des Lernens mit digitalen Medien in der Freizeit

Die selbstgesteuerten Lernprozesse in digitalisierten Lernwelten sind *situiert*, d. h. von den Anforderungen einer konkreten Lebenssituation und den damit verbundenen individuellen Lernbedürfnissen der Heranwachsenden ausgelöst. Dieses Lernen ist effektiv, denn die Heranwachsenden *konstruieren* selbständig Wissen, ohne dass ihnen bewusst ist, dass sie gerade lernen. Das ist möglich, weil sie in den Bildern, Zeichen und Symbolsystemen der Medien ständig für sie bedeutsame Unterschiede beobachten und so vielfältige neue Informationen gewinnen.

Kinder und Jugendliche abstrahieren aus diesen Informationen und den medialen Handlungserfahrungen in unterschiedlichen sozialen Kontexten eigentätig Wahrnehmungs-, Gefühls-, Wertungs-, Denk- und Handlungsmuster. Sie erweitern dabei ihre Lernfähigkeit und erhöhen die Komplexität ihres Lernapparates. Diese selbst konstruierten Muster erproben sie bei der Lösung ihrer Alltagsprobleme und geben ihnen dadurch einen Sinn, auch wenn diese Problemlösungsmuster nicht unbedingt ihren Entwicklungsbedürfnissen oder den gesellschaftlichen oder pädagogischen Erwartungen entsprechen.

Von besonderer Bedeutung ist die affektive Komponente dieses Lernens, das stets mit tiefgehenden Gefühlen verbunden ist. Es vollzieht sich in Formen des lustbetonten und spielerischen Lernens, die inhaltlich keinen Zwang oder Anpassungsdruck ausüben: Was nervt, stört, Anstrengung verlangt, wird weggeklickt. Die Heranwachsenden suchen Angst-Lust-Erlebnisse, prickelnde Situationen, Sensationelles, Verbotenes oder Geheimnisvolles. Sie können nach ihren subjektiven Vorstellungen und Bedürfnissen, Wünschen und Ängsten beliebig aus den medialen Angeboten auswählen, mit den Inhalten experimentieren, ihre subjektiven Interpretationen erproben oder eigene Medienproduktionen gestalten. Die Vielfalt und Verfügbarkeit der Medienangebote und die verlockenden Handlungsmöglichkeiten auf der Basis leicht handhabbarer Medien inklusiv leistungsfähiger Softwareprogramme ermöglichen es den Heranwachsenden, eigentätig neue mediale Handlungsrahmen zum spielerischen Lernen zu konstruieren. Damit schaffen sie sich wichtige Spielräume für ihre Identitätsfindung (Spanhel 2013, S. 79 ff.). Aber das sind virtuelle Räume, in denen wichtige Bereiche des menschlichen Lebens, körperliche Erfahrungen, sinnliches Erleben, Geschicklichkeit und Handfertigkeit und damit die Erfahrung der Selbstwirksamkeit wegfallen. Kinder und Jugendliche gehen immer weniger aus dem Haus, um zu spielen, zu bauen, sich auszutoben und körperlich auszutesten. Schreiben, basteln, handwerkliche Tätigkeiten verlieren an Reiz mit der Folge, dass feinmotorische Fähigkeiten verkümmern.

Das situierte Lernen mit Medien ist sozial konstruiert und relational. Es beruht, wie Ala-Mutka (2009) auf der Basis empirischer Forschungen zeigt, auf Erzählen, Nachfragen bei Problemen, Ausprobieren und Experimentieren, Reflektieren und Kommentieren, auf Unterstützung durch Peers und Experten. Es ist ein Lernen „just in time" im Vollzug der Lösung gerade anstehender individueller Probleme oder Konflikte, der Befriedigung eigener Bedürfnisse oder Wünsche oder der Bewältigung vorgegebener Aufgaben. Durch die Auseinandersetzungen mit den Anforderungen und vielfältigen Anregungen der digitalen Medien differenzieren sich die psychischen Lerninstrumente der Heranwachsenden immer schneller aus, und der „Lernapparat" wird kognitiv flexibler und komplexer. Dies führt schließlich dazu, dass sich die Entwicklung der Lernfähigkeit im Lebenslauf beschleunigt (Spanhel 2006, S. 83 ff.).

Diese Entwicklung lässt sich als Strukturgenese beschreiben (Fetz 1988). Sie ist das Ergebnis einer ununterbrochenen Abfolge von strukturellen Transformationen, die zu einer Steigerung der Eigenkomplexität des personalen Systems führt. Die Heranwachsenden können immer besser lernen, d. h., sich immer besser an die Anforderungen der Medienwelten anpassen bzw. auf sie einwirken oder sie entsprechend ihren eigenen Bedürfnissen, Wünschen oder Zielen umgestalten. In den sozialen Medien lernen Einzelkinder z. B. ohne Anleitung, wie sie sich einen Freundeskreis aufbauen und dort gemeinsame Interessen verfolgen können. Jugendliche suchen ohne elterliche Hilfe Orientierung und Beratung bei Influencern/innen. Sie können Interessen, die in der Schule geweckt wurden, im Internet weiter verfolgen, vertiefen und eine besondere Expertise gewinnen.

Das ist die eine, durchaus positive Seite der medialen virtuellen Lernwelten in der Freizeit der Heranwachsenden. Auf der anderen Seite besteht die Gefahr, dass sie ihre Beziehungen zu den realen, für sie ebenfalls relevanten Umweltsystemen Familie, Freundeskreis, Schule, Vereine vernachlässigen und die damit verbundenen Lernanforderungen und Lernmöglichkeiten nicht wahrnehmen. Wenn Kinder und Jugendliche ihren Medienwelten immer größere Bedeutung beimessen, zerbricht das Gleichgewicht zwischen virtueller und realer Lebenswelt. Sie kommen in ihrer realen Wirklichkeit nicht mehr zurecht, weil sie sich durch den Medienkonsum ungeheuren Zwängen ausgesetzt sehen: Sie haben für nichts anderes mehr Zeit, müssen immer dabei sein, ihren Idealen nacheifern und mithalten können, und wenn sie unterwegs sind, schirmen sie sich durch Musik im Ohr von ihrer Umwelt ab.

Eine weitere problematische Seite der Medienwelten folgt aus der sozialen und sachlichen Entkopplung der Kommunikation mit digitalen Medien (Thye 2013, S. 191 ff.). In den Online-Medien ist nicht mehr kontrollierbar, wer eine Information mitteilt und wer sie versteht. Die Kommunikationspartner sind sozial getrennt. Mitteilungen können nicht mehr ohne weiteres einer Person zugeschrieben werden, sondern vom Computer erstellt worden sein, und es bleibt offen, wer die Information empfängt und versteht. Weil die Information auch sachlich entkoppelt ist, bleibt der Bezug auf irgendeine Wirklichkeit offen oder es handelt sich um Fantasieprodukte. Das bedeutet in der Konsequenz, dass der Kommunikationsprozess und die eingelagerten Lernprozesse nicht mehr sozial kontrolliert und in Sinnzusammenhänge eingelagert werden können, die über die subjektive Weltsicht und Identität des jeweiligen Nutzers hinausgehen. Jede(r) lernt, was und wie sie (er) will, muss sich an keine Kommunikationsregeln oder gemeinsame Wertorientierungen halten und braucht sich auch nicht an sachlichen oder fachlichen Auseinandersetzungen zu beteiligen. Es genügt, einer Influencerin (einem Influencer) zu folgen, deren/dessen Meinung man mit einem like kommentieren kann, ohne die eigene Position begründen zu müssen. Wenn die Auseinandersetzung mit den Medieninhalten, die Lernanstrengungen, zu groß werden, können die Heranwachsenden jederzeit abbrechen und sich anderen, angenehmeren Aktivitäten zur Befriedigung subjektiver Bedürfnisse nach Unterhaltung und Entspannung, Sex oder Crime zuwenden, oder sie können im Netz eigene Bilder oder Meinungen posten, ungehindert Hassbotschaften oder Verleumdungen, Fake News oder Mythen verbreiten. Solche entkoppelten Kommunikationsprozesse bieten Kindern und Jugendlichen wenig Möglichkeiten, die für ihren weiteren Entwicklungs- und Bildungsprozess und ihre soziale Integration notwendigen basalen personalen Lernvoraussetzungen, wie z. B. Selbstkontrolle, Anstrengungsbereitschaft, Durchhaltevermögen, Reflexivität und Kritikfähigkeit auszubilden und ihre sozialen Fähigkeiten, wie z. B. Sprach- und Kommunikationsfähigkeit, Toleranz und Verantwortungsbereitschaft weiterzuentwickeln.

3.3 Bedeutung außerschulischer Lernwelten für schulische Lern- und Bildungsprozesse

Die Basis des Lernens in der Schule umfasst die Gesamtheit der Lernerfahrungen, Kenntnisse, Kompetenzen und Fähigkeiten, die Heranwachsende in ihrem Lebenslauf vor der Schule aufgebaut haben und die sie fortlaufend in und neben der Schule erweitern. „Lernen ist ein auf vorangegangenen Lernerfahrungen aufbauender Prozess." (Hüther 2016, S. 47 ff.) Dabei ist zu bedenken, dass sich die außerschulischen Lernwelten und Lebensräume für alle Heranwachsenden seit Jahrzehnten in einem atemberaubenden Tempo verändern, während sich andererseits die Schule als Lernumwelt für sie wenig verändert hat. Aus systemischer Sicht macht es daher keinen Sinn, die schulischen Lern- und Bildungsprozesse und Möglichkeiten ihrer Neugestaltung zu untersuchen, ohne die permanenten Wechselwirkungen mit den außerschulischen Lernprozessen in den Blick zu nehmen. Die Heranwachsenden entwickeln zwar mit diesen Lernerfahrungen in ihren alltagsweltlichen Lernräumen ihre individuellen Lernvoraussetzungen, ihre Lernfähigkeit, die Strukturen ihres Lernapparates und ihre Identität weiter, aber dieser Entwicklungsprozess kann in eine sozial unerwünschte Richtung gehen und basale Lernvoraussetzungen können unterentwickelt bleiben. Unter diesen Bedingungen des Aufwachsens ist der Sozialisationsprozess der Kinder problematisch, weil es für sie schwierig ist, eine auf klare Relevanzkriterien und gemeinsame Wertorientierungen gegründete Präferenzordnung aufzubauen, die als wichtigste Steuerungsgröße für ihr eigenständiges Lernen fungiert (Spanhel 2023).

Ich halte es für unumgänglich, im nächsten Schritt zu beschreiben, welche Inputleistungen das soziale System Schule erbringen muss, um der Bedeutsamkeit dieser medialen Umweltsysteme als Lernwelten für die Schüler/innen angemessen Rechnung zu tragen. Denn diese vor-und außerschulischen Lernerfahrungen stellen aus systemischer Perspektive als Lernvoraussetzungen eine zentrale Steuerungsgröße für die selbstgesteuerten schulischen Lernprozesse dar, mit denen sich die Lehrpersonen täglich auseinandersetzen müssen.

Aus der Tatsache, dass die Lebensumstände und Biografien der Heranwachsenden in unserer Gesellschaft so unterschiedlich sind wie noch nie, ergeben sich aus meiner Sicht für die Schule zwei gravierende Konsequenzen. Zum einen führt dies dazu, dass die einzelnen Kinder und Jugendlichen in ihrer Entwicklung extrem unterschiedliche Strukturen ihres individuellen „Lernapparats" als Lernvoraussetzung in die Schule mitbringen. Daraus folgt das viel diskutierte Problem der Heterogenität der Schüler/innen in einer Schulklasse (Beutel u. a. 2016, S. 38 ff.). Darüber hinaus beobachte ich zum anderen im Vergleich von außerschulischen und schulischen Lernwelten noch eine grundsätzlichere Problematik, die bisher viel zu wenig beachtet wird.

Nach meiner Beobachtung wachsen Kinder und Jugendliche heute über die gesamte Schullaufbahn hinweg in unterschiedlichen und weitgehend voneinander getrennten Lernwelten heran. Zum einen lernen Kinder und Jugendliche in ihrer Familie, dann in ihren individuellen, selbst gestalteten, multimedialen Lebenswelten, die eng mit der Peergroup und Freizeit verbunden ist. In diesen Bereichen der Alltagswelt vollziehen sich meist unbeabsichtigte und unbewusste Lernprozesse, die zum einen den Zwängen eines gelingenden Zusammenlebens und Aufwachsens und der Verfolgung gemeinsamer Interessen untergeordnet sind. Zum anderen richtet es sich in erster Linie an den subjektiven, entwicklungsbedingten Lernbedürfnissen und Problemen der Heranwachsenden aus und kann nicht ohne weiteres mit gesellschaftlich oder pädagogisch legitimierten Lernerfordernissen in Einklang gebracht werden. Ganz im Unterschied dazu ist Lernen im Raum der Schule auf absichtliche und willkürliche Lernprozesse festgelegt. Es unterliegt der Schulpflicht und ist den Zwängen einer einheitlich durchorganisierten, fachsystematisch auf Lernziele und Schulleistungen ausgerichteten und auf Sprache gegründeten Lernwelt untergeordnet: Eine Gruppe von Lehrpersonen soll zu einem bestimmten Zeitpunkt bei einer Gruppe von Schülern/innen Lernprozesse auslösen, begleiten und in einer bestimmten Zeit auf fremdbestimmte Lernziele hinführen.

Schule hat über Jahrzehnte nur sehr zögerlich begonnen, die neuen medialen Lernmöglichkeiten zu nutzen und wurde erst durch den Druck der Corona-Pandemie verstärkt zur Integration der digitalen Medien gezwungen. Eine Analyse schulischer Lernprozesse zeigt, dass die Sinnorientierungsmöglichkeiten für eigenständiges Lernen der Kinder und Jugendlichen in den beiden Lebens- bzw. Lernwelten noch nie so weit auseinanderlagen wie heute. Die unüberschaubare Vielfalt an divergierenden, scheinbar beliebigen Sinnorientierungsmöglichkeiten für Lernen in Familie, Freizeit und Medien erschwert den Schüler/innen die geforderte Ausrichtung auf die vorbestimmten, gesellschaftlich legitimierten und pädagogisch begründeten Sinnorientierungsangebote in der Schule. Wenn es den

Heranwachsenden nicht gelingt, im Rahmen ihrer Identitätsentwicklung diese unterschiedlichen Lernwelten aufeinander abzustimmen, können nicht nur Lernschwierigkeiten, sondern auch schwer wiegende Verhaltens- und Entwicklungsstörungen die Folge sein (Spanhel 2013, S. 84 ff.). Die Lehrkräfte müssen sich daher jeden Tag aufs Neue darum bemühen, ihre Lernanforderungen auf die unterschiedlichen außerschulischen Erfahrungen der Kinder und Jugendlichen abzustimmen. Es kommt darauf an, dass sie diese außerschulischen Lernwelten als relevante Umweltsysteme bewusst wahrnehmen und die dort erworbenen Kenntnisse und Kompetenzen als Inputleistungen für die Unterrichtsplanung in Rechnung stellen. Lehrpersonen müssten sich daher trotz aller Belastungen um einen Einblick in die medialen Erfahrungen ihrer Schüler/innen bemühen.

Die unterschiedlichen Sinnorientierungsmöglichkeiten in den beiden Lernwelten sind aber nicht allein das Problem, sondern die unterschiedliche Art der Lernprozesse. Im ersten Fall geht es um spontane, selbstgesteuerte Lernprozesse Heranwachsender, die nebenher, oft unbewusst bei der Lösung eines gerade in diesem Moment aufgetauchten Problems oder bei der Bewältigung einer aktuellen Lebenssituation ablaufen. Schüler/innen dagegen lernen in einer sorgfältig geplanten Lernumgebung „Schule", in der Auseinandersetzung mit vorab von anderen ausgewählten Lernaufgaben, mit deren Bewältigung sie, gezielt und methodisch angeleitet, festgelegte Lerninhalte und Lernfähigkeiten erwerben sollen. Und sie lernen in einem eigens arrangierten Lebensraum „Schule", der die unterrichtlichen Lernprozesse unterstützen soll. Diese dienen nicht der Bewältigung ihrer augenblicklichen Lebenssituation und Entwicklungsaufgaben; das auch, weil schlechte Schulleistungen sozial sanktioniert werden. Sie helfen den Heranwachsenden nicht bei der Befriedigung momentaner Bedürfnisse (z. B. nach Liebe und Zuwendung, die in der Familie fehlen), bei der Bewältigung ihrer Alltagsprobleme (z. B. Streit unter Freundinnen) oder Entwicklungsaufgaben (z. B. Bewältigung pubertärer Probleme). Schulisches Lernen dient vielmehr der Verbesserung der Lernvoraussetzungen, der Vermittlung grundlegender Kompetenzen (insbesondere der Sprach-, Kommunikation- und Medienkompetenz) und damit einer Fundierung der Lern- und Handlungsfähigkeit und einem Lernen auf Vorrat zur besseren Bewältigung künftiger Lebenssituationen. In dem Maße, in dem die Lernmöglichkeiten eingegrenzt und vorherbestimmt sind und den Schülern/innen keine Wahl- oder Mitbestimmungsmöglichkeiten eingeräumt werden, geht für sie die unmittelbare Lebensbedeutsamkeit des Lernens verloren. In der Folge sind sie häufig desinteressiert und können sich nur schwer konzentrieren. Deshalb muss sich Schule immer wieder darum bemühen, den Heranwachsenden die Sinnhaftigkeit und Wichtigkeit der Lernaufgaben vor Augen zu stellen, sonst wird das Lernen in der Schule für sie zu einer fortdauernden Qual: „Gelernt werden kann nur das, was für ein Lebewesen bedeutsam ist." (Hüther 2016, S. 41) Was aber für ein Kind oder eine(n) Jugendliche(n) gerade bedeutsam ist, entscheiden diese für sich ganz allein, nicht die Lehrpersonen, die Schule oder die Eltern.

Sinnvoll ist alles, was die Beziehungsfähigkeit des Menschen verbessert, weil dies auch seine Lernfähigkeit voranbringt: „Das menschliche Gehirn ist auf Offenheit und das Knüpfen von Verbindungen, auf ‚Konnektivität' angelegt, und alles, was die Beziehungsfähigkeit von Menschen – zu sich selbst, zwischen ihrem Denken und Fühlen, zwischen Gehirn und Körper, aber auch zu anderen Menschen, zur eigenen Geschichte, zur Kultur und zur Natur – verbessert und stärkt, führt zwangsläufig zur Ausbildung einer größeren Konnektivität, zu einer intensiveren Vernetzung neuronaler Verschaltungen und damit auch zu einem komplexer ausgeformten Gehirn." (Hüther 2016, S. 132) Dies ist ein wichtiger Hinweis darauf, in welche Richtung Schule ihre Lehr-Lernkontexte weiterentwickeln müsste. Auf jeden Fall muss sie die Zusammenhänge zwischen den unterschiedlichen Lernbedingungen und Lernformen in den außerschulischen und schulischen Lernwelten der Kinder und Jugendlichen stärker in den Blick nehmen. Schule muss ihnen bessere Rahmenbedingungen für selbstgesteuertes Lernen bereitstellen, um ihnen zu helfen, ihre Erfahrungen aus den beiden unterschiedlichen Lernwelten aufeinander abzustimmen und ihre Persönlichkeitsentwicklung zu fördern.

4. Strukturelle Bedingungen des Lernens im sozialen System Schule

4.1 Schule als bedeutsames Umweltsystem für die Lernenden

Die Beziehungen zwischen dem sozialen System Schule und den personalen Systemen der Schüler/innen habe ich im 1. Kapitel aus der Perspektive des sozialen Systems beschrieben. Aus dieser Sicht gehören die Schüler/innen zur inneren Umwelt der Schule (vgl. 1. Kapitel, Abschnitt 4). Die Frage nach den Lernprozessen der Heranwachsenden erzwingt einen Wechsel der Perspektive: Schule muss nun aus der Perspektive der personalen Systeme der Lernenden betrachtet werden. Aus diesem Blickwinkel ist die Schule für sie ein bedeutsames Umweltsystem. Damit verschiebt sich der Schwerpunkt der theoretischen Betrachtungsweise. Nun stehen die Strukturen, Prozesse und Regulationen der Heranwachsenden als personale Systeme in ihrer Beziehung zum sozialen System Schule im Fokus der Betrachtung. Die zentrale Frage lautet: Wie können durch die Gestaltung der Schule als relevantes Umweltsystem in diesen personalen Systemen der Schüler/innen Lernprozesse initiiert, gesteuert und zum Erfolg geführt werden? Innerhalb dieses Umweltsystems Schule fungieren die schulischen Teilsysteme (Schulklassen, Schulleitung, Schülervertretung, Lehrkörper oder Arbeitsgruppen) und die anderen personalen Systeme (Mitschülerinnen und Mitschüler, Mitglieder des Lehrkörpers und andere pädagogische Fachkräfte, Hausmeister), mit denen die Heranwachsenden täglich interagieren, als weitere lernbedeutsame Umwelten. Darin zeigt sich die Vielfalt und enorme Komplexität der schulischen Lernsituationen. Um Ansätze zur Qualitätsverbesserung zu finden, sind im Folgenden die Strukturen, Prozesse und Regulationen des schulischen Lernens zu untersuchen:

- In welchen *Strukturen* des sozialen Systems Schule und ihrer Teilsysteme vollziehen sich Lernprozesse?
- Wie unterscheiden sich *situative und intentionale Lernprozesse* im Raum der Schule und in welchen Lernsituationen kommen die personale, soziale oder sachliche Dimension des Lernens zum Tragen?
- Wie werden die selbstgesteuerten Lernprozesse der Schüler/innen auf bestimmte Lernziele hin ausgerichtet?

Diese Fragen verlangen empirisch begründete Antworten. Aber in der empirischen Bildungsforschung gibt es keine auf einen systemtheoretischen Lernbegriff gegründeten Untersuchungen. Das zeigt z. B. das 23. Jahrbuch der Schulentwicklung mit dem Untertitel: „50 Jahre Schulentwicklung – Leitthemen der empirischen Bildungsforschung" (McElvany 2023). Es enthält einen Überblick über die Beiträge des Instituts für Schulentwicklungsforschung (IFS) in Dortmund zur empirischen Bildungsforschung in den letzten 50 Jahren, von denen kein einziger auf die oben gestellten Fragen eingeht. McElvany, a. a. O., S. 315 ff.) Deshalb muss ich mich im Folgenden immer wieder auch auf Beschreibungen stützen, die auf Selbst- und Fremdbeobachtungen beruhen und durch Beispiele verdeutlicht werden.

4.2 Strukturen des sozialen Systems Schule als Rahmen für Lernprozesse

4.2.1 Grundstruktur schulischer Lernsituationen

Schüler/innen lernen im kommunikativen Austausch mit den für sie bedeutsamen Umweltsystemen innerhalb der Schule. Daraus ergibt sich die Grundstruktur schulischer Lernsituationen, wie ich sie schematisch in der Abbildung 8 dargestellt habe: Schüler/innen lernen als personale Systeme (blauer Kasten auf der linken Seite der Darstellung) in den Austauschprozessen auf der Grundlage von Kommunikation (Pfeile in der Mitte) mit relevanten Umweltsystemen (orange unterlegte Kästchen auf der rechten Seite) im Kontext des sozialen Systems. Kontext heißt, dass die für die Schüler/innen relevanten Umweltsysteme als Teilsysteme der Schule nach einem bestimmten Muster angeordnet sind (vgl. Abbildung 4, S. 48). In der Abbildung 8 sind rechts Beispiele von sozialen, personalen und symbolischen Systemen aufgelistet. Die Doppelpfeile verweisen darauf, dass die Lernenden an diese Umweltsysteme über Kommunikation gekoppelt sind, beide also füreinander als bedeutsame Umweltsysteme fungieren. Bei dieser Kopplung handelt es sich um rekursive Prozesse: Die Umweltsysteme lösen bei den Schüler/innen Lernprozesse in Form von Transformationen der Wahrnehmungs-, Gefühls-, Denk- und Wertungsmuster aus. Diese wirken über das kommunikative Handeln auf die Umweltsysteme zurück, die sich verändern, also ebenfalls lernen. Insgesamt lassen die Doppelpfeile in der Abbildung den Reichtum schulischer Lernmöglichkeiten erkennen und verweisen auf die Komplexität der Beziehungsmuster, d. h. der Strukturen, in die die Lernprozesse eingelagert sind.

Betrachten wir dazu genauer die Auflistung der Umweltsysteme in der Abbildung 8 in ihrer Bedeutung für die Lernprozesse. Im Schulalltag sind die Lernenden gleichzeitig mit personalen, sozialen und symbolischen Teilsystemen konfrontiert, die in den einzelnen Umweltsystemen als Kontexte auf jeweils spezifische Weise organisiert und geordnet sind. Unterricht z. B. kann als eine Abfolge von Kontexten mit unterschiedlichen Kombinationen von sozialen, personalen und symbolischen Systemen betrachtet werden. Fachunterricht als Lernsituation wird vorrangig durch symbolische Sinnsysteme der Fachwissenschaften strukturiert, die jeweils einen bestimmten Ausschnitt aus der Kultur repräsentieren und auf sachliche Lernprozesse ausgerichtet sind. Andere Lernsituationen sind durch ihre sozialen Strukturen bestimmt, z. B. Schülerarbeitsgruppen, Schulfeste, Wandertage oder Projekte. In Erziehungssituationen sind die Schüler/innen auf die Beziehung zu anderen personalen Systemen konzentriert, z. B. auf Beratungslehrer/innen, Schulpsychologen/innen und andere pädagogische Fachkräfte.

Die schwarzen Doppelpfeile in der Mitte der Darstellung verdeutlichen, dass alle Kommunikationsbeiträge der Lernenden sinngesteuert sind. Die einzelnen Schüler/innen als lernende Systeme (linke Seite Abbildung 8) versuchen in ihrem kommunikativen Handeln ihre je eigenen Sinnorientierungen zu verwirklichen. Diese sind das Ergebnis der Kopplung zwischen ihrem psychischen und organischen System und ihr Handeln resultiert aus dem Zusammenwirken der Wahrnehmungs-, Gefühls-, Denk- und Wertungsmuster. Aufgrund der Rekursivität der neuronalen Prozesse in der Person (Rückkopplungsschleifen) ergibt sich noch eine wichtige Konsequenz: Lernen als strukturelle Transformation im personalen System der Schüler/innen heißt, dass nicht nur eine Teilstruktur (z. B. des Denkens oder der Wahrnehmung) transformiert wird, sondern dass sich dadurch immer der ganze „Lernapparat" als Kopplung zwischen organischem und psychischem System und damit die Lernfähigkeit verändert.

Abbildung 8: Grundstruktur schulischer Lernsituationen (eigene Darstellung)

Grundstruktur schulischer Lernsituationen

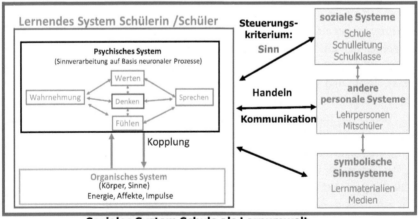

Soziales System Schule als Lernumwelt

Die Komplexität dieser Lernsituationen ist in Wirklichkeit aber noch größer, wenn wir uns mit Blick auf Abbildung 8 bewusst machen, dass auch die Umweltsysteme in wechselnden Beziehungen zueinander stehen: Mitschüler/innen und Lehrpersonen agieren als Teilsysteme des Systems Jahrgangsklasse untereinander und beziehen sich auf unterschiedliche Weise auf die vorliegenden Schulbücher. Lernprozesse sind daher als Ergebnis des Zusammenwirkens personaler, sozialer und symbolischer Sinnsysteme zu verstehen. In den Lernsituationen kommt es deshalb darauf an, dass sich Lehrende und Lernende auf gemeinsame Sinnorientierungen einigen, wenn bestimmte Lernziele erreicht werden sollen. Innerhalb der Teilsysteme und zwischen ihnen können niemals alle möglichen kommunikativen Beziehungen realisiert werden (vgl. Kapitel 1.4.1). Die Bevorzugung bestimmter Beziehungen führt daher zur Ausbildung von Kommunikationsmustern, die sich allmählich zu unterschiedlichen Strukturen verfestigen. Als Interaktionssysteme werden im Folgenden die sozialen Systeme in der Schule bezeichnet, in denen prinzipiell alle Mitglieder direkt miteinander interagieren können, z. B. im Unterricht, in einem Beratungsgespräch oder in einer Arbeitsgruppe.

4.2.2 Strukturierung schulischer Lernsituationen durch Sinnorientierungen

Das Steuerungskriterium Sinn verweist darauf, dass sich Kommunikation und damit Lernprozesse in einer konkreten Lernsituation auf bestimmte Sinnorientierungen ausrichten. Sie definieren die schulischen Lernsituationen und lassen sich in ihrer Vielfalt grundsätzlich den anthropologischen *Beziehungsdimensionen* zuordnen, in denen sich alles menschliche Leben abspielt, der Beziehung zur Welt (zu den Dingen), zu den Mitmenschen und zu sich selbst. Aufgrund seiner Fähigkeit zu Imagination und Futurität ist der Mensch in der Lage, seine Erkenntnis der Welt und seine Beziehungen zu sich selbst und zu anderen zu transzendieren und nach einer jenseitigen, überirdischen Welt, nach überirdischen Mächten, nach Gott zu fragen (McGregor 2018). Weltbilder, Weltanschauungen, religiöse Überzeugungen wirken auf die Beziehung des Menschen zu sich selbst und zu anderen zurück. In der Philosophie geht es heute nicht mehr um die Frage nach dem Verhältnis von Mensch und Welt, sondern um eine Überschreitung einer oberflächlichen Sicht der Dinge, um die Frage nach tieferen Gründen, nach Sinnorientierungsmöglichkeiten, nach den Bedingungen ihrer Möglichkeit. Für Tugendhat besteht Transzendenz „in einer Steigerung des Sichöffnens für die Realität und im Lernen, etwas gut und besser zu machen" (Tugendhat 2010, S. 30).

Aus systemischer Sicht lernen die Schüler/innen *als personale Systeme* durch ihre Teilhabe an *sozialer Kommunikation etwas, einen kulturellen Sachverhalt oder eine Auffassung von der Welt*. Die Mehrdimensionalität schulischer Lernprozesse liegt darin, dass diese Beziehungsdimensionen in ihrem Vollzug immer gleichzeitig, aber jeweils mit unterschiedlichen Schwerpunkten realisiert werden. Transzendenz wird für die Schule bei der Frage nach grundsätzlichen Sinnorientierungsmöglichkeiten bedeutsam. Sie hat in den Fächern Religion, Ethik, Islamunterricht ihren eigenen Platz. Die Kennzeichnung einzelner Lernprozesse erfolgt durch ihre Ausrichtung auf eine vorrangige Sinnorientierung, die durch die gemeinsame Intentionalität der Lehrenden und Lernenden gesichert wird. Sie führt zu unterschiedlichen organisatorischen, sozialen, kommunikativen und sachlichen Strukturen einer Lernsituation.

Schulische Lernsituationen sind Interaktionssysteme, die durch ihre spezifischen Sinnorientierungen das Handeln und Lernen der Beteiligten ausrichten, einrahmen und eingrenzen. Das Zusammenwirken der Dimensionen des Lernens lässt sich am besten veranschaulichen, wenn man sich die Interaktionssysteme als ineinander verschachtelte Handlungsrahmen vorstellt (siehe Abbildung 9). Ihre Strukturen setzen die Rahmenbedingungen, unter denen einzelne Dimensionen des Lernprozesses vorrangig und gezielt gefördert werden sollen und können. *Sozialisation* bildet dabei das Fundament und den umfassenden Kontext für alle weiteren Handlungsrahmen, weil die dort ablaufenden situativen und ungeplanten Prozesse sozialen Lernens konstitutiv für soziale Systeme sind. Sie läuft als unbewusstes und ungeplantes Lernen in allen Lernkontexten immer mit. Im Gegensatz dazu werden die Handlungsrahmen Erziehung und Unterricht bewusst für *intentionale* Lernprozesse gestaltet, um die Schüler/innen bei der Aneignung personaler, sozialer und sachlicher Lernprozesse zu unterstützen. Bildungsräume sind offene, von Schülern/innen in eigener Verantwortung gestaltete Handlungsrahmen, die Bildungsprozesse ermöglichen.

Die äußeren Rahmen sind als Bedingungen der Möglichkeit für gelingende Lernprozesse in den inneren Rahmen zu verstehen. Gezielte Lernprozesse in den inneren Handlungsrahmen können nur dann störungsfrei und Erfolg versprechend ablaufen, wenn in den sie umgebenden äußeren Rahmen bestimmte Kompetenzen und gelungene Sozialisation als Lernvoraussetzungen gegeben sind. Damit wird verständlich, dass kulturelles (sachliches) Lernen im Rahmen von Unterricht und vor allem Bildungsprozesse voraussetzungsreicher als soziale oder personale Lernprozesse sind. Sie können häufiger scheitern, weil sie an vielfältige erzieherische oder kommunikative Voraussetzungen gebunden sind, die häufig als gegeben angesehen werden, aber tatsächlich nicht hinreichend ausgebildet sind. Im Einzelnen lassen sich Sozialisation und Handlungsrahmen folgendermaßen näher kennzeichnen:

- *Sozialisation* als Steuerungsmedium bezieht sich auf die soziale Dimension des Lernens. In den Kommunikationsprozessen des alltäglichen schulischen Zusammenlebens erwerben die Heranwachsenden die basalen Kompetenzen zur Verständigung untereinander und als Voraussetzung für Handlungsfähigkeit. Diese ermöglichen ihnen überhaupt erst die Eingliederung in das soziale System Schule und ihre Interaktionssysteme. In der Teilnahme an der Kommunikation in unterschiedlichen sozialen Kontexten erwerben die Schüler/innen die sprachlichen, kommunikativen und sozialen Kompetenzen, die sie zur Teilnahme an der Kommunikation benötigen. Das geschieht in situativen, ungeplanten und unbewussten Lernprozessen, die durch die Sprache und Kommunikationsstrukturen gesteuert und kontrolliert werden. Diese Kompetenzen und das damit verbundene implizite Handlungswissen bilden die Bedingung der Möglichkeit für intentionale Lernprozesse und damit für die Verwirklichung aller weiteren schulischen Bildungs- und Erziehungsziele.

Abbildung 9: Handlungsrahmen und Dimensionen schulischer Lernprozesse (eigene Darstellung)

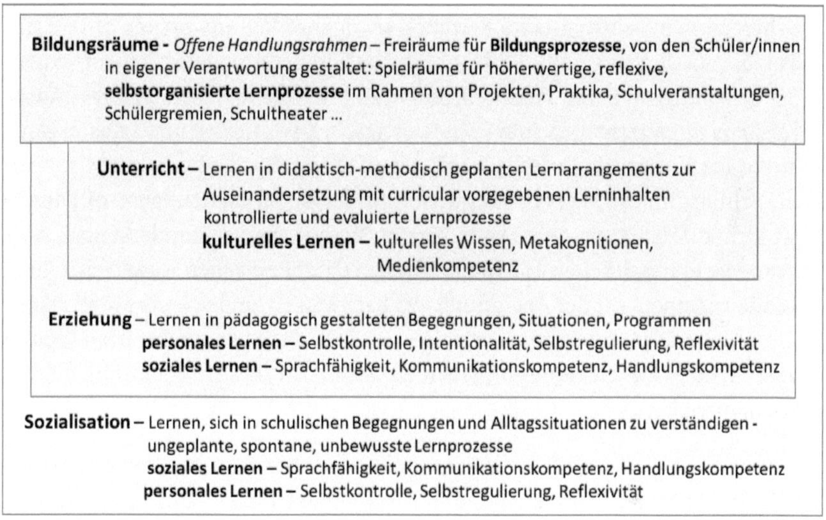

Bildungsräume - *Offene Handlungsrahmen* – Freiräume für **Bildungsprozesse,** von den Schüler/innen in eigener Verantwortung gestaltet: Spielräume für höherwertige, reflexive, **selbstorganisierte Lernprozesse** im Rahmen von Projekten, Praktika, Schulveranstaltungen, Schülergremien, Schultheater …

Unterricht – Lernen in didaktisch-methodisch geplanten Lernarrangements zur Auseinandersetzung mit curricular vorgegebenen Lerninhalten kontrollierte und evaluierte Lernprozesse
kulturelles Lernen – kulturelles Wissen, Metakognitionen, Medienkompetenz

Erziehung – Lernen in pädagogisch gestalteten Begegnungen, Situationen, Programmen
personales Lernen – Selbstkontrolle, Intentionalität, Selbstregulierung, Reflexivität
soziales Lernen – Sprachfähigkeit, Kommunikationskompetenz, Handlungskompetenz

Sozialisation – Lernen, sich in schulischen Begegnungen und Alltagssituationen zu verständigen - ungeplante, spontane, unbewusste Lernprozesse
soziales Lernen – Sprachfähigkeit, Kommunikationskompetenz, Handlungskompetenz
personales Lernen – Selbstkontrolle, Selbstregulierung, Reflexivität

- *Erziehung* als Handlungsrahmen richtet das Lernen der Schüler/innen auf ihre eigene Person. Diese Selbstbezüglichkeit des Lernens ist in allen personalen Begegnungen bedeutsam. Die Lehrpersonen als Erzieher/innen lenken die Aufmerksamkeit der Schüler/innen auf ihre Person, auf ihr Handeln oder Denken, auf ihre Lernschwierigkeiten oder eine besondere Fähigkeit. Sie eröffnen einen pädagogischen Handlungsrahmen, der den Heranwachsenden Möglichkeiten bietet, gezielt an ihren Selbstkompetenzen zu arbeiten, Reflexivität, Selbstwertgefühl und Selbstkontrolle aufzubauen, die Fähigkeit zur Selbststeuerung ihres Lernens zu entwickeln, ihre Sprach-, Kommunikations- und Handlungsfähigkeit und ihre sozialen Kompetenzen zu verbessern. Pädagogisch nenne ich diese Handlungsrahmen, weil sie an den vorhandenen Fähigkeiten der Schüler/innen ansetzen und sie auf diese Weise bei der eigenständigen Bewältigung ihrer Entwicklungsaufgaben unterstützen.

- *Unterricht* als Handlungsrahmen stellt die *Sachdimension* des Lernens in den Vordergrund. Die gemeinsame Intention der Lehrenden und Lernenden richtet sich auf die Konstruktion von *kulturellem Wissen* entsprechend den curricularen Vorgaben der einzelnen Unterrichtsfächer. In diesem Handlungsrahmen werden die Schüler/innen mit den Errungenschaften unserer Kultur in Beziehung gebracht, die in ihren Grundlagen an die nachfolgende Generation weitergegeben werden müssen. Dabei wird in didaktisch und methodisch geplanten Arrangements von den Lehrenden gezielt der Aufbau von strukturiertem (Fach-)Wissen, Reflexivität, Kritikfähigkeit und Metakognitionen angestoßen, begleitet, überprüft und bewertet.

- *Bildungsräume* sind als offene Handlungsrahmen zu verstehen, in denen die Schüler/innen selbstgesetzte Lernziele in eigener Verantwortung anstreben. Bei der Gestaltung von Projekten, Schulveranstaltungen, Schülerfirmen, Schülergremien, Schultheater, Schulradio, Praktika eröffnen sich Freiräume für *Bildungsprozesse*. Das sind höherwertige, selbstreflexive und selbstorganisierte Lernprozesse. Innerhalb selbst gestalteter Handlungsrahmen richten die Schüler/innen ihre Lernintentionen auf selbst gewählte Inhalte, mit denen sie sich auf der Basis selbst konzipierter Methoden auseinandersetzen. Aufgrund ihrer inhaltlichen und methodischen Offenheit geben sie den einzelnen Schülern/innen mit der Aneignung von Sachwissen zugleich die Möglichkeit, ihre je eigenen Interessen zu verfolgen und zu vertiefen, an der Bewältigung anstehender Entwicklungsaufgaben zu arbeiten und ihre Identitätsbildung voranzutreiben.

Mehrdimensionalität ist in jeder Lernsituation gegeben. Aber je nachdem, ob sich die Intention der Lehrenden und/oder Lernenden auf personale, soziale oder sachliche Lernziele richtet, tritt eine dieser Dimensionen in den Vordergrund. Welchen spezifischen Sinn die einzelnen Schüler/innen in einer konkreten Lernsituation verfolgen, hängt entscheidend von ihrer persönlichen Situation und den Strukturen ihres „Lernapparats" ab. Grundsätzlich gilt: „Lernen ist das Persönlichste auf der Welt" (Heinz von Förster). In allen schulischen Lernsituationen ist das Zusammenspiel der Dimensionen des Lernens auf der Grundlage mediengestützter Kommunikationsprozesse wirksam und für die Lernleistungen der Schüler/innen und die Schulqualität von fundamentaler Bedeutung. Die Hauptaufgabe der Lehrpersonen sehe ich darin, durch variablen Einsatz der Handlungsrahmen und flexible Gestaltung ihrer kommunikativen Strukturen die Lernanforderungen der Schule und die Lernvoraussetzungen und -bedürfnisse der Schüler/innen aufeinander abzustimmen, auf die unterschwellig stets mitlaufenden selbst gesteuerten Prozesse sozialen und personalen Lernens zu achten und den Schülern/innen immer wieder Freiräume für Bildungsprozesse zu eröffnen.

4.3 Strukturen schulischer Interaktionssysteme als Handlungsrahmen für Lernen

Um die Mehrdimensionalität schulischer Lernsituationen noch genauer begrifflich zu fassen, werde ich im Folgenden zunächst die *Strukturen* dieser Interaktionssysteme kennzeichnen, die die Lernaktivitäten der Schüler/innen einrahmen, dadurch die Sinnorientierungsmöglichkeiten für ihr Lernen eingrenzen und ihre Lernaktivitäten auf ein bestimmtes Thema / Lernziel ausrichten. Die Strukturen bilden die Ordnungsmuster für die Kommunikationen, in die die Lernprozesse eingelagert sind. Sie sind zunächst nur grob durch die äußeren Rahmenbedingungen festgelegt, z. B. durch die fachliche Orientierung von Projekten, Kursen, Workshops oder fächerübergreifendem Unterricht ausgerichtet oder durch ihre sozialen (jahrgangsübergreifende Lerngruppen, AGs mit Kindern mit unterschiedlichem Förderbedarf), zeitlichen (Blockunterricht, Doppelstundenprinzip, Morgenkreis) und räumlichen Rahmen (Fachräume, Lernwerkstatt, Schülerfirma sowie außerschulische Lernorte wie z. B. Garten, Wald oder Betrieb) und deren Gestaltungsmöglichkeiten strukturiert. In ihrer konkreten Ausformung sind diese Strukturen Ergebnis des Kommunikationsverlaufs und der Häufigkeit der Interaktionen zwischen den Kommunikationspartnern und daher grundsätzlich veränderbar.

Aus lerntheoretischer Sicht ist entscheidend, dass durch diese Rahmungen die Lernaktivitäten der Schüler/innen auf der Grundlage der Austauschprozesse zwischen Bewusstsein, Sprache und Kommunikation in geordnete Bahnen gelenkt werden. Je nachdem, wie die Beziehungen strukturiert werden, kommen die einzelnen Dimensionen der Lernprozesse mit unterschiedlicher Gewichtung ins Spiel: die Konstruktion fachlichen Wissens, der Erwerb sozialer und kommunikativer Kompetenzen, der Sprachfähigkeit und Medienkompetenz sowie die Förderung der Reflexionsfähigkeit und meta-kognitiver Kompetenzen, schließlich die Ausbildung emotionaler, sozial-moralischer, körperlicher, handwerklicher und künstlerischer Kompetenzen.

Was an einer einzigen Schule neben den Strukturen des herkömmlichen Unterrichts an Interaktionssystemen möglich ist, zeigt die Komposition der Vielfalt an Lernumgebungen (Rahmen) an der Grund- und Hauptschule mit Werkrealschule Ammerbuch-Altingen: „Ein über die Jahre entwickeltes, differenziertes Schulprogramm, das im alltäglichen Lernen und Handeln in der Schule verbindlich gilt und durch sorgfältig durchstrukturierte Projekte, durch die Wochenplanarbeit, die Theaterpädagogik, den Rhythmik-Unterricht, die außerschulischen Aktivitäten, das Zirkus-Projekt und anderes den Schülerinnen und Schülern stets neue Möglichkeiten eröffnet. (....) Bemerkenswert ist auch die Zusammenarbeit und gegenseitige Kenntnis der Schülerinnen und Schüler, die eine solche Projektkultur entstehen lässt. Wie gut sich hier alle kennen, das ist augenfällig im Unterricht, aber auch auf dem Schulhof, bei vielen Feiern und Festen, beim Verlässlichkeits- und Geschicklichkeitstraining an der Kletterwand, beim Spiel und bei vielen anderen sorgfältig in diese Komposition aufgenommenen Ereignissen." (Der Deutsche Schulpreis 2008, S. 42 f.) Weitere Beispiele aus den Preisträgerschulen des Deutschen Schulpreises machen dreierlei deutlich: An allen Schulen ist auch unter einengenden organisatorischen und administrativen Bedingungen ein Aufbrechen der oft erstarrten Organisationsstrukturen (Halbtagsschule mit wechselndem Fachunterricht im 45-Minutentakt) prinzipiell möglich. Die Umstellung auf vielfältige und wechselnde Interaktionssysteme mit flexiblen Ordnungsmustern für Lernen berücksichtigt die Mehrdimensionalität der Lernprozesse, ermöglicht es den Schülern/innen, ihre außerschulisch erworbenen Kompetenzen einzubringen und weiter zu entfalten, und führt zu besseren Leistungen. In allen schulischen Interaktionssystemen laufen ungeplante, nicht auf bestimmte Lernziele ausgerichtete Sozialisationsprozesse mehr oder weniger unbeobachtet mit. Dort, wo bestimmte Ziele sozialen Lernens angestrebt werden, z. B. im Rahmen eines Programms zur Gewaltprävention, wird Sozialisation zu Erziehung.

4.3.1 Strukturen des Interaktionssystems „Schulklasse" als Rahmen für soziales Lernen

Im Folgenden möchte ich an Beispielen zeigen, wie die Kommunikationsstrukturen unterschiedlicher Interaktionssysteme ihre soziale, sachliche, zeitliche, mediale, operative und kognitive Komplexität reduzieren und damit besondere Möglichkeiten und Anregungen für einzelne Dimensionen des Lernens eröffnen können. Die Bedeutung der Kommunikationsstrukturen für schulische Sozialisationsprozesse erläutere ich am Beispiel der Schulklasse.

In einer Jahrgangsklasse lernen ca. 15 bis 30 ungefähr gleichaltrige Mädchen und Jungen über mehrere Jahre hinweg gemeinsam, ausgerichtet auf die curricularen Lernziele der jeweiligen Jahrgangsstufe. Sie sind durch Klassenraum und Stundenplan von anderen Teilsystemen in der Schule, z. B. den anderen Schulklassen, Kursen oder Projektgruppen abgegrenzt. Diese stellen bedeutsame Umweltsysteme für eine Jahrgangsklasse dar. Die innere Umwelt der Jahrgangsklasse sind die personalen Systeme der Schüler/innen. Beide fungieren wechselseitig füreinander als bedeutsame Umweltsysteme: Aus den Kommunikationsprozessen untereinander erwachsen Chancen für soziales Lernen. Die Sinnorientierungsmöglichkeiten für das Handeln als Mitschüler/innen liegen nicht in curricularen Lernzielen, sondern richten sich auf ein gelingendes Zusammenleben im Schulalltag. Dabei entstehen spezifische Gewohnheiten oder Regelungen. Grundsätzlich können alle Schüler/innen untereinander in Kontakt treten, aber im Laufe der Zeit bilden sich mehr oder weniger feste Strukturen aus, Gruppen (Mädchen, Jungen), Cliquen, Freundschaften und unterschiedliche formelle Rollen (Klassensprecher) oder informelle Rollen (z. B. Außenseiter, Sündenbock, Streber). So entstehen verstärkte Beziehungen zwischen einzelnen Mitgliedern in der Klasse, während andere kaum Kontakt untereinander haben. In diesen Gruppen kommt es zur Ausbildung spezifischer Kommunikationsmuster, z. B. in Form von Vertraulichkeiten, gegenseitiger Unterstützung beim Lernen, Austausch über Medienerfahrungen oder der Austragung von Rivalitäten. Schulklassen können zu einer verschworenen Gemeinschaft zusammenwachsen und eine eigene Identität entwickeln oder ein unorganisierter „Haufen" bleiben. Das zeigt sich u. a. darin, wie Lehrkräfte über die Eigenarten einzelner Schulklassen berichten, die sie als lebendig und offen, schwierig, chaotisch oder laut kennzeichnen.

In den sozialen Strukturen der Schulklasse nimmt jede Schülerin/jeder Schüler ihre/seine Position ein, kämpft um Beachtung, Anerkennung oder Zuwendung (auch durch Hänseleien oder Streit), muss eine Rolle finden und sich darin einrichten. Die Sinnorientierungen ihres Handelns richten sind vorrangig nicht auf fachliche Lernziele, sondern auf die Befriedigung elementarer Grundbedürfnisse nach sozialer Zugehörigkeit, Sicherheit und Geborgenheit. Die vielfältigen täglichen Begegnungen, die gemeinsamen Aktivitäten, Konflikte, Diskussionen oder Verabredungen führen auf der Grundlage struktureller Angleichungen zu personalen Lernprozessen und insbesondere zum Erwerb sozial-moralischer und kommunikativer Kompetenzen. Lernanregungen ergeben sich aus den teilweise sehr unterschiedlichen sozialen, sprachlichen, kommunikativen und kognitiven Kompetenzen, Lebensauffassungen, Wertorientierungen, Überzeugungen und Umgangsformen der einzelnen Schüler/innen. Darin liegt die positive Seite der so häufig beklagten Heterogenität. Auf diese Weise wird kulturelle Vielfalt zu einem Gewinn (Spanhel 2014a, S. 115 f.). Der Erwerb und die Sicherung einer anerkannten Position in der Schulklasse, die Entwicklung einer tiefen und dauerhaften Freundschaft oder die Zugehörigkeit zu einer festen Gruppe mit spezifischen (sportlichen, musischen, medialen) Interessen, die sich auch außerhalb der Schule trifft, sind für die Identitätsentwicklung der Heranwachsenden von größter Bedeutung und zugleich ein wichtiges Fundament für gelingende fachliche Lernprozesse (Spanhel 2013). Das gilt auch im negativen Sinn: Wenn sich Schüler/innen zu einer Clique zusammenfinden, die sich in ihrem Handeln und in ihren Unternehmungen an gesellschaftlich nicht akzeptierten Normen und Werten orientiert und nur auf Unfug, Streit, Gewalt oder Mobbing oder gar auf kriminelle Machenschaften ausgerichtet ist, leidet darunter das fachliche Lernen.

4.3.2 Strukturen des Interaktionssystems „Unterricht" als Rahmen für sachbezogene Lernprozesse

Die Jahrgangsklassen bilden meist den sozialen Rahmen für das zentrale Interaktionssystem in jeder Schule, den *Unterricht* in seinen vielfältigen Ausprägungen als Fachunterricht. Er findet nicht nur in Schulklassen, sondern auch in anderen Formen, z. B. in Arbeitsgruppen, Kursen, Projekten statt. Die Strukturen des Unterrichts sind durch die Konfrontation der Lernenden mit drei bedeutsamen Umweltsystemen geprägt, mit der Lehrperson, dem Unterrichtsthema, das durch Medien, Materialien oder die Lehrperson repräsentiert wird, und den Mitschülern/innen. Das Interaktionssystem „Unterricht" ist durch seine spezifischen Sinnorientierungen in Form fachlicher Lernziele gekennzeichnet. Im Kontext gesellschaftlich gewandelter Anforderungen an die Schule und vielfältiger Erkenntnisse aus der Didaktik, der Unterrichts- und Bildungsforschung hat sich inzwischen neben den Formen des klassischen Unterrichts eine kaum noch überschaubare Fülle an variablen, multimedialen Lehr-Lernkontexten bzw. Lehr-Lernumgebungen entwickelt. Zur Abgrenzung von einem herkömmlichen Verständnis verwende ich daher den Terminus „Unterricht" für alle variabel gestalteten, multimedialen Handlungsrahmen, die durch die Mitwirkung einer Lehrperson und durch ihre Ausrichtung auf vorgegebene, systematisch geordnete kulturelle Sinnorientierungen (fachliche Lernziele) von anderen Handlungsrahmen (z. B. Schulklasse oder Schulspiel) abgegrenzt sind und durch ein fachlich begründetes und methodisch geplantes Zusammenspiel von Strukturen, Prozessen und Regulationen im Kommunikationsprozess der Anregung, Steuerung, Unterstützung und Kontrolle der selbstgesteuerten Lernprozesse der Schüler/innen dienen.

Zur Verwirklichung der verbindlich vorgegebenen Fachlernziele sind pädagogisch und didaktisch gestaltete Handlungsrahmen erforderlich. Diese Formen von Unterricht in unterschiedlichen Ausprägungen beruhen auf spezifischen Formen der Kommunikation, die durch ein hohes Maß an sachlicher, sozialer, zeitlicher und operativer Komplexität gekennzeichnet sind.

Die sachliche Komplexität ergibt sich aus der klaren Ordnung der Unterrichtsthemen, die an der systematischen Struktur der wissenschaftlichen Bezugsdisziplin eines Unterrichtsfaches orientiert ist. Disziplin bedeutet, eine vorgegebene Auswahl, Organisation, das Tempo und die Reihenfolge der im Unterricht zu vermittelnden Lerninhalte zu akzeptieren. Die Schüler/innen müssen lernen, welche Fragen zu welchem Zeitpunkt gestellt werden dürfen. Dieses Fachwissen beruht auf einer eigenen Fachsprache, die von den Schülern/innen im Laufe der Schuljahre erst mühsam erworben werden muss (Priesemann 1971). Zudem sind die Themen für sie lebensfremd und schwer zugänglich, weil sie selten Anknüpfungspunkte an ihre Alltagserfahrungen bieten. Die sachliche Komplexität wird durch den Einsatz technischer (digitaler) Medien erhöht. Sie ermöglichen vielfältige Beobachtungsperspektiven auf den Lerngegenstand und müssen erst sprachlich codiert werden, damit sie im Denken verarbeitet werden können (Spanhel 2023a). Die Reduktion der sachlichen Komplexität eines Unterrichtsthemas fällt in die Zuständigkeit der Fachdidaktik des jeweiligen Unterrichtsfaches, die sich im Zuge der Ausdifferenzierung von Didaktik und Unterrichtstheorie entwickelt hat. (Fachdidaktik und Methodik des Unterrichts stellen eine eigene Thematik dar, da sie sich an der jeweiligen wissenschaftlichen Disziplin orientieren, die die Struktur und die spezifischen curricularen Lernziele eines Unterrichtsfaches prägt. Darauf kann ich im Rahmen dieser Arbeit nicht eingehen.)

Die soziale Komplexität unterrichtlicher Handlungsrahmen ergibt sich nicht in erster Linie aus der Anzahl der Mitglieder einer Schulklasse oder Lerngruppe, sondern aus den Strukturen der Kommunikation. Sie wird außer von der Sachstruktur von zwei Faktoren bestimmt: Zum einen von der Heterogenität der Lerngruppe, mit der Folge, dass die Schüler/innen in sehr unterschiedlichem Maße oder gar nicht an der Kommunikation teilhaben. Zum anderen von der Vorrangstellung der Lehrperson. Bei Formen der Partner- oder Gruppenarbeit tritt die Lehrperson in den Hintergrund und beim Einzellernen mit digitalen Medien verlagert sich die soziale Dimension des Lernens auf die Kommunikation mit dem Medium.

Die Lehrperson übt mehrere Rollen aus und strukturiert und reduziert dabei die Komplexität der Kommunikation.

In Bezug auf den Unterrichtsgegenstand: Sie präsentiert ein Unterrichtsthema, eine Aufgabe oder eine Fragestellung, stellt die angestrebten Lernziele vor, weist auf ihre Bedeutung hin, entscheidet über die Form ihrer Darstellung, über die inhaltliche und zeitliche Strukturierung bei ihrer Behandlung. Die wichtigste Aufgabe der Lehrpersonen im Interaktionssystem Unterricht besteht darin, die Komplexität des Unterrichtsthemas durch eine fundierte didaktisch-methodische Planung zu reduzieren, um den Schülern/innen die erforderliche konzentrierte Ausrichtung auf das Thema und die Lehrziele zu erleichtern, die Auseinandersetzung mit den komplexen Sachstrukturen zu unterstützen, das gemeinsame Lernen zu regulieren und die Lernergebnisse zu sichern.

In Bezug auf die Kommunikation: Die Lehrperson strukturiert den Kommunikationsprozess, kontrolliert ihn hinsichtlich seiner Ausrichtung auf das Thema, bewertet einzelne Kommunikationsbeiträge, sichert das Verstehen, gibt ergänzende Informationen und eröffnet immer wieder Möglichkeiten für Anschlusskommunikation. Sie greift regulierend ein, wenn vereinbarte Regeln gebrochen, eingespielte Kommunikationsmuster durch Nebengespräche oder Disziplinprobleme einzelner Schüler/innen gestört oder abweichende Handlungsorientierungen sichtbar werden. Kommunikation, das, was sich Lehrperson und Schüler/innen im Unterrichtsprozess gemeinsam gemacht haben, das gemeinsame Lernergebnis ist schwer fassbar, muss im Gespräch reflektierend gemeinsam bewusst gemacht und für das künftige gemeinsame Lernen gesichert werden. Diese Reflexionsarbeit wird m. E. im Unterricht häufig vernachlässigt. Sie würde bei den

Schülern/innen dazu beitragen, eine Methoden- und Strategiekompetenz aufzubauen, die es ihnen ermöglicht, Lernumwege zu erkennen und effektive Lernwege bewusst kennen zu lernen.

In Bezug auf die Schulklasse: Die Lehrperson beobachtet die Teilnahme der Schüler/innen am Kommunikationsprozess und motiviert, bremst oder korrigiert und bewertet ihre Mitwirkung, eröffnet ihnen Anschlussmöglichkeiten an die fachliche Auseinandersetzung und ordnet geeignete Sozialformen zur Auseinandersetzung mit dem Thema an, z. B. Gruppen- oder Partnerarbeit. Sie achtet auf die Handlungsorientierungen der Schüler/innen, die sich keineswegs immer nur auf den Unterrichtsgegenstand richten, sondern z. B. auch auf die Lehrperson, der man besonders gefallen möchte oder auf den eigenen Körper, z. B. um die Angst beim Auftritt vor der ganzen Schulklasse zu bekämpfen oder zu verbergen.

Die *zeitliche Komplexität* stellt neben der Komplexität der sachlichen und sozialen Strukturen des Unterrichts ein großes Problem dar. Die Lernenden müssen sich willkürlich und oft im Stundtakt auf neue Sinnorientierungen konzentrieren. Nach kurzen Lerneinheiten werden Kommunikationsprozesse abrupt beendet und können erst wieder zu einem späteren Zeitpunkt aufgenommen werden, manchmal erst nach einer Woche. Das erfordert von den Schülern/innen hohe kognitive Flexibilität, wenn sie sich schnell auf ein neues Fach oder Thema einstellen oder den Anschluss an die Kommunikation einer zurückliegenden Stunde herstellen müssen. Um die Kontinuität des Lernprozesses zu sichern, müssen eigene Kommunikationsmuster entwickelt werden, z. B. Wiederholungen, Abfragen oder Korrektur der Hausaufgaben zu Beginn einer Unterrichtsstunde. Das alles widerspricht dem natürlichen Ablauf von Lernprozessen, wie er im nächsten Abschnitt beschrieben wird. Die Lernenden brauchen Zeit, um sich auf eine Sache einzustellen, neue Informationen aufzunehmen, sie zu verarbeiten, mit anderen auszutauschen und in der Struktur des eigenen Lernapparats zu verankern. Daraus ergibt sich die Notwendigkeit, die zeitlichen Strukturen des Schulalltags auf unterschiedliche Ablaufmuster der Lernprozesse abzustimmen, was im Rahmen einer Halbtagsschule oft nur schwer möglich ist.

Operative Komplexität lässt sich durch übergeordnete Unterrichts- und Schulkonzepte reduzieren (z. B. aus der Reformpädagogik: Montessori, Petersen, Arbeitsschule, Waldorfschule). Eine Reduzierung der operativen Komplexität erfolgt in diesen Konzepten in Form einer durchdachten Abstimmung der sachlichen, sozialen und zeitlichen Strukturen unter einem bestimmten Leitgedanken. Aber allein schon durch eine Neuordnung der Zeitstrukturen im Rahmen einer Ganztagsschule könnten eine ganze Reihe variabel strukturierter Interaktionssysteme neben Jahrgangsklasse und Unterricht eingesetzt werden. Zeitlich flexible Arbeits- und Lernsituationen bieten den Schülern/innen offene Lernräume, in denen sie ihrer Neugier, ihren Neigungen, Interessen und individuellen Fähigkeiten entsprechend arbeiten und lernen können, z. B. in fächer-

und klassenübergreifenden Projektgruppen, Wahlkursen, im Schulspiel oder im Schülerparlament oder in Einzelarbeit mit einem Lernprogramm. Lehrende und Lernende lernen sich in unterschiedlichen Beziehungen besser kennen und es werden je nach Struktur der Interaktionssysteme unterschiedliche Kombinationen von personalen, sozialen und sachlichen Lernprozessen angestoßen. Sie führen z. B. zu mathematischem Wissen und zu Medienkompetenz bei der Durcharbeitung eines Rechenprogramms, zu sozialen Kompetenzen bei der Austragung eines Konflikts mit einer Lehrerin über die Benotung einer Arbeit oder zu Kenntnissen über die Zuständigkeit der Schulleitung bei der Auseinandersetzung über einen Antrag auf Unterrichtsbefreiung wegen einer Familienfeier. Sie sind für die Entwicklung ihrer intellektuellen und moralischen Autonomie von großer Bedeutung,

4.3.3 Strukturen pädagogischer Interaktionssysteme als Rahmen für personale Lernprozesse

Schließlich möchte ich beispielhaft noch zwei Interaktionssysteme genauer betrachten, die hinsichtlich ihrer Sinnorientierungen insbesondere personale Lernprozesse auslösen können. Schulspiel und Beratungsgespräch sind solche Interaktionssysteme, deren Kommunikationsstrukturen die Aufmerksamkeit der Schüler/innen auf ihr eigenes Verhalten, ihre verbale und nonverbale Ausdrucksfähigkeit lenken und ihnen helfen, selbstkritisch Fehlverhalten, persönliche Probleme oder Krisensituationen zu erkennen und zu überwinden. Dabei ergeben sich vielfältige Gelegenheiten, den Erwerb von Selbstkompetenzen bei den Kindern und Jugendlichen anzuregen und zu unterstützen, z. B. die Reflexion des eigenen Handelns, Selbstdarstellung und Selbstkontrolle, Selbsteinschätzung und Verantwortungsfähigkeit.

Schulspiel ist dadurch gekennzeichnet, dass in diesem Handlungsrahmen eine eigene, vom Schulalltag abgegrenzte Wirklichkeit mit variablen Strukturen erzeugt wird, in der spezifische Handlungsregeln gelten. Das zeigt sich darin, dass die Schüler/innen im Spiel andere, möglichst selbst gewählte Rollen übernehmen, egal ob beim Theaterspielen in der Schulklasse oder in einer Spielgruppe mit altersgemischten Kindern aus unterschiedlichen Klassen. Die Struktur dieses Interaktionssystems hängt vom gewählten Spielthema (sei es ein fertiger Text oder eine eigene Erfindung der Gruppe), von der Zusammensetzung der Gruppe und von der Lehrperson als Spielleiter/in ab. Das Besondere des Spiels als Lernsituation liegt darin, dass die Schüler/innen ihre Rolle entsprechend der Spielidee nach ihren eigenen Vorstellungen ausgestalten und in dieser Rolle gegenseitig füreinander als bedeutsame Umweltsysteme agieren. Auf diese Weise werden in der spielerischen Darstellung der Rolle die Wechselwirkungen zwischen den kognitiven, emotionalen, affektiven und körperlichen Strukturen innerhalb der personalen Systeme für die Schüler/innen sichtbar, spürbar und erfahrbar. Sie können, wie Ströbel-Langer (2018) dies ausdrückt „das Eigene im Schutz der Rolle zeigen". Im Spiel eröffnen sich bei der Ausgestaltung und Darstellung der Rolle in verbalen, nonverbalen und körperlichen Kommunikationsformen und in der Beobachtung dieser feinen Differenzen bei sich und den anderen vielfältige Erfahrungsmöglichkeiten mit der eigenen Person im Kontakt mit anderen. Spiel kann daher als ein symbolisches Sinnsystem betrachtet werden, in dem neben der Fantasie, den Gefühlen und der Körpersprache die besonderen Wirkungsweisen der sprachlichen und nonverbalen Kommunikation für die Kinder und Jugendlichen erfahrbar werden. Mit dem Spiel sind keine außerhalb des Rahmens liegende Lern- oder Leistungsanforderungen verbunden. Daher kann, evtl. mit Hilfe geeigneter Vorübungen, eine entspannte und vertrauensvolle Atmosphäre geschaffen werden. Damit bietet es den Schüler/innen außergewöhnliche Möglichkeiten, ihre Gefühle, Ängste und Hoffnungen, aber auch Probleme der Identitätsentwicklung auf der Basis gegenseitigen Vertrauens auszudrücken, sie bei sich selbst zu beobachten und die Reaktionen der Mitspieler/innen darauf zu erkennen und gemeinsam zu reflektieren. Spiel in allen seinen Formen bietet reichlich Gelegenheit, die Fähigkeiten zur Reflexivität, Selbststeuerung und Selbstkontrolle, aber auch soziale Kompetenzen, wie z. B. Achtung, Zuneigung, Empathie, Vertrauen, Toleranz oder Konfliktfähigkeit oder Fairness zu entwickeln.

Im Beratungsgespräch reduziert sich die soziale Struktur des Interaktionssystems in der Regel auf zwei Personen, eine Lehrperson und eine Schülerin/einen Schüler. Die Sinnorientierungsmöglichkeiten konzentrieren sich auf die Frage, wie persönliche Lernprobleme oder Alltagsprobleme, Verhaltensschwierigkeiten oder Entwicklungsstörungen überwunden werden könnten. Die Struktur des Gesprächs, das die Lehrperson aufgrund ihrer pädagogischen Kompetenz gestaltet, bestimmt die Lernsituation. Sie stellt hohe Anforderungen an die Kommunikationsfähigkeit beider Gesprächspartner und verlangt auch von den Lernenden ein gewisses Maß an kognitiver Komplexität und Reflexionsfähigkeit. In dieser Situation soll eine Schülerin/ein Schüler die Aufmerksamkeit auf ihre/seine eigene Person richten und dazu angeregt und angeleitet werden, das eigene Verhalten oder Handeln, Denken, Urteilen oder Wollen zu hinterfragen, aus einer anderen Perspektive zu betrachten und nach möglichen Alternativen zu suchen. Das Beratungsgespräch kann bei (älteren) Schülerinnen/Schülern in einer schwierigen Entwicklungssituation Bildungsprozesse anregen, weil es nicht nur die Fähigkeit zur Reflexion, sondern auch zur Selbststeuerung des Lernens bei der Verfolgung eigener Entwicklungsziele fordert und fördert.

4.3.4 Strukturen zur Reduktion von Komplexität

An dieser Stelle ist es mir wichtig zu betonen, dass die unterschiedlichen Strukturen der schulischen Interaktionssysteme zum einen als Rahmen für die Ausrichtung der Kommunikation auf bestimmte Lernprozesse dienen. Zum anderen sind sie das Ergebnis von unterschiedlichen Formen der Reduktion von sozialer, sachlicher, zeitlicher und operativer Komplexität der Lernsituationen. In jeder Schule muss diese Komplexität und die Fülle daraus resultierender Interaktionsmöglichkeiten reduziert werden, um Chaos zu verhindern. Dabei bilden sich in den Beziehungen Muster aus, die sich im Laufe der Zeit zu Strukturen verfestigen. Entscheidend ist die Erkenntnis, dass sich diese Strukturen schulischer Interaktionssysteme als Ergebnis der Reduktion organisierter Komplexität stets auch wieder ändern lassen. Komplexitäten können auf unterschiedliche Weise reduziert werden. Bei einer Verbesserung der Schulqualität geht es darum, immer neue „funktionale Äquivalente" (Luhmann), d. h., Handlungsalternativen für eingefahrene Muster zu suchen, zu erproben, zu bewerten und zu stabilisieren, wenn sie sich bewährt haben.

5. Schulische Lernprozesse

5.1 Gelingende Kommunikation als Basis für Lernprozesse

Aus den bisherigen Überlegungen ist klar ersichtlich: Die Kopplung der Lernenden mit den relevanten schulischen Umweltsystemen erfolgt ausschließlich in Form von Kommunikationsprozessen, die durch Sinnkriterien gesteuert werden. Damit kommt eine der wichtigsten, aber im Schulalltag und in der Schulpädagogik meist unhinterfragten Voraussetzungen für gelingende Lernprozesse in den Blick: gelingende Kommunikation. Offensichtlich funktioniert der Schulbetrieb relativ problemlos auf der Grundlage fortlaufender Kommunikationsprozesse, die deshalb meist nicht in Frage gestellt werden. Mancherlei Ärgernisse, Schwierigkeiten und Auseinandersetzungen werden als unvermeidbar hingenommen. Aber solange Lehrpersonen und Schulleiter/innen keinen Begriff von gelingender Kommunikation haben, können sie Kommunikationsstörungen und ihre Folgen in Form von Lernschwierigkeiten, Disziplinproblemen und Konflikten im Kollegium oder mit den Eltern kaum als solche erkennen und an den Voraussetzungen für gelingende Kommunikation arbeiten (vgl. 1. Kapitel Abschnitt 7.1).

Um zu verstehen, wie die Lernprozesse der Schüler/innen gelingen können, müssen deshalb als erstes die Grundlagen für gelingende Kommunikation geklärt sein. Das Fundament ist die Kopplung zwischen den Symbolsystemen des Bewusstseins (des Denkens) und der Kommunikation (des Sozialen) durch das Symbolsystem der Sprache. Sprache ist primär und bildet den materialen Kern aller Kommunikation (Willke 2005, S. 234 f.). Erst in der Sprache konstituiert sich das Denken und dann wird im Sprechen ein Kommunikationsbeitrag geleistet, durch den der Sprecher am Sozialen Anteil hat. Nur weil und insoweit alle Mitglieder eines sozialen Systems sich über Sprache gegenseitig verständigen können und auch verstehen, ist Lernen möglich. Das ist nur scheinbar trivial: Es verweist zum einen auf die Bedeutung der Sprache und der Sprachfähigkeit bei Lehrenden und Lernenden und auf die Problematik des Verstehens als Ursache für Lernschwierigkeiten. Diese Problematik gewinnt nicht erst seit der zunehmenden Zahl an Migrantenkindern in den Schulklassen an Brisanz. Bereits in den 1970er Jahren waren unter dem Stichwort „Sprachbarrieren" Sprache und gelingende Kommunikation ein zentrales Thema in der Schulpädagogik. Es geriet durch die Auseinandersetzung mit den rasanten Medienentwicklungen und ihren Lernmöglichkeiten in den Hintergrund, obwohl es gerade dadurch wieder an Bedeutung gewonnen hat (Spanhel 1971 und 1973; Priesemann 1970).

Im Folgenden geht es nun darum, genauer zu beschreiben, wie sich schulische Lernprozesse auf Basis von gelingender Kommunikation vollziehen. Ich stütze mich dabei auf den soziologischen Ansatz einer Theorie der symbolischen

Systeme von H. Willke (2005, S. 104–120). Er beschreibt Kommunikation (im Anschluss an Luhmann 1991, S. 203) als dreistellige Selektion. Das bedeutet, dass aus einer Vielzahl möglicher Informationen und Mitteilungen jeweils eine ausgewählt wird. Information bezeichnet den Inhalt, Mitteilung die Absicht, mit der dieser Inhalt an einen Kommunikationspartner übermittelt wird. Kommunikation erfolgt dann als Synthese von Information und Mitteilung, die nur dann erfolgreich abgeschlossen ist, wenn Verstehen zustande kommt. Da es bei diesen drei Selektionen eines Kommunikationsbeitrags sehr viele Auswahlmöglichkeiten gibt, ist gelingende Kommunikation äußerst voraussetzungsreich und daher sehr unwahrscheinlich.

Willke schlägt vor, die dritte Komponente des Verstehens auf die umfassendere Kategorie des Wissens auszuweiten. Er rekonstruiert daher diesen Prozess auf der Grundlage der strukturellen Kopplung der symbolischen Systeme von Bewusstsein (Denken), Sprache und Kommunikation und betont, dass in jedem Kommunikationsprozess Lernen stattfindet und zu einem Wissen führt. Der Grund liegt darin, dass jedes soziale System (Symbolsystem, Sinnsystem) als wichtigste Ressource Wissen benötigt, das durch Verstehen produziert wird: „Unter Wissen soll hier eine auf Erfahrung gegründete *kommunikativ konstituierte und konfirmierte* Praxis verstanden werden. Die Genese von Wissen setzt also einen Praxiszusammenhang, einen Erfahrungskontext oder eine *community of practice* voraus. Damit verliert der Begriff des Wissens (...) die Weihen einer besonderen oder höheren Seinsart, denn jede konfirmierte Praxis generiert Wissen (...) (Willke, S. 111f; kursiv vom Verf.). Erst durch die Einlagerung in einen Erfahrungskontext erhalten Informationen eine Bedeutung und können als Wissen in eine sinnhafte Ordnung integriert werden. Darin liegt der entscheidende Unterschied zu bisherigen Definitionen von Wissen, in denen Wissen und Information gleichgesetzt werden (vgl. z. B. Castells 2001, S. 17; insbesondere dort Fußnote 26). Aus dieser Sicht ist Wissen das Ergebnis von Lernen und beide sind unausweichlich auf Kommunikation angewiesen: „Kommunikation ist nicht nur zwingend ein sozialer Prozess, sondern im Kriterium des Verstehens erzeugt jede gelingende Kommunikation ein Wissen, und sei es noch so minimal, dadurch, dass die von Ego mitgeteilten und von Alter wahrgenommenen Informationen von Alter auf Basis seines eigenen Erfahrungskontextes erwogen und auf Annahme/Ablehnung geprüft werden" (Willke 2005, S. 113). Annahme bedeutet nicht inhaltliche Zustimmung, und Ablehnung bedeutet kein Scheitern der Kommunikation. Verstehen wird vielmehr signalisiert, wenn der Gesprächspartner durch eine Anschlusskommunikation anzeigt, dass der Kommunikationsprozess fortgesetzt werden soll, weil er für ihn bedeutsam und interessant ist. Auf diese Weise wird in direkten Interaktionen das gegenseitige Verstehen fortlaufend kontrolliert, und damit erhalten die verhandelten Informationen als Wissen einen Sinn und eine Bedeutung.

5.2 Lernprozess als dreistufiger Selektionsprozess

Mit Hilfe dieses Begriffs von Kommunikation als Beobachtungsinstrument lässt sich der Verlauf schulischer Lernprozesse als dreistufiger Selektionsprozess erkennen und beschreiben:

1. Datenauswahl durch Differenzwahrnehmung:
   Schüler/innen können als personale Systeme mit Hilfe ihrer Sinne Unterschiede in ihrer Umwelt beobachten. Sie nehmen in den fortlaufenden Kontakten mit ihren schulischen Umwelten nur Differenzen wahr, die sie als *Daten* registrieren. Diese bilden den „Rohstoff" für Kommunikationen.
2. Informationsauswahl durch Bedeutungszuschreibung:
   Aus der Fülle an Daten wählen die Schüler/innen für sie *bedeutsame* Daten aus, die dadurch zu *Informationen* werden. Die Bedeutungszuschreibung erfolgt nach bestimmten Relevanzkriterien, die systemspezifisch, also bei jedem Lernenden unterschiedlich sind. Diese Informationen werden von den Lernenden zeichenhaft (bildlich) oder symbolisch (sprachlich) repräsentiert und können dann ins Bewusstsein kommen und verarbeitet werden.
3. Wissenskonstruktion durch Sinnverleihung in sozialen Handlungskontexten:
   Ausgewählte Informationen bekommen durch Ordnung, Systematisierung und Integration in einen sozialen Handlungskontext einen Sinn und werden zu *Wissen*. Dieser Begriff von Wissen unterscheidet sich klar vom herkömmlichen Verständnis von Wissen als bloße Übernahme von fertigen Informationen, die abgespeichert und bei Bedarf aktiviert werden. Dieses Wissen ist situiert, d.h., in sinnorientierte soziale Handlungskontexte eingelagert und dient der Herstellung sinnhafter Ordnung im Chaos der Überfülle an Informationen (Nassehi 2021, S. 261).

Betrachten wir den Ablauf dieses dreistufigen Prozesses noch etwas genauer: Die Schüler/innen lernen auf der Grundlage der Beobachtung von Differenzen in ihren schulischen Umwelten. Sie nehmen nur das wahr, was für sie tatsächlich einen Unterschied macht, was sie beobachten können, sei es mit ihren Sinnen (Sehen oder Hören), sei es mit der Erweiterung ihrer sinnlichen Fähigkeiten mit Hilfe eines Beobachtungsinstruments (z.B. einem Mikroskop, einem Fernglas, einem Röntgenapparat oder einem Begriff). Sie müssen die beobachteten Differenzen sprachlich fassen und ins Bewusstsein bringen, damit sie einen wirklichen Unterschied erkennen können. Die Konfrontation mit unterschiedlichen Texten, das Verhalten anwesender Personen und die mediale Präsentation kultureller Sachverhalte bieten reichhaltiges Material für die Beobachtung von Differenzen. Und wenn die beobachteten Unterschiede im Bewusstsein der Schüler/innen als bedeutsam bewertet werden, also für sie einen *bedeutsamen* Unterschied machen, werden sie als Daten verarbeitet und in die vorhandenen psychischen und physischen Strukturen eingeordnet. Dann werden sie zu *Informationen*. Aber erst die Verwendung der Informationen in sozialen Kontexten macht sie zu Wissen.

Ein Schüler einer gymnasialen Oberstufe *beobachtet* bei der Rückgabe einer Klassenarbeit in Deutsch, dass die Lehrerin seinem Nachbarn für ähnliche Formulierungen Punkte gutgeschrieben hat, ihm aber nicht. Da er auf eine gute Note angewiesen ist, um seine Versetzung nicht zu gefährden, wird für ihn diese *Differenz* in den beobachteten Daten zu einem bedeutsamen Unterschied, zu einer *Information*. Er konfrontiert seine Lehrerin damit und sie erklärt ihm die Bewertungskriterien, die für sie zu dieser Differenz geführt haben. Und sie nimmt diese Gelegenheit zum Anlass, der ganzen Klasse noch einmal ihre Beurteilungskriterien zu erläutern. Sie fordert die Schüler/innen auf, die Beurteilung ihrer Arbeiten diesbezüglich selbst noch einmal kritisch durchzusehen. Auf diese Weise werden die Informationen über unterschiedliche Bewertungen auf der Grundlage fachlicher Kriterien in einen sozialen Kontext eingebettet. Sie erhalten für die Schüler/innen einen Sinn und werden so zu einem Wissen darüber, nach welchen Kriterien die Klassenarbeit beurteilt wurde. Sie können nun verstehen, wie die Benotung ihrer Arbeit zustande gekommen ist und können den Beurteilungsprozess selbst nachvollziehen. Die Schüler/innen gewinnen zudem ein Wissen darüber, wie ein Text nach fachlichen Kriterien beurteilt werden kann.

Das Beispiel zeigt, dass durch gelingende Kommunikation in den schulischen Interaktionen die Gefahr von Missverständnissen oder Konflikten vermindert und eine gewisse Erwartungssicherheit erzeugt wird. Dadurch erhöhen sich die Chancen für erfolgreiches Lernen. Aber Kontingenz lässt sich im sozialen Zusammenleben niemals völlig vermeiden. Die Möglichkeit zum Dissens bleibt in jedem Kommunikationsprozess bestehen, wie Desinteresse, Unaufmerksamkeit, Unterrichtsstörungen vielfältiger Art und Disziplinschwierigkeiten zeigen, mit denen Lehrpersonen täglich konfrontiert sind. Ihre pädagogische Aufgabe besteht darin, durch geeignete Anschlusskommunikationen das Gespräch offen zu halten und den Schülern/innen die Möglichkeit zu geben, ihre Ansichten zu äußern und zu begründen, aber auch andere Argumente anzuhören und zu würdigen. Auf diese Weise bekommen alle Beteiligten Gelegenheit, für sie bedeutsame Unterschiede zu beobachten und daraus Informationen zu gewinnen. Wenn Lehrpersonen und Schüler/innen diese Informationen zur Grundlage ihrer Zusammenarbeit im Unterricht machen, sie untereinander austauschen, in größere Zusammenhänge einordnen und ihre Bedeutung einschätzen, werden sie zu Wissen und alle Beteiligten haben etwas gelernt. Das Offenhalten der Kommunikation gibt den Schülern/innen die Gelegenheit, die Regeln für eine faire Auseinandersetzung kennen zu lernen und einzuüben und ist die Voraussetzung für ein gutes Lernklima und für weiterführende Lernprozesse. Auf diese Weise lernt auch das soziale System Schulklasse, eignet sich Wissen an, das sich in Kommunikationsstrukturen, Verhaltensmustern und ungeschriebenen Normen verfestigt und zu einer spezifischen Lernkultur in dieser Schulklasse führt.

Zudem verweist das Beispiel auf die Mehrdimensionalität des Lernens. Die Schüler/innen erwerben nicht nur ein Wissen über Beurteilungskriterien, sondern auch methodische Kompetenzen, wie man solche Kriterien bei der Beurteilung bestimmter Sachverhalte anwenden kann. Gleichzeitig üben und verbessern sie dabei ihr Sprach- und Kommunikationskompetenz, stärken ihre Konzentrationsfähigkeit und trainieren ihre Fähigkeiten zur Selbstkontrolle. Neben dem sachbezogenen Lernprozess laufen soziale und personale Lernprozesse ab, die in dieser Situation weder von der Lehrerkraft noch von den Schülern/innen direkt angestrebt waren. Damit wird an diesem Beispiel die Notwendigkeit deutlich, zwei Prozessformen des Lernens zu unterscheiden:

- situierte, unbewusste, nicht zielorientierte Lernprozesse – *Sozialisation, Erziehung*
- intendierte, methodisch geplante, zielorientierte Lernprozesse – *Unterricht, Bildung*

Der gesellschaftliche Auftrag der Schule umfasst Erziehung, Bildung und gesellschaftliche Teilhabe. Unabhängig von der Mehrdimensionalität des Lernens, die in allen Lernprozessen gegeben ist, müssen im schulischen Lernen diese beiden Prozessformen unterschieden werden. Die Prozessform des situierten Lernens beruht auf unbewussten (Sozialisation) oder intendierten (Erziehung) strukturellen Transformationen im Bereich der personalen und sozialen Dimension des Lernens. Die Prozessform intendierten Lernens richtet sich in methodisch geplanten Schritten vorrangig auf außerhalb des personalen Systems liegende sachliche Anforderungen von Umweltsystemen, die im gemeinsamen Bemühen von Lehrenden und Lernenden bewältigt werden sollen. In beiden Fällen handelt es sich um selbstgesteuerte, d. h. von den inneren Regulationen der personalen oder sozialen Systeme gesteuerte Lernprozesse. Damit stellt sich die Frage, wie im Zusammenspiel dieser Prozessformen von Sozialisation und Erziehung einerseits und Unterricht und Bildung andererseits die Schule ihre gesellschaftlichen Funktionen erfüllen kann. Dazu müssen die besonderen Merkmale und Bedingungen des Gelingens der beiden Prozessformen des Lernens jeweils eigens analysiert und dann die Formen und Möglichkeiten ihres Zusammenwirkens beschrieben werden.

5.3 Prozessformen des Lernens: situierte Lernprozesse

Im dritten Abschnitt dieses Kapitels habe ich die Prozessform des situierten, ungeplanten, unbewussten Lernens in den außerschulischen Lernwelten der Heranwachsenden beschrieben. Dabei handelt es sich um spontane, aus der Situation heraus erwachsende Lernbedürfnisse, die der Bewältigung drängender Alltags- oder Lebensprobleme der Heranwachsenden dienen. Solche situierten Lernprozesse laufen aber auch in allen schulischen Interaktionssystemen unbewusst neben den geplanten schulischen Lernprozessen ab. Sie vollziehen sich bei der Bewältigung schulischer Alltagsprobleme, sei es im Umgang mit Kommunikationspartnern, sei es bei Auseinandersetzungen in der Schulklasse oder bei Schulfesten, sei es bei organisatorischen Störungen im Schulbetrieb. Sie sorgen für die Integration der Schüler/innen in die Schule und ihre Teilsysteme und wenn sie störungsfrei verlaufen, sprechen wir von gelingender Sozialisation. Dabei erfolgt insbesondere der Erwerb von sozialen und personalen Kompetenzen, mit denen immer auch ein bestimmtes Wissen erworben wird, z. B. über Regeln und Normen. Die meisten Schulen gehen davon aus, dass dies im alltäglichen Zusammenleben ohne besondere Maßnahmen in dem Umfang geschieht, wie es für ein einigermaßen störungsfreies Zusammenleben von oft mehreren hundert Heranwachsenden notwendig ist. Wo das nicht der Fall ist, müssen die unzureichenden personalen oder sozialen Kompetenzen durch pädagogische Maßnahmen gezielt gefördert werden. Das ist der Übergang von Sozialisation zu *Erziehung*. Schulerziehung muss dafür sorgen, dass diese Kompetenzen als Voraussetzung für gelingende Kommunikation bei allen Schülern/innen ausgebildet und kontinuierlich weiterentwickelt werden, weil sie die unverzichtbare Grundlage für Erfolg versprechendes unterrichtliches Lernen darstellen. Deshalb wird der Erziehung weiter unten ein eigener Abschnitt gewidmet.

Die erste fundamentale Sinnorientierung und damit die Basis allen schulischen Lernens besteht darin, dass die Kinder und Jugendlichen zu Mitgliedern des sozialen Systems Schule, zu Schülerinnen und Schülern werden, die in der Lage sind, aktiv an den schulischen Kommunikationsprozessen teilzunehmen. In diesem Prozess der Sozialisation müssen sie lernen, ihre kommunikativen Fähigkeiten, die sie bereits in Familie und Kita erworben haben, auf die Erfordernisse des sozialen Zusammenlebens in der Schule auszurichten. Kinder und Jugendliche müssen lernen, als Mitglieder des sozialen Systems Schule zu denken und zu handeln und die an sie gestellten Erwartungen in ihrer Rolle als Schüler/innen zu erfüllen. Kurz gesagt müssen sie sich die Formen und Regeln des Zusammenlebens und gemeinsamen Lernens im Raum der Schule aneignen. Das geschieht – wie gezeigt – im Rahmen der Sozialisation in der Teilnahme an den Kommunikationsprozessen, in der sie gemeinsam eine Basis für gelingende Verständigung und gemeinsames Handeln entwickeln. Auf diese Weise wird die Kontingenz ihres individuellen Handelns reduziert und die Kommunikationspartner können sich gegenseitig auf erwartbare Handlungsmuster einstellen. (Vgl. dazu die Abschnitte 3.3 im ersten und 8.4 im zweiten Kapitel.)

Am Beispiel des Interaktionssystems Schulklasse habe ich oben gezeigt, welche situativen, unbewussten sozialen und personalen Lernprozesse dabei stattfinden. Sie vollziehen sich in allen schulischen Interaktionssystemen. Nun geht es darum, aus der Perspektive der Heranwachsenden zu beschreiben, wie diese Lernprozesse in dem spannungsreichen Beziehungsverhältnis zwischen den inneren Umweltsystemen der Schüler/innen und den sozialen Umweltsystemen in der Schule als Lernen vom Kontext gelingen. Für alle Kinder zwischen dem sechsten und sechzehnten Lebensjahr besteht Schulpflicht und sie müssen sich über all die Jahre hinweg täglich mehrere Stunden den Bedingungen und Regeln des sozialen Systems Schule unterordnen. Schon in Familie und Kindertagesstätte werden sie auf die künftigen Anforderungen in der Schule aufmerksam gemacht, kommen aber mit unterschiedlichen, freudigen oder ängstlichen Erwartungen in die Schule. Während der Schulzeit werden sie immer wieder mit der Erwartung konfrontiert, höchste Lernleistungen zu erbringen, die für ihr späteres Leben außerordentlich bedeutsam sind. Dieser Erwartung begegnen sie täglich als Person mit eigenen Erwartungen, Vorstellungen und Interessen, Ideen und Zielen, die eng mit bestimmten körperlichen Befindlichkeiten, mit latenten Stimmungen und damit verbundenen Gefühlen, mit Vorfreude und Hoffnungen oder Ängsten und Befürchtungen verknüpft sind. Die Unterschiede zwischen den eigenen Erwartungen der Schüler/innen und den Erwartungen und Anforderungen der Schule, der Lehrkräfte, Eltern und der Mitschüler/innen müssen in jeder Situation immer wieder neu aufeinander abgestimmt werden. Dazu müssen die Schüler/innen einerseits Spannungen und negative Gefühle beherrschen, unterbinden oder überwinden, damit sie aktiv am sozialen Geschehen im Unterricht und Schulleben teilhaben können. Andererseits müssen sie in unterschiedlichen sozialen Situationen im Schulalltag ihre sozialen Fähigkeiten, ihre Sprach- und Kommunikationsfähigkeit, ihre Fähigkeiten zu regelgeleitetem Handeln und zur Perspektivenübernahme, ihre Konfliktfähigkeit und Ambiguitätstoleranz einüben und verbessern, damit sie zum Gelingen der Kommunikation beitragen und die vorgegebenen curricularen Lernziele erreichen können.

Angesichts der unterschiedlichen Lernvoraussetzungen der Kinder und Jugendlichen heute ist es unverzichtbar, bei allen Mitgliedern eines Jahrgangs angemessene und in etwa vergleichbare soziale Voraussetzungen, einen gemeinsamen kulturellen Hintergrund, gemeinsame Wertorientierungen und eine gemeinsame Sprache für eine aktive Teilnahme an den Kommunikationsprozessen zu schaffen, um überhaupt gemeinsames Lernen auf der Basis gelingender Kommunikation zu ermöglichen. Dazu müssen die Schüler/innen aber auch zur Selbststeuerung ihres Handelns fähig sein, denn alles Lernen beruht letztlich auf Prozessen der Selbstregulation in ihrem personalen System. Von den Schüler/innen wird erwartet, dass sie ihre Interessen, ihre körperlichen Befindlichkeiten und Bedürfnisse sowie ihre Gefühle entsprechend den schulischen Anforderungen selbst regulieren. Zur Kontrolle der Gefühle sind sie jedoch oft kaum in der Lage, weil sie unter den Bedingungen des Aufwachsens in Familie und Kita diese Fähigkeit selten ausreichend entwickeln können (Spanhel 2023, S. 162 ff.). Gerade die Gefühle wirken sich in besonderer Weise auf Selbstkontrolle und soziales Lernen aus. Damasio (2021) beschreibt, wie Gefühle den Menschen bei der Bewältigung des Lebens helfen, indem sie den Prozess der Homöostase unterstützen. Sie tun dies auf zweifache Weise: Gefühle versorgen zum einen das Bewusstsein permanent mit genauen Informationen über den Lebenszustand des Organismus. Zum anderen enthalten sie Werturteile, die den Menschen dazu zwingen, entsprechend den positiven oder negativen Informationen zu handeln (Damasio 2021, S. 76). Damasio betrachtet Gefühle als „mentale Erlebnisse", die Ergebnis unterschiedlicher Zustände der Homöostase sind und unterscheidet zwischen homöostatischen Gefühlen (Hunger, Durst, Schmerzen) und Emotionen als „reifen Gefühlen" (Angst, Wut, Freude). Sie entstehen im tiefsten Inneren des Organismus und werden von den neuronalen Netzwerken direkt wahrgenommen und an das Bewusstsein weitergemeldet (Interozeption). Gefühle sind „ein Gemisch aus Geist und Körper" (ebd., S. 101). „Die Macht der Gefühle ist darauf zurückzuführen, dass sie im bewussten Geist vorhanden sind: Wir fühlen, weil der Geist etwas Bewusstes ist, und wir sind bewusst, weil es Gefühle gibt!" (ebd., S. 101)

Soziales Lernen als Lernen vom Kontext funktioniert in der Schule nur dann, wenn die Homöostase nicht gestört ist, d. h., wenn sich die Schüler/innen in einem ausgeglichenen Gefühlszustand befinden. Ist dies nicht der Fall, werden sie durch die Gefühle zum Handeln gezwungen und das kann sogar ohne Einschaltung des Bewusstseins geschehen. Lehrkräfte beobachten Unaufmerksamkeit, Verhaltensstörungen oder Konflikte. „Wenn der Organismus funktioniert und das, was er für eine ordnungsgemäße Tätigkeit braucht, in einem guten Gleichgewicht zu dem steht, was er bekommt, wenn die Umwelt sich im Hinblick auf das Klima dafür eignet und wenn wir mit unserem sozialen Umfeld nicht im Konflikt, sondern im Einklang leben, ist *Wohlbefinden* das herausragende homöostatische Gefühl, das in verschiedenen Gewändern und Intensitäten vorhanden sein kann" (Damasio 2021, S. 99; kursiv vom Verf.). In der Schule ist dies nicht immer bei allen Schüler/innen gegeben und oft wird übersehen, „dass auch psychologische und soziokulturelle Gegebenheiten auf den Apparat der Homöostase einwirken können, und zwar so, dass sie ebenfalls Schmerzen oder Vergnügen, Elend oder Wohlbefinden nach sich ziehen" (ebd., S. 100). Nicht nur Signale aus dem Körper, sondern auch Auseinandersetzungen mit Mitschülern/innen, ein Spannungsverhältnis zu einer Lehrkraft, fehlende Akzeptanz in der Klasse oder Konflikte in der Familie können einen ausgeglichenen Gefühlszustand beeinträchtigen und soziales und in der Folge auch sachliches Lernen blockieren. Darin zeigt sich die grundlegende Kontingenz personaler Systeme, die durch personales Lernen auf ein erträgliches Maß reduziert werden muss, aber von der Schule nie vollständig aufgefangen und kontrolliert werden kann.

5.4 Prozessformen des Lernens: intentionale Lernprozesse im Rahmen von Erziehung

Wenn die Diskrepanzen und Spannungen zwischen den Bedürfnissen, Gefühlen, Erwartungen und Zielen der Schüler/innen und den schulischen Erwartungen und Anforderungen durch Lernen vom Kontext im Prozess der Sozialisation nicht überwunden werden können, müssen personale und soziale Lernprozesse bewusst angestoßen und gefördert werden, um einen störungsfreien Unterricht und gelingende sachliche Lern- und Bildungsprozesse zu sichern. Das ist die Aufgabe von *Erziehung*.

Von Erziehung oder Erziehungszielen ist jedoch in den Schulen eher selten die Rede. Die weithin unterschätzte Bedeutung der Erziehung als einer zentralen gesellschaftlichen Funktion von Schule ergibt sich schon aus ihrer historischen Entwicklung. Die Erziehungsfunktion der Schule hat sich in Folge der rasanten kulturellen und gesellschaftlichen Wandlungen in den letzten Jahrzehnten stark verändert und muss daher neu bestimmt werden. Bisher waren für die Heranwachsenden die Tradierung und Aneignung bewährter Kenntnisse und Fähigkeiten ausreichend, um sich in einer bestimmten Umwelt mit absehbaren Anforderungen erfolgreich verhalten zu können. Heute aber geben sie den jungen Menschen nicht mehr die Sicherheit, den sich schnell wandelnden oder nicht vorhersehbaren Anforderungen ihrer zukünftigen Lebenswelt gerecht zu werden. In diesem Zusammenhang wird häufig gefordert, den Schülern/innen *Resilienz* zu vermitteln, die Fähigkeit, unvorhergesehene hohe Anforderungen und kontinuierlichen Stress nicht nur zu bewältigen, sondern daraus zu lernen und die eigene Entwicklung voranzutreiben (vgl. z. B. das Gutachten „Bildung und Resilienz": vbw 2022). Angesichts der häufig oberflächlichen und flüchtigen, instabilen und problembelasteten sozialen Beziehungen der Heranwachsenden in ihrer Alltagswelt (insbesondere in ihren Medienwelten) liegt eine zentrale Aufgabe der Schule heute mehr denn je darin, den Schülern/innen nicht nur kulturelles Wissen zu vermitteln, sondern ihnen vielfältige Gelegenheiten zu geben, ihre Kommunikations- und Kooperationsfähigkeit zu entwickeln, ein Wertorientierungssystem in Form einer eigenen Präferenzordnung aufzubauen, sozial verantwortliches Handeln zu erlernen und die Selbstbestimmung ihres Verhaltens, Selbstkontrolle, Intentionalität und Reflexivität ihres Lernens zu entfalten und einzuüben (Spanhel 2013). Diese sind nicht nur Voraussetzung für gute Lernleistungen im Unterricht, sondern – was noch viel wichtiger und weitreichender ist – sie bilden für die Heranwachsenden das unverzichtbare Fundament für ihren Bildungsprozess im Rahmen einer umfassenden Persönlichkeitsentwicklung.

In der Schulpädagogik und Bildungsforschung wird nach meinem Eindruck der Begriff der Erziehung sorgsam vermieden, vermutlich deshalb, weil damit immer noch die wissenschaftlich nicht mehr haltbare Vorstellung von einer direkten Beeinflussung der Kinder durch Erziehungspersonen verstanden wird. Ich muss daher kurz erklären, was Erziehung aus einer systemtheoretischen Perspektive bedeutet und warum ich eine sorgsame Beachtung der im Schulalltag sich ergebenden Erziehungsaufgaben im Rahmen von Schulentwicklung für unverzichtbar halte. *Erziehung* heißt die Unterstützung der Kinder und Jugendlichen bei der selbständigen Bewältigung ihrer Entwicklungsaufgaben. Dies ist in der Schule möglich durch die Gestaltung des Meta-Kontexts Schule als Erziehungsrahmen und die Gestaltung vielfältiger Kontexte für soziale und personale Lernprozesse im Schulalltag (Spanhel 2013). Entwicklungsaufgaben stellen sich im Lebenslauf der Kinder und Jugendlichen zwangsläufig aus dem sich ständig ändernden Verhältnis zwischen entwicklungsbedingten Fähigkeiten und internen Problemen der Heranwachsenden einerseits und den wechselnden Anforderungen aus relevanten Umweltsystemen andererseits. Das sind Herausforderungen, die weder von der Familie, der Schule noch von anderen Erziehungsinstitutionen *bewusst gestellt* werden. Sie treten den Heranwachsenden als Herausforderungen entgegen, wenn sie in ihrem Entwicklungsprozess auf Grund neu erworbener Lern-, Denk- und Handlungsfähigkeiten das Bedürfnis haben, sich weitere Bereiche ihrer sozialen und kulturellen Umwelt zu erschließen. Und es handelt sich um notwendig zu erfüllende Aufgaben, die sich auf jeder Entwicklungsstufe anders stellen und ohne deren Bewältigung der Entwicklungsprozess nicht voranschreiten kann. (Zum Begriff der Entwicklungsaufgaben vgl. Büeler 1994, S. 179 ff.; Beispiele für Entwicklungsaufgaben vgl. Spanhel 2013, S. 87 ff.) Von besonderer Bedeutung ist die umfassende Entwicklungsaufgabe der Identitätsbildung beim Übergang von der Kindheit ins Jugendalter und in der Phase der Adoleszenz, verbunden mit dem Aufbau eines eigenen Wertorientierungssystems (Spanhel 2010, S. 86; Spanhel 2013, S. 90).

Bei ihren Bemühungen, diese Entwicklungsaufgaben und Lebensprobleme zu bewältigen, sind die Heranwachsenden in ihrem Alltag in Familie, Freizeit und Schule ständig mit Schwierigkeiten konfrontiert, die sie zwar prinzipiell selbständig bewältigen müssten. Aber gestörte Familienverhältnisse, körperliche (gesundheitliche) Probleme, psychische Schwierigkeiten, Armut, fehlende oder problematische soziale Kontakte, übermäßiger Medienkonsum oder schulische Lernschwierigkeiten machen es ihnen oft schwer, mit ihren Entwicklungsaufgaben selbstständig fertig zu werden. Dann sind sie auf pädagogische Unterstützung, auf Erziehung angewiesen. Nach meiner Überzeugung ist die Schule in unserer pluralistischen, multi-ethnischen und multikulturellen, sich rasch wandelnden Gesellschaft noch das einzige, über viele Jahre hinweg stabile und für alle Heranwachsenden auf dieselben Sinnorientierungen ausgerichtete soziale System, das anregende und variable pädagogische Hilfen anbieten kann, um sie aufgrund der Schulpflicht über viele Jahre hinweg in ihrer Entwicklungsarbeit angemessen zu unterstützen. Schule ist daher als ein unverzichtbarer Faktor für den sozialen Zusammenhalt der Gesellschaft wertzuschätzen. Durch die Sicherung und Pflege einer Schulkultur, die an den einzelnen Schulen unterschiedlich aussehen mag, aber über alle Unterschiede hinweg grundlegende Gemeinsamkeiten an Überzeugungen, Normen und Wertorientierungen aufweist, leistet die Schule auch einen nicht zu unterschätzenden Beitrag zur Erhaltung unserer demokratisch-freiheitlichen Grundordnung.

Schule ist von vornherein als *Erziehungsinstitution* konzipiert und erzieht daher immer, auch wenn sich viele Lehrpersonen nicht als Erzieher verstehen wollen. Für jede Schulentwicklung folgt daraus die Aufgabe, den Schulalltag so zu gestalten, dass nicht nur die fachlichen Lernleistungen der Schüler/innen, sondern auch die dafür erforderlichen Voraussetzungen in Form der sozialen und personalen Kompetenzen gefördert werden. Um eine ausgeglichene Entwicklung der Persönlichkeit zu unterstützen, darf sich Schule nicht nur auf ihre Bildungsaufgabe, den Bereich der geistigen und der sozial-moralischen Entwicklung konzentrieren. Ihre Erziehungsaufgabe besteht darin, Lernkontexte so zu gestalten, dass die Schüler/innen frühzeitig lernen, auch ihre körperlichen Bedürfnisse (Bewegungsdrang, Kraft, Hunger, Durst) zu beachten sowie ihre Affekte und Gefühle (Begeisterung, Angst, Schmerz) wahrzunehmen, zu kontrollieren und rational zu handeln. Alle Bereiche der Heranwachsenden, Körper und Geist, Gefühle und Strebungen, Wertorientierungen und soziale Kompetenzen müssen sich in einem ausgeglichenen Verhältnis entfalten können (Damasio 2021, S. 92ff, insbesondere S. 100).

Schulerziehung steht vor einer zweifachen Herausforderung: Zum einen besteht ihre Aufgabe darin, durch Beobachtung, Kontrolle und Steuerung der Sozialisation die Entwicklung der Sozialkompetenz (der Sprach- und Kommunikationsfähigkeit) der Schüler/innen zu sichern. Zum anderen muss sie mit der Initiierung und Förderung personaler Lernprozesse eine fundamentale Voraussetzung für gelingende sachliche Lernprozesse im Unterricht sicherstellen. Es kommt darauf an, die Schüler/innen zur Selbststeuerung ihres Lernens zu befähigen und sie zur kritischen Reflexion ihrer eigenen Lernprozesse anzuleiten. Dafür sind personale Kompetenzen, wie z. B. Selbstkontrolle, Intentionalität, Wertorientierung, Reflexivität und Metakognition bedeutsam. Diese Selbstkompetenzen können die Schüler/innen nur im kommunikativen Handeln als Lernen vom Kontext erwerben. Das ist am besten möglich, wenn die schulischen Lernkontexte entsprechend den Merkmalen einer Lernkultur der Offenheit gestaltet werden.

5.5 Prozessformen des Lernens: intentionale, sachbezogene Lernprozesse im Unterricht

Im Zentrum von Schulentwicklung steht nach wie vor die Verbesserung der schulischen Lernleistungen. Für die Schule in einer Gesellschaft im digitalen Wandel stellt sich dabei die Frage, wie sich die geforderte Digitalisierung von Schule und Unterricht auf die Qualität des Lernens auswirkt (Kultusministerkonferenz 2016; Allert u. a. 2017; Holmes u. a. (2018); Huber u. a. 2020; Gräsel u. a. 2020; Stegmann 2020; vbw 2021). Natürlich kann sich Schulentwicklung nicht von der gesellschaftlichen Entwicklung abkoppeln. Aber ich sehe Digitalisierung nicht als Lösung, sondern als Teil des Problems einer Qualitätsverbesserung der Schulen. Wenn Wissensgenerierung auf Kommunikation beruht, muss insbesondere untersucht werden, wie sich der verstärkte Einsatz digitaler Medien auf die unterrichtliche Kommunikation auswirkt. Durch den Einsatz digitaler Medien im Unterricht können zwar die Möglichkeiten selbstgesteuerten und personalisierten Lernens verbessert werden (Spanhel 2017; vgl. auch Holmes 2018, S. 58 ff.). Aber aufgrund der sozialen und sachlichen Entkopplung der Kommunikation beim Mediengebrauch besteht die Gefahr, dass grundlegende anthropologische und pädagogische Aspekte des Lernens vernachlässigt werden, und die Entwicklung personaler und sozialer Kompetenzen zu kurz kommt (Spanhel 2023). Darauf werde ich bei den einzelnen Stufen des Lernprozesses besonders achten, wenn ich nun als nächstes die Besonderheiten intentionaler, methodisch geplanter und zielorientierter Lernprozesse in unterrichtlichen Rahmen genauer beschreibe. Die Strukturen dieser Handlungsrahmen habe ich in Abbildung 8 im Abschnitt 4.2 skizziert. Nun geht es um die Qualität und die Bedingungen für das Gelingen der Lernprozesse, die in diese Kommunikationsstrukturen eingebettet sind.

Erste Stufe sachbezogenen Lernens

Die Basis des Lernens sind Daten, die Schüler/innen aus der Beobachtung von Unterschieden im Unterricht gewinnen (Willke 1991, S. 120 ff.). Diese Beobachtungen sind unausweichlich an ihre Sinne gebunden. Im Laufe der Geschichte hat der Mensch die begrenzten Möglichkeiten seiner Sinnesorgane enorm erweitert, sei es durch operative (Perspektivenwechsel, Statistik), instrumentelle (Brille, Hörgerät, Fernseher, Röntgenapparat, Magnetresonanztomographie, Smartphone) oder konzeptionelle (Sprache, Begriffe, Theorien) Hilfen. Mit den neuesten digitalen Beobachtungsinstrumenten werden heute für Schüler/innen prinzipiell und jederzeit alle Bereiche der Welt bis in ihre letzten Feinheiten, aber auch alle Bereiche der virtuellen Realität einer Beobachtung zugänglich: Sie brauchen nur auf den Displays ihrer Medien die technisch beobachteten, registrierten und dokumentierten Unterschiede in Form aufbereiteter Zeichen (schriftlich, auditiv, bildlich, als Tabellen, Grafiken, Filme – registrative Zeichen) zu beobachten und die optisch und/oder akustisch wahrgenommenen Unterschiede als Daten aufzunehmen. So können sie jederzeit ihre Neugier befriedigen. Das erklärt die Faszination der Smartphones, die die Schüler/innen immer bei sich haben. Damit verbessert sich die Basis für vielfältige und einfache Datengewinnung als Fundament schulischen Lernens.

Aber die Unterschiede, die die Heranwachsenden auf den Displays beobachten, sind aus systemischer Sicht Beobachtungen zweiter Ordnung. Sie beobachten, wie andere mittels technischer Instrumente beobachtet haben. Damit vergrößern sich zwar ihre Erfahrungs- und Kommunikationsmöglichkeiten, aber es erhöht sich auch das Ausmaß an Kontingenz, weil alles auch anders sein könnte. Die Schüler/innen sind sich nicht immer im Klaren darüber, dass diese Daten technisch erzeugt und manipulierbar sind; das muss ihnen in der Schule immer wieder bewusst gemacht werden. Auf dem Display bekommen sie eine reduzierte, perspektivisch eingeengte, nach bestimmten Kriterien vor-ausgewählte und vorbearbeitete Realität präsentiert. Zudem sind die Aufnahme, Speicherung und Integration der Daten in Form von Bildern in den Lernapparat der Schüler/innen aufgrund der engen Kopplung von Sprache und Bewusstsein nur begrenzt möglich. Sie sind an ihre jeweilige Sprachfähigkeit gebunden und müssen erst mit Bedeutungen versehen werden. Die sprachliche Codierung, d. h. die Abstraktion von den konkreten Bildern und die Bedeutungszuweisung müssen die Lernenden in ihrer eigenen Sprache vornehmen, damit sie als Daten im Bewusstsein registriert, gespeichert und bearbeitet werden können (Willke 2005, S. 35 f., S. 108 und S. 115; Schmidt 2000, S. 20). Anthropologisch gesehen ist Sprache als Symbolsystem das wichtigste Beobachtungsinstrument des Menschen und unverzichtbares Medium zur Codierung der Beobachtungen auch im Unterricht. Daher sind „Texte" (versprachlichte Beobachtungen) und der sprachliche Austausch über die beobachteten Lerngegenstände (Medieninhalte) im Unterricht wichtigster Gegenstand weiterer Beobachtungen, die auf bedeutsame Unterschiede in der Realität hinweisen. Hier dient die Sprache als Medium zur Bearbeitung der gewonnenen Unterschiede in der direkten Kommunikation. Dagegen wird die sprachliche Verarbeitung der Daten bei individueller Nutzung der digitalen Medien selten durch Kommunikation kontrolliert. Die in der jüngsten IGLU-Studie 2021 nachgewiesene mangelhafte Lesekompetenz der Grundschüler/innen dürfte auch darauf zurückzuführen sein (McElvany u. a. 2023). Das wird durch die Ergebnisse der jüngsten PISA-Studie 2022 bestätigt, in der nachgewiesen wurde, dass die Lesekompetenz bei den 15-jährigen seit 2015 drastisch gesunken ist: Ca. 25 % in dieser Altersgruppe verfügen nur über eine Lesekompetenz auf Grundschulniveau und sind nicht in der Lage, den Kerngedanken eines einfachen Textes wiederzugeben. Es wird in Zukunft eine der zentralen Aufgaben von Schule sein, die sprachliche Wahrnehmungsfähigkeit, die Sprache als Beobachtungsinstrument und die Sprache als

Medium zur Verarbeitung von Beobachtungsdaten im Bewusstsein gezielt über die gesamte Schullaufbahn hinweg zu fördern.

Die Verdoppelung der Realität in den digitalen Medien führt zu einer unvorstellbaren Erweiterung der Beobachtungs- und Handlungsmöglichkeiten in der virtuellen Welt mit unübersehbaren Auswirkungen in der realen Welt (Nassehi 2021, S. 108 ff.). Es ist faszinierend zu beobachten, wie Kinder schon von klein auf in ihrer Mediennutzung eine unglaubliche Wahrnehmungsfähigkeit entwickeln. Im Umgang mit den virtuellen Welten auf dem Bildschirm zeigen sie eine erstaunliche Handlungsfähigkeit: Sie sehen sofort die Wirkungen ihres Handelns, z. B. bei Computerspielen, was eine Selbstkontrolle ihres Handelns ermöglicht und ihre Selbstwirksamkeitsüberzeugungen stärkt. Dagegen können sie die Auswirkungen ihres Medienhandelns in der realen Welt, z. B. die Rückwirkungen übermäßigen Computerspiels auf ihre körperliche oder moralische Entwicklung nicht so ohne weiteres wahrnehmen und sich bewusst machen. Den Schülern/innen begegnen ihre relevanten Umwelten nun in zwei unterschiedlichen Formen einer virtuellen und einer leibhaftigen Wirklichkeit und stellen sie damit vor eine in diesem Ausmaß bisher nicht gekannte Aufgabe: Sie müssen die Unterschiede in diesen medial präsentierten virtuellen Realitäten mit den Unterschieden abgleichen, die sie zur gleichen Zeit im Kontext ihrer schulischen Lernsituation beobachten, in der sie körperlich präsent sind. „Die anthropologische Leistung, die der Mensch angesichts der zunehmenden technischen Entwicklung bewältigen muss, liegt also in der Bezugsetzung von verschiedenen Wirklichkeitsbereichen zueinander, wobei der Primat nach wie vor auf dem Leib im Hier und Jetzt liegt. Er garantiert die Existenzsicherung und die Erfahrung der Realität, er ist jener „primäre Rahmen" der Erfahrung (Goffman 1993), von dem ausgehend und auf den zurückgehend jede Bewertung des Realitätsstatus von Medienwirklichkeit erfolgt" (Pietraß 2010). Diese Problematik der Gewinnung von tragfähigen Daten aus zwei interagierenden Realitäten als Basis für Lernen ist Lehrenden und Lernenden selten bewusst, müsste aber immer wieder zum Gegenstand des Unterrichts gemacht werden. Sie ist bei den traditionellen Medien Buch und Bild nicht gegeben: Die beobachteten Unterschiede in diesen symbolischen Welten erfordern kein direktes Handeln und liefern klare Daten für eine Bedeutungszuschreibung.

Die Handlichkeit und Handhabbarkeit der digitalen Geräte (Smartphones, Tablets, Laptops) verbergen ihre unvorstellbare Komplexität und Wirksamkeit als symbolische Werkzeuge, die z. B. durch die Verbreitung von Fake News, Verleumdungen oder Mobbing von Mitschülern/innen enorme Schäden anrichten können. Im Unterricht werden die Medien zu oft nur als leicht verfügbare Träger von Texten oder Bildern eingesetzt, ohne ihre Wirkungsmöglichkeiten als symbolische Sinnsysteme auf beide Realitäten zu thematisieren. Aus der historisch neuartigen Situation, dass die Schüler/innen jederzeit Beobachtungsdaten aus zwei unterschiedlichen „Wirklichkeiten", ihrer Alltagswelt und ihren Medienwelten, gewinnen können, ergeben sich bereits auf dieser ersten Stufe des Lernprozesses besondere Lernanforderungen hinsichtlich ihrer Beobachtungsfähigkeit.

- Schüler/innen werden neben der Schule in den Bilderwelten ihrer Medien mit Eindrücken überflutet, die auf der analogen Wiedergabe der Wirklichkeit mittels registrativer Zeichen (z. B. Fernsehbilder) beruhen. Die damit verbundenen, schnell wechselnden Sinnesreize können gar nicht alle sprachlich codiert werden, um ins Bewusstsein zu gelangen. Sie wirken vielfach über die Sinneswahrnehmungen direkt auf den Körper der Heranwachsenden und lösen auf der Basis starker Gefühle und Affekte unbewusste Reiz-Reaktionsmechanismen aus. Beim Kampf der Medien um die Aufmerksamkeit werden diese Mechanismen schonungslos ausgenutzt (z. B. um die Nutzer an ein Medium oder Programm zu binden, oder in der Werbung), und sie behindern die Entwicklung der Sprach- und Symbolfähigkeit der Heranwachsenden (Spanhel 2006, S. 84 f.). Und weil die Medieninhalte sozial, sachlich und kontextuell entkoppelt sind (Thye 2013, S. 181 ff.), fällt es Kindern und Jugendlichen oft schwer, wichtige Unterschiede zu erkennen, einzuschätzen und ihnen eine Bedeutung für ihre Alltagswelt zuzuweisen. In den rasch wechselnden Bilderwelten sind sie gefangen oder werden so eingefangen, dass sie ihre Aufmerksamkeit kaum bewusst steuern und länger auf einen Gegenstand konzentrieren können. Damit verlieren sie die Basis für verlässliche Daten, aus denen sie durch Bedeutungszuweisung Informationen gewinnen können.
- Im Unterricht dagegen werden die Schüler/innen mit ausgewählten medialen „Texten" als Beobachtungsgegenstand konfrontiert, die im Kontext des Unterrichtsthemas bereits intentionale Botschaften beinhalten, d. h. mit einer Bedeutung versehen sind. Damit wird angezeigt, in welche Richtung sie „gelesen" werden müssen, um daraus die von der Lehrkraft gewünschten Daten zu erhalten.
- Schüler/innen beobachten täglich die Unterschiede zwischen den Beobachtungen der kontrollierten Medienangebote im Schulalltag und den überwältigenden Differenzerfahrungen in der virtuellen Realität ihrer Medienwelten. Sie sind ständig damit konfrontiert, Unterschiede zwischen den Beobachtungen erster Ordnung (die sie in ihrer Alltagswelt selbst machen) und Beobachtungen zweiter Ordnung (in ihren Medienwelten, die auf Beobachtungen anderer beruhen) in ihrer Bedeutung zu erkennen und zu bewerten. Diese unterschiedlichen Erfahrungen dringen kaum in ihr Bewusstsein, und die Frage ist, wie sie bei der Entwicklung ihrer Identität verarbeitet werden können (Spanhel 2013). Das verlangt von den ihnen besondere Fähigkeiten, z. B. den Umgang mit Ungewissheit (mit Kontingenz, denn es könnte auch alles anders sein), mit Widersprüchen oder Konflikten, und das erfordert Reflexivität und Kritikfähigkeit. Die gezielte Förderung dieser Fähigkeiten, nicht nur im Unterricht, sondern auch im Schulleben, ist eine wichtige, bisher kaum erkannte

und beachtete Lernanforderung auf der ersten Stufe des Lernprozesses (Spanhel 2021, S. 251 ff.).

- Die zweite Lernanforderung liegt in einer engen Verschränkung von Unterricht und Erziehung bereits auf dieser ersten Stufe des Lernprozesses: Aus den Unterschieden der Beobachtungsformen in der Alltagswelt und in der virtuellen Realität der Medien resultiert die Notwendigkeit einer umfassenden *ästhetischen Erziehung*. Diese beruht auf einer gezielten Wahrnehmungsschulung, die sich keinesfalls nur auf die Beobachtung von Sprache und anderen Medien im Unterricht beschränken darf. Sie müsste unbedingt Freiräume für vielfältige Beobachtungsmöglichkeiten im direkten sozialen Miteinander eröffnen. Eine wichtige Aufgabe ästhetischer Erziehung wäre zudem die Sensibilisierung für die Wahrnehmung von Unterschieden am eigenen Körper sowie in den körperlichen Darstellungs- und Ausdrucksformen und der Formenvielfalt der nonverbalen Kommunikation. Die Fächer Kunst, Musik, Sport, ebenso wie Wahlkurse in den Bereichen Werken und Handarbeit, Gymnastik, Tanz, Theaterspiel, Zirkus oder Trendsportarten, Gartenarbeit oder andere Outdoor-Aktivitäten bieten dafür schier unerschöpfliche und faszinierende Möglichkeiten. Ihre besondere Bedeutung für die Wahrnehmungsschulung liegt darin, dass nicht nur Auge und Ohr, sondern alle Sinne und Körperwahrnehmungen als Beobachtungsinstrumente genutzt werden. Gerade als Ausgleich für die langen Phasen des Stillsitzens in der Schule und beim Medienkonsum sind körperliche Tätigkeiten, Körpererfahrungen und Körperwahrnehmungen von größter Bedeutung für eine gesunde Entwicklung. Es ist fatal, dass aufgrund curricularer Vorgaben, mangelnder Zeit an Halbtagsschulen und dem Zwang zur Benotung die Möglichkeiten freier, den Bedürfnissen, Neigungen und Interessen der Schüler/innen entsprechende, altersgemischte Wahlkurse für eine gezielte ästhetische und körperliche Erziehung kaum genutzt werden.

Zweite Stufe sachbezogenen Lernens

Auf dieser zweiten Stufe wählen die Lernenden aus den Daten jene aus, die für sie wichtige Unterschiede kennzeichnen. Diese Daten werden durch Bedeutungszuschreibung zu Informationen, die die Grundbausteine für die Generierung des Wissens bilden. „Bedeutsam kann ein Unterschied nur am Maßstab eines Kriteriums von Relevanz sein. Da es keine Relevanzen an sich gibt, sondern jede Relevanz systemspezifisch und systemabhängig ist, folgt zwingend, dass jede Information nur systemrelativ sein kann. Eine Information ist nur dann konstituiert, wenn ein beobachtendes System über Relevanzkriterien verfügt und einem Datum eine spezifische Relevanz zuschreibt." (Willke 2002, S. 17)

Daraus folgt, dass im Unterricht die beobachteten Differenzen nur dann einen Sinn bekommen, wenn ihnen die Lernenden eine persönliche Bedeutung zuschreiben können. Wie oben gezeigt, sind sie gewöhnt, in ihrer Freizeit aus der Datenflut der digitalen Bildmedien jene herauszufiltern, die für sie in den jeweiligen Handlungskontexten ihrer Alltagswelt gerade (lebens-)bedeutsam sind (Bateson 1990a, S. 25 und S. 154). Die gewonnenen Informationen helfen ihnen, ihre persönlichen Bedürfnisse, Wünsche, Interessen, Sehnsüchte zu befriedigen, Alltagsprobleme zu bewältigen oder ihren Interessen nachzugehen. Im Gegensatz zu diesem situierten Lernen werden in den vorausgewählten, fachlich orientierten schulischen Lerninhalten (Themen, Aufgaben, Texten, Medien) die Schüler/innen mit Daten konfrontiert, die bereits von anderen – seien es Lehrpersonen, Schule, Eltern, Wirtschaft – mit Bedeutung aufgeladen sind und so zu Lerninhalten gemacht werden. Für die Lernenden werden sie jedoch erst durch ihre eigenen Bedeutungszuschreibungen zu Informationen, die einen Lernprozess auslösen.

Ein Beispiel: Indem eine Mathematiklehrerin einer 6. Klasse einer Mittelschule die Schüler/innen ohne weiteres mit einer Textaufgabe konfrontiert, unterstellt sie, dass alle Jugendlichen in der Problemstellung einen für sie bedeutsamen Unterschied erkennen. Das dürfte jedoch nicht immer der Fall sein, weil jede(r) Schüler/in die beobachteten Unterschiede nach eigenen Relevanzkriterien bewertet, die sich hier auf das Interesse an Mathematik bzw. auf das mathematische Wissen beziehen, das für die Lösung der Textaufgabe erforderlich ist. Einige Jugendliche haben keinerlei Interesse an Mathematik, waren schon immer schlecht in diesem Fach und es ist ihnen völlig egal, ob sie die Formel zur Lösung dieser Textaufgabe kennen oder nicht. Andere haben gerade spezifische persönliche Probleme, z. B. Stress in der Familie, fühlen sich daher unwohl und können sich nicht auf die Aufgabe konzentrieren. Wieder andere verstehen die Aufgabenstellung rein sprachlich gar nicht. Diese Schüler/innen können in der Aufgabenstellung keinen für sie bedeutsamen Unterschied erkennen und deshalb keine Information in Bezug auf die mathematische Fragestellung gewinnen. Bei ihnen fehlen damit die Bedingungen der Möglichkeit für eine erfolgreiche Beteiligung am unterrichtlichen Kommunikationsprozess. Die Lehrerin weiß aber nicht, was in den Köpfen der Schüler/innen vor sich geht, die keinen Beitrag zum Unterrichtsgespräch leisten. Damit ist eine gemeinsame Bedeutungszuschreibung als Voraussetzung für den zweiten Lernschritt nicht gegeben. Dann wird es schwierig, die Aufmerksamkeit der Schüler/innen über einen gewissen Zeitraum auf diesen Unterschied zu konzentrieren, sich mit ihm handelnd, denkend auseinanderzusetzen und eine Formel zur Lösung der Aufgabe als eine dauerhafte gemeinsame Abstraktion zu konstruieren. Die Lehrerin wird ständig damit beschäftigt sein, Störungen durch Nebengespräche oder andere Aktivitäten zu unterbinden. Das Beispiel zeigt, dass der Lernerfolg davon abhängt, ob die Schüler/innen in der Textaufgabe einen für sie bedeutsamen Unterschied hinsichtlich mathematischer Relevanzkriterien erkennen. Nur dann können sie aus ihren Beobachtungen in der Auseinandersetzung mit der Textaufgabe Informationen gewinnen, die in der weiteren gemein-

samen Bearbeitung und Lösung der Aufgabe und in der Lösung weiterer Übungs-
aufgaben zu einem neuen oder vertieften mathematischen Wissen führen.

Wenn heute Heterogenität als zentrales Problem der Schule diskutiert wird,
dann liegt das vor allem auch daran, dass die Schüler/innen den angebotenen
Lerninhalten sehr unterschiedliche subjektive Bedeutungen zuschreiben. Ihre
Relevanzkriterien unterscheiden sich teilweise erheblich sowohl untereinander
als auch von den Relevanzkriterien der Schule. Das hängt auch mit dem Aufbau
ihres je eigenen Wertordnungssystems (einer Präferenzordnung) der Heranwachsenden zusammen, das bereits im familiären Kontext grundgelegt wird,
aber noch über die gesamte Schulzeit weiterentwickelt werden muss. Das durch
die Kultur vorgegebene übergeordnete Wertordnungssystem (Schmidt 2000,
S. 35) in unserem Grundgesetz und die daraus resultierende hohe gesellschaftliche und kulturelle Bedeutung schulischen Lernens bietet nur eine gewisse gemeinsame Orientierung. Es verliert infolge der gesellschaftlichen Veränderungen
immer mehr an Allgemeingültigkeit und bietet für spezifische Einzelaufgaben
keine direkt anwendbaren Relevanzkriterien. Dieses Problem kann nicht einfach
durch ein auf digitale Technik basiertes „personalisiertes Lernen" (Holmes u. a.
2018) behoben werden. Dieses soll ein Abstimmen auf die persönliche Lernfähigkeit, auf die kognitive Kompetenz der Schüler/innen erleichtern. Es richtet sich
aber nicht auf ihre individuellen Wertordnungen als Basis für ihre Bedeutungszuschreibung, sondern setzt diese voraus. Ganz abgesehen davon implizieren die
Lernprogramme auch immer schon bestimmte Wertorientierungen, die selten
hinterfragt werden. Lehrpersonen hätten zum einen die Aufgabe, die Lerninhalte in den Interessens- und Werthorizont der einzelnen Schüler/innen zu
bringen und als erstrebenswerte Sinnorientierungsmöglichkeiten vorzustellen.
Zum anderen müssten Lehrende und Lernende gemeinsam die Differenzen in
ihren Wertorientierungen (Relevanzkriterien) beobachten, erkennen, anspre-
chen, überdenken und gemeinsame Bedeutungszuschreibungen aushandeln,
um Lernstörungen und soziale Konflikte zu vermeiden.

Wie wichtig das für Erfolg versprechendes gemeinsames Lernen in einer
Schulklasse oder Lerngruppe ist, zeigt ein Blick in die Geschichte des menschlichen Lernens. In Folge der beschleunigten kulturellen Evolution musste Lernen
auf der Basis der Zeichen- und Medienfähigkeit des Menschen *gezielt* eingesetzt
werden, um die Weitergabe des kollektiven Wissens an die nachfolgende Generation zu sichern. Darin liegt eine über die Fähigkeit des Einzelnen hinausgehende
Leistung des Sozialen, die sich im Laufe der menschlichen Evolution herausgebildet hat. Individuen konnten sich einen Anpassungsvorteil verschaffen, wenn
sie in der Lage waren, mit gemeinsamen Absichten, geteilter Aufmerksamkeit
und kooperativen Motiven ein vereinbartes Ziel zu erreichen (Faßler 2014). Dafür
mussten sie eine eigene Fähigkeit erwerben, verbessern und über die Generationen weitergeben, „die Fähigkeit, einen gemeinsamen begrifflichen Hintergrund
zu schaffen – gemeinsame Aufmerksamkeit, geteilte Erfahrung, gemeinsames

kulturelles Wissen" (Tomasello 2009, S. 15). Die Grundlage für diese Fähigkeit der „geteilten Intentionalität" oder „künstlichen Gemeinsamkeit" (Faßler 2014, S. 179) als Voraussetzung für gezielte Lernprozesse schafft sich der Mensch mit Sprache, Hintergrundwissen und Identitätsbildung in der frühkindlichen Sozialisation. Schule als Teilsystem der Gesellschaft setzt zur Verwirklichung ihrer Erziehungs- und Bildungsfunktion diese geteilte Intentionalität voraus und baut darauf auf. Eltern und Lehrpersonen wissen zwar, dass die Kinder nicht immer das lernen wollen, was ihnen die Schule als Lerninhalte anbietet. Deshalb versuchen sie, durch den ständigen Hinweis auf die Bedeutung dieses Lernens für das spätere Leben – auch durch Anwendung von Druck oder Zwang – eine gemeinsame Intentionalität herzustellen und zu sichern. Wenn die Mathe-Lehrerin in die Schulklasse kommt, ist für die Schüler/innen klar, dass jetzt in Fortsetzung der vorherigen Stunde eine neue Mathematikaufgabe auf dem Programm steht. Schule, Curriculum, Stundenplan versuchen auf diese Weise die geteilte Intentionalität einer Lehrkraft und der Schulklasse für diese Unterrichtsstunde auf dieses Thema auszurichten, aber damit ist nicht gesagt, dass alle Schüler/innen dieser Intentionalität folgen können. Im Unterrichtsalltag beobachten die Lehrkräfte große Unterschiede in der Lernbereitschaft, dem Interesse, der Aufmerksamkeit oder Anstrengungsbereitschaft der Schüler/innen. Wenn sie ihnen dann mangelnde Motivation zuschreiben, negieren sie Lernen als einen *sozialen* Prozess, der an eine gemeinsame Intentionalität gekoppelt ist.

Die Orientierung der Interessen der Schüler/innen an den schulischen Lernzielen und die absichtliche Ausrichtung ihres Handelns an den anstehenden Lernaufgaben stellen einen fundamentalen Teil ihres Lernprogramms dar. Die Ausbildung und Weiterentwicklung einer Arbeitshaltung und eines breiten Spektrums an Interessen der Schüler/innen über die einzelnen Schulfächer hinweg stellt eine der großartigsten Lernleistungen des Sozialen, der Schule, der gemeinsamen Bemühungen von Lehrenden und Lernenden dar. Diese beruht darauf, dass eine geteilte Intentionalität immer wieder *gemeinsam* hergestellt wird und während der gesamten Schulzeit im Zusammenwirken von Schule, Lehrenden und Lernenden geübt, gesichert und weiterentwickelt werden muss (Willke 2005, S. 190).

In der PISA-Studie 2022 wird festgestellt, dass fast 49 % der Schüler/innen sich in mehr als der Hälfte der Mathematikstunden müde fühlen, 41 % Langeweile haben, 38 % der Schüler/innen angeben, dass sie der Lehrkraft nicht zuhören (OECD-Durchschnitt: 30 %) und nur 35,2 % sich überhaupt für das Fach interessieren. *(Vgl. die Zusammenfassung wichtiger PISA-Ergebnisse PISA 2022)* Die Ergebnisse verweisen darauf, dass es den Lehrkräften häufig nicht gelingt, eine gemeinsame Intentionalität mit den Schüler/innen herzustellen, damit sie ihre ganze Aufmerksamkeit und Arbeitskraft auf das Unterrichtsziel ausrichten. Dieser Aufgabe auf der zweiten Stufe des Lernprozesses muss auch deshalb besondere Aufmerksamkeit gewidmet werden, weil Intentionalität grundlegend für die Selbststeuerung des Lernens ist und gerade im Zusammenhang mit dem verstärkten Einsatz digitaler Medien die Kompetenz zur Selbstorganisation und Selbststeuerung des Lernens eine herausragende Bedeutung gewinnt.

Dritte Stufe sachbezogenen Lernens

Die Aneignung bedeutungsvoller Informationen durch die Schüler/innen führt noch nicht zu einem *Wissen*, wie im Abschnitt 4.3.2 betont wurde. Die Unterscheidung von Information und Wissen ist auf dieser dritten Stufe des Lernens für die Unterrichtsgestaltung besonders bedeutsam. Wissen konstituiert sich erst als Aufbau sinnhafter Muster in einem Erfahrungskontext: „Unter Wissen soll hier eine auf Erfahrung gegründete *kommunikativ konstituierte und konfirmierte Praxis* verstanden werden. Die Genese von Wissen setzt also einen Praxiszusammenhang, einen Erfahrungskontext oder eine *community of practice* voraus" (Willke 2005, S. 111; kursiv i. Org.). Ein solcher Erfahrungskontext wird in der unterrichtlichen Kommunikation hergestellt. Es geht darum, die ausgewählten Informationen gemeinsam zu ordnen, zu gewichten und zu systematisieren. Das hilft den Schülern/innen, sie in ihre Strukturen des Denkens, Wertens, Fühlens und Wollens zu integrieren, diese zu transformieren und neu zu organisieren, nicht passende Informationen auszusondern und so die Gesamtstruktur des Lernapparats zu verändern oder zu bestätigen und zu stabilisieren. Den Schülern/innen gelingt es aber nur dann, die gewonnen Informationen in eine sinnhafte Ordnung zu bringen und Wissen zu konstruieren, wenn sie selbst aktiv am Kommunikationsprozess teilnehmen.

Jede gelingende Kommunikation in den vielfältigen unterrichtlichen Interaktionssystemen führt also zu einem Wissenszuwachs, sei es durch Bestätigung oder Revidierung eines bestehenden Erfahrungszusammenhangs. Dafür genügt es aber nicht, dass die Schüler/innen gezielt Informationen *übernehmen*, sondern es kommt darauf an, *mit* ihnen neue Erfahrungskontexte zu gestalten, zu erproben, bewährte kommunikative Praktiken zu festigen oder bestehende Praktiken zu kritisieren, zu korrigieren oder zu revidieren.

Aufgrund der enormen Zunahme an wissenschaftlichen Erkenntnissen und kultureller Veränderungen muss bei der gemeinsamen Wissensgenerierung darauf geachtet werden, dass die Schüler/innen mit dem Fachwissen folgende Wissensstrukturen und höhere kognitive Kompetenzen aufbauen können:

- Orientierungswissen und abstraktes Überblickswissen
- Operatives Wissen zur Bewältigung neuer Situationen und Probleme
- Prozedurales Wissen; Methoden zur Steuerung der eigenen Lern- und Umlernprozesse
- Wertwissen und Kriterien zur Bewertung und Auswahl von Informationen
- Medienkompetenz

- Fähigkeiten zum gemeinsamen Einsatz von Wissen zur Problembewältigung
- Reflexionsfähigkeit und Metakognitionen zur Kontrolle der inneren Lernbedingungen
- Fähigkeit zum Umgang mit der Unsicherheit und Veränderbarkeit des Wissens und mit dem Unwissen (Spanhel 2000, S. 82)

Gerade die digitalen Medien eröffnen ideale Möglichkeiten zur kreativen Mitwirkung an den vielfältigen Formen kommunikativer Praxis zur Generierung dieser vielfältigen Formen von Wissen und zum Kompetenzerwerb. Die Schüler/innen können aktiv handelnd an ihrem Computer die kommunikativen Prozesse mitgestalten, in unterschiedlichen Gruppen eigene Aufgaben übernehmen, ihr Spezialwissen in die Arbeit an einem Projekt einbringen (vgl. „Making und Medienpädagogik": Themenheft merz. 2019, S. 6–54). In der didaktischen Literatur finden sich dazu seit langem unzählige Beispiele (Kerres 2001; vgl. Themenheft „Bildung in der digitalen Welt": schule digital 2020). In der Praxis zeigen Darstellungen von Preisträgerschulen des Deutschen Schulpreises der Robert Bosch Stiftung, wie sich lebendige, abwechslungsreiche, anregende Praktiken beim gemeinsamen Lernen mit oder ohne digitale Medien realisieren lassen (Der Deutsche Schulpreis 2015: Was für Schulen! Unterrichtsqualität – Beispiele guter Praxis). Dies alles ist aber nur unter einer Bedingung möglich: Es muss offene Handlungsräume geben, die „Spielräume der Freiheit" gewähren (Spanhel 2017). Mit dem Wissenserwerb im Rahmen sozialer Praktiken erfolgt auch die Aneignung sozialer und medialer Kompetenzen („Kompetenzen in der digitalen Welt": KMK 2017, S. 17 ff.). Die Schüler/innen können dabei auch ihre körpergebundenen Ausdrucks-, Darstellungs-, Verständigungsfähigkeiten und entwickeln ihre Identität entfalten: „Unser Selbst, wer wir sind, konstituieren wir in sozio-materiellen Praktiken, in relationalen Gefügen von Mensch, Technologie und Sozialem (Allert, Richter 2016, S. 3).

Tatsächlich aber ist es oft schwer, eingefahrene, in ihren Formen eng begrenzte Routinen und Praktiken im Unterricht auch unter Nutzung der digitalen Medien aufzubrechen und offene Handlungsrahmen und neue Handlungsmuster zu ermöglichen. Internationale Studien und erste empirische Untersuchungen zum Lernen mit digitalen Medien während der Corona-Pandemie weisen auf mögliche Ursachen dieser Probleme hin, die mit einem technologischen Verständnis von Lernen und Individualisierung zusammenhängen (Dräger, Müller-Eiselt 2015): Nach diesem Konzept werden Informationseinheiten in den Medien personalisiert bereitgestellt und ihre Aneignung durch Lernprogramme präzise gesteuert. Der Lernerfolg wird vorrangig in Abhängigkeit von den Lernaktivitäten der einzelnen Schüler/innen bei ihrer Arbeit am Computer gesehen (Holmes u. a. 2018). In der Forschung ist von passiven (!), aktiven, konstruktiven und interaktiven Lernaktivitäten die Rede, die unterschiedliche Grade der kognitiven Aktivierung der einzelnen Lernenden am Computer kennzeichnen (VBW 2021, S. 8 f.).

Aber wenn die gewonnenen Informationen nicht in soziale Erfahrungszusammenhänge und Praktiken eingebettet werden, bekommen sie keinen Sinn und werden nicht zu Wissen.

An dieser Stelle muss nochmals auf ein grundlegendes Missverständnis schulischen Lernens hingewiesen werden: In den meisten Schulen wird der Lernprozess als Aneignung von Informationen durch die einzelnen Schüler/innen verstanden. Lehrpersonen planen, steuern, unterstützen, fördern, begleiten, korrigieren und prüfen diese Lernprozesse. Sie versuchen, die äußeren Variablen des Prozesses (z. B. die Lernaktivitäten) zu kontrollieren, fühlen sich jedoch selbst davon nicht direkt betroffen. Aber: *Lernen als Wissensgenerierung ist ein sozialer Prozess*. Er ist in soziale Praktiken, in fortlaufende Kommunikationen zwischen Lehrenden und Lernenden eingebunden und erhält dadurch Sinn und Bedeutung. Dieser Prozess wirkt nicht nur auf die Schüler/innen, sondern auch auf die Lehrpersonen und auf das soziale System Schulklasse. „Das generierte Wissen ist auf beiden Seiten ein unterschiedliches, weil die in der Praxis erzeugten Erfahrungen nach unterschiedlichen Regeln in unterschiedliche Praxiskontexte eingefügt werden und damit in unterschiedlich ausgeprägte Selbstveränderungen der beiden Symbolsysteme führen. Kommunikative Praxis erzeugt deshalb gleichzeitig personales Wissen (Wissen der Personen) und kollektives Wissen (Wissen der sozialen Systeme)" (Willke 2005, S. 116).

Unterrichtliche Lernprozesse führen zu personalem Wissen bei Schüler/innen und Lehrkräften und zu kollektivem Wissen im System der Schulklasse, des Kollegiums und der Schule, das sich in Handlungsroutinen und Lernmethoden niederschlägt. *Kollektives Wissen* verändert oder bestätigt die Muster, Regeln und Formen der unterrichtlichen Kommunikation und des Schullebens. Wenn Lehrpersonen nur die Lernprozesse der Schüler/innen beobachten, erkennen sie nicht die Transformationen in ihrem eigenen Lernapparat und in den Kommunikationsstrukturen der Schulklasse. Wichtige Chancen zur Veränderung der Unterrichtspraktiken oder Lernarrangements bleiben dann ungenutzt. Ergebnisse einer Analyse empirischer Schulevaluationsdaten, die aus einer Befragung von ca. 200 Kollegien aller Schularten nach dem Modell der „Wahrnehmungs- und werteorientierten Schulentwicklung" (Wild 2006) gewonnen wurden, deuten in diese Richtung: Demnach messen Lehrkräfte einer offenen Kommunikation in Schule und Unterricht zwar eine gewisse Bedeutung bei, haben jedoch Schwierigkeiten bei der Umsetzung. Die gemeinsame Reflexion des Unterrichts mit den Schülern/innen sowie die Reflexion ihres eigenen Handelns schätzen sie in ihrer Bedeutung für eine gute Schule als nicht besonders hoch ein und realisieren sie auch nur sehr begrenzt (Pirner u. a. 2019, S. 17 ff.). Diese Einstellungen zeigen, dass Lehrpersonen die Bedeutung ihrer eigenen Lernprozesse im Interaktionssystem Unterricht selten erkennen und nutzen. Sie suchen Halt und Sicherheit in „bewährten", nach klaren Mustern ablaufenden Methoden. Diese Tendenz wird durch digitale Medien noch gestützt, weil die auf Algorithmen gegründeten Lernprogramme Regelhaftigkeit unterstellen und damit den Lehrkräften vorgegebene und gesicherte Abläufe des Lernens versprechen, die sie vor der Realität sozialer Praktiken mit ihren Überraschungen und Unsicherheiten schützen (Vgl. Allert, Richter 2016, S. 8).

Bildungsprozesse durch reflexiv gesteuertes Lernen auf selbstgesetzte Ziele hin

Über den soziologischen Ansatz von Willke hinaus lässt sich noch eine vierte Selektionsstufe beim Lernen beobachten, die durch den Übergang von einzelnen Lernprozessen zu Bildungsprozessen einer Person gekennzeichnet ist. Sie beruht auf der Auswahl selbstgesetzter Lernziele durch die Schüler/innen und ihre selbstgesteuerte Realisierung. Bildungsprozesse werden möglich, wenn Heranwachsende auf der Grundlage reflexiver Steuerung ihrer Lernprozesse versuchen, die Entwicklung ihrer Persönlichkeit gezielt voranzutreiben. Dies geschieht, indem sie ihre Lernumgebungen entsprechend ihren Lernbedürfnissen (z. B. Interessen) selbst gestalten, damit verbundene Lernanforderungen lösen und dabei an der selbständigen Bewältigung ihrer Entwicklungsaufgaben arbeiten. Das betrifft im Jugendalter insbesondere die Entwicklung der Identität und gegen Ende der Schulzeit die Suche nach einem Berufsfeld. Die Erzeugung und bewusste Auswahl von Kontexten höherer Komplexität durch die Lernenden stellen höherwertige Lernprozesse dar. Bildungsprozesse sind durch Zukunftsoffenheit, Zielunbestimmtheit und Kontextgebundenheit in einer sich wandelnden Kultur gekennzeichnet (Marotzki 1990, S. 52 ff.).

6. Steuerung selbstgesteuerter Lernprozesse

Soziale und personale Systeme beruhen auf dem Zusammenwirken von Strukturen, Prozessen und Regulationen. Nachdem ich Ablauf, Formen und Inhalte der Lernprozesse in ihrer Einbettung in den Kommunikationsprozess unterschiedlicher Interaktionssysteme beschrieben habe, geht es im Folgenden um ihre Steuerung. Auf der Ebene des sozialen Systems Schule wurde die Steuerungsproblematik bereits im ersten Kapitel erläutert. Dort wurde gezeigt, dass sich Systeme von außen nur bedingt steuern lassen. Aus der Perspektive der Schüler/innen stellt sich nun die Frage, wie es der Schule und den Lehrpersonen gelingt, die selbstregulierten Lernprozesse der Schüler/innen auf die curricularen Lernziele hin auszurichten und in ihrem Ablauf so zu steuern, dass diese Ziele auch erreicht werden.

Die Steuerungsproblematik schulischen Lernens wird in der Bildungsforschung, in den Konzepten zur Schulentwicklung und im schulpädagogischen Diskurs nur selten verhandelt. In der empirischen Bildungsforschung ist u. a. von Selbstregulation beim Lernen (SRL) die Rede. Dabei geht es um die Frage der Förderung professioneller SRL-Kompetenz von Lehrkräften und wie angehende Lehrkräfte zur SRL-Förderung bei Schülern motiviert werden könnten (Dignath, Fischer 2023, S. 291–314). Dass die Frage der Selbststeuerung des Lernens nicht im Zentrum des Forschungsinteresses steht, hängt meines Erachtens mit einem Verständnis von Schule als gesellschaftlicher Institution zusammen. Institutionen entlasten den Menschen von der Sinnfrage. Lernen als Sinn der Schule wird für alle Beteiligten als ebenso selbstverständlich angesehen wie die Verbesserung der Lernleistungen als vorrangiges Ziel der Schulentwicklung. Die Bildungsforschung konzentriert sich deshalb darauf, nach den wichtigsten Bedingungsfaktoren für diese Lernleistungen zu fragen. Wie Lehrkräfte auf dieser Grundlage das Lernen der Schüler/innen auf die Erreichung der angestrebten Ziele hin lenken können, wird nicht als ein Problem der Fremdsteuerung selbstgesteuerter Lernprozesse erkannt. Aber gelingendes Lernen im Unterricht ist gar nicht so selbstverständlich. Hinzu kommt, dass durch eine direkte Steuerung den Schülern/innen Möglichkeiten genommen werden, Selbstkompetenzen, wie Selbstkontrolle und Selbsteinschätzung, Anstrengungsbereitschaft und Durchhaltevermögen, aber auch soziale Fähigkeiten, wie z. B. Anerkennung anderer Meinungen, Toleranz, Kritikfähigkeit weiterzuentwickeln. Gerade diese Fähigkeiten sind für die Persönlichkeitsbildung von größter Bedeutung.

6.1 Notwendigkeit und Schwierigkeiten einer Fremdsteuerung selbstgesteuerten Lernens

Ein Blick in die Entwicklung der menschlichen Lernfähigkeit lässt erkennen, dass eine Fremdsteuerung des selbstgesteuerten schulischen Lernens möglich, aber auch notwendig ist. Seit der Mensch im Laufe der Evolution die Fähigkeit zur Futurität erworben hatte, kann er gedanklich Szenarien entwerfen, wie er künftig sein Leben und Zusammenleben gestalten will. Er ist in der Lage, in seinem Handeln und Lernen willkürlich gesetzte Ziele zu verwirklichen. Aber es macht einen Unterschied, ob junge Menschen ihr Lernen auf selbst gewählte Ziele richten und diese selbstständig zu verwirklichen suchen oder ob sie von der Schule dazu verpflichtet werden, für ihre Entwicklung wichtige und gesellschaftlich legitimierte Lernziele unter Anleitung von Lehrpersonen zu realisieren. Letzteres erfordert eine Außensteuerung der Lernprozesse, die noch dadurch erschwert wird, dass eine Lehrperson die Schüler/innen einer ganzen Schulklasse als autonome personale Systeme steuern muss. Ihre Steuerung richtet sich auf handelnde Subjekte, die je eigene Sinnorientierungen selbstgesteuert verfolgen. Daher besteht die erste Steuerungsaufgabe darin, die Schüler/innen von der Bedeutung der anstehenden Lerninhalte zu überzeugen und eine gemeinsame Intentionalität herzustellen, damit alle ihre Lernbereitschaft auf diesen Lerngegenstand richten. Dafür ist in Abbildung 8 (S. 116) das *Steuerungskriterium Sinn* angegeben. „Lernen ohne Sinn ist sinnlos" (Hüther 2016, S. 121).

Nur wenn Schüler/innen die curricularen Lernziele als Sinnorientierungen für ihr Lernen annehmen, können diese als Steuerungsgrößen für die selbstgesteuerten Lernprozesse wirken. In der aktuellen Lernsituation sind für sie jedoch immer auch andere Sinnorientierungen möglich, die ihnen in diesem Augenblick bedeutsamer erscheinen mögen. Wie in Abbildung 8 (S. 116) gezeigt, sind sie in jeder Lernsituation mit mehreren Umweltsystemen konfrontiert, die ihnen weitere Sinnorientierungsmöglichkeiten bieten. Welchen sie dann folgen, hängt von ihrer Lebenssituation und inneren Lernbedingungen ab, von ihrer Befindlichkeit, ihren Bedürfnissen und Gefühlen, ihren Interessen und Wünschen, die sich nicht einmal erahnen lassen. Schüler/innen finden immer Möglichkeiten zur Verwirklichung ihrer eigenen Sinnorientierungen, z. B. zur Austragung eines Konflikts mit dem Tischnachbarn, zum Abschreiben der Hausaufgaben für die nächste Mathestunde oder für ein Computerspiel auf dem Handy unterm Tisch. Sie schaffen sich damit selbst Lernmöglichkeiten, aber nicht unbedingt im Sinne der curricularen Lernziele.

Diese *Kontingenz* personaler Systeme bereitet den Lehrpersonen in ihrer täglichen Arbeit stets aufs Neue Schwierigkeiten: Unter den Bedingungen von Offenheit und Unvorhersehbarkeit des Schülerverhaltens ist es nicht einfach, die Sinnorientierungen der Lernenden auf die vorgegebenen Lerninhalte auszurichten.

Wenn Lehrende versuchen, das Verhalten der Lernenden zu regulieren, müssen sie zudem bedenken, dass Kommunikationsprozesse in sozialen Systemen *rekursiv* sind, d. h., dass die Wirkungen des Handelns einer Person auf die Person selbst zurückwirken (Spanhel 1995, S. 101ff). Die Lehrkräfte können sich dann über die Schüler/innen ärgern, wenn die nicht in der gewünschten Weise reagieren und ihre Aufmerksamkeit nicht auf das Unterrichtsthema, die Aufgaben oder Fragestellungen richten. Sie können sich fragen, warum ihre Unterrichtsplanung nicht in der gewünschten Weise funktioniert hat und im wiederholten Fall auch ihre Selbstwirksamkeit in Frage stellen. Diese Regelkreise führen zu Routinen oder auch zu Teufelskreisen mit fatalen Nebeneffekten: Burnout von Lehrkräften und Lern- und Leistungsschwierigkeiten bei Schülern/innen, bis hin zu gescheiterten Schulkarrieren. In diesem Spannungsverhältnis zwischen den vorgegebenen curricularen Lernzielen und den eigen-sinnigen Orientierungen der Schüler/innen liegt die grundlegende Steuerungsproblematik des schulischen Lernens.

6.2 Kontextsteuerung schulischer Lernprozesse

Aus systemischer Sicht kann Schule die selbstgesteuerten Lernprozesse der Schüler/innen nur anregen, indem sie durch Kommunikation Resonanzen erzeugt. Resonanzen entstehen, wenn die Schüler/innen die angebotenen Informationen mit ihren Vorkenntnissen in Verbindung bringen, sie für wichtig erachten und sich ihnen zuwenden. Wenn sie an ihre Interessen anschließbar sind, können sie bei ihrer Verarbeitung strukturelle Transformationen in ihrem Lernapparat auslösen. Eine Steuerung dieser Prozesse gelingt, wenn in einem fortlaufenden Kommunikationsprozess eine strukturelle Kopplung der Lernenden mit den Lehrenden, dem Lerngegenstand und den Mitlernenden erfolgt. Kopplung heißt, dass sich im Laufe der Zeit die Interaktionen zwischen sozialen und personalen Systemen aufeinander einspielen. Dadurch verringert sich die Kontingenz, also die Wahrscheinlichkeit unvorhersehbarer Reaktionen. Es kommt zu einer gemeinsamen Entwicklung der beteiligten Systeme, sei es in einer Folge von Unterrichtsstunden in einer Schulklasse oder Arbeitsgruppe, in einem Unterrichtsfach oder Projekt bei einer Lehrkraft, in einem Schuljahr oder über einen ganzen Schulabschnitt hinweg. Das gelingt, wenn Lehrende und Lernende stabile Handlungsrahmen erzeugen, Kontexte, in denen die Lernprozesse der Schüler/innen durch die Gestaltung und das Zusammenspiel der Umweltsysteme (Lehrkraft, Thema, Lerngruppe, Klassenklima) gesteuert werden.

Diese Form der Lenkung wird als *Kontextsteuerung* bezeichnet (Willke 1991, S. 181 ff.), die das Lernen indirekt durch die Gestaltung und das Zusammenspiel der Interaktionssysteme steuert. Kontexte sind Muster, Strukturen oder Regeln darüber, wie Informationen zusammengefügt werden (Bateson 1990a, S. 154). Kontext kennzeichnet hier die Art und Weise, wie in einer Lernsituation die bedeutsamen Umweltsysteme organisiert sind. Ihre Komplexität muss sozial, zeitlich, inhaltlich, medial und operativ so reduziert werden, dass ein klar strukturierter Handlungsrahmen entsteht. Dadurch werden die Sinnorientierungsmöglichkeiten auf die vorgegebenen Lernziele eingegrenzt und die Schüler/innen erhalten in diesem Rahmen die Möglichkeit, ihre Intentionen eigenständig auf diese Ziele auszurichten und selbstgesteuert, aber gemeinsam an der Zielerreichung zu arbeiten.

Lehrkräfte und Schüler/innen müssen lernen, Kontexte nicht nur zu erzeugen, sondern zu erkennen, sie anderen anzuzeigen und sich darüber zu verständigen. Denn es ist der Empfänger einer Mitteilung, der den Kontext erzeugt (Bateson 1990a, S. 63). Das bedeutet: Wenn zu Beginn einer Unterrichtsstunde eine Lehrperson das Unterrichtsthema und die Lernziele mitteilt, sind es die einzelnen Schüler/innen einer Schulklasse, die je für sich einen Kontext erzeugen, in dem für sie diese Mitteilung eine spezifische Bedeutung bekommt. Die Lehrkraft kann einen Kontext anzeigen, aber die einzelnen Schüler/innen schreiben dem Thema ihre eigene Bedeutung zu. Wenn den Lehrpersonen das bewusst ist, werden (können) sie versuchen, mit ihnen einen gemeinsamen Kontext auszuhandeln. Diese spezifische Form der Steuerung im Zusammenspiel zwischen personalen und sozialen Systemen habe ich am Beispiel der Steuerung des Medienhandelns von Kindern und Jugendlichen im Zusammenwirken von Jugendmedienschutz und Medienpädagogik beschrieben (Spanhel 2021).

Natürlich können im Schulalltag diese Prozesse zur Erzeugung eines gemeinsamen Kontextes nicht für jede Lernsituation neu durchgespielt werden. Jede Schule, jede Lehrkraft verfügt über bewährte Kontexte, die als Steuerungssysteme die Schüler/innen bei ihrem Lernen unterstützen. Das sind die oben beschriebenen Interaktionssysteme für Sozialisation, Erziehung und Unterricht, die durch ihre Gestaltung als Kontexte vorrangig jeweils soziale, personale oder sachliche Lernprozesse steuern. Im Folgenden geht es darum, die Steuerungswirkungen und Steuerungsschwierigkeiten dieser symbolischen Sinnsysteme genauer zu beschreiben.

6.3 Sozialisation als Form der Kontextsteuerung situierten Lernens

Sozialisation als Steuerungsleistung des sozialen Systems Schule habe ich bereits im ersten Kapitel im Abschnitt 8.4 dargestellt. Sie löst durch die Strukturen und Prozesse der Kommunikation unbewusste soziale und personale Lernprozesse bei den Schülern/innen aus. Entscheidend ist, dass auf diese Weise im Rahmen von Sozialisation die Fundamente für eine gelingende Kontextsteuerung des absichtlichen, gezielten Lernens gelegt und immer wieder gesichert werden. Erzeugung und Aushandeln dieser Kontexte ist in übergreifende Zusammenhänge, in Meta-Kontexte als Kontexte von Kontexten eingebettet. Schule als Meta-Kontext organisiert durch ihr Leitbild, ihre Regeln, Sitten und Gebräuche, Rollen und Normen das soziale Zusammenleben. Sie gibt damit einen Rahmen für das Aushandeln und die Gestaltung einzelner Lernkontexte vor. Sozialisation steuert das Lernen allein durch die aktive Teilnahme der Schüler/innen an den Kommunikationsprozessen in diesen Kontexten. Sie müssen zum einen lernen, dass und wie in der Schule gemeinsam gelernt wird (soziale Kompetenzen) und was dieses Lernen für ihr späteres Leben bedeutet (gemeinsame Intentionalität und Sinnorientierung), zum anderen müssen sie dabei die grundlegenden Fähigkeiten zur Selbststeuerung ihres Lernens (personale Kompetenzen) aufbauen.

Kontextsteuerung durch Sozialisation beruht darauf, dass Schule als Meta-Kontext einen Lebensraum bietet, in dem sich die Schüler/innen sicher, in der Gemeinschaft angenommen und zu Hause fühlen. Sie nehmen unbeschwert an den Kommunikationen und Aktivitäten in der Gemeinschaft teil und können sich in die Routinen, sozialen Praktiken und Abläufe einordnen. Dabei erwerben sie, selbstständig handelnd, vielfältige soziale und personale Kompetenzen. Auf der Basis ihrer persönlichen Vorstellungen, Anliegen, Erwartungen und Interessen machen sie ihre eigenen Erfahrungen mit sich und mit anderen und lernen, ihr Verhalten entsprechend den sozialen Regeln selbst zu kontrollieren. Gerade die Förderung ihrer Selbstkontrolle und der Fähigkeit zur Selbstregulation der Gefühle ist von herausragender Bedeutung, weil diesbezüglich bei vielen Schülern/innen nach den Ergebnissen neuerer empirischer Untersuchungen zu Beginn der Schulzeit enorme Sozialisationsdefizite zu beobachten sind (Spiewak 2021a, S. 28). Eine wichtige Steuerungsgröße stellt die gemeinsame Sprache dar, die Denken, Vorstellungen, Gefühle und Wertungen kontrolliert. Sie hilft den Schülern/innen, ihre Fähigkeit zur Selbststeuerung zu verbessern und ihre Sprach-, Kommunikations- und Medienkompetenz weiterzuentwickeln.

Kontextsteuerung personaler und sozialer Lernprozesse im Rahmen der Sozialisation prägt nicht nur die Schuleintrittsphase, sondern alle schulischen Interaktionssysteme. In den Schulklassen, Lerngruppen oder Kursen finden unabhängig von der sachlichen Auseinandersetzung mit einem Lerngegenstand in der Kommunikation stets personale und soziale Lernprozesse statt. Sie beruhen auf der strukturellen Kopplung zwischen den Systemen der Lehrenden und Lernenden und konstituieren einen gemeinsamen Entwicklungsprozess, in dem fortlaufend personales und kollektives Wissen erzeugt wird. Dieses Wissen bildet einerseits die erweiterte Basis für folgende Lernprozesse der Schüler/innen und sichert und stabilisiert andererseits den Zusammenhalt der Lerngruppe. Früher wurden diese unterschwelligen Lernprozesse im Schulalltag als der „heimliche Lehrplan" einer Schule bezeichnet.

Kontextsteuerung durch Sozialisation findet statt, indem Lehrpersonen die Strukturen und Prozesse der Kommunikation kontrollieren. Sie haben zum einen die Macht, innerhalb der institutionellen und organisatorischen Vorgaben Lernkontexte zu gestalten, über die Lernziele, Lerninhalte und den methodischen Ablauf der Lernprozesse zu bestimmen. Dadurch nehmen sie eine klare Begrenzung möglicher Sinnorientierungen für das Lernen vor, der sich die Schüler/innen unterordnen müssen. Zum anderen haben Lehrpersonen die Pflicht, deren Lernleistungen zu bewerten. Sie können durch Gestaltung der Kommunikation den Druck auf die Lernwilligkeit und Anstrengungsbereitschaft der Schüler/innen erhöhen, sei es durch gutgemeintes Ermuntern, Fordern und Drängen, durch ständige Verweise auf die Bedeutung guter Lernergebnisse oder gar durch Androhung schwerer Prüfungsaufgaben. Diese auf der Machtposition der Lehrenden aufbauenden Formen einer Kontextsteuerung können zu besseren Lernleistungen anregen, bergen aber auch die Gefahr unerwünschter Lernprozesse, insbesondere bei den Schülern/innen, die den Lernanforderungen nicht genügen können: Sie lernen, wie sie dem Druck entgehen können, indem sie Abwehrreaktionen, Aggressionen, Lernblockaden oder Versagensängste entwickeln oder körperlich mit Krankheiten oder psychischen Problemen reagieren.

Aber Lehrkräfte stehen auch selbst unter Druck. Sie bemühen sich um gute Lernleistungen der Schüler/innen, um den Erwartungen der Schuladministration, der Eltern und der Öffentlichkeit zu genügen. Hinzu kommt, dass der Schule neben der Erziehungs- und Bildungsfunktion eine Selektions- bzw. Allokationsfunktion für die Gesellschaft zugeschrieben wird: Den Schülern/innen werden auf der Grundlage ihrer Lernleistungen später soziale Positionen zugewiesen und berufliche Karrieren eröffnet. Je höher die gesellschaftliche Bedeutung der Lernleistungen (Schulabschlüsse), desto mehr setzen Eltern die Schule und Lehrkräfte unter Druck und machen sie für die Lernleistungen ihrer Kinder verantwortlich. Das kann zu unerwünschten Lernprozessen bei den Lehrkräften führen und zu Frustrationen oder gar Burnout beitragen.

Sozialisation wirkt durch Regulationen auf der Ebene der Schule, z. B. durch die schulischen Leistungsnormen (Notengebung). Das hat zur Folge, dass nicht alle Lernerfolge gebührend anerkannt, sondern nur die fachlichen Lernleistungen im Unterricht „gemessen" werden. Die Ausbildung eines breiten Interessenspektrums bei den Schüler/innen wird dadurch behindert. Die Prüfungsergebnisse als Ausdruck erbrachter Lernleistungen in einem Unterrichtsfach werden nach konventionellen Beurteilungssystemen (Ziffernnoten, Prozentanteil der richtig gelösten Aufgaben oder Punktesysteme) bewertet. Trotz aller wissenschaftlichen Erkenntnisse über die Problematik dieser Beurteilungsform dienen die Ziffernnoten als Zugangsberechtigung für weiterführende Schulen, Hochschulen oder berufliche Ausbildungsgänge und erhalten dementsprechend höchste individuelle und gesellschaftliche Wertschätzung. Lernleistungen oder erworbene Kompetenzen im Bereich des sozialen und personalen Lernens werden dagegen nicht „gemessen" und daher weniger beachtet und wertgeschätzt. Beim Aufbau ihrer individuellen Präferenzordnung (Wertordnung) kann es zu einer einseitigen Orientierung an den messbaren Schulleistungen oder gar zu ihrer Überbewertung kommen, wenn z. B. ehrgeizige Eltern zu starken Druck ausüben. Schüler/innen lernen, auf diese Formen der Außensteuerung auf dreifache Weise zu reagieren: Sie können sich im Rahmen einer strukturellen Kopplung den Leistungsanforderungen anpassen oder aus innerem Antrieb dagegen revoltieren oder – da sie die Schule nicht verlassen können – in die innere Emigration gehen und alle Lernzwänge ignorieren. Letzteres zeigt sich in Forschungsergebnissen, in denen vielen Schüler/innen fehlende Motivation und Probleme mit der Selbstdisziplin zugeschrieben werden (Digitale Bildung: vbw 2021, S. 157, 181, 207)

Ein großes Manko schulischer Sozialisation besteht darin, dass sie es selten schafft, die „Emergenz des Sozialen" (Faßler 2014) für den Bildungsprozess fruchtbar zu machen. Schüler/innen lernen zwar im sozialen Verband, aber immer mit Blick auf die individuelle Leistungserbringung. Schule müsste die Schüler/innen befähigen, auf der Grundlage gemeinsamer Erfahrungen und eines gemeinsamen begrifflichen Hintergrunds mit gemeinsamen Absichten, geteilter Aufmerksamkeit und kooperativen Motiven ein vereinbartes Lernziel zu erreichen (vgl. Tomasello 2009, S. 15). Diese Fähigkeit der „geteilten Intentionalität" oder „künstlichen Gemeinsamkeit" (vgl. Faßler 2014, S. 179) ist nicht nur die Voraussetzung für eine absichtliche Ausrichtung der Schüler/innen auf die schulischen Lernziele, sondern auch für die Effektivität gemeinsamen Lernens und den Aufbau kollektiven Wissens.

Damit lässt sich konstatieren, dass im schulischen Sozialisationsprozess Lehrende und Lernende unter Lernzwängen stehen, die sich über ihre Gefühle unbewusst auf ihre Selbststeuerungsprozesse auswirken. Druck spornt an oder belastet, hemmt oder löst positiven Stress aus, verursacht Frustrationen oder körperliche Symptome. Unter diesen Bedingungen kommt es zu spontanen unerwünschten Lernprozessen, die zielorientiertes Lehren und Lernen beeinträchtigen können. Lehrpersonen müssten sich dann zunächst um Entlastung für sich selbst und zugleich um eine entspannte Lernsituation für die Schüler/innen bemühen.

6.4 Erziehung als Form der Kontextsteuerung personaler und sozialer Lernprozesse

Selbstgesteuertes Lernen beruht auf unbewussten Selbstregulationen im personalen System. Ihre Kontrolle erfordert zuerst ihre Bewusstmachung durch Selbstbeobachtung und Reflexion des eigenen Fühlens, Denkens und Wollens, ehe eine Handlungsentscheidung getroffen werden kann. Damit sind personale Fähigkeiten verbunden, die als Voraussetzungen für selbstgesteuertes Lernen nicht alle ausreichend im Rahmen der Sozialisation erworben und eingeübt werden können. Beim Aufbau dieser Selbstkompetenzen zur Kontrolle der inneren

Regulierungen sind die Schüler/innen auf *pädagogische Unterstützung* angewiesen: Lehrpersonen müssen ihnen behutsam dabei helfen, auf sich selbst zu schauen, die inneren Prozesse wahrzunehmen, zu erkennen und sprachlich zu äußern, um sie reflektieren und beurteilen zu können. Diese pädagogischen Hilfen nenne ich *Erziehung*. Durch die Kommunikationsprozesse in diesem Handlungsrahmen werden Lehrende und Lernende sensibler für die Verhaltensäußerungen anderer und „spüren" etwas von den inneren Regulationsprozessen bei sich und den anderen (Damasio 2021, S. 48 ff.). Dazu gehört z. B. auch der Einsatz von Achtsamkeitskonzepten, die auch den Körper einbeziehen, etwa richtig Atmen lernen zur Stressreduktion.

Erziehung als eigener Handlungsrahmen, als Kontext für personale Lernprozesse, steht selten im Fokus der Schulen. Sie zeigen eine große Hilflosigkeit im Umgang mit den gesetzlich vorgegebenen, aber nicht genauer explizierten Erziehungsaufgaben. Verhaltensstörungen, Erziehungsschwierigkeiten oder Lernprobleme werden meist als Störungen und Beeinträchtigung der Schulleistungen angesehen und mit Hilfe von Disziplinierungsmaßnahmen unterdrückt oder an Beratungslehrer, Schulpsychologen oder Nachhilfeunterricht „verschoben". Wie ich aus meiner langjährigen Tätigkeit in der Ausbildung von Beratungslehrern weiß, erkennen Lehrpersonen meist nicht den grundlegenden Zusammenhang von Unterricht und Erziehung. *Erziehung als Sicherung der Fähigkeit zur Selbststeuerung und Kooperation*: Sie ist einerseits Bedingung für die Verbesserung der Lernfähigkeit der Schüler/innen und der fachlichen Lernprozesse im Unterricht und andererseits für die Bewältigung von Entwicklungsaufgaben, die bei der Auseinandersetzung mit einem Unterrichtsthema in einer Lerngruppe auftauchen. Lehrpersonen unterschätzen den Eigenwert der Erziehung für den Bildungsprozess der Schüler/innen mit dem Ziel intellektueller und moralischer Autonomie.

Auch in der empirischen Bildungsforschung werden Kommunikationskompetenz und Fähigkeiten zur Regulation des Selbst nur als Determinanten für Schulleistungen operationalisiert und untersucht, aber nicht unter der Frage, wie sie als eigenständige Erziehungsziele gefördert werden könnten (PISA 2000, S. 271 ff.). Im traditionellen Verständnis wird Erziehung (pädagogisches Handeln) z. B. als beabsichtigtes und planvolles Eingreifen von Erwachsenen in die psychischen Dispositionen der Heranwachsenden verstanden, um diese zu verbessern oder zu erhalten (z. B. Brezinka 1981 oder Hurrelmann 1986) oder als „Trias von Behüten, Gegenwirken und Unterstützen" (Garz 2004). Für viele Lehrpersonen ist ein solches Verständnis von Erziehung als „Fremdbestimmung" der Heranwachsenden nicht annehmbar. Sie wollen sich nicht in diesem Sinne als Erzieher/innen verstehen, sondern orientieren sich an dem Leitbild als „professionelle Gestalter von Lehren und Lernen" (Horstkemper 2004). Dafür geben ihnen die differenzierten, jahrgangsbezogenen Curricula für die einzelnen Unterrichtsfächer sichere Leitlinien, die für die Verwirklichung der Erziehungsziele fehlen.

In den Präambeln der Lehrpläne sind dafür meistens *schulart- und fächerüber-greifende Bildungs- und Erziehungsziele verbindlich* vorgeschrieben. Alle Lehrpersonen sind damit verpflichtet, an der Erreichung dieser Ziele mitzuarbeiten, aber am Ende fühlt sich niemand dafür verantwortlich, denn ihre Umsetzung wird nicht kontrolliert und Ergebnisse werden nicht überprüft. Als Beispiel verweise ich hier auf den Bayerischen LehrplanPlus, der dafür 14 Themenbereiche (von Berufsorientierung, Familien- und Sexualerziehung über Interkultureller Bildung, Sprachbildung und Verkehrserziehung bis zur Werteerziehung) und zusätzlich sechs Handlungsfelder der „Alltagskompetenz und Lebensökonomie" vorgibt!

Wie sollen die Lehrpersonen im Schulalltag neben und während ihrer Unterrichtsarbeit mit solchen umfassenden Katalogen an Erziehungsaufgaben umgehen? Welche spezifischen Aufgaben sind mit diesen Zielen auf den einzelnen Jahrgangsstufen verbunden und welcher Fachlehrer fühlt sich dafür verantwortlich? Erziehungsaufgaben stellen sich unabhängig von solchen Katalogen im Schulalltag immer wieder und ihre Bewältigung ist unausweichlich. Lehrpersonen wissen oft nicht, wie sie erzieherische Handlungsrahmen im Schulalltag errichten könnten, um personale Lernprozesse initiieren und begleiten zu können. Das ist nicht verwunderlich, da pädagogische Fächer keinen bedeutsamen Platz in der Lehrerbildung einnehmen. Ich muss daher diese wichtige Aufgabe der Errichtung von Erziehungsrahmen und ihr Funktionieren im Schulalltag genauer beschreiben.

Erziehung ist darauf gerichtet, die Lernvoraussetzungen im personalen System der Schüler/innen zu erkennen und ihre Fähigkeit zur Selbststeuerung als zentrale Steuerungsgröße ihres Lernens gezielt zu fördern. Dazu müssen die Heranwachsenden lernen, ihre Handlungsabsichten von sich aus einzuschränken. Die wichtigsten Lernziele personalen Lernens sind die Befähigung zur Selbstkontrolle und Kooperation. Dabei handelt es sich um „komplexe Handlungskompetenzen, die intellektuelle Fähigkeiten, bereichsspezifisches Vorwissen, Fertigkeiten und Routinen, motivationale Orientierungen, metakognitive und volitionale Kontrollsysteme sowie persönliche Wertorientierungen in einem komplexen handlungsregulierendem System" (Weinert 1999 in: PISA 2000, S. 22). Diese Kompetenzen können nur im gemeinsamen Tun im Rahmen von Handlungsfreiräumen aufgebaut werden. Die Schüler/innen müssen Möglichkeiten bekommen, bei der Verwirklichung selbst gewählter oder gemeinsam vereinbarter Ziele ihr Denken, Fühlen, Wollen und Tun selbst zu regulieren. Das heißt aber nicht, dass sie ihr Handeln völlig nach eigenem Belieben regulieren können. Handlungsfreiräume sind pädagogisch gerahmt, sie sind zeitlich und räumlich, in ihren Sinnorientierungen sowie durch Aufgabenstellungen und Regeln begrenzt. Schüler/innen müssen lernen, ihre Selbstregulierungen mit den Rahmenbedingungen abzustimmen. Lehrende müssen lernen, dass Abstimmung nicht nur Zustimmung, sondern auch Ablehnung, Kritik oder Bemühen um Änderung, Unterordnung oder Unterlaufen der Rahmenbedingungen bedeuten kann. Sie müssen die Selbstregulationen kontrollieren, um zu verhindern, dass einzelne Schüler/innen den Freiraum missbrauchen und z. B. in einer Arbeitsgruppe ihre Interessen oder Wünsche gewaltsam gegen die Vorstellungen der anderen durchsetzen oder dass sie von der Gruppe abgelehnt oder gar ausgeschlossen werden.

Lehrkräfte bemühen sich schon immer darum, die Schüler/innen zur Selbststeuerung und Kooperation zu befähigen. Das ist für sie selbstverständlich, auch wenn sie das nicht immer explizit als Erziehung verstehen. Sie tun dies meist in Form einer Kontextsteuerung durch die Gestaltung der Kommunikationsprozesse. Dabei erzeugen Lehrkräfte einen Kontext und in der Verständigung mit den Schüler/innen darüber werden bei diesen personale und soziale Lernprozesse ausgelöst und gesteuert. So erziehen sie, ohne dass ihnen dies bewusst ist. Im herkömmlichen Verständnis werden meistens Maßnahmen zur direkten Verhaltenssteuerung der Schüler/innen als Erziehung verstanden, z. B. Ermahnungen, Zurechtweisungen, Verbote oder Strafen. Sie sind sicher auch im Rahmen von Erziehung unvermeidlich, um Unaufmerksamkeit, Nebentätigkeiten oder Verhaltensstörungen zu überwinden und eine geregelte Zusammenarbeit für ein Gelingen fachlicher Lernprozesse zu sichern. Aber beim Überwiegen direkter Steuerungsmaßnahmen besteht die Gefahr, dass sich das Lehrer-Schüler-Verhältnis als asymmetrische Interaktionsbeziehung konstituiert und aus einer verengten Perspektive nur fachliche Lernleistungen im Blick hat (Schweer, 2008).

Stattdessen sollten Lehrpersonen möglichst oft Unterrichtsstörungen als Gelegenheit zur Errichtung eines Erziehungsrahmens nutzen, um selbstgesteuerte Lernprozesse auszulösen, indem sie bei den Schüler/innen z. B. eine Reflexion oder Begründung ihres Verhaltens, die Erläuterung eigener Interessen oder eine Diskussion über unterschiedliche Problemlösungen anstoßen. Dazu müssten sie den Unterricht unterbrechen, um einen Erziehungsrahmen zu markieren. Für die Schüler/innen muss deutlich werden, dass es jetzt nicht mehr um fachliche Lernprozesse geht, sondern um ihre Person, um die Reflexion ihres Verhaltens und die Sinnorientierungen ihres Handelns. Dann müssen die Lehrpersonen Handlungsspielräume eröffnen, in denen die Schüler/innen ihre eigenen Anliegen und Sichtweisen einbringen, eigene Problemlösungen entwickeln und alternative Handlungsmuster erproben können. In diesen Erziehungsrahmen lernen sie vom Kontext (Bateson), indem sie aus den Handlungserfahrungen neue Erkenntnisse und Handlungsmuster abstrahieren und die Strukturen ihres Lernapparats transformieren. Dazu ein Beispiel, das zeigt, wie ein Lehrer einen Kontext in Form eines Erziehungsrahmens erzeugt und wie in der Verständigung über diesen Kontext personale und soziale Lernprozesse ausgelöst und gesteuert werden.

Ein Schüler an einer Mittelschule z. B. hat im Deutschunterricht wieder einmal seine Hausaufgaben „vergessen" und erhält wie üblich von seinem Lehrer die erwartete Strafe. Sein Nachbar hat diesmal auch seine Hausarbeiten nicht erledigt und der Lehrer reagiert mit der freundlichen Aufforderung, sie nachzuliefern. Der Schüler beobachtet diesen Unterschied in der Lehrerreaktion auf die vergessene Hausaufgabe und gewinnt daraus eine für ihn sehr bedeutsame Information: Sein Nachbar wird vom Lehrer anders behandelt, er kommt besser weg, und das ärgert ihn. Durch Einfügung in den unterrichtlichen Erfahrungskontext wird diese Information für ihn entweder zu einem neuen *Wissen* oder zu einem revidierten Wissen in Form einer veränderten Erfahrung: Dem Schüler ist das bisher gar nicht aufgefallen, aber jetzt ist ihm klar, er „weiß", der Lehrer behandelt ihn ungerecht. Er regt sich beim Lehrer lauthals darüber auf, dass er seinen Nachbarn bevorzuge. Der Lehrer weist dies zurück und erklärt dem Schüler, dass bei ihm das Fehlen der Hausaufgabe „normal" sei, während das bei seinem Nachbarn zum ersten Mal vorgekommen sei und er auch eine triftige Entschuldigung vorgebracht habe. Gerechtigkeit bedeute nicht Gleichbehandlung, vielmehr müssten bei der Beurteilung eines Fehlverhaltens die Umstände berücksichtigt werden. Daraufhin regt der Lehrer in der Klasse eine Diskussion über die Prinzipien von Fairness an und gibt den Schüler/innen die Möglichkeit, ihre eigenen Vorstellungen von Gerechtigkeit zu äußern, im Lichte anderer Vorstellungen zu überdenken und zu bestätigen oder evtl. zu revidieren. Im Diskussionsprozess einigt sich die Klasse schließlich auf ein gemeinsames Verständnis von Fairness.

Indem der Lehrer den Unterricht unterbricht, auf die Beschwerde des Schülers eingeht, seine unterschiedliche Beurteilung des Fehlverhaltens der Schüler erklärt und sich Zeit für eine Diskussion nimmt, schafft er einen Erziehungsrahmen. D. h., er lenkt die Aufmerksamkeit der Schüler/innen auf ihre Person und fordert sie auf, ihr eigenes Denken und Handeln zu reflektieren. Mit der sprachlichen Begründung seiner unterschiedlichen Reaktionen auf die fehlenden Hausaufgaben und der Darstellung seines Verständnisses von Gerechtigkeit bietet der Lehrer den Schüler/innen Möglichkeiten zur Beobachtung von Differenzen im Verhältnis zu *ihren* Vorstellungen von Gerechtigkeit. Wenn diese Unterschiede für die Schüler/innen bedeutsam sind, werden sie zu Informationen. Mit der Einleitung einer Diskussion eröffnet der Lehrer den Schüler/innen einen Freiraum mit der Möglichkeit, diese Informationen mit ihren bisherigen Erfahrungen, eigenen Vorstellungen und den unterschiedlichen Auffassungen anderer Schüler/innen zu vergleichen, ein gemeinsames Verständnis von Fairness zu erarbeiten und in ihr kognitives System zu integrieren. Wenn Lehrer und Schulklasse dieses Verständnis im künftigen Zusammenleben beachten und bei entsprechenden Vorfällen erneut reflektieren, werden die Informationen über grundlegende Gerechtigkeitsprinzipien zu einem Wissen, das sich in den kognitiven Strukturen der Beteiligten niederschlägt, aber auch als kollektives Wissen in der sozialen Praxis dieser Schulklasse verankert ist. Mit dieser Diskussion und dem Verweis auf das gemeinsam erarbeitete Verständnis von Fairness in künftigen Konfliktsituationen bahnt der Lehrer Bildungsprozesse an: Er regt die Schüler/innen dazu an, ihre Beurteilung einer Situation und ihr eigenes Verhalten mit Bezug auf gemeinsame, sozial anerkannte Wertorientierungen zu reflektieren und künftig selbstgesteuert und bewusst daran auszurichten.

Am Beispiel dieses Kommunikationsausschnitts möchte ich nochmals sowohl der Ablauf den eingelagerten Lernprozesse als auch die Funktionen eines Erziehungsrahmens allgemein verdeutlichen. Der Lehrer konstituiert einen Erziehungsrahmen, indem er die fachliche Kommunikation unterbricht und auf die Beschwerde des Schülers eingeht. Mit der Ausrichtung der Kommunikation auf den Konflikt über unterschiedliche Vorstellungen von Gerechtigkeit schafft er eine gemeinsame Intentionalität und markiert einen spezifischen Handlungsrahmen für die ganze Schulklasse. Dadurch erfolgt eine Eingrenzung der Sinnorientierungsmöglichkeiten des Lernens, die auf den Umgang mit Konflikten und auf die kritische Auseinandersetzung mit Moralvorstellungen, also auf personale Lernprozesse ausgerichtet werden. Innerhalb dieses Rahmens gewährt der Lehrer in der Diskussion Spielräume, die es den Schülern/innen erlauben, ihre eigenen Erfahrungen, Auffassungen, Urteile und Ideen für Konfliktlösungen einzubringen. Der Lehrer unterstützt durch seine Diskussionsleitung und die von ihm selbst eingebrachten Argumente die Verarbeitung der von den Schülern/innen gewonnenen Informationen über Gerechtigkeit. Schließlich initiiert er einen Prozess der Einigung auf ein gemeinsames Verständnis von Gerechtigkeit als Basis für eine akzeptable Konfliktlösung und für den Umgang mit ähnlichen Konfliktfällen in der Zukunft.

Der Lernprozess vollzieht sich in den oben beschriebenen Schritten: Der Lehrer „versteht" den Schüler, der sich ungerecht behandelt fühlt, indem er auf seine Beschwerde eingeht. Mit seiner Darlegung steuert er den Denkprozess der Schüler/innen in Richtung einer Reflexion ihrer eigenen Vorstellungen. Er bietet ihnen einen Unterschied an, aus dem sie eine Information gewinnen können: Gleichbehandlung heißt nicht immer Gerechtigkeit. Damit diese Information für die Schüler/innen zu einem Wissen werden kann, kommt es auf die Anschlusskommunikation an. Die vom Lehrer gewählte Diskussion gewährt den Schülern/innen einen Freiraum, der es ihnen erlaubt, ihre unterschiedlichen Moralvorstellungen vorzutragen und ihre Vorschläge zur Konfliktlösung zu unterbreiten. Die Diskussion als Erziehungsrahmen zielt auf die Herstellung einer Abfolge gleichsinniger und anschlussfähiger Kommunikationen, die eine Verarbeitung der unterschiedlichen Informationen ermöglichen. D. h., sie sind alle auf ein Verständnis von Gerechtigkeit ausgerichtet. Aber die unterschiedlichen, teils widersprüchlichen Beiträge der Schüler/innen zeigen auch: Eine Anschlusskommunikation muss nicht Zustimmung oder Übereinstimmung signalisieren, sondern zeigt ein Verstehen an, selbst wenn damit Kritik, Ablehnung oder Weiterungen verbunden sind. Auf diese Weise wird der Fortgang des Kommunikationsprozesses offen gehalten und weitere Lernprozesse über das Verständnis von Fairness werden ermöglicht und angestoßen. Gerade in der Schule wird ein Kommunikationsprozess oft auf der Basis von Dissens oder Konflikt weitergeführt. Diese Formen der Verständigung können sehr fruchtbar für personale Lernprozesse sein, wenn sie auf der Basis eines regelgeleiteten Prozessierens erfolgen, auf die sich die Klasse oder eine ganze

Schule geeinigt hat, z. B. in Form von Regeln zur Gesprächsführung oder von Vereinbarungen zur gewaltfreien Konfliktlösung. Die Schüler/innen lernen regelgeleitetes Handeln. Sie üben sich darin, ihr Denken und ihre Beiträge an den vereinbarten Themen und Regeln auszurichten und ihre eigenen Auffassungen im Lichte anderer Vorstellungen kritisch zu sehen und zu bewerten.

Das Beispiel soll auch zeigen, dass sich auf Grund der Kontingenz schulischer Interaktionssysteme immer wieder Gelegenheiten eröffnen, Konflikte, Störungen oder Lernschwierigkeiten als Chance zu nutzen, um Erziehungsrahmen zu installieren und die Reflexionskompetenz und Selbststeuerungsfähigkeit der Schüler/innen gezielt zu fördern. Gerade auch während der Pubertät und in der folgenden Entwicklungsphase bis zum Eintritt ins Erwachsenenalter sind die Schüler/innen auf Erziehung als Hilfe zur selbständigen Bewältigung ihrer Entwicklungsaufgaben angewiesen. Während dieser Zeit, in der das personale System grundlegend umgebaut wird und Gefühle eine große Rolle spielen, stellt für sie die Verbesserung der Fähigkeiten zur Selbstkontrolle, zu reflektiertem Handeln, zu gegenseitiger Achtung und Toleranz eine große Herausforderung dar. Daher bekommen alle Bemühungen um ein gutes Schulklima, ein reichhaltiges Schulleben und eine anregende Schulkultur auch noch im Sekundarschulbereich eine herausragende Bedeutung. Viele Schulen versuchen ganz bewusst, ein Gemeinschaftsgefühl aufzubauen, im alltäglichen Zusammenleben auf ein gutes Klima zu achten und Handlungsfreiräume für soziales Lernen zu schaffen. Wenn das Schulleben durch klare Ordnungen und Zeitstrukturen, durch bewährte Praktiken und vertrauensvolle Beziehungen so gestaltet wird, dass sich die Schüler/innen wohl fühlen und Freiräume haben, können sie lernen, ihren Gefühlshaushalt selbständig zu regulieren, Selbstdisziplin aufzubauen und gemeinsam mit anderen, aber selbstbestimmt an der Gestaltung des Zusammenlebens mitzuwirken (Beutel u. a. 2016, S. 120 ff.).

6.5 Unterricht als Form der Kontextsteuerung sachlicher Lernprozesse

Die Steuerung der sachlichen Lernprozesse ist allen Lehrenden bei der Unterrichtvorbereitung als Gestaltung von multimedialen Lernumgebungen vertraut. Überlegungen zur Planung unterrichtlicher Lernprozesse haben sich in einer nicht mehr überschaubaren Flut an Publikationen mit Konzepten *zur didaktischen und methodischen Gestaltung des Unterrichts* niedergeschlagen (z. B. H. G. Rolff (2015): Handbuch Unterrichtsentwicklung; Tulodziecki, G., Herzig, B., S. Blömeke, (2017): Gestaltung von Unterricht. Eine Einführung in die Didaktik). Dabei fällt auf, dass Konzepte zur Unterrichtsplanung nicht explizit auf Fragen der *Steuerung* dieser fachlichen Lernprozesse eingehen. Die Frage ist, welche Steuerungsformen den Lehrpersonen bei der Realisierung der angestrebten Lernziele im Fachunterricht zur Verfügung stehen, um die selbstgesteuerten Lernprozesse der Schüler/innen zum Erfolg zu führen. Ich möchte den Blick darauf lenken, wie Unterricht als Kontext das möglich macht.

Im Unterschied zu den Handlungsrahmen Sozialisation und Erziehung stehen hier die sachliche Dimension der Lernprozesse und damit die Auseinandersetzung der Lernenden mit dem Unterrichtsgegenstand im Vordergrund. Die Aufmerksamkeit der Lernenden richtet sich von der eigenen Person und dem sozialen Umfeld weg auf dingliche, sachliche, meist symbolisch repräsentierte Lerngegenstände. Die Auseinandersetzung mit ihnen zielt nicht in erster Linie auf den Erwerb von Handlungskompetenzen, sondern auf eine Erhöhung der kognitiven Komplexität durch fachsystematisch geordnetes Wissen als wichtigen Baustein für den Aufbau eines differenzierten Weltbilds.

Die erste Aufgabe der Kontextsteuerung besteht darin, die Aufmerksamkeit und Lernbereitschaft möglichst aller Schüler/innen auf den vorgesehenen Unterrichtsgegenstand zu lenken. Die Bedingung der Möglichkeit dafür ist aus systemischer Sicht gelingende Kommunikation innerhalb eines gemeinsam erarbeiteten Handlungsrahmens. Nach Willke (2005, S. 190) ist die Fähigkeit zu „geteilter Intentionalität" das Ergebnis einer Kopplung von Kommunikationen und Personen, von denen beide Seiten eine Vorleistung erbringen müssen: Die spezifische Systemrationalität des Kommunikationssystems Schule beruht auf dem Lernen als ihrem zentralen Zweck und die spezifische Rationalität des Handelns der Schüler/innen wird von ihren Interessen bestimmt. Die Orientierung ihrer Interessen an den schulischen Lernzielen und die absichtliche Ausrichtung des Handelns an den anstehenden Lernaufgaben ist ein unverzichtbarer Teil des Lernprogramms der Schüler/innen. Durch die Gestaltung der Lernkontexte soll die Herstellung einer „künstlichen Gemeinsamkeit" (Faßler 2014, S. 179) zwischen den Sinnorientierungen der Schule und denen der Schüler/innen gesichert werden. Am Beginn einer Unterrichtsstunde stellen Lehrkräfte in der erste Phase des Kommunikationsprozesses fest, ob gemeinsame Intentionalität gegeben ist oder durch einen Aushandlungsprozess erst hergestellt werden muss. Denn „Intentionen als absichtsvolles oder zweckgerichtetes Handeln sind Produkte des Zusammenspiels differenzierter Symbolsysteme" (Willke 2005, S. 190). Die Symbolsysteme der Sprache der Lehrenden und Lernenden und das Symbolsystem der Kommunikation müssen in ihren Sinnorientierungen so aufeinander abgestimmt werden, dass sie Gelegenheiten zur Selbststeuerung und damit die Möglichkeit zur selbstgesteuerten Einigung auf eine gemeinsame Lernzielorientierung eröffnen.

Die Herstellung einer gemeinsamen Intentionalität ist die Voraussetzung für das Gelingen zielgerichteter sachlicher Lernprozesse. Über die Bedingungen ihrer Möglichkeit sagt empirische Bildungsforschung nichts aus. Sie untersucht seit Jahren die Bedingungsfaktoren schulischer Lernleistungen im Sinne der Aneignung fachlichen Wissens. Aber die Ergebnisse geben keine Auskunft darüber, wie diese Bedingungsfaktoren steuernd auf die Lernprozesse der Schüler/innen einwirken. Darin liegt eine grundsätzliche Problematik sowohl der Schulqualitäts- als auch der Bildungsforschung. Sie gibt den Lehrenden keine Hilfen für die praktische Umsetzung der empirischen Forschungsergebnisse im Unterrichtsalltag. Ich will dies an einem Beispiel näher erläutern, damit der Unterschied zwischen diesen kausal-analytischen Forschungsansätzen und dem in Abbildung 6 dargestellten systemischen Erklärungsmodell schulischer Lernprozesse deutlich wird. Ich beziehe mich auf die erste PISA-Studie (PISA 2000, 2001, S. 32 f.). Dort wird der schulische Kompetenzerwerb auf der Basis eines theoretisch begründeten Modells erklärt, in dem die bedeutsamen Bedingungen schulischer Leistungen dargestellt sind (PISA 2000, S. 33). Am Beispiel: Die zu erklärende Kompetenz (Lesekompetenz) wird operationalisiert, um sie messen zu können. Dann werden die relevanten Bedingungsfaktoren Muttersprache, Sozialschicht, Geschlecht über die vermittelnden Kontextvariablen Schulform, kulturelle Praxis, Freude am Lesen daraufhin untersucht, wie sie die Lesekompetenz beeinflussen. (Vgl. die Pfadanalyse zur Erklärung der Lesekompetenz: PISA 2000, 2001, S. 501.) Dazu heißt es: „Insgesamt erlaubt es dieses Strukturgleichungsmodell, die relativen Stärken der verschiedenen Kontexteinflüsse einzuschätzen – und zugleich die Einflusslinien der exogenen Variablen nachzuzeichnen. Das Modell erklärt insgesamt 47 % der Varianz der Lesekompetenz und kommt damit zu einem sehr zufriedenstellenden Ergebnis" (a. a. O., S. 502). Wie sind die restlichen 53 % der Varianz der Lesekompetenz zu erklären? Was nützt ein solches Ergebnis den Lehrpersonen in der Praxis? Es sagt nichts darüber aus, wie die Stärken der ermittelten Kontexteinflüsse im Unterricht am besten zur Wirkung gebracht werden könnten, vorausgesetzt, dass die Lehrpersonen diese Bedingungsfaktoren überhaupt beeinflussen können. Die Forschungsergebnisse geben zwar gewisse Hinweise darauf, wo spezielle Fördermaßnahmen zur Verbesserung der Lesekompetenz ansetzen könnten, aber nicht, wie die Lernkontexte im alltäglichen Leseunterricht gestaltet werden müssten, um gelingende Lernprozesse anzustoßen und zu begleiten. Wie schwierig das ist, zeigt sich daran, dass immer noch ca. 8 % der Schüler/innen die Schule als funktionale Analphabeten verlassen.

Im Gegensatz dazu geht es im Modell einer Kontextsteuerung darum zu beschreiben, wie die Umweltsysteme im unterrichtlichen Rahmen als gestalteter Kontext durch spezifische Kopplungsprozesse steuernd auf die fachlichen Lernprozesse der Schüler/innen einwirken (vgl. Abbildung 10). Insbesondere in den kognitiven Strukturen und Handlungsmustern löst der Kontext Transformationen aus, sei es in Form von Wissen (= kollektive, gedankliche, symbolische Verfügbarkeit über eine Sache) oder von Kompetenzen (= personale, kommunikative, handelnde Verfügbarkeit über eine Sache). Er bestimmt die Sinnorientierung und Struktur der Kommunikationsprozesse im sozialen System der

Schulklasse sowie die Beobachtungsperspektiven der Lehrerin/des Lehrers und der Schüler/innen auf den Lerngegenstand.

Die Auseinandersetzung der Lernenden mit dem Unterrichtsthema vollzieht sich in Interaktionen mit einem kulturell vorgeprägten Lerngegenstand, der real präsentiert oder zeichenhaft, symbolisch oder medial repräsentiert wird. Abbildung 10 zeigt, welche *Steuerungsfaktoren* im Kontext Unterricht dabei wirksam sind:

- sachliche Lernziele als übergeordnete Sinnorientierung,
- Sachstruktur des Lerngegenstandes, seine mediale Repräsentation und seine kulturelle und gesellschaftliche Bedeutung,
- kognitive Strukturen der Schüler/innen und ihre emotionale Beziehung zum Fach,
- fachliche und fachdidaktische Kompetenz der Lehrkraft und ihre (emotionale) Beziehung zum Lerngegenstand und zum Unterrichtsfach.

Die Kopplung dieser Faktoren erfolgt durch den Austausch der Beobachtungen in einem fortlaufenden Kommunikationsprozess, der im Sinne der Kontextsteuerung die Lernprozesse der Schüler/innen lenkt.

Abbildung 10: Kontextsteuerung sachlicher Lernprozesse durch Unterricht (schematisch) (eigene Darstellung)

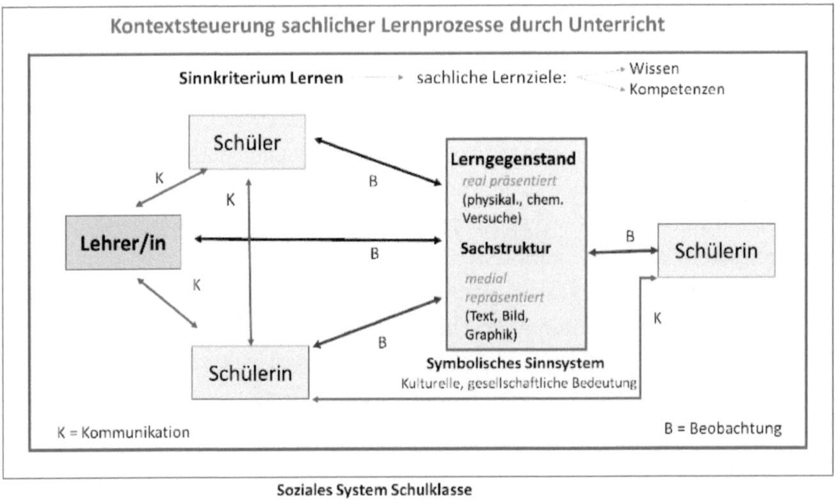

Die Steuerungsfaktoren entfalten ihre Wirkung über die Lehrkraft bereits bei der Vorbereitung des Unterrichts, die sich auf die Präzisierung der Lernziele, die (Re-) Präsentation des Unterrichtsgegenstandes und die Gestaltung des Handlungsrahmens bezieht. Im Unterricht selbst steuert vorrangig die Lehrkraft die tatsächliche Umsetzung der geplanten Kontexte und damit ihre Wirkung auf die Lernprozesse der Schüler/innen, weil sie aufgrund ihrer Professionalität die Kommunikation kontrolliert. Je weniger sich eine Schülerin am Kommunikationsprozess aktiv beteiligt, desto weniger werden die Steuerungsfaktoren wirksam (vgl. in Abbildung 10 die Schülerin rechts außen).

Die Lernenden stellen bei ihren Beobachtungen und der handelnden Auseinandersetzung mit dem Thema Unterschiede fest, die symbolisch oder zeichenhaft codiert, meist sprachlich gefasst werden. Das sind die Daten, die im Kommunikationsprozess in der Schulklasse mit Bedeutungen versehen werden und dann die Basis für die Konstruktion fachlicher Informationen bilden. Die Steuerung dieser Prozesse hängt zu allererst davon ab, wie der Lerngegenstand präsentiert oder repräsentiert wird, damit die Lernenden bedeutsame Unterschiede beobachten können. Dafür ist die Sachstruktur des Gegenstandes selbst bestimmend. Aber es kommt darauf an, wie sie die Lehrkraft aufgrund ihrer fachlichen und fachdidaktischen Kompetenz so zum Vorschein und zur Darstellung bringen kann, dass die Schüler/innen mit ihren kognitiven Strukturen einen Zugang dazu finden können. D. h., sie müssen die Sachstrukturen an ihre Wahrnehmungs- und Denkstrukturen, ihre inneren Vorstellungsbilder, ihre Zeichen- und Symbolfähigkeit und ihre Begriffe anschließen können. Dabei kann ihnen die mediale Repräsentation des Lerngegenstandes helfen. Gerade die digitalen Medien bieten hervorragende Möglichkeiten, den Schülern/innen die Strukturen des Gegenstandes durch Anschaulichkeit, Perspektivenwechsel, aktives Eingreifen und Manipulieren, Prozessdarstellungen und Simulationen in unterschiedlichen Codes (Texte, Bilder, Filme, Grafiken, 3-D-Konstruktionen) aufzuschließen und an ihre eigenen Strukturen zu assimilieren.

Auf dieser ersten Stufe des Lernprozesses, der Beobachtung und Datengewinnung steht die Steuerung durch den Lerngegenstand im Vordergrund. Die Informationsgewinnung auf der zweiten Stufe des Lernprozesses durch Vergleichen und Bewerten der Daten und durch Bedeutungszuschreibung kommt es entscheidend darauf an, wie die Lehrkraft den Kommunikationsprozess steuert. Dies gilt auch für die dritte Stufe des Lernprozesses, der Informationsverarbeitung und Sinnverleihung, die ebenfalls von den Lehrkräften durch die Form der kommunikativen Verarbeitung der Informationen in unterschiedlichen sozialen Kontexten gelenkt wird. Wie bereits beschrieben geht es dabei um die Gewinnung der Ergebnisse, die Formen ihrer Präsentationen, um Zusammenfassungen und Anwendungsbeispiele sowie die Einlagerung der Informationen in einen Praxiskontext.

Damit zeigt sich in aller Klarheit, dass auch bei einer Kontextsteuerung des fachlichen Lernens die Lehrkräfte als zentrale Steuerungsgröße wirken. Das gilt, solange sie die Steuerung und Strukturierung des Kommunikationsprozesses nicht an die Schüler/innen (z. B. im Rahmen von Gruppenarbeit oder Projektunterricht) oder an ein digital gesteuertes Lernprogramm übergeben. Aber selbst dann wirken die Lehrkräfte noch sehr stark auf die Lernprozesse der Schüler/innen ein: In der Vorbereitung dieser Kontexte wirken sie dadurch, dass sie dem Thema, den Lernzielen, Arbeitsmethoden und zu erwartenden Ergebnissen eine spezifische Bedeutung zu schreiben. In der Nachbereitung dieser Lernkontexte, in der die gewonnenen Ergebnisse im Kommunikationsprozess und in sozialen Praktiken zu Wissen werden.

Lehrkräfte bündeln und bestimmen durch die Gestaltung des Kommunikationsprozesses die Wirksamkeit der übrigen Steuerungsgrößen. Entscheidend sind ihre Haltungen und Einstellungen, ihre Fähigkeit zu gelingender Kommunikation, ihre Art, Schüleräußerungen erst zu nehmen und ihre persönliche Zuwendung in Form von aktivem Zuhören. Das wird durch die empirische Bildungsforschung bestätigt: Aus den neun gefundenen Bereichen an Bedingungsfaktoren für gute Schulleistungen spielen die Bereiche Lehrperson, Lehrstrategien und Implementation die größte Rolle (Hattie, Zierer 2018, S. 136).

„Es sind damit die leidenschaftlichen Lehrpersonen, die den größten Einfluss auf die Lernenden haben: Wichtiger als das, was wir machen, ist, wie und warum wir es machen. Wir brauchen Lehrpersonen, die Unterricht nicht mehr als einen Monolog sehen, sondern als einen Dialog, die immer und immer wieder im Schüler etwas suchen, wovon keiner etwas weiß und woran schon keiner mehr glaubt, die mit Leidenschaft und Kompetenz von ihrem Wissen, aber auch ihrem Leben erzählen können, die sich mit ihren Kollegen austauschen und zusammentun und die dem Schüler auf Augenhöhe begegnen, wohlwissend, dass sie ihn genauso brauchen wie er sie."(Hattie, Zierer 2018, S. 139)

Vor diesem Hintergrund werden den Lehrkräften bestimmte Rollen zugeschrieben, z. B. als „Antreiber", „Verhinderer", „Herausforderer", „Vertrauensförderer" (Hattie, Zierer 2018, S. 139 ff.). Diesen Rollen wird jeweils ein Bündel an empirisch ermittelten Bedingungsfaktoren für gute Lernleistungen zugeordnet, ohne dass ersichtlich ist, wie sie zusammenhängen. Und es bleibt ungeklärt, wie die Lehrkräfte diese Bedingungsfaktoren (z. B. „Erkenntnisstufen", „vorausgehende Fähigkeiten", „Selbstwirksamkeitserwartung") im Unterricht berücksichtigen oder zur Geltung bringen können und welche Bedeutung sie in unterschiedlichen unterrichtlichen Kontexten haben.

Die Möglichkeiten der Kontextsteuerung des fachlichen Lernens können erst dann voll ausgeschöpft werden, wenn auch die Schüler/innen mit ihren Kräften, Fähigkeiten, Gefühlen und Wünschen als Steuerungsgröße angemessen zur Geltung gebracht werden können. Das ist nur dann der Fall, wenn sie auch in die Vorbereitung unterrichtlicher Rahmen mit einbezogen werden, z. B. wenn Lehrkräfte und Schüler/innen eine Unterrichtseinheit gemeinsam planen oder wenn Lernende ein Projekt völlig in eigener Regie durchführen dürfen.

Ein grundsätzliches Steuerungsproblem fachlicher Lernprozesse besteht darin, dass die kommunikativen Kopplungsprozesse zwischen Lehrenden, Lernenden und Lerngegenstand an das Symbolsystem der Sprache gebunden sind. Sprache lenkt die Auseinandersetzung zwischen den Symbolsystemen des Bewusstseins der Lehrperson und der Schüler/innen und dem symbolisch repräsentierten Lerninhalt. Unterrichtliche Kommunikation ist damit an die Sprache als absolute Bedingung der Möglichkeit für gelingende Verständigung gebunden. Schon Priesemann hatte herausgefunden, dass zwischen einem verständigungsbezogenen und einem fachbezogenen Sprechen unterschieden werden muss (Priesemann 1971, S. 66 ff.). Damit ist das Problem verbunden, dass bei beiden Sprachformen mit Bezug auf ihre Steuerungswirkung eine Verständigung gesichert werden muss.

Im „verständigungsbezogenen Sprechen" stimmen sich Lehrende und Lernende darüber ab, wie sie sich mit dem Lerninhalt auseinandersetzen wollen. Es geht um die Regulierung des Kommunikationsprozesses und seine fortlaufende Kontrolle hinsichtlich seiner Ausrichtung auf den Lerngegenstand. Dabei erfolgt gleichzeitig und unterschwellig eine Klärung der (emotionalen) Beziehungen zwischen den Sprechenden. Störungen auf dieser Beziehungsebene können mehr oder weniger eine Verständigung über die Sache behindern. Die Ursache liegt darin, dass gelingende Lernprozesse nicht nur an die bereits mehrfach betonte Sprachfähigkeit gebunden sind, sondern darüber hinaus Kommunikationskompetenz erfordern (Baacke 1973, S. 106 und 257). Dazu gehören die Fähigkeiten, das Zusammenspiel von verbaler und nonverbaler Kommunikation zur fortlaufenden Sicherung des gegenseitigen Verstehens zu beobachten, Gestik, Mimik, Körperhaltung, Sprechmelodie, Lautstärke adäquat einzusetzen und die eigenen Gefühle und Bedürfnisse zu kontrollieren. Nur dann können Beeinträchtigungen des fachlichen Lernens durch Beziehungsstörungen vermieden bzw. erkannt und bearbeitet werden.

Das „fachbezogene Sprechen" regelt die Auseinandersetzungen der Schüler/innen mit dem Unterrichtsgegenstand. Die fachlichen Lernprozesse lassen sich als Erwerb bzw. Aufbau einer Fachsprache unter der sprachlichen Steuerung durch die Lehrpersonen beschreiben. Priesemann (1971, S. 85 ff.) stellt detailliert dar, wie sich in diesem Prozess in einer Schulklasse oder Lerngruppe zunächst eine „Lerngruppensprache" ausbildet, die sich im Laufe eines Schuljahres und über die weiteren Schuljahre kontinuierlich der Fachsprache mit ihren Fachtermini und den vereinbarten Bedeutungsgehalten annähert. Aber dieser Prozess ist mit einem Problem behaftet: Die sprachlichen Zeichen zur Beschreibung eines Lernziels bzw. Lerngegenstandes sind jeweils mit einer doppelten symbolischen Bedeutung aufgeladen. Sprachzeichen werden durch die Zuschreibung konventioneller Bedeutungen zu Symbolen. Mit dem Erwerb einer Fachsprache im Unterricht geht es daher nicht um die Aneignung der Wörter, sondern ihrer *konventionellen*, symbolischen Bedeutung als Fachbegriffe. Die Schüler/innen verbinden jedoch mit den fachlich definierten Sprachzeichen (z. B. „Kraft" im Physikunterricht) auch *individuelle* Bedeutungen (Begriffe, Gefühle, Wertungen), je nachdem, unter welchen situativen Bedingungen sie die Wörter in der Umgangssprache erlernt haben. Diese von sozialen und kulturellen Unterschieden abhängigen, persönlichen Bedeutungen der Sprachzeichen können unbewusst in die unterrichtliche Kommunikation hineinwirken. Sie können den Aufbau der Fachtermini bei einzelnen Schülern/innen erschweren. Sie wirken auf den Prozess der Verständigung, indem sie die Konzentration unterstützen, wenn sie mit Interesse, Neugier oder Begeisterung aufgeladen sind, oder auch empfindlich stören, wenn sie mit Unlust, Frustration oder Angst verbunden sind. Ein typisches Beispiel dafür ist die Beobachtung, dass manche Schüler/innen Angst vor Mathematik haben. Sie ist möglicherweise als Ergebnis eines Teufelskreises von Misserfolgserlebnissen zu verstehen. Der Anfang könnte darin liegen, dass die Schüler/innen Schwierigkeiten hatten, die mit dem Gebrauch mathematischer Zeichen verbundenen Abstraktionsleistungen zu erbringen. Eine Kontrolle dieser subjektiven, emotionsbeladenen Bedeutungen, wenn sie denn bewusst werden, erfordern von den Lernenden Kraftanstrengungen und Energien, die für den fachlichen Lernprozess verloren gehen, aber auch so etwas wie „awareness" (Bewusstheit) für die Lernsituation schaffen können.

Der Ansatz von Priesemann ist nie weiterverfolgt oder empirisch überprüft worden. Ich selbst habe in den 1970er Jahren parallel dazu in einer qualitativ-empirischen Studie auf der Grundlage transkribierter Tonbandprotokolle von Unterrichtsstunden „Grundformen des didaktischen Sprechens" beschrieben und im Anschluss ein Kategorienschema zur Analyse verbaler Kommunikationsprozesse im Unterricht entwickelt (Spanhel, 1977; 1979 und 2001). Die Ergebnisse zeigen, dass damals die Lernaktivitäten der Schüler/innen in großem Umfang durch die verbale Kommunikation der Lehrenden kontrolliert wurden und dabei relativ starre Sprachmuster unabhängig von Lehrperson, Schulklasse und Unterrichtsfach zum Einsatz kamen. Trotz ihrer enormen Bedeutsamkeit fehlen seither empirische Untersuchungen über die Steuerungswirkungen verbaler Kommunikation auf die Lernprozesse der Schüler/innen.

Am Problem der Kontextsteuerung des Lernens durch den Handlungsrahmen Unterricht wird noch einmal die unglaubliche Komplexität des schulischen Lernens sichtbar. Lehrkräfte müssen täglich diese Komplexität bewältigen, wenn sie erfolgreich unterrichten wollen. Um handlungsfähig zu sein, müssen sie Komplexität reduzieren. Sie tun dies, indem sie sich auf bewährte Methoden, Praktiken und Routinen verlassen. Sie werden dabei durch feste organisatorische Strukturen, wissenschaftlich überprüfte methodische Bausteine, Lehrbücher, multimediale Lehrmaterialien und Lernprogramme sowie vereinbarte Regeln und administrative Vorgaben unterstützt. Aber diese Formen der Komplexitätsreduktion können sich in Strukturen, Prozessen und Regulationen verfestigen, die es Lehrpersonen und Schulen schwer machen, die neuen und vielfältigen Anforderungen und Erwartungen einer Gesellschaft im digitalen Wandel anzunehmen und durch flexibles Handeln zu bewältigen. Um aus den eingefahrenen Gleisen herauszukommen, müssen sie alternative Formen der Komplexitätsreduktion entdecken und erproben. Sie müssen lernen, in Abstimmung mit aktuellen Herausforderungen die verfestigten Strukturen, Prozesse und Regulation in äquivalente Muster zu transformieren. Darin liegt die notwendige und dringliche Aufgabe von Schulentwicklung.

III. Kapitel:
Schulentwicklung –
Die Einzelschule als lernendes System

1. Notwendigkeit einer Entwicklung der Einzelschule

1.1 Einzelschule als Transformationssystem

Das Lernen der Kinder und Jugendlichen vollzieht sich im Austausch mit ihren relevanten Umwelten, in denen sie heranwachsen, nicht nur in der Schule, sondern auch in ihrer Alltagswelt in Familie und Freizeit. Aber ihre Lebenswelt und die Gesellschaft, auf die sie durch Lernen vorbereitet werden sollen, haben sich in ihren sozialen, kulturellen und medialen Bedingungen in den letzten Jahrzehnten in der Folge der Medienrevolution und der digitalen Transformationen, der Migration, Globalisierung und Vernetzung in einem atemberaubenden Tempo geradezu revolutionär verändert (Schmidt, S. J. 2000; Willke 2002; Faßler 2014; Stalder 2016; Nassehi 2019). Meines Erachtens sind diese Veränderungen in ihren Konsequenzen für den Schulbetrieb und das schulische Lernen noch gar nicht hinreichend durchdacht. Die Chancen und Probleme, die damit verbunden sind, liegen auf vier Ebenen, die sich wechselseitig bedingen und beeinflussen:

- Auf der ersten Ebene der Schule als soziales System sind es stark veränderte Austauschbeziehungen mit den gewandelten gesellschaftlichen Systemen. Schule ist längst keine „pädagogische Provinz" mehr, kein geschützter Raum für das Lernen der Heranwachsenden. Eltern, Medien, Wirtschaft, Politik wirken direkt, ungehindert und unkontrollierbar nicht nur auf das Schulsystem, sondern auf die einzelnen Schulen, auf Schulleitungen, Lehrpersonen und Schüler/innen ein. Zudem stellen wissenschaftliche und gesellschaftlich-kulturelle Entwicklungen neue Lernaufgaben und Lerninhalte zur Lebensbewältigung in einer nicht vorhersehbaren Zukunft.
- Auf der zweiten Ebene sind es die Beziehungen des Systems Schule zu ihrer inneren Umwelt, die durch eine multi-ethnische Schülerschaft, Lehrermangel, veränderte Berufsauffassung der Lehrpersonen und eine Flut an administrativen Verordnungen belastet werden.
- Auf der dritten Ebene sind es die Schüler/innen und Lehrkräfte als personale Systeme, die im Kontext dieser problematischen Umweltsysteme im Inneren der Schule höchste Lehr/Lernleistungen erbringen sollen.
- Schließlich ist es auf der vierten Ebene die innere Umwelt der Schüler/innen, die aufgrund ihrer Lebenssituation in einer Gesellschaft im digitalen Wandel mit ganz anderen Erfahrungen, Vorkenntnissen, Erwartungen, Sinn- und Wertorientierungen in die Schule kommen als die Schüler/innen früherer Generationen. Nicht selten verfügen sie nur über eine unzureichende Sprach-

und Kommunikationsfähigkeit, und viele sind mit psychischen Problemen und Entwicklungsstörungen belastet.

Die Auswirkungen des gesellschaftlichen Wandels auf diese vier Ebenen des Systems der Einzelschule erzwingen eine Weiterentwicklung der Schule. Schulentwicklung darf dann aber nicht nur verkürzt am Kriterium der Verbesserung der Lernleistungen der Schüler/innen orientiert werden. Aufgabe einer umfassenden Verbesserung der Schulqualität liegt vielmehr darin, im Kontext der veränderten Rahmenbedingungen für Schule drei Entwicklungsprozesse wechselseitig aufeinander abzustimmen: Die Entwicklung der Schule als System, die Persönlichkeitsentwicklung der Schüler/innen und die Entwicklung der Gesellschaft. Oder anders formuliert: Verbesserung der Schulqualität und der Lernleistungen der Schüler/innen erfordern eine Adaption der Schule sowohl an die Bedingungen einer Gesellschaft im digitalen Wandel, als auch an die dadurch veränderten Entwicklungsprozesse der Schüler/innen. Aus dieser Perspektive gehen die Forderungen der Bildungspolitiker, wie sie unmittelbar nach Bekanntwerden der Ergebnisse der PISA-Studie 2022 erhoben wurden, in die falsche Richtung: Schulen müssten ihre Bemühungen voll auf die Stärkung der Basisqualifikationen bzw. Kernkompetenzen der Schüler/innen konzentrieren und dafür könnten anderen Bildungsinhalte wegfallen oder reduziert werden. Vielmehr käme es aufgrund der Mehrdimensionalität der Lernprozesse darauf an, die personalen und sozialen Lernprozesse als Voraussetzungen für das fachliche Lernen zu unterstützen. Das aber ist nur im Rahmen einer umfassenden Schulentwicklung möglich. Die Aufgabe der Schulentwicklung könnte dann als Stärkung der Resilienz der Lehrenden und Lernenden sowie der Einzelschule beschrieben werden. Mit Resilienz ist die Stabilisierung und Stärkung der personalen wie der sozialen Systeme gemeint, damit sie fähig werden, Belastungen, neue Aufgaben und unvorhergesehene Herausforderungen unter veränderten Bedingungen zu bewältigen (vgl. vbw 2022, S. 38 ff. und S. 60f).

Aus gesellschaftlicher Perspektive müsste Schulentwicklung so erfolgen, dass Schulen sowohl die Stabilisierung als auch die Weiterentwicklung von Kultur und Gesellschaft unterstützen. Kultur ist das Gesamtreservoir an Themen, aus dem die Schule jene Themen zur Verwirklichung ihrer Bildungs-, Erziehungs- und Integrationsaufgaben auswählt, die für die Reproduktion eben dieser Kultur sorgen. „Die Reproduktion der Gesellschaft erfolgt durch die Weitergabe des Kulturprogramms an Individuen im Verlaufe der Sozialisation. Die dabei vollzogene Verpflichtung der Gesellschaftsmitglieder auf ganz bestimmte Problemlösungsoptionen (samt deren normativer und emotionaler Besetzung) regelt die Beziehung zwischen sozialen Ordnungen und individuellen Freiräumen. Die Kontrolle der Individuen erfolgt nicht durch kausale Verursachung, sondern durch kulturell programmierte Bedeutungen, wobei die Sprache ein effektives Instrument kultureller Kontrolle darstellt" (Schmidt 2000, S. 37). Kultur und Gesellschaft sind untrennbar miteinander verbunden, deshalb kann Schule ihre Funktion in einer Gesellschaft auf dem Weg zu einer Wissensgesellschaft nur leisten, wenn sie in der Lage ist, tiefgreifende Veränderungen zu antizipieren und sich darauf einzustellen, anstatt nur auf gesellschaftliche Veränderungen zu reagieren.

Der Blick auf die Schule als soziales System hat gezeigt, dass sie als Sinnsystem auf Sinnorientierungsmöglichkeiten ausgerichtet ist. Das heißt, Schulentwicklung richtet sich auf hohe Ziele, auf Vorstellungen von einer guten Schule, die in der Lage ist, gesellschaftliche Veränderungen wahrzunehmen und sie durch Transformationsprozesse zu bewältigen. Sie orientiert sich nicht mehr an einer Verbesserung der Schulqualität durch Wissenstradierung, sondern an der Entwicklung eines neuen Kulturprogramms und einer Neuregelung des Verhältnisses von sozialer Ordnung und individueller Freiheit unter den Bedingungen einer sich wandelnden Gesellschaft. Zielorientierte Entwicklung aber wirft das Problem der Steuerung auf, die Frage, wie die erforderlichen Veränderungen auf den vier genannten Systemebenen in ihrem Zusammenwirken auf die selbst gesetzten Entwicklungsziele hin ausgerichtet werden können. Das macht es notwendig, das soziale System Schule insgesamt als ein *Transformationssystem* zu betrachten, in dem sich auf allen Systemebenen und in allen Teilsystemen Strukturen, Prozesse und Regulationen prinzipiell verändern lassen und sich tatsächlich auch ständig ändern. Systemische Resilienz bedeutet, die Basis für die gezielte Steuerung der Schulentwicklung zu verbreitern und gelingende Entwicklungsprozesse auf einer Basis empirischer Daten durch strategisch vorausschauende Analysen, neue Organisationsformen und Lernmethoden zu sichern.

Für die genannte dreidimensionale Adaption der Schule und deren Steuerung habe ich eine systemtheoretische Betrachtung der Schule in den ersten beiden Kapiteln vorgenommen und möchte nun im dritten Kapitel zeigen, wie diese Adaptionen gesteuert und welche Möglichkeiten und Wege einer zielgerichteten Entwicklung der Einzelschule daraus abgeleitet werden können. Im ersten Kapitel habe ich die Einzelschule als organisierte soziale Einheit beschrieben. Aus der Perspektive einer genetischen Strukturtheorie, die dem verwendeten Systembegriff zugrunde liegt, befindet sich das soziale System Schule aber nie in einem stabilen Gleichgewicht. Es besteht aus der Einheit der Differenz zwischen System und Umwelt. Aufgrund der radikalen Veränderungen in praktisch allen Umweltsystemen ist diese Einheit gefährdet und muss durch wechselseitige Abstimmungsprozesse immer wieder neu hergestellt und gesichert werden. „Jedes soziale System (steht) prinzipiell vor dem Problem, sich mit mindestens zwei unterschiedlichen Umwelten wechselseitig abzustimmen: mit der inneren Umwelt, die aus den außersystemischen Interessen, Aktivitäten und Loyalitäten der Mitglieder besteht; und mit der Außenwelt, die vor allem aus anderen Sozialsystemen besteht" (Willke 1991, S. 179). In diesem Sinne ist Schule als ein Transformationssystem zu verstehen, das sich in den Abstimmungsprozessen mit seiner veränderten Außen- und Innenwelt immer wieder neu konstituieren muss. Schulentwicklung ist also nicht nur möglich, sondern unausweichlich, weil das System Schule nur in seinem Prozessieren und Strukturiert-Werden Bestand hat.

1.2 Entwicklungsaufgaben der Einzelschule

Die Differenzen, die zur Einheit gebracht werden müssen, wurden im ersten Kapitel in der Beschreibung der vier Grenzparameter gekennzeichnet (vgl. Abbildung 2, S. 27). Schule ist auf Grund ihrer Eigenkomplexität, Reflexions- und Handlungsfähigkeit zu den notwendigen Abstimmungsleistungen fähig. Sie markieren die Anforderungen und Aufgaben für die erforderlichen Entwicklungsmaßnahmen. Die Bereiche, in denen am dringendsten eine Abstimmung erforderlich ist, verweisen auf folgende Probleme:

1. Auf der Ebene des Gesamtsystems Einzelschule im *Verhältnis zum Bildungssystem* der Gesellschaft muss sich Schule in Folge gesellschaftlicher Wandlungen immer wieder auf neue Anforderungen einstellen. Zum Beispiel führt die europaweit verpflichtende Aufgabe der Inklusion zu einer weiteren Ausdifferenzierung der Schule als System und zur Erhöhung ihrer Eigenkomplexität: Es kommen neue pädagogische Fachkräfte ins Kollegium (Sonderpädagogen/innen, Sozialpädagogen/innen, Schulpsychologen/innen), die ihre pädagogische Arbeit aufeinander abstimmen müssen; die Heterogenität der Schüler/innen erhöht sich und die Klasseneinteilung und die Stundenpläne müssen darauf abgestimmt und neu organisiert werden. Barrierefreiheit erfordert Umbauten im Schulhaus sowie eine Umgestaltung der Klassenräume. Weitere Lernaufgaben der Schule ergeben sich auch aus den Anforderungen der UN-Kinderrechtskonvention, die von Deutschland zwar anerkannt, aber in den Schulen noch nicht angemessen umgesetzt wurde. Die drängendste Lernaufgabe liegt aktuell in der Integration von immer mehr Schüler/innen mit Migrationshintergrund und ohne Deutschkenntnisse, die die einzelne Schule vor größte Herausforderungen stellt.

2. Zur resilienten Bewältigung solcher neuen herausfordernden Aufgaben wurde von der OECD (OECD 2019) ein Konzept erarbeitet, nach dem in den schulischen Kernfächern die fachspezifischen Grundlagen erarbeitet sowie die grundlegenden Voraussetzungen für eine selbstgesteuerte Auseinandersetzung mit neuen beruflichen und gesellschaftlichen Lernaufgaben geschaffen werden müssten. Dazu gehören "Learning and Innovation Skills"; sie umfassen die „4K": Kreativität, kritisches Denken und Problemlösen, Kommunikation sowie Kooperation. Ein zweiter Bereich „Life and Career Skills" umfasst Aspekte wie Flexibilität und Anpassungsfähigkeit, Eigeninitiative und Selbststeuerung, soziale und interkulturelle Kompetenzen, Produktivität und Rechenschaftslegung sowie Führungsqualitäten und Ver-

antwortungsübernahme. Schließlich werden unter „Information, Media and Technology Skills" Kompetenzen im Bereich der aktiven Suche nach Informationen, eine kompetente Mediennutzung und eine informatische Grundbildung aufgeführt (vbw 2022, S. 29 f.). Inwieweit Schulen in Deutschland diese Orientierungshilfe für Schulentwicklung angenommen haben, ist unbekannt.

3. Auf der Ebene der Einzelschule im Verhältnis zu den relevanten Umweltsystemen liegen Probleme sowohl auf der Seite der Inputleistungen als auch der Outputleistungen. Auf der Inputseite erhöht sich der Abstimmungsbedarf aufgrund der erhöhten Heterogenität der Schüler/innen. Er ergibt sich aus der Diskrepanz zwischen ihren elementaren Bedürfnissen und unterschiedlichen Lernfähigkeiten sowie der überzogenen Erwartungen der Eltern auf der einen Seite und hohen Lernanforderungen, anspruchsvollen Unterrichtsmethoden und unzureichenden Lernhilfen auf Seiten der Schule. Schulen stehen hier vor einem Dilemma: Trotz steigender und neuer Anforderungen an die Erziehungs- und Unterrichtsarbeit bekommen sie kaum öffentliche oder politische Unterstützung und müssen ihre Probleme unter den Bedingungen einer äußerst mangelhaften personellen, finanziellen, materiellen und räumlichen Ausstattung bewältigen. Schulen unter diesen Mängeln funktionsfähig zu halten, verlangt zusätzlichen organisatorischen Aufwand und erfordert von Schulleitung und Lehrpersonen viel Kraft und Zeit, die für die pädagogische Arbeit fehlen. Das hat dann zur Folge, dass auf der Outputseite die Erwartungen der Eltern hinsichtlich der Bildungsabschlüsse ihrer Kinder und die Erwartungen von Bildungssystem und Wirtschaft hinsichtlich einer angemessenen Vorbereitung der Schüler/innen auf weiterführende schulische oder berufliche Bildungsmöglichkeiten oft nicht erfüllt werden können. Das zeigt sich in drastischer Weise darin, dass ca. 12% der jungen Menschen die Schule als funktionale Analphabeten und ca. 8% ohne Schulabschluss verlassen.

4. Weitere Abstimmungsprobleme liegen auf der Ebene der Einzelschule im Verhältnis zu ihrer inneren Umwelt, gegenüber den Teilsystemen und den handelnden Personen (vgl. Abbildung 4, S. 48). Aufgrund der veränderten Lebensverhältnisse der Lehrenden und Lernenden, ihrer unterschiedlichen Vorkenntnisse, Erfahrungen und Interessen kann es im Kollegium, zwischen Schulleitung und Kollegium, zwischen den Schulklassen oder einzelnen Schülern/innen zu Auseinandersetzungen oder Konflikten sowie zu unterschiedlichen Arbeitsweisen und Umgangsformen in den einzelnen Schulklassen kommen.

Schulentwicklung ist auch deshalb schwierig, weil alle vier Abstimmungsbereiche eng zusammenhängen. Schule begleitet und steuert den Bildungsprozess der Heranwachsenden („curriculum vitae") über den langen Zeitraum von mehr als zehn Jahren hinweg unter den Bedingungen einer Gesellschaft im digitalen Wandel. Schule müsste sich in diesem Zeitraum selbst so entwickeln, dass sie unter Berücksichtigung dieser Veränderungen den Bildungsprozess der Schüler/innen mit dem Ziel der intellektuellen und moralischen Autonomie wirkungsvoll unterstützen könnte. Denn eine Kopplung zwischen den sozialen und personalen Systemen im Raum der Schule gelingt nur auf der Basis einer Ko-Ontogenese, also einer gemeinsamen Entwicklung. Diese Entwicklungen vollziehen sich aber in unterschiedlichen zeitlichen Verläufen und müssen deshalb synchronisiert, in ihrem zeitlichen Ablauf aufeinander abgestimmt werden (Büeler 1994, S. 175 ff.). Dabei ergeben sich zwei wechselseitig aufeinander bezogene Abstimmungsprobleme: Schule muss einerseits die gesellschaftlichen Änderungen und daraus resultierende Anforderungen (Bildungs- und Erziehungspläne) an den individuellen Entwicklungsverläufen der Lernenden ausrichten und andererseits deren individuelle Lernfähigkeit und Lernentwicklung durch Neugestaltung der schulischen Lernaufgaben und Erziehungskontexte anspornen und an den Herausforderungen ihres zukünftigen Lebens in einer sich wandelnden Gesellschaft orientieren.

Die Basis zur Bewältigung der ersten Herausforderung sind die jahrgangsbezogenen Fachlehrpläne, die auf die Entwicklungsbedingungen der Heranwachsenden abgestimmt sind und ihre Lernfähigkeit fordern und fördern sollen. In den letzten Jahren haben sich die Curricula trotz ihrer Ausrichtung auf Kompetenzorientierung inhaltlich kaum verändert. Eine genauere inhaltliche Abstimmung der drastisch veränderten gesellschaftlichen Anforderungen mit den schulischen Lernmöglichkeiten wurde vernachlässigt: Es bleibt häufig offen, welche Kompetenzen durch welche neuen, auf kulturell und gesellschaftlich aktuelle Problemlagen und Entwicklungsthemen ausgerichtete Unterrichtsinhalte vermittelt werden sollen. Die Frage ist, an welche aktuelle und zukunftsweisende soziale, naturwissenschaftliche, wirtschaftliche, juristische und gesellschaftspolitische Themen die Schüler/innen aufgrund ihrer Lebenserfahrungen am ehesten anschließen können, um sie in die schulischen Lehrpläne aufzunehmen. Im Rahmen von Schulentwicklung müsste sich jede Schule überlegen, welche Zukunftsthemen sie heute schon, auf die Entwicklungsaufgaben der Schüler/innen abgestimmt, in die bestehenden Lehrpläne integrieren könnte. Auch in Bezug auf entwicklungsbedingte Erziehungsfragen bleibt das Problem einer Synchronisierung unterschiedlicher Entwicklungsverläufe außer Betracht: So gibt es z. B. kein Curriculum für die sozial-moralische Erziehung, das die Chancen und Probleme der aktuellen Entwicklungsbedingungen der Kinder und Jugendlichen in ihren familiären und medialen Lebenswelten aufgreift (Spanhel 2020; Spanhel 2021; Spanhel 2023).

Die zweite Herausforderung für eine gelingende Schulentwicklung ergibt sich aus der Tatsache, wie voraussetzungsreich die mehrdimensionalen Lernprozesse in der Schule sind. Es erscheint deshalb wenig sinnvoll, wenn empirische Bildungsforschung die komplexen Voraussetzungen für gelingende Lernprozesse als einzelne Bedingungsfaktoren empirisch zu erfassen sucht, weil sie nicht direkt und isoliert, sondern nur in ihrem Zusammenspiel wirksam werden. Ergebnisse der empirischen Bildungsforschung liefern zwar wertvolle Erkenntnisse über die Effekte einzelner Bedingungsfaktoren für Schulqualität, aber sie allein geben kaum Hilfen für die Entwicklung und Durchführung von Erfolg versprechenden Maßnahmen zur Schulentwicklung. Dafür müssten konkrete, auf die einzelne Schule bezogene Daten verfügbar sein. Das wird seit 2018 in Hamburg am Institut für Bildungsmonitoring und Qualitätsentwicklung (IfBQ) versucht, das Daten über die Schulleistungen von mehr als 20.000 Schülern/innen bereitstellt. Es liefert Testergebnisse über die Kompetenzen im Lesen, Schreiben und Mathematik sowie Erkenntnisse über den Erfolg von Fördermaßnahmen, z. B. Sprachtrainings oder Rechenprogrammen. Darauf könnte eine „datengestützte Schulentwicklung" aufbauen, aber nur dann, wenn die Ergebnisse an den einzelnen Schulen gemeinsam interpretiert und Maßnahmen ausgehandelt würden. Denn die Daten allein liefern keine Wahrheiten, wie die derzeitige Leiterin des IfBQ bemerkt. Ihr mache es Sorgen, wenn sich wegen des derzeitigen Leistungsabfalls (nach PISA 2022) alle Aufmerksamkeit nur auf die Basisfächer Deutsch, Mathematik und Englisch richteten: „Mir wäre es lieber, wenn Schule jetzt auch mal Zeit hätte für die Fragen der Kinder: Warum bin ich jeden Tag traurig? Wann hört dieser Krieg endlich auf?" (M. Diedrich, in: DIE ZEIT Nr. 48 vom 24. 11.2022, S, 48). Aus der Perspektive einer Vorstellung von guter Schule, wie sie im Kollegium ausgehandelt werden könnte, würden diese Daten eine spezifische Bedeutung für die eigene Schule bekommen. Auf dieser Basis könnte ein Entwicklungskonzept entworfen werden.

Um die beschriebenen Abstimmungsprobleme bewältigen zu können, muss die Entwicklung einer Schule auf ein klares Ziel hin ausgerichtet, genau geplant, fortlaufend kontrolliert und korrigiert werden. Damit stellt sich die Frage, wie eine Einzelschule als soziales System ihren eigenen Entwicklungsprozess auf ein selbst gesetztes Leitbild von guter Schule hin steuern kann.

2. Schulentwicklung aus systemtheoretischer Sicht

2.1 Selbststeuerung als Prinzip der Einzelschule als lernendes System

Wie ich gezeigt habe, beruht die Kopplung zwischen sozialen Systemen sowie zwischen sozialen und personalen Systemen auf Kommunikationsprozessen. Sie prägen das pädagogische Profil und das Klima an der Schule und bilden die Grundlage für gelingende Lernprozesse und damit für die Qualität einer Schule. Alle Bemühungen um eine Steigerung der Schulqualität müssen sich daher auf die Transformation der schulischen und unterrichtlichen Kommunikationsprozesse richten. Sie steuern, wie gezeigt, das Zusammenspiel aller Faktoren des sozialen Systems und bilden den Rahmen für selbstgesteuerte Lernprozesse der Schüler/innen. Schule als lernendes System heißt, dass in allen schulischen Kommunikationsprozessen nicht nur die Schüler/innen, sondern auch die Lehrkräfte, die Schulleitung, das Kollegium sowie die Schule als soziales System lernen. Durch diese Lernprozesse können die Strukturen, Prozesse und Regulierungen im System Schule transformiert und auf die selbst gesetzten Entwicklungsziele hin ausgerichtet werden. Die Ergebnisse der Lernprozesse der Schule bestehen in einem kollektiven Wissen über erfolgreiche Handlungsalternativen oder Problemlösungen im Schulbetrieb sowie in verbesserten professionellen Kompetenzen der Lehrpersonen, die in den Dienst einer Verbesserung der Lernbedingungen für die Schüler/innen gestellt werden. Wenn ich von Schulentwicklung spreche, habe ich stets ein ausgewogenes, aufeinander abgestimmtes Zusammenspiel von Lernprozessen auf diesen drei Ebenen im Auge. Aber Lernen ist noch nicht Entwicklung.

Lernprozesse der Schule als System stellen Kompensationen von Störungen dar, die aus der inneren oder äußeren Umwelt kommen können. Sie sind auf zwei Ursachen zurückzuführen: Zum einen ist die Schule aufgrund ihrer Eigenkomplexität vielfach mit Störungen aus dem Inneren des Systems konfrontiert, die ausgeglichen werden müssen, z. B. mit Konflikten im Kollegium, Mobbing zwischen Schülern/innen oder Disziplinproblemen in einzelnen Schulklassen. Zum anderen muss die Schule Störungen in ihrem Verhältnis zu relevanten Umweltsystemen lösen, z. B. bei Störungen durch unzumutbare Anforderungen der Schulaufsicht, Beschwerden der Elternvertretung oder Konflikten mit der Kommune über die finanzielle Ausstattung der Schule. Schule versucht, diese Störungen von innen oder außen auf der Basis von Selbstregulationsprozessen zu überwinden. Erfolgreiche Lösungsmuster können sich in Programmen (z. B.

einem Streitschlichterkonzept) verfestigen; sie können das Mitspracherecht der Eltern in Form einer Vereinbarung festlegen, oder sich in einem Vertrag mit der Kommune niederschlagen.

Die aus solchen Selbstregulationen folgenden Änderungen im Schulbetrieb können jedoch nicht als Entwicklung bezeichnet werden. Sie sind Reaktionen auf unerwartete und ungeplante Problemsituationen, strukturelle Transformationen, aus denen sich noch kein Entwicklungsprozess mit einer bestimmten Ausrichtung ergibt. Von Schulentwicklung kann nur die Rede sein, wenn eine Schule von sich aus *zielgerichtete, systematisch geplante und durchgeführte Maßnahmen zur Verbesserung der Schulqualität* und der Lernleistungen der Schüler/innen in Gang setzt und über einen längeren Zeitraum verfolgt. Entwicklung verlangt zur Verwirklichung der selbst gesetzten Zielvorstellungen strukturelle Transformationen im System, die die Schule als Akteur eigenständig steuern muss.

Damit stellt sich das Problem der Steuerung von Systemen (Willke 2014). Wie bereits mehrfach angesprochen, lassen sich aber soziale und personale Systeme nicht von außen steuern. Schule und Schüler/innen sind operativ geschlossene Systeme, deren Entwicklung nicht durch Fremdsteuerung bestimmt werden kann. Trotzdem wird dies seit Jahrzehnten und ohne Einschränkungen bis heute im Bildungsbereich auf allen Ebenen versucht. Lehrpersonen gehen in ihrem professionellen Handeln ganz selbstverständlich davon aus, dass sie – ähnlich wie in anderen Fällen professionellen Handelns die Ärzte, Therapeuten oder Berater – die Lernprozesse der ihnen anvertrauten Schüler/innen methodisch geplant steuern können. In der Bildungspolitik und in der Schulverwaltung war man lange Zeit davon überzeugt, dass es möglich sei, auch die Entwicklung der Einzelschule durch administrative Vorgaben und Regelungen von oben planmäßig und zielorientiert steuern zu können, z. B. durch externe Schulevaluation (Pirner 2019, S. 6). Diese Überzeugung beruht auf „dem fatalen Fehlschluss von Beobachtbarkeit auf Steuerbarkeit der Symbolsysteme" (Willke 2005, S. 261).

Seit der Jahrtausendwende hat jedoch hinsichtlich der Qualitätsentwicklung von Schulen ein Paradigmenwechsel stattgefunden. Er ist u. a. gekennzeichnet durch eine „Abkehr von einer hierarchisch-autoritär ausgerichteten topdown agierenden Steuerung hin zu einem evidenzbasierten, und damit auch dezentraleren, demokratischeren Steuerungsmodell" (Pirner 2019, S. 5), das auf eine „Schulentwicklung durch Einsicht" oder durch „zwanglosen Zwang der besseren Evidenz" abzielt. Schulen sollen durch eine Stärkung ihrer Autonomie zur Selbststeuerung ihrer Entwicklung befähigt werden, wobei es bisher kaum empirische Belege einer besseren Wirksamkeit dieser Strategie gibt und von einer Stärkung der Autonomie der Schulen im hier gemeinten Sinn nicht die Rede sein kann.

Aus systemischer Sicht ist eine zielgerichtete Entwicklung der Einzelschule nur durch Selbststeuerung möglich. Hinsichtlich der Herausforderungen, die damit verbunden sind, darf man sich jedoch keinen Illusionen hingeben: „Selbststeuerung stellt sich als ein äußerst voraussetzungsvoller Modus der

Selbstorganisation eines komplexen, operativ geschlossenen Symbolsystems dar. Dieser Modus versetzt das System im Konnex mit anderen, ‚spiegelnden‘ Systemen in die Lage, nicht nur einzelne Operationen und Prozesse auf der Basis von Erfahrungen, Lernen und Wissen zu gestalten, sondern auch noch sich selbst als System in der Ausprägung der eigenen Identität zu bestimmen“ (Willke 2005, S. 261). Das Problem liegt darin, dass die Prozesse der Selbststeuerung eines Systems eben nicht zielgerichtet verlaufen. Dazu müssten sich die komplexen Ordnungsmuster im Zusammenspiel von Strukturen, Prozessen und Regulierungen von sich aus über längere Zeit so organisieren, dass sie schließlich zu einer Verbesserung der Schulqualität und der Lernleistungen der Schüler/innen führen. Die Schwierigkeit einer Steuerung besteht aus systemischer Sicht darin, „neue Konstellationen von Sinn in nicht-zufälliger, an Intentionen gekoppelter Weise herzustellen“ (Willke 2005, S. 297). Zudem muss aufgrund der doppelten Kontingenz sozialer Situationen in Rechnung gestellt werden, dass im Prozess der Sinnkonstituierung im Zusammenspiel von Denken, Sprechen und Kommunikation die intendierte Steuerungswirkung nicht bruchlos in den Schulalltag hineinwirkt und nicht unbedingt die angezielten Veränderungen herbeiführt.

An dem folgenden Beispiel möchte ich verdeutlichen, dass eine zielgerichtete Schulentwicklung auf zahlreichen Abstimmungsprozessen zwischen Personen und Teilsystemen beruht, in denen diese sich erst auf neue Sinnkonstellationen einigen müssen, die sie dann als Entwicklungsziele gemeinsam anstreben wollen:

Eine dreizügige Grundschule im Zentrum einer Großstadt hat sich für Entwicklungsmaßnahmen entschieden. Als Entwicklungsziel wird nach einem längeren Abstimmungsprozess zwischen Schulleitung und Kollegium festgelegt, die Eingliederung der wachsenden Zahl an Schülern/innen mit Migrationshintergrund aus unterschiedlichen Ländern zu erleichtern, ihre Sprachfähigkeit im Deutschen zu verbessern und darüber hinaus die Übertrittsquote der Schüler/innen an die Realschule bzw. das Gymnasium zu erhöhen. Dazu wird in einer Konferenz des Kollegiums eine Steuergruppe eingesetzt, die methodische Möglichkeiten recherchieren und Vorschläge für geeignete Maßnahmen vorlegen soll. Als Ergebnis ihrer Arbeit schlägt die Steuergruppe vor, den Unterricht auf den einzelnen Klassenstufen in Teamarbeit vorzubereiten und durchzuführen. Auch wenn dieser Vorschlag engagiert vorbereitet, wissenschaftlich begründet und die Umsetzungsmöglichkeiten detailliert ausgearbeitet werden, ist nicht absehbar, wie in der Konferenz die Schulleitung reagiert, ob sie den Vorschlag positiv sieht und ihn sich zu eigen macht. Und es bleibt abzuwarten, welche Fragen, Probleme oder Bedenken in der Diskussion geäußert werden, welche Lehrpersonen begeistert zustimmen und ihre Bereitschaft zur Erprobung signalisieren und welche das Vorhaben grundsätzlich ablehnen, weil sie sich dadurch in ihrer individuellen Unterrichtsarbeit eingeschränkt fühlen. Das Kollegium vereinbart schließlich eine schrittweise Einführung der Teamarbeit. Zunächst sollen die Probenarbeiten abgesprochen und gemeinsam durchgeführt werden. Außerdem einigen sich die Klassenleiter darauf, die Arbeitsschritte und Methoden im Mathematikunterricht aufeinander abzustimmen. Die Erfahrungen sollen fortlaufend ausgetauscht und am Schuljahresende in den Teams reflektiert und im Kollegium diskutiert werden, um darauf aufbauend über die folgenden Entwicklungsschritte zu beraten. Am Ende dieses ersten Durchgangs will sich das Kollegium ein Urteil darüber bilden, ob und inwieweit sich dadurch die Schulqualität und die Lernleistungen verbessert haben und ob die Steuerungsform für die Planung und Durchführung der folgenden Entwicklungsschritte geeignet erscheint.

An diesem Beispiel wird deutlich, dass sich eine zielorientierte Entwicklung einer Einzelschule in mehreren aufeinander abgestimmten Entwicklungsschritten auf der Ebene der sozialen (Teil-)Systeme (Schulleitung, Kollegium, Teams) und der personalen Systeme (Lehrpersonen, Schüler/innen) vollzieht. Diese Einzelschritte werden nicht durch administrative Anweisungen (z. B. durch Schulamt oder Schulleitung) direkt gesteuert, sondern sind Ergebnis von Vereinbarungen auf der Basis wechselseitiger kommunikativer Abstimmungsprozesse zwischen den beteiligten Systemen.

2.2 Schulentwicklung auf der Basis von Kontextsteuerung

In dem obigen Beispiel wird genau die in der Systemtheorie grundlegende Form der Kopplung als einzige Möglichkeit wechselseitiger Einflussnahme auf Symbolsysteme (soziale und personale Systeme) beschrieben. Diese Form der Kontextsteuerung erscheint als Erfolg versprechender Weg für eine zielgerichtete Schulentwicklung. „Aufgabe von Kontextsteuerung wäre es dann, über Variation (von Strukturen oder Prozessen D. S.) hinaus Kontexte so zu gestalten, dass relevante Symbolsysteme in der Bezugnahme auf diese neuen Kontexte für sich selbst und ihr Zusammenspiel neue Konstellationen von Sinn produzieren, die in der Richtung und im Korridor ihrer Veränderungen auf Veränderungen in den Kontexten zurückzuführen sind." (Willke 2005, S. 297).

Das Prinzip der Kontextsteuerung läuft darauf hinaus, Schulentwicklungsmaßnahmen durch Neu- bzw. Umgestaltung lernbedeutsamer Kontexte auf der Basis kommunikativer Abstimmungsprozesse auf die gewünschten Ziele hin auszurichten. Ein Kontext ist ein „Muster, das verbindet". Bateson betont, „daß alle Kommunikationen einen Kontext erfordern, daß es ohne Kontext keine Bedeutung gibt und daß Kontexte Bedeutung vermitteln, weil es eine Klassifizierung von Kontexten gibt." (Bateson 1990a, S. 28) Ein Kontext beschreibt die Art und Weise, wie Handlungen, Informationen oder die Abfolge von Kommunikationen zusammengefügt, geordnet und innerhalb eines Rahmens organisiert werden. Bestimmte Handlungen von Kindern haben im Kontext „Theaterspiel" andere Bedeutungen und sind anders organisiert als im Kontext „Unterricht". Dann ist z. B. „Schulleben" als ein Meta-Kontext zu betrachten, der auf eine bestimmte Weise regelt, wie die Vielzahl außerunterrichtlicher Kontexte, z. B. sportliche und musikalische Veranstaltungen, Feste und Feiern, Mitwirkung der Eltern, in ihrem Zusammenwirken für eine gute Schulqualität organisiert werden. Eine „multimediale Lernumgebung" könnte der Name für einen Kontext sein, der regelt, wie die Lerninhalte mit unterschiedlichen Medien vermittelt, von den Schüler/innen selbstgesteuert bearbeitet und die Lernergebnisse medial präsentiert werden. „Lernende Schule" ist dann ein Meta-Kontext, der darauf gerichtet ist, erz?iehliche und unterrichtliche (Lern-) Kontexte im Hinblick auf gemeinsam vereinbarte Intentionen oder Lernziele, z. B. die Verbesserung der Sprachkompetenz, neu zu gestalten und in neuen Mustern zu organisieren. In solchen Kontexten gewinnen die Lerninhalte, die zu lesenden Texte, für die Lernenden eine andere Bedeutung als im herkömmlichen Frontalunterricht.

Kontexte sind mehrdimensionale Muster auf Zeit. Ihre besonderen Möglichkeiten liegen in der *Offenheit*, die genügend Spielräume für eine Aus- oder Umgestaltung bieten: Zur Verwirklichung konkreter Handlungsziele sind in jeder Phase des Lernprozesses Handlungsalternativen denkbar, die sich aus der Suche nach „funktionalen Äquivalenten" ergeben. Das bedeutet, im sozialen Kontext einer Schulklasse lassen sich für die Verwirklichung von Sinnorientierungen (z. B. Stärkung der Eigenverantwortlichkeit oder der Resilienz der Schüler/innen) immer mehrere unterschiedliche, aber in ihren Funktionen und ihren Wirkungen gleichwertige (äquivalente) Handlungsmuster finden. Das gelingt am besten im Team. Dann werden die Lehrpersonen auf besondere Weise handlungsfähig: Wenn eine Maßnahme nicht funktioniert, können sie sich im Team über ihre Erfahrungen austauschen und in der Folge andere, funktional gleichwertige Methoden kreativ entwerfen, erproben und so zu besseren Verfahrensweisen gelangen. Noch einen Schritt weiter geht dann die gemeinsame Kontextgestaltung durch Lehrende und Lernende. Darin liegen die besonderen Möglichkeiten einer Kontextsteuerung des Lernens (Willke 2015).

Ein Beispiel dafür ist die Durchführung eines Theaterprojekts an einer Grundschule über ein ganzes Schuljahr hinweg mit Kindern aus mehreren Parallelklassen (Ströbel-Langer 2018). Inhalt und Durchführung des Spiels wurden von der Lehrerin und den Kindern gemeinsam gestaltet. Dieser Kontext „Spiel" verleiht der Sprachfähigkeit der Kinder eine völlig andere Bedeutung als etwa eine Deutschstunde zum Thema „direkte und indirekte Rede". Hier erfahren und spüren die Kinder am eigenen Leib ihre sprachlichen Möglichkeiten, was es bedeutet, sich anderen verständlich zu machen, sie von einer Idee zu überzeugen, eigene Gefühle auszudrücken oder sich mit anderen auf einen gemeinsamen Plan zu einigen. Ströbel-Langer kann mit ihren Projekten belegen, welche enormen Fortschritte die Kinder in ihrer Sprachkompetenz (und nicht nur in dieser Kompetenz) in dem anregenden, variablen und spannenden Kontext „Theaterspiel" erzielen.

2.3 Kontextsteuerung als iterativer Prozess

Die Steuerungswirkung von Kontexten vollzieht sich im Rahmen der *Kopplungsprozesse* zwischen den beteiligten sozialen und/oder personalen Systemen, die sich in ihren Interaktionen in Form von Rückkopplungsschleifen strukturell einander anpassen. Die Kopplungsprozesse zwischen Schulleitung, Kollegium, Lehrpersonen und Schüler/innen können nur dann Ausgangspunkt und Basis einer zielorientierten Schulentwicklung sein, wenn sie neue Sinnorientierungen erzeugen, die sie gemeinsam verwirklichen wollen. Kontextsteuerung durchbricht alle hierarchischen Strukturen und muss als Steuerungsprinzip auf allen Systemebenen gelten, zwischen Schulleitung und Kollegium, zwischen Kollegium und den einzelnen Lehrpersonen, zwischen Lehrenden und Lernenden, zwischen Schule und Eltern, zwischen Schulleitung und Schülervertretung. Sie basiert auf gemeinsamen kommunikativen Abstimmungsprozessen und ist als ein iterativer Prozess zu verstehen, der sich in dem wiederholten Durchlauf folgender Schritte vollzieht:

- Entwicklung einer gemeinsamen Intentionalität durch Eingrenzung der Sinnorientierungsmöglichkeiten und Ausrichtung der beteiligten und betroffenen Systeme auf gemeinsame Entwicklungsziele.
- Gemeinsame Gestaltung schulischer und unterrichtlicher Kontexte auf der Basis teambasierter Um- oder Neugestaltung der Kontexte, soweit als möglich unter aktiver Mitwirkung aller Beteiligten und Betroffenen.
- Reflexion und Evaluation der Lernprozesse und Überprüfung der Lernergebnisse im Hinblick auf die gemeinsam formulierten Zielstellungen. Einführung der Ergebnisse der Evaluation in den Entwicklungsprozess als Grundlage für die Planung der folgenden Entwicklungsschritte.

Am obigen Beispiel zur besseren Eingliederung der Migrantenkinder an einer Grundschule lassen sich diese Schritte der Kontextsteuerung einer zielgerichteten Steuerung von Schulentwicklung konkretisieren:

1. Einigung auf eine gemeinsame Intentionalität als erster Steuerungsschritt: Schulleitung und Kollegium haben Entwicklungsziele gemeinsam vereinbart, die Vorschläge der Steuergruppe zur Umsetzung diskutiert und schließlich die schrittweise Einführung der Teamarbeit auf den einzelnen Klassenstufen beschlossen. Die Unterrichtsplanung im Team führte zu gemeinsam festgelegten Zielformulierungen für die Schüler/innen in den einzelnen Schulklassen. Die Klassenleiter einigten sich darauf, Arbeitsschritte und Methoden im Mathematikunterricht aufeinander abzustimmen.

2. Gemeinsame Neugestaltung der unterrichtlichen Kontexte:
Für eine Verbesserung der Lernleistungen der Grundschüler/innen in Mathematik reichte es nicht aus, nur die Unterrichtsmethode zu variieren, sondern es wurde beschlossen, den unterrichtlichen Kontext gemeinsam im Team neu zu gestalten. Bei der Arbeit im Team tauchten dann z. B. Fragen darüber auf, wo besondere Schwierigkeiten im Lernprozess bei den Schülern/innen bestehen, wie die ins Auge gefasste Methode zur Behebung der spezifischen Schwierigkeiten in dieser Klasse abgewandelt werden könnte, welche besonderen Übungsformen zur Festigung der Lernergebnisse eingesetzt werden könnten, oder ob sich eine Umgruppierung der Schüler/innen anbieten würde, z. B. um die Schwächeren in einer eigenen Übungsgruppe zusammenzufassen. Ein Team verfügt über ein höheres Maß an kognitiver Kompetenz als eine einzelne Lehrkraft. Im Team konnten die einzelnen Lehrpersonen zur Beantwortung dieser Fragen ihre persönlichen Erfahrungen, ihr spezifisches Wissen und unterschiedliche Ideen einbringen und gemeinsam Problemlösungen oder neue Konzepte zur Gestaltung unterrichtlicher Kontexte erarbeiten. Darauf musste dann der Stundenplan abgestimmt werden.

Bei einer solchen teambasierten Kontextgestaltung ändern sich die Beziehungen zwischen den Lehrpersonen im Team, sie lernen sich besser kennen, öffnen sich, tauschen ihre Erfahrungen bei der Umsetzung der gemeinsam entworfenen Kontexte aus, werden zu neuen Ideen angeregt und helfen sich bei Schwierigkeiten in der Klasse. Das verändert auch das Verhältnis von Lehrenden und Lernenden: Die Lehrpersonen sind offener für auftretende Lernschwierigkeiten und können flexibler damit umgehen. Die Lernenden fühlen sich besser verstanden, ernst genommen und in ihren Leistungen angemessen gewürdigt.

3. Lernergebnisse werden als Planungsgrundlage für die folgenden Arbeitsschritte in den Entwicklungsprozess wieder eingeführt.
Der dritte Schritt der Kontextsteuerung liegt in der kritischen Prüfung und Evaluation des Lernwegs und der Sicherung der Lernerfolge. Er beruht auf der Fähigkeit sozialer Systeme, die Aufmerksamkeit reflexiv auf das eigene Funktionieren zu richten und sich selbst zu beobachten. Lehrende und Lernende müssen gemeinsam die veränderten unterrichtlichen Kontexte reflektieren, die Lernerfolge bewerten und gegebenenfalls „nachsteuern", also nach Handlungsalternativen und Verbesserungsmöglichkeiten suchen. Das Team musste die Abfolge der im Lehrplan vorgesehenen Themen aushandeln und sich auf einheitliche Probearbeiten und ihre Bewertung einigen. Genauigkeit und Wirkungen der Kontextsteuerung können durch Rückkopplungsschleifen fortlaufend verbessert werden.

Kontextsteuerung bedeutet nur eine grobe Ausrichtung der Entwicklungsmaßnahmen durch Eingrenzung der Sinnorientierungsmöglichkeiten, aber weder eine unveränderliche Planung der Entwicklungsschritte noch eine endgültige Festlegung der Lernziele. Dafür ist sie umso wirkmächtiger im Sinne *nachhaltigen Lernens*: Kontextsteuerung nimmt die doppelte Kontingenz der Kommunikationsprozesse in Kauf und gewährt so den eigenverantwortlich Handelnden die notwendigen Freiräume für die Selbststeuerung der Entwicklungsmaßnahmen und Lernprozesse. Kontextsteuerung baut auf Kooperation und Teamarbeit und fördert die kognitive Komplexität, Reflexionsfähigkeit, Kreativität und Handlungskompetenz nicht nur der Lernenden und Lehrenden, sondern auch der Teams, des Kollegiums und der Schulleitung sowie des Systems Schule als Ganzes. Sie garantiert keine genaue Zielverwirklichung, sondern öffnet einen Handlungskorridor, in dem die Entwicklungsmaßnahmen den gewünschten Zielen schrittweise angenähert werden können. Deshalb ist im Sinne eines iterativen Prozesses immer wieder eine Nachsteuerung auf der Grundlage der erreichten Ergebnisse (auch der Misserfolge) erforderlich und auch möglich. Das geschieht dadurch, dass bei der folgenden Kontextgestaltung alle Beteiligten und Betroffenen mitwirken und in einem Kommunikationsprozess gemeinsam neue Handlungsziele vereinbaren. Schon bei diesen Planungen kommt es darauf an, immer mehr auch die Schüler/innen aktiv zu beteiligen und ihnen Handlungsfreiräume zu gewähren, in denen sie ihr Lernen nach ihren Fähigkeiten und Vorstellungen eigenverantwortlich, aber im Rahmen gemeinsamer Intentionalität steuern können, z. B. mithilfe von Wochenplänen, Lerntagebüchern oder digitalen Lernangeboten und Materialien. (Dafür sind in der Didaktik zahlreiche Konzepte und Methoden entwickelt worden. Vgl. Holmes 2018; Zylka 2017).

Kontextsteuerung ist allerdings für die Schule, die Schulleitung und alle Beteiligten mit Ungewissheit und Risiko verbunden, die ausgehalten werden müssen. Ihre Grenzen oder Schwierigkeiten bei der Umsetzung ergeben sich aus den hierarchischen Strukturen des Schulsystems oder aus den oft verfestigten Organisationsstrukturen einer Schule. Bei Ausübung von Gewalt, Einsatz der Amtsautorität oder Strafmaßnahmen gegenüber Schülern/innen ist Kontextsteuerung grundsätzlich nicht möglich. Unüberbrückbare Meinungsverschiedenheiten zwischen Schulleitung und Kollegium, schwelende Konflikte im Kollegium, Unwilligkeit eines Teils der Lehrpersonen, sich auf Veränderungen mit der Gefahr von Unwägbarkeiten und Mehrbelastungen einzulassen oder Widerstand der Eltern, die sich nur um den Schulerfolg in Form guter Noten ihrer Kinder sorgen, können die Umsetzung von Kontextsteuerung erschweren oder verhindern. Beim Aushandeln gemeinsamer Entwicklungsziele oder Arbeitsschritte und bei Entscheidungen über Maßnahmen, Methoden oder Programme kann es jederzeit zu Konflikten kommen, die gemeinsam zu überwinden sind und eine erste Bewährungsprobe für das Gelingen von Kontextsteuerung darstellen. Daher erscheint es sinnvoll, neue Formen der Lehrerweiterbildung oder ein begleitendes Coaching von Anfang an vorzusehen, und nicht erst, wenn Probleme auftauchen (Spanhel 2006).

3. Orientierungsrahmen für Schulentwicklung – Modell einer Schulkultur der Offenheit

Eine Schule, die auf der Basis gelingender Kontextsteuerung die Lernleistungen ihrer Schüler/innen und ihre Schulqualität verbessern möchte, sieht sich mit folgenden Fragen konfrontiert: Welche Kontexte sind in der Lage, die Prozesse zur Qualitätsverbesserung der Schule zu steuern? Das ist auf der obersten Ebene das soziale System Schule, das gewissermaßen als ein Meta-Kontext die Kontexte auf der Ebene der schulischen Teilsysteme, der Schulleitung, des Kollegiums und der Schulklassen steuert. Auf dieser zweiten Ebene sind es zwei Arten von Kontexten, die in ihrem Zusammenwirken die Lernprozesse der Schüler/innen regulieren: Zum einen Erziehungsprozesse, die die personalen und sozialen Lernprozesse und zum anderen Unterrichtsprozesse, die fachliche Lernprozesse steuern. Auf einer dritten Ebene stellt sich die Frage, wie die Neugestaltung der einzelnen Kontexte aufeinander abgestimmt werden muss, um den Prozess der Schulentwicklung planmäßig auf die gewünschten Ziele hin auszurichten. Es ist zu klären, wie Schulleitung und Kollegium zusammenarbeiten, ob eine Steuergruppe eingerichtet wird und ob auch die Administration, externe Fachleute, die Schüler/innen und Eltern in die Steuerung des Entwicklungsprozesses mit einbezogen werden sollen. Damit diese Fragen eine Schule für sich entscheiden kann, muss sie am Beginn eines Entwicklungsprozesses klären, welche besonderen Ausgangsbedingungen gegeben sind und sie muss ein Leitbild entwickeln, eine Vorstellung davon, wie ihre Schule künftig idealerweise aussehen soll.

3.1 Voraussetzungen für gelingende Kontextsteuerung des Entwicklungsprozesses

Alle Beteiligten an einem Schulentwicklungsprozess müssen sich darüber im Klaren sein, dass Kontextsteuerung an unabdingbare Voraussetzungen gebunden ist, die sie immer wieder sichern müssen. Als erstes ist das die Erkenntnis, dass Kontextsteuerung auf der *Emergenz des Sozialen* beruht (Büeler 1994, S. 69). Das bedeutet, dass soziale Systeme mehr leisten können als einzelne Menschen. Wie oben beschrieben beruht diese Emergenz des Sozialen darauf, dass die personalen und sozialen Systeme einander durchdringen (Interpenetration) und ihre kognitive Komplexität einander wechselseitig zur Verfügung stellen.

Schulentwicklung kann dann am besten gelingen, wenn Schulleitung, Kollegium, Lehrkräfte, Schüler/innen und Eltern in diesem Sinne zusammenwirken. Die Steuerungswirkung eines jeden Kontexts beruht darauf, dass alle Beteiligten und Betroffenen an der Steuerung der angestrebten Veränderungen oder Lernprozesse mit beteiligt werden.

Damit ist eine zweite Voraussetzung verbunden: *gelingende Kommunikation und Kooperation* (Fend 1998, S. 144). Damit Verständigung möglich ist, muss sich unter allen Mitgliedern des Systems ein „konsensueller Bereich" (Maturana 1985) herausbilden, eine gemeinsame Sprache, ein gemeinsames Weltbild, gemeinsame Überzeugungen und Wertorientierungen. Das kann nur gelingen, wenn man einander vertraut und sich in Achtung und gegenseitigem Respekt begegnet. Neue Mitglieder im sozialen System (Lehrende und Lernende) müssen im Prozess der Sozialisation in diesen Bereich eingeführt werden, indem sie die Gemeinsamkeiten, Traditionen, Regeln und Kommunikationsmuster übernehmen. Das tun sie jeweils auf ihre Weise. Indem sie ihre Kompetenzen dem System zur Verfügung stellen, bringen sie auch neue Ideen und Ziele ein und stoßen Veränderungen an. Für eine Erfolg versprechende Schulentwicklung heißt dies: Zwischen Schulleitung, Kollegium, Schüler/innen, Eltern und Schuladministration muss sich ein tragfähiger Bereich an Übereinstimmungen herausbilden, der erst eine kontextgesteuerte Schulentwicklung auf der Basis gelingender Kommunikation ermöglicht. Darauf legen viele Privatschulen besonderen Wert und es gelingt ihnen, wenn sie von einem geschlossenen pädagogischen Konzept ausgehen.

Auf dieser Grundlage kann sich an einer Schule z. B. die Erkenntnis durchsetzen, dass an „unserer" Schule nicht alles rund läuft. Nach einem mehr oder weniger langen und schwierigen Prozess kommt schließlich eine Einigung darüber zustande, dass die Probleme an der Schule überwunden und eine Entwicklung zur Verbesserung der Schulqualität in Gang gesetzt werden müssen. Am Anfang werden sicherlich nicht gleich alle Beteiligten und Betroffenen, nicht alle Mitglieder der Schulleitung oder des Kollegiums begeistert zustimmen, aber es müssen zumindest die Schulleitung und eine qualifizierte Mehrheit im Kollegium dabei sein und es darf keine Quertreiber geben, die das Vorhaben aktiv bekämpfen. Wer nicht gleich überzeugt werden kann, sollte wenigstens dazu bewegt werden, die ersten Schritte wohlwollend zu begleiten. Um dafür die Emergenz des Sozialen und die kognitive Komplexität zu erhöhen, helfen Fortbildungsmaßnahmen in Arbeitsgruppen, externe Experten und Beratung von anderen Schulen, die positive Erfahrungen mit Schulentwicklung gemacht haben.

Wenn sich eine Schule schließlich dafür entschieden hat, Schulentwicklung auf der Grundlage von Kontextsteuerung durchzuführen, stellen sich folgende Aufgaben:

- Vereinbarung über ein Leitbild der Schule, über eine Idee von einer guten Schule: Wie soll die künftige Schule als Ganzes, als ein Meta-Kontext für die einzelnen Lernkontexte gestaltet werden? Das verlangt eine Entscheidung für ein übergeordnetes Entwicklungsziel, an dem sich alle weiteren Maßnahmen zur Neugestaltung von Schule und Unterricht orientieren. Alle Beteiligten müssen die Schule als offenes System betrachten und bereit sein, sich auf Veränderungen einzulassen: Wie kann die Schule neu organisiert, wie können Änderungsvorschläge und Entwicklungsmaßnahmen offen gehalten werden? Eine größere Autonomie für die einzelnen Schulen, die dafür erforderlich ist, wird in allen Pisa-Studien als Kennzeichen für Schulen mit guten Lernergebnissen genannt (Estland, Finnland).
- Vereinbarung über die Schule als Meta-Kontext für Sozialisation und Erziehung: Wie können die Grundlagen eines konsensuellen Bereichs gesichert und die elementaren körperlichen und existentiellen Bedürfnisse, Affekte, Gefühle der Beteiligten berücksichtigt werden? Wie sollen das Zusammenleben in der Schule, das Schulklima und die pädagogischen Beziehungen als soziale Kontexte gestaltet werden? Welche Erziehungsrahmen müsste die Schule einrichten, um die sozialen und personalen Lernprozesse der Schüler/innen zu steuern?
- Vereinbarung über die Gestaltung unterrichtlicher Rahmen als Kontexte für das fachliche Lernen: Wie sollen die staatlichen Curricula an die besonderen Bedingungen der Schule angepasst und die unterrichtlichen Kontexte zur Verbesserung der Lernleistungen im Sinne des vereinbarten Leitbilds gestaltet werden?

Da die relevanten Umwelten und die Rahmenbedingungen für jede einzelne Schule sehr unterschiedlich sind, lassen sich für die Verwirklichung dieser Aufgaben aus der Theorie keine konkreten Handlungsanleitungen ableiten, sie müssen von jeder Schule nach ihren eigenen Möglichkeiten und Vorstellungen inhaltlich spezifiziert und umgesetzt werden. Ich werde als praktische Hilfe für diesen ersten Entwicklungsschritt im Folgenden einige Hinweise für die Entwicklung eines Leitbilds geben und einen allgemeinen *Orientierungsrahmen* in Form einer Schulkultur der Offenheit skizzieren. Wie die unterschiedlichen Leitbilder und Schulkulturen der Preisträgerschulen des Deutschen Schulpreises der Robert Bosch Stiftung belegen, ist das auch unter den einengenden Vorgaben der staatlichen Curricula möglich.

3.2 Vereinbarungen über ein Leitbild für die Schule

Wichtig für einen Erfolg versprechenden kontextgesteuerten Entwicklungsprozess einer Schule ist ein übergeordneter Orientierungsrahmen, für den jede Schule als erstes ein auf sie allein zugeschnittenes Leitbild erarbeiten und vereinbaren muss. Es gibt sehr unterschiedliche Anlässe, die eine Einzelschule dazu bringen, in einen Prozess der Schulentwicklung einzusteigen. Dann stellt sich sehr rasch die Frage: „Wie stellen wir uns unsere künftige Schule vor? Welche Vision von einer guten Schule haben wir im Blick?" Alle Betroffenen und Beteiligten sollten gemeinsam in einem offenen Prozess der Meinungsbildung eine *Idee* von guter Schule entwickeln, ein Leitbild, das sie als erstrebenswert ansehen. Auf diese Weise bilden sie eine „geteilte Intentionalität" aus. Die Ausrichtung auf ein gemeinsames Ziel ist wichtig, damit der Prozess in Gang kommt, am Laufen gehalten werden kann und die Notwendigkeit einer Entwicklung nicht immer wieder in Frage gestellt wird. Das Leitbild kann sich in einem Motto, einem Profil, einem Programm oder einem Namen niederschlagen. Es kann von Schuljahr zu Schuljahr tradiert und dadurch fest im Bewusstsein verankert werden. Eine Idealvorstellung von guter Schule wird sich nie voll verwirklichen lassen, aber sie ist als verbindlicher Rahmen notwendig, um die einzelnen Entwicklungsmaßnahmen und -schritte aufeinander abzustimmen und ihnen eine einheitliche Ausrichtung und Durchschlagskraft zu geben.

Die Einzelschule ist auf Grund ihrer Eigenkomplexität und operativen Geschlossenheit in der Lage, aus der Perspektive ihres Leitbilds Informationen aus der Umwelt auszuwählen und mit selbst gespeicherten Informationen, Erfahrungen und Bedeutungen im Inneren zu verknüpfen und aufzubereiten. Die Regulierung dieser Prozesse durch ihre Orientierung an dem selbst gewählten Leitbild ermöglicht es der Schule, ein eigenes Wertorientierungssystem aufzubauen und beispielsweise in einem pädagogischen Programm oder einer Schulordnung zu verankern. Diese fungieren im Sinne einer *Präferenzordnung*, die darüber entscheidet, welche Prozesse, Handlungen, Vorstellungen zum System gehören und die den Informationen jeweils eigene Bedeutungen verleiht. Auf diese Weise kann eine Schule im Entwicklungsprozess Erfahrungen, Wissen, Handlungsroutinen und Lösungsmuster für auftretende Probleme als kollektives Wissen speichern und eigene Traditionen entwickeln. Die am Leitbild orientierte Präferenzordnung sichert die Einheit der Schule, sie muss aber durch die Offenheit des sozialen Systems nach innen und außen ergänzt werden, um Entwicklungsprozesse zu ermöglichen.

Verwirklichung der Kinderrechte als Leitlinie

Im Folgenden möchte ich am Beispiel der Kinderrechte als Leitbild für die Schule zeigen, wie eine *Schule als Meta-Kontext für Erziehung und Bildung* gestaltet werden könnte, um beide Funktionen der Schule zu erfüllen, sowohl die Förderung der Persönlichkeitsentwicklung der Schüler/innen als auch ihren Beitrag zur Erhaltung und Weiterentwicklung der Gesellschaft.

Eine Orientierung der Schulentwicklung an der übergeordneten Leitidee der Kinderrechte ist von doppelter Bedeutung: Zum einen kommen die Schulen damit einer gesetzlichen Verpflichtung nach, die keiner weiteren Begründung oder Legitimation bedarf. Mit dem Beitritt Deutschlands zur UN-Kinderrechtskonvention (UN-KRK) von 1989 sind alle Bildungseinrichtungen, insbesondere die Schulen verpflichtet, die Kinderrechte zu verwirklichen und zu unterstützen. (Kinder im Sinne der KRK sind Personen bis 18 Jahre.) „(…) Die Kultusministerkonferenz (KMK) spricht sich dafür aus, dass die Rechte des Kindes auf Schutz und Fürsorge sowie auf Partizipation essentiell für die Schulkultur sind." (KMK 2006, S. 1) Diese Verpflichtung darf keineswegs als eine zusätzliche Aufgabe oder Belastung für die Schulen angesehen werden, sondern stellt eine übergeordnete Zielorientierung dar, an der Schulqualität und Schulentwicklung zu messen sind.

Zum anderen ergeben sich daraus wertvolle und grundlegende pädagogische Orientierungen und vielfältige Gelegenheiten für die Errichtung von Erziehungsrahmen durch eine entsprechende Gestaltung des Zusammenlebens in der Schule. Eine Reihe von Schulen verwirklichen bereits zentrale Anliegen der KRK im Rahmen ihrer Entwicklungsprojekte, auch wenn sie sich nicht direkt darauf beziehen. Andererseits ist noch viel zu tun, wie die Ergebnisse einer Tagung zum 50-jährigen Bestehen der KRK im September 2019 an der Universität Erlangen-Nürnberg zeigen (Pirner, Gläser-Zikuda 2022). Ansatzpunkte für die Realisierung der Kinderrechte in der Schule ergeben sich, wenn sie als verbindliche Sinnorientierungen in den Gesamtzusammenhang der Erziehungs- und Bildungsziele der Schule integriert werden. Dann können sie handlungsleitend für die pädagogischen Fachkräfte werden. Das betrifft insbesondere die Art. 2–34 der UN-KRK.

Aufgrund der Schulpflicht kann Schule als eine Zwangsinstitution betrachtet werden, die die Handlungsfreiheit der Kinder auf vielfache Weise einschränken muss, wenn sie ihren gesellschaftlichen Auftrag erfüllen soll. In den 1970er Jahren wurde die Schule als „totale Institution" kritisiert, weil Kinder damals vielfach noch unter autoritären Verhältnissen zu leiden hatten. Aus systemischer Sicht müssen alle Personen als Mitglieder in sozialen Systemen im Rahmen von Sozialisationsprozessen lernen, ihr Handeln an den Sinnorientierungen des Systems auszurichten. Grundsätzlich ist davon auszugehen, dass diese Einschränkungen in der Schule zum Wohl der Kinder und damit in Übereinstimmung mit den Art. 2, 3 und 12 der UN-KRK erfolgen. Aber es kommt darauf an, wie die sozialen Strukturen und die Beziehungsverhältnisse zwischen den Erwachsenen und den Kindern geregelt und gestaltet werden. Jede einzelne Schule ist sehr komplex hinsichtlich ihrer Elemente, Strukturen und Prozesse sowie der in ihr wirkenden Ideen und Handlungsstrategien. Es ist diese Komplexität der Schule als System, die eine Verwirklichung der Kinderrechte erschwert. Aufgrund ihrer funktionalen Ausdifferenzierung ist das soziale System Schule in zahlreiche Teilsysteme gegliedert, die sachlich, sozial und zeitlich strukturiert sind. Daraus ergeben sich strukturelle Zwänge (Lehrplandruck, Bewertungssystem, Selektionsfunktion der

Schule, soziale und raum-zeitliche Zwänge, wie z. B. Klassenzuteilung und Stundenpläne), die einer Verwirklichung der Kinderrechte im Wege stehen können. Die Freiheitsrechte der Kinder dürfen jedoch nur soweit eingegrenzt werden, als es ihre Schutz-, Teilhabe- und Förderrechte zulassen. Die Aufgabe von Schulleitung und Lehrpersonen besteht also darin, die sozialen Strukturen immer wieder daraufhin zu überprüfen.

„Menschenrechte von Kindern sind verbindlicher Maßstab für die Ausgestaltung pädagogischer Beziehungen, also verbindliche Leitlinie für professionelles Handeln. (...) Das gilt insbesondere angesichts des Machtgefälles zwischen Lernenden und Lehrenden. Hier geht es etwa um die Achtung der Selbstbestimmung, der Meinungs- und Religionsfreiheit, des Rechts auf Freiheit von körperlicher und seelischer Gewalt, des Diskriminierungsverbots und des Rechts auf Partizipation"(Rudolf 2014, S. 30). Nicht selten kommt es in den Schulen immer noch zu Formen seelischer Gewalt. „Implizit sind darin auch die beiden gewaltförmigen Praktiken des *Wegsehens und Duldens von Gewalt unter Kindern* sowie des *traumatisierend wirkenden Miterlebenlassens von Gewalt* eingeschlossen. *Alle diese Formen der Gewalt gegen Kinder sind mit seelischen Traumatisierungen verbunden.*" (Prengel, Winklhofer 2014, S. 17; kursiv im Original) Lehrkräfte sind verantwortlich dafür, dass die Kinder achtsam, rücksichtsvoll und wertschätzend miteinander umgehen. Die an vielen Schulen praktizierten Streitschlichterprogramme und Konzepte zur Gewaltprävention nützen wenig, wenn nicht der Geist der ganzen Schule von einer Haltung der Freundlichkeit, des gegenseitigen Wohlwollens und Respekts geprägt ist. Insgesamt kann die Orientierung an den Forderungen der KRK einer Schule helfen, ihre Erziehungsverantwortung stets im Blick zu haben und das Zusammenleben so zu gestalten, dass sich alle wohl fühlen, wie das Krappmann/Petry (2016) sehr eindringlich gezeigt haben. Gleichzeitig wird damit eine wesentliche Voraussetzung zur Verbesserung der Lernleistungen der Schüler geschaffen.

3.3 Offenheit als Prinzip einer Schulkultur

Orientierung an einem Leitbild und Offenheit kennzeichnen das *Modell einer Schulkultur der Offenheit* als einen Meta-Kontext, der die Kommunikation und das soziale Zusammenleben in der Schule reguliert, die Lernkontexte aufeinander abstimmt, Prinzipien ihrer Organisation festlegt und ihnen damit bestimmte Bedeutungen zuweist. Es bietet nach meiner Überzeugung einen verlässlichen Orientierungsrahmen für gelingende Schulentwicklung. Orientierungsrahmen heißt, dass die Schule als „Meta-Kontext" die Sinnorientierungen der einzelnen Kontexte im Inneren und ihre Austauschprozesse mit relevanten Umweltsystemen an ihrem Leitbild und am Prinzip der Offenheit ausrichtet und dadurch zugleich begrenzt. Damit das Leitbild seine Wirksamkeit entfalten kann, wird von allen Beteiligten eine gewisse Offenheit verlangt, eine wenigstens minimale Bereitschaft, sich auf Neues einzulassen, offen zu sein für überraschende, unerwartete Entwicklungen. Offenheit bedeutet, dass es keine Vorfestlegungen gibt, dass prinzipiell vertraute Wege, Arbeitsweisen, Strukturen oder Methoden in Frage gestellt und gegebenenfalls verändert werden können. Argumente wie „Das haben wir schon immer so gemacht" oder „Das ist so im Lehrplan festgeschrieben" oder „Das lässt sich unmöglich realisieren" gelten nicht, sondern werden durch die Frage nach alternativen Möglichkeiten, nach „funktionalen Äquivalenten" ersetzt. Damit sollen weitgehend Hindernisse oder Blockaden schon bei der Planung von Entwicklungsmaßnahmen ausgeschaltet und vorschnelle inhaltliche oder methodische Festlegungen vermieden werden. Offenheit als Voraussetzung für Veränderungen ist jedoch nicht nur von den personalen Systemen, den Mitgliedern der Schule gefordert.

Wie bereits gezeigt, ist Offenheit ein Merkmal des sozialen Systems Schule. Aber wie lässt sich diese prinzipielle Offenheit mit der Kennzeichnung der Schule als einheitliches, geschlossenes Transformationssystem vereinbaren? Offenheit in der Informationsgewinnung ist dadurch möglich, dass die personalen Systeme (Lehrpersonen, Schulleitung, Schüler/innen, Schulpsychologen/innen) permanent neue Informationen aus den Interaktionen mit ihren eigenen Umwelten in die Kommunikationsprozesse des Systems einbringen. Im Inneren resultiert Offenheit aus der Differenzierung des Gesamtsystems in geordnete Teilsysteme (z. B. zeitlich terminierte Teams oder Arbeitsgruppen), die Informationen untereinander austauschen und deren Interagieren immer wieder neu koordiniert und organisiert werden muss. Die Offenheit muss dadurch aufgefangen werden, dass die neuen Informationen, Strukturen und Prozesse an den Entwicklungszielen der Schule ausgerichtet und dadurch in das Gesamtsystem integriert werden. So bleibt das System Schule nicht nur in seiner Einheit erhalten, sondern es kommt zu einer zunehmenden „Schließung" durch „eine immer umfassendere Integration ihrer Substrukturen im Sinne einer autonomen Eigenentwicklung. (...) Parallel dazu und als Ausdruck dieses Autonomiezuwachses vollzieht sich die ‚Öffnung' durch die Unterstellung immer weiterer Umweltfelder unter die eigene Aktion." (Fetz S. 224.) Auf diese Weise kann eine Schule neue Angebote, Herausforderungen oder Störungen aus ihrer Umwelt erkennen, immer besser verarbeiten und dabei immer mehr an Stabilität und Autonomie gewinnen.

Das Prinzip der Offenheit ist darauf abgestimmt, nicht vorhersehbare Herausforderungen wahrzunehmen und anzunehmen, die sich in einer multiethnischen, pluralistischen, in ein globales Wirtschafts- und Mediensystem integrierten Gesellschaft in einem zusammenwachsenden Europa der Schule stellen. Unter diesen sozio-kulturellen Bedingungen treffen Lehrende und Lernende mit unterschiedlichen Weltanschauungen, Wertorientierungen, Kulturen und Lebensstilen in einer Schule zusammen. Sie müssen sich angesprochen und angenommen fühlen, damit sie zusammenarbeiten und gemeinsam lernen können. Deshalb genügt es nicht, ihnen nur Wissen über diese komplexe Welt zu vermitteln. Die Heranwachsenden brauchen Hilfe bei der Bewältigung ihrer wichtigsten Entwicklungsaufgabe, der Entwicklung ihrer persönlichen Identität im Rahmen einer kulturellen Identität. Sozialwissenschaftler beschreiben Identität in unserer multikulturellen Gesellschaft nach dem Patchwork-Modell als offene multiple Identität als Folge des Aufwachsens in multiplen Realitäten (Keupp, Höfer 1997). Sie betonen, dass man sich nur sicher fühlen kann, wenn man in der Lage ist, eine komplexere Identität zu erwerben. Nur dann kann man sich selbst mit mehr als einer Gruppe identifizieren. Es käme also zentral darauf an, dass die Schüler/innen zuerst ihre eigene Kultur entdecken, in ihrer Vielfalt, geschichtlichen Gewordenheit, aber auch in ihren Widersprüchen kennen, schätzen und aktiv mit gestalten und verändern lernen. Dabei sollten sie ein Maß an Sicherheit und Selbstbewusstsein für einen offenen Umgang mit fremden Kulturen in ihrer Alltagwelt entwickeln. Viele mehrsprachige (Migranten-)Kinder in unseren Schulen wachsen von Anfang an in zwei oder mehreren Kulturräumen auf. Die innere Sicherheit gewinnen sie, wenn sie von Anfang an positiv codierte Erfahrungen und Begegnungen mit Angehörigen beider Kulturen machen, und zwar im alltäglichen Zusammenleben in einer Ganztagsschule, möglichst wenig in getrennten Schulklassen. Sie erwerben auf diese Weise eine komplexere mehrsprachliche kulturelle Identität. Deshalb sollte sichergestellt werden, dass von Anfang an alle Beteiligten und Betroffenen in den Entwicklungsprozess aktiv mit eingeschlossen werden.

3.4 „Vielfalt in der Gemeinsamkeit" als pädagogisches Fundament

Die Orientierung an einem selbst erarbeiteten Leitbild und am Prinzip der Offenheit sind die beiden Säulen meines Modells einer Schulkultur der Offenheit, das aber noch durch ein tragendes pädagogisches Fundament gesichert werden muss. Das sehe ich in der Idee der *Vielfalt in der Gemeinsamkeit* (in Anlehnung an A. Prengel 2006). Aufgrund der Autonomie ihrer Teilsysteme ist es der Einzelschule möglich, im Inneren Freiräume für die Gestaltung des Schullebens und des Unterrichts, der Organisation und Kommunikation zu schaffen. Diese Handlungsspielräume erlauben es, im Laufe der Zeit eine eigene Schulkultur zu entwickeln und zu festigen, die von allen Beteiligten und Betroffenen gemeinsam getragen und gepflegt wird. Sie sollte sich am pädagogischen Konzept „Vielfalt in der Gemeinsamkeit" orientieren. Dieses Konzept geht davon aus, dass sich die kulturelle und soziale Vielfalt, die heute alle Schulen belastet, unter der Bedingung von Offenheit als Reichtum erfahren lässt. Aber nur unter der weiteren Bedingung eines tragenden Fundaments an Gemeinsamkeiten kann sie pädagogisch fruchtbar gemacht werden. Deshalb sollten nicht immer nur kulturelle Unterschiede betont, sondern die Gemeinsamkeiten von Kulturen bewusst gemacht werden.

Die Sicherung eines Fundaments an Vielfalt in der Gemeinsamkeit ist die unabdingbare pädagogische Basis für eine Schulkultur der Offenheit. Sie gewährt den Lehrenden und Lernenden die Befriedigung ihrer elementaren existentiellen, emotionalen und sozialen Bedürfnisse nach Gesundheit und Wohlbefinden, Geborgenheit und Angenommen-Sein in einer Gemeinschaft. Darin sehe ich heute eine der schwierigsten Aufgaben für jede Schule angesichts der kulturellen Vielfalt in unserer Gesellschaft und angesichts der Heterogenität der Lehrenden und Lernenden. Ohne dieses Fundament kann keine Schulentwicklung erfolgreich sein. Gemeinsamkeit kann nur entstehen auf der Basis einer gelingenden Verständigung zwischen allen Beteiligten und Betroffenen. Der Aufbau eines „konsensuellen Bereichs" (Maturana) als Voraussetzung ist an eine gemeinsame Sprache und an einen Grundbestand von gemeinsamen kulturellen Erfahrungen, Überzeugungen und Gefühlen, Werten und Regeln gebunden. Unter den heutigen Entwicklungsbedingungen für Kinder kann aber beim Schuleintritt kaum noch eine minimale Basis an Gemeinsamkeiten als selbstverständlich vorausgesetzt werden. Es ist ein mühsames Unterfangen, ein Fundament zwischen allen Beteiligten, Schulleitung, Kollegium, Schüler/innen und Eltern in jedem Schuljahr neu auszuhandeln, zu festigen und zu pflegen. In dieser Situation bieten die Grundwerte unserer freiheitlich-demokratischen Grundordnung zwar eine gute Basis dafür, um eine Schulkultur aufzubauen und weiterzuentwickeln. Darüber hinaus muss sich jedoch jede einzelne Schule ihre eigene Kultur und Präferenzordnung in Abstimmung mit allen Beteiligten und der Ausrichtung auf ihr spezifisches sozio-kulturelles Umfeld erarbeiten. Hier liegt ein Vorteil bei den Privatschulen, die von gemeinsamen Weltanschauungen, Grundüberzeugungen oder pädagogischen Konzepten ausgehen, z. B. christliche Schulen oder Montessori-Schulen.

Die Grundlage zur Verwirklichung des Konzepts „Vielfalt in der Gemeinsamkeit" ist Kommunikationskompetenz als Voraussetzung für gelingende Kommunikation. Ihre Entwicklung bedarf besonderer Unterstützung bei den Schülern/innen. Sie baut auf der „basic personality" auf, die Kinder und Jugendliche im Rahmen ihrer familiären und vorschulischen Sozialisationsprozesse entwickelt haben. In der Kindheit ist ihre Identität noch sehr stark von den Eltern bestimmt. Aber mit dem Schuleintritt und insbesondere in der Pubertät lösen sich die Schüler/innen davon ab und bauen ihre eigene Identität auf. Darin liegen die besonderen Möglichkeiten der Schule, aber sie übernimmt damit auch eine große Verantwortung. Schule muss zwar davon ausgehen, dass sich das einzelne Subjekt in der Entwicklung seiner Identität in der Regel auf mehrere Kulturen bezieht: Es gehört unterschiedlichen sozialen Gruppen an, die jeweils ihre eigenen Subkulturen ausformen, seien es religiöse, politische, altersspezifische, berufliche oder ethnische Gruppierungen (Allemann-Ghionda 1997, S. 121 ff.).

Jedes Kind als Mitglied einer kulturellen Gruppe hat sowohl eine persönliche als auch eine kollektive kulturelle Identität und weiß, wie man sich in verschiedenen Situationen angemessen verhält. Gleichzeitig wird auch das Verhalten der Mitglieder anderer Gruppen – größtenteils unbewusst – durch die eigene Kulturbrille bewertet. Auch Gefühle werden entsprechend kulturell unterschiedlich wahrgenommen, bewertet und ausgedrückt. Aber diese Sozialisationsprozesse verlaufen in einer multi-ethnischen, multi-kulturellen Lebenswelt selten so ideal, sondern bei vielen Kindern und Jugendlichen problembelastet und ohne klare Orientierungen. Neben der Familie und anderen sozialen Kontakten wird die Schule deshalb mehr und mehr zu einem zentralen Lebensbereich zur institutionellen Formung des Selbst durch die Kultur. Schule bereitet die Schüler/innen nicht auf eine bestimmte Kultur vor, sondern sie *lebt* mit ihnen eine Kultur, in der sie ihre Identität ausbilden. Die schulischen Erziehungs- und Lernbedingungen müssen daher in Form einer bewusst gepflegten Schulkultur so gestaltet werden, dass die Heranwachsenden im Laufe der Jahre eine stabile kulturelle Identität aufbauen und auch interkulturelle Kompetenz erwerben können. Nur dann sind sie in der Lage, angemessen und erfolgreich in einer fremdkulturellen Umgebung oder mit Angehörigen anderer Kulturen zu kommunizieren. Das ist heute in den Schulen mit einer multi-ethnischen, multi-kulturellen und multi-religiösen Zusammensetzung des Lehrkörpers und der Schüler/innen möglich und mehr denn je notwendig. (Vgl. Spanhel, D.: Der Aufbau interkultureller Kompetenz. In: https://www.spanhel-prof.de/manuskripte-publikationen) Für die Entwicklung der Persönlichkeit und den Aufbau der Identität der Schüler/innen kommt also alles auf die Gestaltung und Pflege der Schulkultur an.

Abbildung 11: Schulkultur der Offenheit (eigene Darstellung)

3.5 Gestaltung und Pflege einer Schulkultur der Offenheit

Nach meinen Vorstellungen zeigt sich eine Schulkultur der Offenheit im Inneren der Schule in Form einer kreativen Vielfalt an Lernkontexten, die einerseits fachunterrichtliche Strukturen moderieren, aber auch anregende Lernkontexte für den Schulalltag anbieten. In Abbildung 11 sind beispielhaft Sinnorientierungen für solche Lernkontexte im Alltag von Unterricht und Schule aufgezeigt, die inhaltliche, methodische oder organisatorische Aspekte umfassen. Schulkultur verlangt eine bewusste Pflege der Formen des alltäglichen Zusammenlebens aller im Raum der Schule. Es kommt daher nicht so sehr auf eine inhaltliche Revision der Curricula an, sondern darauf, wie sie im Unterricht und im Schulleben umgesetzt werden: Wie Lehrende und Lernende miteinander arbeiten, wie sie sich mit Werken der eigenen Kultur und fremder Kulturen auseinandersetzen, wie sie sich gegenseitig bewerten und von den Lehrkräften bewertet werden, miteinander feiern und ihre Freizeit gestalten (Spanhel 1998). Ein bedeutsamer Anker für die sich entwickelnde Identität der Schüler sind ihre Werke, die sie allein oder gemeinsam mit anderen hervorbringen (vgl. Abbildung 11). Deshalb sollten Unterrichts-, Arbeits-, Projektergebnisse dokumentiert, anderen (Schulklassen, Eltern oder Schulen) präsentiert und eine gewisse Zeit aufbewahrt werden.

Schulkultur lässt sich in den vielfältigen Angeboten und Formen der Literatur, Sprache, Kunst und Musik und in anderen medialen Ausdrucksformen ausdrücken und pflegen. Die Gewinnung einer Identität in der eigenen Kultur vollzieht sich bei den Heranwachsenden insbesondere im Modus des Erzählens. Vor diesem Hintergrund bekommen Deutschunterricht und Theaterspiel, Geschichte, Sozialkunde, Wahlkurse und ein globaler Austausch mit Medien sowie Feste und Feiern einen besonderen Stellenwert für die Schulkultur. Neben den exakten Naturwissenschaften müssen die Geistes-, Geschichts- und Sozialwissenschaften ihre besondere Bedeutung behalten (J. S. Bruner, 1996, S. 130 ff.). Gerade die digitalen Medien bieten neue und vielfältige Möglichkeiten der Kommunikation, anderen etwas mitzuteilen, etwa durch selbst gestaltete Texte am Computer, durch Videos, Hörbeiträge, Fotos, Collagen, Schulzeitung oder Pausenradio bis hin zum gemeinsamen Erstellen von Geschichten auch über Schulgrenzen hinweg. Entscheidend ist, dass alle diese Geschichten und Erzählungen die kulturelle Vielfalt des Lebens an dieser Schule widerspiegeln.

Das aktive Leben und Gestalten einer Schulkultur braucht Raum und Zeit, mit der Konsequenz, dass herkömmliche Strukturen und Organisationsformen aufgebrochen und neu gestaltet werden müssen. Das wäre am besten im Rahmen einer Ganztagsschule möglich. Aber auch in der Halbtagsschule gibt es Möglichkeiten für eine organisatorische Umgestaltung der zeitlichen und sozialen Strukturen. Von besonderer Bedeutung für ein gutes Schulklima und als Rahmen für eine anregende Schulkultur ist eine vielfältige und flexible Ausgestaltung des Schulhauses, der Arbeitsräume für Lehrkräfte, der Klassenzimmer und Gruppenräume, der Flure und des Pausenhofs sowie von Mehrzweckfunktionsräumen. Das Lernen im festen Klassenverband kann auf wenige Stunden begrenzt werden. In der Grundschule sind altersgemischte Klassen möglich. Für die wechselnden Lern-, Arbeits- und Neigungsgruppen müssen entsprechende Räumlichkeiten verfügbar sein. Das kulturelle Leben kann durch die Einladung und Mitwirkung von Kulturschaffenden, Musikern, Künstlern, Medienschaffenden, Sozialpädagogen bereichert werden oder durch gemeinsame Projekte, wie z. B. die Planung und Ausgestaltung spezieller Lern- und Erfahrungsräume auf dem Schulgelände (Schulgarten, Sportgelände) unter Beteiligung von Lehrkräften, Schüler/innen, Eltern und Fachleuten.

Schulkultur als Teil und Ausdrucksform der Gesamtkultur kann und darf nicht isoliert betrachtet und im begrenzten Raum der Schule entwickelt werden. Sie ist jeweils in einen spezifischen lokalen kulturellen Kontext eingebettet, der von der Schule genutzt werden muss. Dabei ist nicht nur an kulturelle Einrichtungen im engeren Sinne zu denken (Bibliotheken, Theater, Museen), sondern ebenso an politische Institutionen, Vereine und Verbände (vor allem auch ausländischer Mitbürger), an soziale und karitative Einrichtungen oder an Wirtschaftsbetriebe. Für eine lebendige Schulkultur sind vielfältige Austauschprozesse in allen diesen Feldern ebenso förderlich wie für diese Einrichtungen selbst (Spanhel 2004, S. 26 ff.). In einer digitalen Kultur gibt es keine Grenzen, und viele Schulen pflegen bereits internationale Beziehungen.

In Zeiten der Globalisierung muss die Schulkultur auch zur Stärkung der interkulturellen Kompetenz der Schüler/innen beitragen. In einzelnen Unterrichtsfächern kann auf das gemeinsame kulturelle Erbe in einem zusammenwachsenden Europa aufmerksam gemacht werden. Anknüpfungspunkte für die Auseinandersetzung der Schüler/innen mit kultureller Vielfalt bieten nicht nur die Unterhaltungsangebote, sondern auch die politischen, sportlichen, kulturellen und wirtschaftlichen Informationen der digitalen Medien. Konkrete Erfahrungen können die Schüler/innen im Rahmen von Schüleraustauschprogrammen oder auch im privaten Urlaub machen, die sich im Fremdsprachenunterricht vorbereiten und vertiefen lassen.

Die Verwirklichung der Idee einer Schulkultur kann nicht von der Schule allein geplant und durchgeführt werden. Eine lebendige Schulgemeinde bezieht die Verantwortlichen in der Kommune, insbesondere natürlich die Eltern und engagierte Persönlichkeiten aus dem Kulturleben, aus Wirtschaft und öffentlichen Einrichtungen ein. Die Pflege einer eigenen Schulkultur könnte durch ein lokales „school board" unterstützt werden, um möglichst viele Personen aus unterschiedlichen Bereichen mit in die Verantwortung für eine neue Schule zu nehmen.

Pflege eines guten Schul- und Klassenklimas

Eine wichtige Aufgabe bei der Realisierung einer Schulkultur der Offenheit ist die Pflege eines guten Schul- und Klassenklimas (Spanhel 1995, S. 191 ff.). Es entwickelt sich durch ein vertrauensvolles Aushandeln von Freiräumen, in denen die Lehrenden und Lernenden eigenverantwortlich handeln und lernen können. Dabei ist es wichtig, hierarchische Strukturen zu durchbrechen und die Regeln zwischen Lehrkräften, Schulleitung, Schüler/innen und Eltern, Kommune und Schulaufsicht in gegenseitigem Respekt auszuhandeln, gemeinsam festzulegen, ihre Einhaltung zu überprüfen und sie weiterzuentwickeln. Von besonderer Bedeutung ist eine offene Kommunikation und Kooperation zwischen Schulleitung, Lehrkräften und Eltern. Jedes Mitglied der Schule muss die Möglichkeit haben, offen seine Ideen, Ansichten, Fähigkeiten, Wünsche und Kritik einzubringen. Für diese Aushandlungsprozesse gelten die demokratischen Grundwerte und die Prinzipien der Gerechtigkeit und Fairness, der gegenseitigen Achtung und der Gewaltfreiheit. Durch aktive Beteiligung an den Kommunikationsprozessen wachsen im Idealfall alle Mitglieder der Schule zu einer Schulgemeinschaft zusammen.

Eine Schulkultur der Offenheit lässt sich im Schulalltag dann verwirklichen, wenn in allen Kommunikationsprozessen die Gesprächspartner als gleichwertig anerkannt und in ihren Ansichten, Ideen, aber auch Problemen und kritischen Einwänden ernst genommen werden. Der Kommunikationsprozess muss offen bleiben und Anschlusskommunikationen ermöglichen, die eine fortlaufende Kontrolle des gegenseitigen Verstehens erlauben. In der Hektik des Schulbetriebs fehlen dafür oft die Zeit und die Muße, besonders in der Halbtagsschule; eine geregelte Ganztagsschule bietet bessere Möglichkeiten. In dieser offenen Kommunikation geht es aus systemischer Sicht insbesondere um die emotionale Dimension der Beziehungen, um ein sensibles Wahrnehmen der Gefühle, der körperlichen und sonstigen nonverbalen Ausdrucksformen, die sehr stark die Bedeutung der sprachlichen Äußerungen mitbestimmen. Um die vielfältigen und oft unvorhersehbaren täglichen Herausforderungen bewältigen zu können, ist sowohl für Lehrende als auch für Lernende eine entspannte Atmosphäre und eine möglichst ausgeglichene Gefühlslage von unschätzbarem Wert (Damasio 2021, S. 98 ff.).

Die Qualität der Kommunikation in einer Schulkultur der Offenheit zeichnet sich dadurch aus, dass den Lernenden vielfältige Möglichkeiten zur aktiven Beteiligung an Entscheidungsprozessen, zur Übernahme von Verantwortung und zur Einübung in demokratische Verhaltensweisen zugestanden werden. Sie müssen immer wieder Gelegenheiten bekommen, ihre Kräfte und Energien, Ideen und Fähigkeiten zur Verwirklichung eigener Intentionen und Interessen einzusetzen, zu üben und weiter zu entwickeln. Schüler/innen brauchen Freiräume, in denen sie lernen können, sich selbst zu organisieren und eigenständig die Planung und

Durchführung von Arbeitsgruppen, Projekten, Festen und Feiern zu übernehmen oder außerschulische Kontakte zu pflegen. Eine Mediatorenausbildung kann hilfreich sein, um aggressives Verhalten und Gewalt zu unterbinden und Konfliktlösungsmethoden einüben. Hierzu haben Schulen unterschiedliche Konzepte und Formen der Schülermitverantwortung entwickelt (vgl. z. B. Veith 2016, S. 117 ff.; Beutel 2016, S. 92 ff.). Dazu finden sich in der schulpädagogischen Literatur vielfältige Anregungen. Deshalb brauche ich hier nicht auf weitere Details einzugehen (Eder 2010; Boldt 2014). Wichtig ist, dass Umgangsformen zwischen allen Beteiligten im schulischen Alltag, die ein positives Schulklima prägen, nicht nur die emotionale Basis für Erfolg versprechendes Lernen und eine gute Persönlichkeitsentwicklung der Schüler/innen bilden, sondern auch die Lehrpersonen vor vielfältigen Belastungen verschonen und ihre psychische Gesundheit stützen.

Pflege vertrauensvoller Beziehungen zwischen Lehrenden und Lernenden

Den wichtigsten Erziehungsrahmen bildet die Gestaltung der persönlichen Beziehungen der Lehrpersonen zu den Schüler/innen. Sie sind auch in zunehmendem Alter auf Orientierungshilfen und Anregungen, Grenzen und Hinweise zur Selbstkontrolle ihres eigenen Verhaltens angewiesen. Sie können aber nur auf dem Fundament eines guten, stabilen Beziehungsverhältnisses angenommen werden. Gelingende Kommunikation setzt ein gegenseitiges Vertrauen und einen Bereich gemeinsamer Überzeugungen, Lebensauffassungen, Werte und Ziele voraus. Diese gemeinsame Basis und gegenseitiges Vertrauen müssen in den Schulklassen in jedem Schuljahr neu hergestellt, ständig gesichert und vertieft werden. Sie bilden für die jungen Menschen einen sicheren Rahmen, in dem sie an der Entwicklung ihrer Identität und der Bewältigung ihrer Entwicklungsaufgaben arbeiten können.

Aufgrund der Kontingenz verlaufen soziale Beziehungen in einer Klasse und in der Schule nie ohne Störungen und Konflikte. Diese sind aus pädagogischer Sicht positiv zu sehen, weil sie – wenn sie gemeinsam bewältigt werden, – die Entwicklung antreiben und Lern- und Bildungschancen beinhalten. Die Basis für eine Gewinn bringende Auseinandersetzung mit anderen und eine zufrieden stellende Bewältigung sozialer Konflikte ist ein sensibles Wahrnehmen der Gefühle und Ausdrucksweisen, Wünsche und Wertorientierungen der anderen. Der Umgang miteinander sollte durch gegenseitige Achtung, Wärme, Rücksichtnahme und Liebe gekennzeichnet sein. Lehrpersonen müssten darin Vorbild sein, auch wenn es nicht immer leicht ist, Gefühle wie Ärger, Enttäuschung, Ungeduld und Angst unter Kontrolle zu halten. Das Verhalten der Schüler/innen, über das Lehrpersonen sich ärgern, ist oft ihr hilfloser Versuch, mit ihren Schwierigkeiten selbst fertig zu werden. Lehrpersonen sollten warmherzig auf die Schüler/innen zugehen und sich Zeit nehmen, jede(n) in Ruhe ausreden lassen, genau hinhören und versuchen, die (den) andere(n) einfühlsam und ohne Wertungen zu verstehen (Tausch/Tausch 1971; vgl. dazu die Reckahner Reflexionen zur Ethik pädagogischer Beziehungen und das Konzept der Waldparkschule Heidelberg).

Lehrpersonen und Schüler/innen sollten für gewaltfreie Auseinandersetzungen und Konfliktlösungen gemeinsam Regeln aushandeln und sich dabei an den Prinzipien Fairness, Gewaltfreiheit, Wahrhaftigkeit und Offenheit orientieren. Gemeinsame Vereinbarungen sollten von allen bestätigt, festgehalten und die Konsequenzen bei Übertretung der Regeln gemeinsam bestimmt und dann auch durchgesetzt werden. Wichtig ist, den Heranwachsenden einen Vertrauensvorschuss zu gewähren. Damit ist zwar das Risiko der Enttäuschung verbunden, aber nur unter dieser Bedingung kann überhaupt Vertrauen entstehen. In solchen Auseinandersetzungen können Lernende stark werden und in ihrer Persönlichkeit wachsen.

4. Schule als lernendes System

Schulentwicklung auf der Grundlage einer Lernkultur der Offenheit

Schulentwicklung ist unabweisbar, weil unter den Bedingungen eines rasanten gesellschaftlichen Wandels die Einzelschule ihre Einheit nur als ein lernendes System erhalten kann. Das Lernen der Schule dient nicht nur der Bewältigung drängender gegenwärtiger Anforderungen, sondern muss auch künftige Herausforderungen in den Blick nehmen. Beides erfordert eine zielgerichtete, auf Kontextsteuerung basierende Entwicklung. Wie gezeigt, bedarf die Einzelschule dafür eines Orientierungsrahmens mit einer Idealvorstellung von guter Schule als Leitbild sowie einer Schulkultur der Offenheit auf der Grundlage einer Vielfalt in der Gemeinsamkeit als struktureller Basis. Nach der Klärung dieser Voraussetzungen und strukturellen Grundlagen einer lernenden Schule geht es im Folgenden um die Frage, wie die Lernprozesse im Einzelnen gestaltet werden müssten, damit die selbst gesetzten Entwicklungsziele erreicht werden können.

4.1 Lernkultur der Offenheit als Basis für das Lernen der Schule und der Schüler/innen

Wenn hier von Lernprozessen die Rede ist, geht es stets um Lernprozesse auf zwei Ebenen: Lernprozesse der personalen Systeme der Schüler/innen und Lernprozesse des sozialen Systems Schule, in die alle Beteiligten einbezogen sind. Im Rahmen von Schulentwicklung sind diese Lernprozesse durch Kontextsteuerung auf die gewünschten Ziele auszurichten. Kontextsteuerung einer lernenden Schule wirkt nicht als direkte, zielgenaue Steuerung, sondern eröffnet nur einen Korridor für die Entwicklung. Sie erfordert daher eine *Lernkultur der Offenheit*. Für das Lernen des Systems Schule ist sie nur innerhalb der begrenzenden Rahmen der gesellschaftlichen Funktionen der Schule, ihres Leitbilds und einer Schulkultur der Offenheit möglich. Für die Lernprozesse der Schüler/innen wird diese Lernkultur der Offenheit durch den Rahmen des sozialen Systems Schule begrenzt.

Für eine Erfolg versprechende Schulentwicklung ist das Zusammenwirken beider Ebenen des Lernens der personalen Systeme und des Systems Schule in Form einer Lernkultur der Offenheit entscheidend. Dies muss durch das professionelle Handeln der Lehrkräfte gesichert werden. Darin liegt der Anspruch, die besondere Verantwortung, aber auch die große Bewährungsmöglichkeit für die Lehrkräfte im Prozess der Schulentwicklung. Sie müssen auf der einen Seite zusammen mit den Schülern/innen und für sie die Lernkontexte (Erziehungs-rahmen und unterrichtliche Rahmen) im Sinne einer Lernkultur der Offenheit gestalten. Auf der anderen Seite sind sie gemeinsam mit der Schulleitung, El-tern und Schüler/innen für das Lernen des Systems, für die Schulentwicklung verantwortlich. Dabei müssen sie auch noch für ein aufeinander abgestimmtes Zusammenwirken der Lernprozesse auf beiden Systemebenen sorgen. Aus dieser Perspektive ist es nicht verwunderlich, dass viele Lehrpersonen dem Vorhaben der Schulentwicklung zunächst mit gewissen Vorbehalten oder Ängsten vor gro-ßen Belastungen gegenüberstehen, während andere sich herausfordern lassen, mit Engagement einsteigen und große berufliche Befriedigung finden.

Die Entwicklung einer Lernkultur der Offenheit als zentrale Aufgabe von Schulentwicklung auf beiden Ebenen des Lernens kann ich nur nacheinander beschreiben. Ich werde im Folgenden die Merkmale einer Lernkultur der Offen-heit für die Lernprozesse der Schüler/innen erläutern und dann aufzeigen, wie in diesem Sinne die Erziehungsrahmen und die unterrichtlichen Rahmen als Lernkontexte gestaltet werden müssten.

4.2 Merkmale einer Lernkultur der Offenheit

Eine Lernkultur der Offenheit ist durch folgende Merkmale gekennzeichnet:

- *Offenheit für die Mehrdimensionalität* der Lernprozesse, um das Zusammen-wirken der sozialen, personalen und sachlichen Dimensionen des Lernens sicherzustellen. Das verlangt von der Einzelschule, Erziehungs- und Unter-richtsziele in einem ausgewogenen Verhältnis zu berücksichtigen. Aktuell sehe ich eine besondere Herausforderung für die Schulen, Erziehung als einen eigenständigen Aufgabenbereich ernst zu nehmen. Das Problem liegt darin, dass sich viele Lehrkräfte schon lange nicht mehr als Erzieher verstehen, wie ich in meiner Tätigkeit in der Ausbildung von Beratungslehrern vielfach selbst erfahren habe. Über zwei Jahrzehnte lang habe ich versucht, Beratungslehre-rinnen/-lehrern aller Schularten die pädagogischen Grundlagen der Beratung zu vermitteln. Dabei ist mir aufgefallen, dass sie fast ohne Ausnahme Er-ziehungsschwierigkeiten, Disziplinprobleme, Entwicklungsstörungen oder psychische Auffälligkeiten von Schüler/innen, über die sie berichten sollten, nur unter dem Aspekt der Beeinträchtigung der Lernleistungen wahrge-nommen haben. Sie wurden selten als eigenständige Entwicklungsprobleme gesehen, obwohl erzieherische Hilfen zu ihrer Bewältigung zu den zentralen Aufgaben der Schule gehören. Deshalb ist es mir besonders wichtig, in einem Konzept zur Schulentwicklung nicht nur die Möglichkeiten und Prinzipien einer Verbesserung der Lernleistungen der Schüler/innen aufzuzeigen. Er-ziehung stellt eine fundamentale gesellschaftliche Aufgabe und damit einen eigenständigen und unverzichtbaren Lernbereich der Schule dar. Sie bildet das tragende Fundament einer umfassenden Entwicklung der Persönlichkeit zu intellektueller und moralischer Autonomie.

- *Handlungsfreiräume für selbstgesteuerte Lernprozesse* ermöglichen. Wie bereits dargelegt, beruht die Kontextsteuerung des Lernens auf der Fähigkeit zur Selbststeuerung von Systemen. Die Förderung selbstgesteuerten Lernens ist daher eine der zentralen Aufgaben von Schulentwicklung. Sie ist prinzipiell nur möglich, wenn Lernenden Freiräume gewährt werden, in denen sie eigenständig ihre Lerngegenstände, Lernziele, Lernwege und Übungsmöglichkeiten bestimmen können. Das dürfte die anspruchsvollste Aufgabe für eine Erfolg versprechende Schulentwicklung sein. Schulleitung und Lehrkräfte sind dem Druck der Öffentlichkeit, der Schuladministration und der Eltern ausgesetzt und stehen dabei unter ständiger Beobachtung. Lehrpersonen müssen zusätzlich unter enormem Zeitdruck, Lehrplandruck und Erfolgsdruck arbeiten. Das führt in der Tendenz dazu, Lernprozesse möglichst direkt und präzise zu steuern, damit möglichst alle Schüler/innen die Lernziele in dem vorgegebenen zeitlichen Rahmen erreichen. Das hat nicht selten zur Folge, dass die Anstrengungen der Lernenden weniger vom Interesse an der Sache, als von dem Bestreben um gute Leistungsbeurteilungen geleitet werden.

- *Berücksichtigung der Kontingenz sozialer Systeme.* Schulleitung, Lehrende und Lernende sowie Eltern werden mit Unbestimmtheit und Unsicherheit konfrontiert. Sie müssen es aushalten, dass nicht alle Schüler/innen alle Lernziele zur gleichen Zeit in wünschenswerter Weise erreichen. Kontextsteuerung setzt auf Selbststeuerung und stellt damit die Kontingenz der Kommunikationsprozesse in Rechnung. Das führt dazu, dass nicht alle Lernprozesse immer in der geplanten Weise ablaufen, und dass sich Lernziele verschieben. Es muss deshalb immer wieder nachgesteuert werden. Lern- und Entwicklungsprozesse der Schüler/innen sind nie abgeschlossen, sondern beruhen auf einem störanfälligen Fließgleichgewicht, das durch Lernen immer wieder neu ausgeglichen werden muss. (Piaget spricht von Äquilibration.) Das hat zur Folge, dass Entwicklungsprozesse offengehalten und Lernziele und Lernprozesse revidiert und neu bestimmt werden müssen.

- *Offenheit für aktuelle Erziehungsaufgaben in einer Gesellschaft im digitalen Wandel.* Nach meiner Überzeugung bringt die oft geforderte Digitalisierung der Schule nicht die gewünschte Lösung für die derzeitig sich stellenden Herausforderungen. Sie stellt vielmehr selbst eine Herausforderung für die Schule dar. Bislang ist noch nicht ausreichend erforscht, welche Verbesserungen die Digitalisierung der Schule für das selbstgesteuerte Lernen der Schüler/innen bringt. Aber auch mit der Digitalisierung und der Künstlichen Intelligenz verbundene Erziehungsaufgaben und Probleme sind noch nicht hinreichend geklärt. Lernen ist an Kommunikation gebunden. Für eine Lernkultur der Offenheit ist es daher von entscheidender Bedeutung, wie sich durch Digitalisierung in Schule und Unterricht die Kommunikationsmuster und -strukturen verändern und wie sich diese Veränderungen auf die in die Kommunikation eingelagerten Lernprozesse und damit auf die Entwicklung der Persönlichkeit auswirken.

4.3 Bedeutung der Erziehungsfunktion der Schule für Individuum und Gesellschaft

Mit Bezug auf die Mehrdimensionalität des Lernens werde ich zuerst auf die aus meiner Sicht vernachlässigte *Erziehung* als Rahmen für soziale und personale Lernprozesse eingehen. In einer Lernkultur der Offenheit sichert Erziehung damit wichtige Lernvoraussetzungen für die fachlichen Lernprozesse im Unterricht. Von Erziehung oder Erziehungszielen ist in den Schulen eher selten die Rede. Die weithin unterschätzte Bedeutung der Erziehung als einer zentralen gesellschaftlichen Funktion von Schule ergibt sich aus ihrer historischen Entwicklung. Ihre Erziehungs- und Bildungsfunktion hat sich in Folge der rasanten kulturellen und gesellschaftlichen Wandlungen in den letzten Jahrzehnten stark verändert und muss daher neu bestimmt werden. Bisher war für die nachwachsende Generation die Tradierung und Aneignung bewährter Kenntnisse und Fähigkeiten ausreichend, um sich in einer bestimmten Umwelt mit absehbaren Anforderungen erfolgreich verhalten zu können. Heute aber geben sie den jungen Menschen nicht mehr die Sicherheit, den sich schnell wandelnden oder nicht vorhersehbaren Anforderungen ihrer zukünftigen Lebenswelt gerecht zu werden. In diesem Zusammenhang wird häufig gefordert, den Schülern/innen *Resilienz* zu vermitteln, die Fähigkeit, unvorhergesehene Anforderungen und kontinuierlichen Stress nicht nur zu bewältigen, sondern daraus zu lernen und die eigene Entwicklung voranzutreiben. (Vgl. das Gutachten „Bildung und Resilienz": vbw 2022.) Angesichts der häufig oberflächlichen und flüchtigen, instabilen und problembelasteten sozialen Beziehungen der Kinder und Jugendlichen in ihrer Alltagswelt (insbesondere in ihren Medienwelten) liegt eine zentrale Aufgabe der Schule heute mehr denn je darin, den Schülern/innen nicht nur kulturelles Wissen zu vermitteln, sondern ihnen im Rahmen von Erziehung vielfältige Gelegenheiten zu geben, ihre Kommunikations- und Kooperationsfähigkeit zu entwickeln, ein Wertorientierungssystem in Sinne einer eigenen Präferenzordnung aufzubauen, sozial verantwortliches Handeln zu erlernen, die Selbstbestimmung ihres Verhaltens, Selbstkontrolle, Intentionalität und Reflexivität ihres Lernens zu entfalten und einzuüben (Spanhel 2013). Diese Fähigkeiten sind nicht nur Voraussetzung für gute Lernleistungen im Unterricht, sondern – was noch wichtiger und weitreichender ist – sie bilden für die Heranwachsenden das unverzichtbare Fundament für ihren Bildungsprozess und eine umfassende Persönlichkeitsentwicklung.

Ich muss daher kurz erklären, was Erziehung aus einer systemtheoretischen Perspektive bedeutet und warum ich es für unverzichtbar halte, Erziehungsaufgaben, die sich im Rahmen von Schulentwicklung stellen, ganz bewusst in den Blick zu nehmen. Unter *Erziehung oder pädagogischem Handeln* verstehe ich Hilfe oder Unterstützung von Kindern und Jugendlichen bei der selbständigen Bewältigung ihrer Entwicklungsaufgaben. Dies ist in der Schule möglich durch die Gestaltung der Schule als Meta-Kontext für Erziehung und die Gestaltung vielfältiger Erziehungsrahmen als Kontexte für soziale und personale Lernprozesse im Schulalltag (Spanhel 2013). Entwicklungsaufgaben stellen sich im Lebenslauf der Kinder und Jugendlichen zwangsläufig aus dem sich ständig ändernden Verhältnis von entwicklungsbedingten Fähigkeiten und internen Problemen der Heranwachsenden einerseits und den wechselnden Anforderungen aus relevanten Umweltsystemen andererseits. Das sind Herausforderungen, die weder von der Familie, der Schule noch von anderen Erziehungsinstitutionen bewusst gestellt werden. Sie treten den Heranwachsenden als Herausforderungen entgegen, wenn sie in ihrem Entwicklungsprozess auf Grund neu erworbener Lern-, Denk- und Handlungsfähigkeiten das Bedürfnis haben, sich weitere Bereiche ihrer sozialen und kulturellen Umwelt zu erschließen und verfügbar zu machen. Und es handelt sich um notwendig zu erfüllende Aufgaben, die sich auf jeder Entwicklungsstufe anders stellen und ohne deren Bewältigung der Entwicklungsprozess nicht voranschreiten kann. (Zum Begriff der Entwicklungsaufgaben vgl. Büeler 1994, S. 179 ff.; Beispiele für Entwicklungsaufgaben vgl. Spanhel 2013, S. 87 ff.) Von besonderer Bedeutung ist die umfassende Entwicklungsaufgabe der Identitätsbildung beim Übergang von der Kindheit ins Jugendalter und in der Phase der Adoleszenz, verbunden mit dem Aufbau einer eigenen Wertorientierungssystems (Spanhel 2013, S. 90).

Bei der Bewältigung ihrer Entwicklungsaufgaben und Lebensprobleme sind Kinder und Jugendliche in ihrem Alltag in Familie, Freizeit und Schule ständig mit Schwierigkeiten konfrontiert, die sie zwar prinzipiell selbständig bewältigen müssten. Aber gestörte Familienverhältnisse, körperliche (gesundheitliche) Probleme, psychische Schwierigkeiten, Armut, fehlende oder problematische soziale Kontakte, übermäßiger Medienkonsum oder schulische Lernschwierigkeiten machen es ihnen oft schwer, mit ihren Entwicklungsaufgaben allein fertig zu werden. Dann sind sie auf pädagogische Unterstützung, auf Erziehung angewiesen. Nach meiner Überzeugung ist die Schule in unserer pluralistischen, multi-ethnischen und multikulturellen, sich rasch wandelnden Gesellschaft noch das einzige, über viele Jahre hinweg stabile und für alle Kinder und Jugendlichen auf dieselben Sinnorientierungen ausgerichtete soziale System, das vielfältige, anregende und variable pädagogische Hilfen bietet, um sie aufgrund der Schulpflicht über viele Jahre hinweg in ihrer Entwicklungsarbeit angemessen zu unterstützen. Schule ist daher als ein unverzichtbarer Faktor für den sozialen Zusammenhalt der

Gesellschaft wertzuschätzen. Durch die Sicherung und Pflege einer Schulkultur, die an den einzelnen Schulen unterschiedlich aussehen mag, aber über alle Unterschiede hinweg grundlegende Gemeinsamkeiten an Überzeugungen, Normen und Wertorientierungen aufweist, leistet die Schule auch einen nicht zu unterschätzenden Beitrag zur Erhaltung unserer demokratisch-freiheitlichen Grundordnung.

Schule ist von vornherein als *Erziehungsinstitution* konzipiert und erzieht daher immer, auch wenn sich viele Lehrpersonen nicht als Erzieher verstehen wollen. Für jede Schulentwicklung folgt daraus die Aufgabe, den Schulalltag so zu gestalten, dass nicht nur die fachlichen Lernleistungen, sondern auch die sozialen und personalen Lernprozesse und somit die Entwicklung der Persönlichkeit der Schüler/innen umfassend gefördert werden. Schule darf sich nicht nur auf den Bereich der kognitiven Entwicklung und der Intelligenz konzentrieren. Ihre Erziehungsaufgabe besteht darin, Lernkontexte im Sinne einer Lernkultur der Offenheit so zu gestalten, dass die Schüler/innen frühzeitig lernen, auch ihre körperlichen Bedürfnisse (Bewegungsdrang, Kraft, Hunger, Durst) zu beachten sowie ihre Affekte und Gefühle (Begeisterung, Angst, Schmerz) wahrzunehmen, zu kontrollieren und rational zu handeln. Alle Bereiche der Kinder und Jugendlichen, Körper und Geist, Gefühle und Strebungen, Wertorientierungen und soziale Kompetenzen, müssen sich in einem ausgeglichenen Verhältnis entfalten können.

Schulerziehung in Form der Kontextsteuerung steht vor einer zweifachen Herausforderung: Zum einen besteht ihre Aufgabe darin, durch Beobachtung, Kontrolle und Steuerung der Sozialisation die Entwicklung der Sozialkompetenz (der Sprach- und Kommunikationsfähigkeit) der Schüler/innen zu sichern. Zum anderen muss sie mit der Initiierung und Förderung personaler Lernprozesse eine fundamentale Voraussetzung für gelingende sachliche Lernprozesse im Unterricht sicherstellen. Auf Grund der veränderten Lernbedingungen, auch im Zusammenhang mit der Digitalisierung, wird heute immer häufiger und dringlicher gefordert, die Schüler/innen zur Selbststeuerung ihres Lernens zu befähigen. Dabei richtet sich der Blick der Schüler/innen auf ihre eigenen Lernprozesse, ihr Funktionieren oder ihr Scheitern und Möglichkeiten ihrer Verbesserung. Es geht um reflexive, auf ihren eigenen Lernapparat bezogene Lernprozesse, um die Kontrolle der inneren Lernbedingungen, des Zusammenspiels von Organismus und neuronalem System. Dafür sind personale Kompetenzen, wie z. B. Selbstkontrolle, Intentionalität, Wertorientierung, Reflexivität und Metakognition bedeutsam. Diese Selbstkompetenzen können die Schüler/innen nur im kommunikativen Handeln als Lernen vom Kontext erwerben. Dabei kommt es darauf an, Erziehungsrahmen als Lernkontexte entsprechend den Merkmalen einer Lernkultur der Offenheit zu gestalten.

In den letzten Jahren bemühen sich die Schulen verstärkt um Erziehung ohne von Erziehung zu sprechen. Dann ist von Qualitätsverbesserung der Lehrer-Schüler-Beziehungen die Rede, von einem lebendigen Schulleben oder von einem guten Schulklima. Dahinter steht das Ziel einer Verbesserung der schulischen Lernbedingungen. Das schlägt sich unter anderem auch in den sechs Qualitätsbereichen für gute Schulen des Schulpreises der Robert Bosch Stiftung nieder, von denen sich drei nach meinem Verständnis auf erzieherische Fragen beziehen (Verantwortung; Schulleben; Umgang mit Heterogenität). Viele Aufgaben und Probleme in den Schulen haben mit Erziehung zu tun, das zeigt sich u. a. im „Handbuch Gute Schule" (Beutel u. a. 2016). Dort wird in acht Thesen der „Erziehungsauftrag" der Schule umrissen, aber der Begriff Erziehung kommt im weiteren Text nicht vor. Stattdessen werden für die Schulen „Programme zur pädagogischen Schulgestaltung", eine „pädagogische Kultur", „pädagogische Gestaltungskompetenz der Lehrkräfte" und ein „pädagogischer Konsens" gefordert (Beutel 2016, S. 128 f.), ohne dass näher bestimmt wird, was mit „pädagogisch" gemeint ist. Die spezifische Bedeutung von Erziehung als Anregung und Unterstützung personaler und sozialer Lernprozesse mit dem Ziel der Entwicklung von kommunikativen Kompetenzen und Selbststeuerungsfähigkeit der Heranwachsenden wird nicht erkannt und kommt nicht zum Ausdruck.

Auch wenn sich Lehrpersonen nicht explizit als Erzieher/innen verstehen wollen, wirken viele ihrer pädagogischen Maßnahmen in meinem Verständnis als Erziehung in Form einer Kontextsteuerung des personalen oder sozialen Lernens der Schüler/innen. Wenn Lehrkräfte sensibel Lernschwierigkeiten oder persönliche Probleme der Schüler/innen wahrnehmen, können sie deren personale und/oder soziale Lernprozesse durch behutsame Intervention auf dreifache Weise durch Gestaltung der Kommunikationsstrukturen steuern:

Zum ersten werden durch die Konstituierung eines Erziehungsrahmens die Sinnorientierungen der Schüler/innen auf Selbstlernprozesse eingegrenzt. Dazu muss im Kommunikationsprozess eine Zäsur erfolgen und ein Erziehungsrahmen durch eine neue Sinnorientierung klar angezeigt werden, damit die Schüler/innen wissen: Jetzt geht es nicht mehr um ein bestimmtes Unterrichtsthema, etwa die Merkmale einer Erörterung im Deutschunterricht oder um die Anwendung einer mathematischen Formel, sondern um die Lösung eines schwelenden Konflikts in der Schulklasse oder das Störverhalten eines Schülers.

Zweitens geht es um die Schaffung und Vereinbarung von Handlungsfreiräumen für die Lernenden, in denen diese ihre Lernprozesse ohne Druck und Zwänge von außen eigenständig regulieren und dabei ihre Selbststeuerungsfähigkeit und Selbstkontrolle verbessern können. Dazu muss im Kommunikationsprozess eine differenzierte Aufgabenstellung erfolgen und eine klare Kennzeichnung der Grenzen gesetzt oder ausgehandelt werden, innerhalb derer die Schüler/innen selbstständig an einer Problemlösung arbeiten können.

Drittens bieten die Lehrkräfte Schülern/innen Unterstützung, damit sie in schwierigen Situationen ihre Probleme selbständig überwinden und ihre persönlichen Ziele, Wünsche und Sinnorientierungen mit den Anforderungen und Aufgaben der Schule abstimmen können. In diesem Fall wenden sich Lehrpersonen im Gespräch einzelnen Schülern/innen zu, um Lernhilfen in Form von Anregungen, Orientierungshilfen oder Beratung anzubieten, ohne dass diese von den Schülern/innen angenommen werden müssen. Eine grundlegende Voraussetzung dafür, dass in Erziehungsrahmen personale oder soziale Lernprozesse ausgelöst werden, ist eine vertrauensvolle Beziehung zwischen Lehrenden und Lernenden.

Die Erziehungsfunktion der Schule wird in ihrer gesellschaftlichen Bedeutung weitgehend verkannt und unterschätzt. Sie ist nach meiner Überzeugung wichtiger denn je, wie die vielen Probleme im sozialen Zusammenleben im Schulalltag und in der persönlichen Entwicklung einzelner Schüler/innen zeigen, seien es Gewalt, Mobbing, Disziplinschwierigkeiten oder Verhaltensstörungen, Depressionen, Aggressivität oder Leistungsverweigerung. Deshalb möchte ich im Folgenden einige grundlegende und besonders aktuelle Erziehungsaufgaben der Schule in einer Gesellschaft im digitalen Wandel herausstellen.

4.4 Grundlegende Erziehungsaufgaben im Kontext einer Lernkultur der Offenheit

Erziehungsrahmen zur Förderung der Selbststeuerungsfähigkeit

Wie oben dargelegt, beruht die Wirksamkeit der Kontextsteuerung auf der Selbststeuerungsfähigkeit der Schüler/innen. Ihre Förderung ist vorrangige Aufgabe einer Lernkultur der Offenheit. Sie muss so gestaltet werden, dass für die Schüler/innen Handlungsfreiräume entstehen, in denen sie lernen können, eigene oder vereinbarte Lernziele eigenständig und eigenverantwortlich, allein oder in Gruppen und in unterschiedlichen Arbeitsformen zu verwirklichen. Unter diesen Bedingungen können die einzelnen Schüler/innen *selbstgesteuert* Lerninstrumente in Form differenzierter Denk- und Handlungsmuster konstruieren, die es ihnen erlauben, neuartige Herausforderungen kreativ zu bewältigen und sich in rasch wechselnden Umwelten zu verhalten. Dabei können sie einerseits ihre aktuellen Bedürfnisse, Probleme, Schwierigkeiten und Wünsche zur Geltung bringen und bearbeiten, sind aber andererseits gezwungen, sie mit den äußeren sozialen Lernbedingungen und den vereinbarten Lernzielen abzustimmen. Das erfordert eine reflexive Steuerung und Selbstkontrolle ihrer Lernprozesse. „Wir müssen es mit den Lebensproblemen der Schüler aufnehmen, bevor wir ihre Lernprobleme lösen können" (von Hentig 1993, S. 190). Damit betont von Hentig zu Recht den Vorrang von personalem Lernen, denn dieses schafft erst die Voraussetzungen für einen störungsfreien Unterricht (vgl. Gerecht 2010, S. 17f.). Neuere Untersuchungen zeigen, wie wichtig personale Kompetenzen über die Schule hinaus für den gesamten Entwicklungsprozess der Kinder und Jugendlichen sind (Spiewak 2021).

Schulkultur und Lernkultur als offene Erfahrungs- und Handlungsräume erlauben den Kindern und Jugendlichen, die aus unterschiedlichen Lebenswelten und Kulturräumen kommen, individuelle Erfahrungen mit unterschiedlichen kulturellen und sozialen Lebensformen, Werken, Denkweisen, Wertorientierungen und Weltsichten zu machen. Sie geben ihnen Anregungen, um ihre Wahrnehmungs-, Denk-, Gefühls-, Wert- und Handlungsmuster zu erweitern. Wenn die Lehrkräfte Schwierigkeiten beobachten, können sie helfend eingreifen und den Schülern/innen in einem Gespräch Gelegenheit zum Austausch und zur gegenseitigen Verständigung über ihre unterschiedlichen Wahrnehmungen der Situation, ihre Bedürfnisse und Wertorientierungen als Ursache für ihre Konflikte geben. In einer digitalisierten Lebenswelt, in der Identität immer mehr zum letzten Bezugsrahmen für menschliches Handeln wird, lernen die Heranwachsenden in den sozialen Kontexten einer Schulkultur und Lernkultur der Offenheit, ihr Handeln an gemeinsamen Sinnorientierungen auszurichten. Sie fühlen sich in eine Gemeinschaft eingebunden, in der sie Zuwendung und Anerkennung erleben, die ihnen Halt und Sicherheit sowie grundlegende Handlungsorientierungen zur Bewältigung ihres Alltags bietet.

In der Grundschule sind diese Räume noch eng begrenzt, müssen aber im Laufe der Schulzeit immer mehr ausgeweitet werden, bis der junge Mensch ganz in die Selbständigkeit entlassen werden kann. Es kommt darauf an, die Freiräume der zunehmenden Einsicht und den wachsenden Kräften und Fähigkeiten der Heranwachsenden anzupassen. Gleichzeitig müssen durch gemeinsam vereinbarte Regeln, verbindliche Normen und Entscheidungen Grenzen gesetzt werden, für die Erwachsene allein die pädagogische Verantwortung übernehmen. Ich bezeichne solche Erziehungsrahmen als „Spielräume zum Leben", weil in diesen Handlungsrahmen – anders als im Fachunterricht – Schüler/innen die für sie gerade lebens- und entwicklungsbedeutsamen Themen, Probleme, Wünsche, Ideen einbringen und bearbeiten können. Sie sind lebensnotwendig, denn nur innerhalb solcher Spielräume können sie

- ihre Kräfte und Fähigkeiten entfalten und erproben
- ihre Interessen entwickeln
- Selbstwirksamkeit erfahren
- moralisches Handeln lernen
- Verantwortungsfähigkeit ausbilden
- Grenzen und Scheitern erfahren
- eigene Wertorientierungen und Lebensziele entwerfen.

Bei der Gestaltung von Handlungsfreiräumen kommt es auf ein Gleichgewicht zwischen Gewährung von Autonomie und Bereitschaft zur Verantwortungsübernahme an. Die Schwierigkeit für Lehrkräfte besteht darin, für jedes Alter, für jede

Entwicklungsphase das richtige Maß zwischen Autonomiegewährung, d. h. zwischen Freigabe an Selbständigkeit und Festlegung klarer Grenzen einerseits und der Bereitschaft zur Übernahme von Verantwortung durch die Lernenden andererseits zu finden. Das richtige Maß für Handlungsfreiheit muss immer wieder, am besten gemeinsam, überprüft und dann neu bestimmt werden. Dafür gibt es keine Rezepte. Wo die richtige Mitte liegt, lässt sich nur im Einzelfall, in der konkreten Situation erkennen. In der Erziehung kann alles falsch sein, zu wenig oder zu viel Freiheit, zu wenig oder zu viel Liebe, zu wenig oder zu viel Strenge, zu wenig oder zu viel Hilfe, zu wenig oder zu viel Ordnung, zu wenig oder zu viel Kontrolle. Die Entscheidung für die goldene Mitte müssen die Lehrpersonen in jeder schulischen oder unterrichtlichen Situation neu treffen und an den Folgen ihres Handelns überprüfen.

Schaffung von Handlungsfreiräumen

Gute Gelegenheiten dazu bieten freie Wahlangebote. Ein erster Schritt zur selbständigen Bewältigung ihrer Entwicklungsaufgaben liegt für die Schüler/innen in der Stärkung ihrer Kompetenzen, Interessen und Fähigkeiten durch die freie Wahl von Angeboten, Projekten, Kursen, Arbeitsgruppen mit unterschiedlichen inhaltlichen Ausrichtungen. Sie sollten sich durch offene Lernformen und Arbeitsweisen auszeichnen. Für die Durchführung solcher Wahlangebote eignen sich besonders fächer- und klassenübergreifende Projekte, insbesondere dann, wenn sowohl Planung als auch Durchführung und Evaluation weitgehend in die Eigenregie der Schüler/innen gelegt werden. Dann ist das Projekt nicht nur ein unterrichtlicher Rahmen, eine Unterrichtsmethode, sondern kann als Erziehungsrahmen betrachtet werden, weil in diesem Kontext neben dem fachlichen Lernen eine Vielzahl an personalen und sozialen Lernprozessen angeregt werden, ohne die das Projekt nicht gelingen kann. Die Heranwachsenden lernen, sich in unterschiedliche soziale Kontexte einzufügen, eigene Ideen einzubringen und die eigene Meinung zu behaupten, sich einem Beschluss der Gruppe unterzuordnen und eigene Interessen zurückzustellen, Erkenntnisse sprachlich verständlich zu formulieren, sich an Gesprächsregeln zu halten, Verantwortung für eine Teilaufgabe zu übernehmen, sensibel auf die Gefühle anderer zu reagieren. Das pädagogische Handeln der Lehrperson besteht darin, diese selbstgesteuerten Lernprozesse zu unterstützen, zu beobachten, ob Schwierigkeiten auftauchen, für möglichst günstige zeitliche und räumliche Rahmenbedingungen zu sorgen, auf Einhaltung der Projektplanung und der selbst gesetzten Regeln hinzuweisen, bei Fragen Hilfestellung zu leisten. Vor allem aber kommt es darauf an, mit den Schülern/innen gemeinsam den Projektverlauf und die Lernergebnisse zu reflektieren, zu bewerten und positives Feedback für die erbrachten Leistungen zu geben. Viele Lehrpersonen scheuen größere Projekte und geben dafür äußere, meist organisatorische Gründe an. Natürlich scheitern sie, wenn die Schüler/innen nicht schon vorher in vielen kleinen Erziehungsrahmen das selbständige Arbeiten allein oder in der Gruppe einüben konnten.

Weitere Möglichkeiten zur Errichtung von Handlungsfreiräumen liegen im Bereich der ästhetischen Erziehung, der Förderung der Beobachtungsfähigkeit und der Wahrnehmungsschulung. Sie wird in den Schulen vernachlässigt, ist aber für die Entwicklung der Kinder und Jugendlichen, die in einer mediatisierten Alltagswelt aufwachsen, von eminenter Bedeutung. Es geht um Körperwahrnehmung und die Wahrnehmung des eigenen Verhaltens und das der anderen und um das Spüren der Wirksamkeit des Verhaltens. Darauf baut der Erwerb und die Einübung und Festigung von personalen und sozialen Kompetenzen auf, wie z. B. körperliche und handwerkliche Geschicklichkeit, Aufmerksamkeit und Konzentrationsfähigkeit, Kreativität und Zielstrebigkeit, Kooperations- und Kommunikationsfähigkeit, Verantwortungsbereitschaft, Perspektivenübernahme und Einfühlungsvermögen in die Situation anderer, Konfliktlösungsfähigkeit, soziales Engagement. Für die Verwirklichung dieser Erziehungsziele im Rahmen einer ästhetischen Erziehung eignen sich in besonderer Weise die traditionellen Fächer Musik, Kunst, Sport, Werken, Handarbeit und Kochen. Darüber hinaus sind bei der Einrichtung von Wahlangeboten der Fantasie keine Grenzen gesetzt. Dazu einige Beispiele für mögliche Sinnorientierungen, auf die sich weitere Angebote oder Aktivitäten richten können: auf den Körper (Trendsportarten, Zirkus, Yoga, Gesundheitserziehung, Drogenprävention), auf die Medien (Fotografieren, Videos, Schulradio, Schulzeitung, Programmieren, Homepage), auf die Natur (Schulgarten, Tierbeobachtungen) oder auf soziales Engagement (Schulbibliothek, Schülerpartnerschaft, Hausaufgabenhilfe, Erste Hilfe, Feuerwehr, Kinder- oder Altenbetreuung). Dabei sollten auch außerschulische Lernorte in die Planungen einbezogen werden.

Ihre erzieherische Funktion, die Förderung der Entwicklung der Persönlichkeit sowie sozialer Tugenden können diese Fächer und Wahlangebote dann am besten entfalten, wenn sie in freien, altersgemischten Gruppen von Schülern/innen eigenverantwortlich geplant, organisiert, geleitet und gestaltet werden und Lehrpersonen nur beratend zur Seite stehen. Dazu müssten die traditionellen Fächer Sport, Kunst, Musik aus dem Curriculum herausgenommen, vom Druck zur Erreichung bestimmter Lernziele und vom Zwang zur Benotung befreit werden. Alle diese Angebote auf der Basis einer Lernkultur der Offenheit bieten im Schulalltag Räume für selbstgesteuerte Lernprozesse, Räume der Entspannung, der Befreiung von Leistungs- und Zeitdruck, Benotungsritualen und Lernzwängen, Räume der freien Entfaltung der individuellen Kräfte und Fähigkeiten, der Auseinandersetzung mit selbst gewählten Aufgaben und des sozialen Engagements, Räume der Selbsterfahrung, Räume, um eine emotionale Ausgeglichenheit und Verankerung in einer Gemeinschaft zu finden.

Theaterspiel als gemeinsam gestalteter Kontext

Ein umfassendes Konzept zur Umsetzung einer Lernkultur der Offenheit ist das Theaterspiel, das sich vielfach als ein idealer Erziehungsrahmen zur Unterstützung der Kinder und Jugendlichen bei der „Arbeit" an ihren Entwicklungsaufgaben erwiesen hat. Das liegt daran, dass Lehrende und Lernende im Spiel einen eigenen Handlungsrahmen nach eigenen Vorstellungen entwerfen und verwirklichen, in dem eigene Spielregeln gelten. Im Kontext „Spiel" können Kinder und Jugendliche die Spielsituationen an ihre Gefühle, Bedürfnisse, Wünsche, Ängste, Vorstellungen assimilieren und sie in ihren Handlungen zum Ausdruck bringen. Sie beobachten die Reaktionen der anderen auf ihr Handeln und abstrahieren aus den unterschiedlichen Reaktionsweisen Muster, an die sie ihre eigenen Gefühls,- Wertungs-, Denk- und Handlungsmuster akkommodieren. Auf diese Weise transformieren sie die Strukturen ihres Lernapparats durch „Lernen vom Kontext" (Bateson 1990a, S. 156 ff. und Bateson 1990b, S. 362 ff.).

Ein treffendes Beispiel dafür gibt das von Ströbel-Langer (2018) entwickelte Praxiskonzept für das Theaterspielen im Primarbereich (Ströbel-Langer 2018, S. 241 ff.). Im Spiel kann nicht erzogen werden, aber das Spiel als ein eigener Handlungsrahmen bietet den Kindern und Jugendlichen unzählige und vielfältige Gelegenheiten, nicht nur „das Eigene im Schutz der Rolle (zu) zeigen" (Ströbel-Langer), sondern Autonomie, Selbstwirksamkeit und soziale Zugehörigkeit zu erfahren und grundlegende soziale Kompetenzen zu erwerben und einzuüben. Das Theaterspielen ist ein ausgezeichnetes Instrument zur Umsetzung einer ästhetischen Erziehung und Bildung. Es verbessert die Wahrnehmungsfähigkeit der Schüler/innen, indem es sie anleitet, Verhaltensformen, Ausdruck, Gestik, Mimik, Sprechweisen, Emotionen nicht nur bei anderen, sondern auch bei sich selbst bewusst zu beobachten, sensibel wahrzunehmen und die Wirkungen am eigenen Leib zu spüren. Für die Entwicklung der Sprachfähigkeit als wichtigste Grundlage für alle Lernprozesse ist keine bessere Methode denkbar. Theaterspielen kann allen Beteiligten große Freude bereiten, stellt jedoch hohe Anforderungen an die Spielleitung, um seine pädagogischen Möglichkeiten wirklich ausschöpfen zu können. Daher ist es notwendig, die Lehrpersonen für ihre Aufgabe als Spielleiter entsprechend aus- oder fortzubilden. Auch wenn die Möglichkeiten für eine kontinuierliche Theaterarbeit unter den Bedingungen der gegenwärtigen Organisationsstruktur von Schule oft nur schwer zu verwirklichen sind, sollte jede Schule das Theaterspiel kontinuierlich über alle Klassenstufen hinweg verpflichtend einführen. Ein Teil der dafür notwendigen Zeit könnte ohne Schaden aus dem Zeitbudget des Deutschunterrichts genommen werden.

Gestaltungsprinzipien situativer Erziehungsrahmen

Systematisch geplante und organisierte Wahlangebote genügen allerdings für eine effektive Unterstützung der Entwicklungsarbeit der Schüler/innen nicht, vielmehr müssen darüber hinaus alle sich ergebenden Gelegenheiten im Schulalltag, im Unterricht oder in der Pause, in der Vorviertelstunde oder zwischen den Unterrichtsstunden genutzt werden, um situative, d. h. spontane, punktuelle Erziehungsrahmen zu errichten und zu gestalten. Sie werden notwendig, wenn aufgrund der Kontingenz personaler und sozialer Systeme Störungen in den Prozessen oder Regulierungen des Schulalltags auftreten. Wenn Lehrpersonen in einer Gruppe Streit, psychische Gewalt, Mobbing oder die Verletzung einer vereinbarten Regel oder bei einzelnen Schülern/innen Verhaltensauffälligkeiten, Angst, Gefühlsausbrüche, Drogenkonsum, Sachbeschädigung oder aggressives Verhalten gegenüber Lehrpersonen beobachten, müssen sie intervenieren. Sie müssen in der Situation sofort dazwischen gehen mit der Frage: Was ist hier los? Damit errichten sie einen Erziehungsrahmen und versuchen, mit allen Beteiligten zu einer Problemdiagnose und zu Handlungsorientierungen zu kommen. Möglicherweise kann die Situation schnell bereinigt werden oder es sind längerfristige pädagogische Hilfen erforderlich, bei denen noch andere Lehrpersonen, Schulleitung oder Experten/innen aus Psychologie und Schulsozialarbeit mit einzubeziehen sind.

Die besondere Bedeutung situativer Erziehungsrahmen liegt darin begründet, dass im täglichen Schulbetrieb heute mehr denn je viele Schüler/innen gedanklich und gefühlsmäßig mit ihren kleinen oder größeren Alltagssorgen und manchmal sogar mit existentiellen Lebensproblemen beschäftigt sind, zu deren Bewältigung sie weder in Familie noch Freizeit adäquate Hilfen bekommen. In der Schule werden sie von ihren Problemen bedrängt, müssen jedoch erst ihren Lernapparat in ein Gleichgewicht bringen, ehe sie sich auf neue „Störungen" in Form schulischer Lernanforderungen einstellen können. Daher ist es eine grundlegende Erziehungsaufgabe der Lehrpersonen, solche Problemlagen zu erkennen und den Schülern/innen zu helfen, in ein psychisches Gleichgewicht zu kommen. Sie müssen einzelne Schüler/innen oder eine Gruppe auf ihr störendes, regelwidriges oder normabweichendes Verhalten hinweisen, deren Beobachtung auf die eigene Person lenken, damit sie ungeeignete innere Lernbedingungen selbst erkennen und beseitigen können. Flüchtig eingeschobene Ermahnungen, Zurechtweisungen, Tadel oder Drohungen können den Kommunikationsablauf im Unterricht, in einem Projekt, bei der Gruppenarbeit oder beim gemeinsamen Musizieren kurzfristig sichern und die Störenden für eine gewisse Zeit zur Selbstkontrolle anregen. Um den Heranwachsenden jedoch wirkungsvoll zu helfen, die Ursachen ihres Fehlverhaltens zu erkennen und eine Verbesserung ihrer Selbstkontrolle und Fähigkeit zur Selbststeuerung zu initiieren, muss jedoch die Situation als Erziehungsrahmen kenntlich gemacht werden, etwa mit dem Hinweis: „Wir müssen jetzt unser gemeinsames Tun unterbrechen und die Ursache für diese Störung finden." Auf diese Weise ist es möglich, die Schüler/innen zur Reflexion ihres Verhaltens anzuregen und mit ihnen gemeinsam nach Möglichkeiten zu suchen, wie dieses Störverhalten in Zukunft vermieden werden kann. Voraussetzung dafür ist ein gutes Klassenklima und Vertrauensverhältnis zwischen Lehrenden und Lernenden. Für die Lehrenden ist es eine große Herausforderung, ein solches Vertrauensverhältnis aufzubauen, weil sie sich mit ihrer ganzen Persönlichkeit einbringen müssen. Wer dies nicht kann oder nicht will, wer nicht in der Lage ist, einen Vertrauensvorschuss zu gewähren, wird scheitern. Dieses Rollenverständnis als Grundvoraussetzung ihres Berufs müssen sich alle Lehramtsstudierenden bewusst machen. Dazu sollten verpflichtende Kurse zur Schulung von Kommunikationsstrategien und -formen im Studium angeboten werden.

4.5 Aktuelle Erziehungsaufgaben der Schule in einer Gesellschaft im digitalen Wandel

Hilfen beim Aufbau von Verantwortungsfähigkeit

Unter den gegenwärtigen gesellschaftlichen Bedingungen des Aufwachsens kommen der Schule aktuelle Erziehungsaufgaben zu, denen sie besondere Aufmerksamkeit widmen muss. Wichtig ist, Schülern/innen bei auftretenden persönlichen Schwierigkeiten oder Problemen Hilfen anzubieten, ohne ihre Selbständigkeit und Selbststeuerungsfähigkeit zu untergraben. In der gegenwärtigen Schulsituation halte ich es für eine der wichtigsten pädagogischen Aufgaben, die oben beispielhaft genannten Erziehungskontexte so zu gestalten, dass die Schüler/innen zu eigenverantwortlichem Handeln herausgefordert und in ihrer Verantwortungsbereitschaft und Resilienz gestärkt werden. Das ist die Kehrseite einer Lernkultur der Offenheit. Sie bedeutet nicht Beliebigkeit oder völlige Freiheit, sondern sie ist von außen durch vereinbarte Rahmen und im Inneren durch die Eigenverantwortung der Heranwachsenden begrenzt.

Da die Schüler/innen nicht genau wissen, welche Anforderungen sich ihnen mit den künftigen Lebensaufgaben stellen werden, müssen sie lernen, mit unvorhersehbaren Herausforderungen umzugehen, indem sie die gerade anstehenden Aufgaben eigenverantwortlich zu bewältigen suchen. Auch in den gewährten Handlungsfreiräumen treten unerwartet Anforderungen auf, bei deren eigenständiger Bewältigung sie Verantwortungsbewusstsein und Verantwortungsbereitschaft entwickeln und einüben können. Eigenverantwortung heißt, zu dem zu stehen, was man tut und für die Konsequenzen des Handelns einzustehen. Kinder und Jugendliche müssen lernen, Verantwortung in den grundlegenden, ihr ganzes Leben bestimmenden Verhältnissen zu übernehmen:

- im Verhältnis zu ihrer Welt: der dinglichen Umwelt in der Schule, den Dingen ihrer Alltagswelt und zu den Gegebenheiten ihrer natürlichen Umwelt;
- im Verhältnis zu ihren Mitmenschen: in der Klasse und Schule, in Familie und Nachbarschaft, in der Peergroup, im Verein, in Religionsgemeinschaft und Gesellschaft;
- im Verhältnis zu sich selbst, zu ihren Gefühlen, Vorstellungen und Zielen, zu ihrem Körper und ihrer Gesundheit, zu ihrem Bild von sich selbst und zu ihren Lebenszielen.

Um Verantwortung gegenüber der Welt zu übernehmen, müssen die Heranwachsenden Sachkompetenz (möglichst vielfältiges fachliches Wissen und Können) erwerben; für verantwortliches Handeln gegenüber ihren Mitmenschen benötigen sie Sozialkompetenz (Sprachfähigkeit, Kommunikationskompetenz, Einfühlsamkeit, Achtung, Rücksichtnahme, Toleranz, Hilfsbereitschaft; moralische Kompetenz); für Verantwortung im Umgang mit sich selbst müssen sie Selbstkompetenz oder personale Kompetenz aufbauen (Fähigkeit zu Selbsterkenntnis, Selbstdarstellung, Selbstfindung, Selbstkontrolle). Die erforderlichen Einstellungen, Fähigkeiten und Fertigkeiten und Handlungsmuster für die Entwicklung von Verantwortungsfähigkeit und -bereitschaft können die Heranwachsenden bei der Annahme situativer Herausforderungen sowie bei der Übernahme bedeutsamer Aufgaben im Schulleben und ihrer selbständigen Bewältigung erwerben und einüben (z. B. als Streitschlichter, bei Projekten, Schultheater, Schülervertretung oder Schülerfirmen). Wichtig ist dabei, dass sie ihr Handeln gemeinsam mit Lehrpersonen reflektieren können und ein begründetes Feedback bekommen.

Hilfen beim Aufbau einer Präferenzordnung

Als Voraussetzung für Verantwortungsübernahme müssen die Schüler/innen über einen inneren Kompass, eine Präferenzordnung, ein Wertorientierungssystem verfügen, um ihre Handlungen vor sich selbst und vor anderen rechtfertigen zu können. In der Konsequenz ergibt sich daraus ein letztes wichtiges Gestaltungsprinzip für Erziehungsrahmen. Die Heranwachsenden brauchen nicht nur punktuelle Hilfen zur Bewältigung kritischer Situationen in den Freiräumen. Sie sind darüber hinaus auf Orientierungshilfen beim Aufbau eines eigenen Wertsystems, einer individuellen Präferenzordnung angewiesen als Grundlage für Entscheidungen in künftigen Lebenssituationen. Darin liegt sicherlich eine anspruchsvolle und heikle Erziehungsaufgabe. Lehrpersonen haben nicht nur Ziele für ihr eigenes Leben, sondern auch Idealvorstellungen, was aus den Schülern/innen einmal werden soll: Sie sollen die schulischen Leistungsanforderungen bestmöglich erfüllen, motiviert und wissbegierig sein, sich in die Gemeinschaft einordnen, sich an bestimmten Werten orientieren und sich am

Ende ihrer Schullaufbahn für eine ihren spezifischen Begabungen und Leistungen entsprechende Berufsausbildung oder ein Studium qualifizieren. Wenn sich Lehrpersonen in der Erziehung zu sehr an ihren eigenen Idealvorstellungen orientieren, dann sind damit zwei Probleme verbunden:

- Sie legen die Kinder auf ihre Ziele fest, engen dadurch ihre Entwicklung ein, mit der Gefahr, dass Fähigkeiten und Begabungen vernachlässigt werden, die in eine andere Richtung gehen.
- Sie legen die Kinder auf ihre Zukunftsvorstellungen fest, aber diese müssen ja ihre eigenen Ziele finden, ihre eigenen Vorstellungen von ihrem künftigen Leben entwickeln.

Das Grundproblem für die Heranwachsenden in der heutigen Zeit besteht darin, dass es für sie unzählige Lebensmöglichkeiten gibt, dass sie in ihrer Umgebung eine Fülle an Lebensstilen, Wertorientierungen und Verhaltensmuster beobachten, dass ihnen die Medien die unterschiedlichsten Ideale und Vorbilder als erstrebenswert vorführen, dass sie für die Gestaltung ihrer Zukunft Wahlfreiheiten haben und nicht mehr alles durch Tradition oder ihre soziale Umwelt bestimmt wird. Sie müssen ständig für sich selbst entscheiden, an welchen Werten, Zielen oder Idealvorstellungen sie ihr Leben ausrichten wollen. Schulerziehung muss daher alle Möglichkeiten nutzen, um sie mit unterschiedlichen Wertorientierungen zu konfrontieren und ihnen helfen, sich kritisch mit alternativen Lebensentwürfen und -formen auseinanderzusetzen, um eigene Vorstellungen über ihr künftiges Leben entwickeln zu können. Dafür bieten sich ideale Gelegenheiten, wenn Schüler/innen angeregt und ermutigt werden, in Eigeninitiative Projekte, wie oben beschrieben durchzuführen. Unterrichtsfächer wie Deutsch, Religion oder Sozialkunde, insbesondere aber die musischen Fächer bieten immer wieder Anlässe, um sich in entsprechenden Diskussionen mit grundlegenden Wertorientierungen und Prinzipien der Lebensgestaltung auseinanderzusetzen. Ob sie es wollen oder nicht, geben die Lehrkräfte mit ihren Wertvorstellungen und Lebensauffassungen, durch ihr Denken, Handeln und Urteilen den Schülern/innen Entscheidungshilfen und ein mehr oder weniger überzeugendes Vorbild.

Alle diese Erziehungssituationen sind gerahmt, d. h. Wertorientierungen und -vorstellungen sind durch übergeordnete gesellschaftlich anerkannte und legitimierte Werte begrenzt, wie sie im Grundgesetz der Bundesrepublik Deutschland in der UN-Menschenrechts-Charta und der UN-Kinderrechtskonvention niedergelegt sind. Ohne solche Werte ist auf Dauer kein friedliches Zusammenleben der Menschen möglich. Aber Kinder und Jugendliche brauchen beim Aufbau einer Präferenzordnung über diese Schutzrechte hinaus für sie verständliche, nachvollziehbare und überzeugende Gebote und Verbote, die ihnen klare Orientierungen geben. Je weniger Menschen an Religions- oder Glaubensgemeinschaften gebunden sind, desto mehr ist es eine fundamentale Aufgabe der Schule, den Heranwachsenden solche übergeordneten (über den Wertkatalogen einzelner Religions- oder Glaubensgemeinschaften, Kulturen oder Ethnien stehende) Wertorientierungen zu vermitteln. Dafür reichen Religions- und Ethikunterricht (oder wie auch immer dieses Fach heißt) nicht aus, sondern in Erziehungssituationen müssen immer wieder die dahinterstehenden Moral- und Wertvorstellungen explizit gemacht und begründet werden. Ein Beispiel für die Umsetzung in der Schule bietet das „Projekt Weltethos" (Küng 1991) und seine Basis „Erklärung zum Weltethos" (Küng, Kuschel 1993). Was wir heute für ein geregeltes und friedliches Zusammenleben in der Schule bräuchten, ist eine „einfache Sittlichkeit", wie sie O. F. Bollnow unmittelbar nach Ende des Zweiten Weltkriegs in einigen Aufsätzen beschrieben hat (Bollnow 1947). Eine Schule kann ihre gemeinsamen Wertorientierungen in einem „pädagogischen" Programm niederlegen.

5. Schulentwicklung als Unterrichtsentwicklung auf der Grundlage einer Lernkultur der Offenheit

Aus anthropologischer Sicht erweisen sich die fachlichen Lernprozesse als besonders anspruchsvoll und voraussetzungsreich: Die Lernenden können sich nur dann selbstgesteuert den spezifischen fachlichen Lernanforderungen zuwenden, wenn sich ihre Wahrnehmung, ihr Denken und ihre körperlichen, emotional-affektiven und sozialen Befindlichkeiten in einem Gleichgewicht befinden. Um im Schulalltag zu einer inneren Ausgeglichenheit in ihrem personalen System zu kommen, brauchen die Schüler/innen die beschriebenen erzieherischen Hilfen. Nun geht es um das wichtigste Anliegen jeder Schulentwicklung, die Verbesserung der Unterrichtsqualität durch eine Lernkultur der Offenheit.

5.1 Gestaltung der Einzelschule als Meta-Kontext für Unterricht

Ein grundlegendes Problem der Unterrichtsentwicklung liegt darin, dass eine Umgestaltung des Unterrichts durch das Zusammenwirken der weitgehend vorbestimmten Strukturparameter, der Sach-, Sozial- und Zeitparameter des Systems Schule eingeengt und erschwert wird. Aus systemischer Sicht ist eine Verbesserung der Unterrichtsqualität ohne Veränderungen auf der Ebene der Strukturparameter der Schule undenkbar. Deshalb habe ich gezeigt, dass in der Schule als Transformationssystem prinzipiell alle Strukturen, Prozesse und Regulationen veränderbar sind und wie dies im Rahmen einer Schulkultur der Offenheit möglich ist. Im Folgenden muss ich auf einige einschränkende Bedingungen hinweisen, die eine Realisierung einer Lernkultur der Offenheit im Rahmen von Unterricht erschweren (vgl. Spanhel 1995, S. 48 ff.).

Die *Sachstruktur* spielt bei der Klasseneinteilung ebenso eine Rolle wie bei der Zuteilung der Fachlehrer zu den einzelnen Schulklassen, bei der Gestaltung des Stundenplans ebenso wie bei der Aufteilung der Unterrichtsinhalte auf die Schuljahre. In den Jahrgangsklassen als soziale Teilsysteme wird die Sachstruktur im Allgemeinen durch die staatlichen Bildungspläne für die jeweilige Schulart vorgegeben und durch die Fachlehrpläne für den Schülerjahrgang an einer Schule und insbesondere durch die Auswahl der Lehrbücher weiter konkretisiert. Damit wird festgelegt, welche Lerninhalte in einem Unterrichtsfach sich alle Schüler/innen einer Klasse in welcher Reihenfolge in einem bestimmten Zeitraum aneignen sollen. Das Erreichen dieser Lernziele wird durch mündliche oder schriftliche Leistungsfeststellungen überprüft und auf der Grundlage eines Beurteilungssystems (meist) mit Ziffernnoten bewertet. Einige dieser Faktoren, die empirisch erfasst wurden, zeigen zwar wenig Effektstärken in Bezug auf die Lernleistungen, aber sie behindern eine Verbesserung der strukturellen Lernbedingungen (Hattie/Zierer 2018, S. 136).

Die *organisatorischen Schulstrukturen* sind oft über Jahrzehnte eingespielt, werden als unveränderbar angesehen und erschweren jegliche Ansätze einer Unterrichtsentwicklung. Neben den Sachstrukturen sind es vor allem administrative Zwänge, Verwaltungsaufgaben, aber insbesondere einengende Vorschriften bei der Notengebung und Leistungsbeurteilung der Schüler/innen, die Veränderungen im unterrichtlichen Bereich erschweren. Hinzu kommt die enge Zeittaktung bei den Halbtagsschulen. Sie machen flexible Zeitstrukturen für unterrichtliche Rahmen, aber auch für die Kooperation von Lehrkräften fast unmöglich. Obwohl schon seit Jahren Ganztagsschulen gefordert werden, geht die Entwicklung in Richtung auf gebundene Ganztagsschulen nur langsam voran.

Am schwierigsten sind die verfestigten sozialen Strukturen der Einzelschulen zu überwinden. Das sind nicht nur die hierarchischen Strukturen (dienstliche Beurteilung, wenige Funktionsstellen). Vielmehr stellen die Lehrpersonen als Einzelkämpfer in einer Schulklasse eine der größten Hürden für Entwicklungsprozesse dar. Sie haben nie gelernt, im Team zu arbeiten, sehen sich häufig in Konkurrenz zueinander und tendieren dazu, Probleme in ihren Klassen für sich zu behalten und allein zu verarbeiten. Auf Grund der unflexiblen Organisationsstrukturen der Schule müssen die Lehrkräfte die Konsequenzen aus den veränderten gesellschaftlichen Anforderungen an die Schule sowie die erhöhten erziehlichen und unterrichtlichen Anforderungen allein tragen. Sie sind physisch und psychisch enorm belastet, und deshalb sind alle Veränderungen in ihrem beruflichen Handlungsfeld mit großen Ängsten verbunden. Hier könnte Teamarbeit aufgrund geteilter Verantwortung große psychische Entlastungen bringen und die Berufszufriedenheit erhöhen (Schratz 2016, S. 72 f.).

5.2 Bedeutung der Lehr-Lernforschung für eine Lernkultur der Offenheit

Die Analyse der Schule als soziales System, das Konzept einer Schulkultur der Offenheit und die Beispiele der Preisträgerschulen des Deutschen Schulpreises zeigen, dass diese Hemmnisse für eine gezielte Unterrichtsentwicklung nicht unüberwindbar sind. Die Frage ist, welchen Beitrag Erkenntnisse aus der empirischen Unterrichtsforschung dazu leisten können. Ihre Bemühungen richten sich auf eine evidenzbasierte Unterrichtsentwicklung mit dem Ziel eines lernwirksamen Unterrichts. In Kern geht es darum, die Effekte statistisch isolierter

Bedingungsfaktoren für die fachlichen Lernprozesse zu ermitteln (Schratz 2016, S. 68 ff.). Unterrichtsforschung konzentrierte sich dabei lange Zeit auf die Wirksamkeit der Lehrerpersönlichkeit, dann auf die Unterrichtsmethoden und in den letzten Jahren verstärkt auf sogenannte Basisdimensionen, die die Unterrichtsqualität bestimmen. Typisches Beispiel für diese neueren Bemühungen ist die Studie von Hattie, der aus der Analyse von 800 Metaanalysen die wichtigsten Einflussfaktoren für guten Unterricht abgeleitet hat (Hattie/Zierer 2018). Sie werden in neun Faktorenbündel zusammengefasst, von denen die Bereiche Lehr- und Lernstrategien sowie ihre Implementation durch die Lehrperson den größten Einfluss auf den schulischen Lernerfolg haben. Auf der Seite der Lehrperson spielen die Glaubwürdigkeit und Klarheit der Person, die Klarheit der Aufgaben und Lernziele eine große Rolle, besonders wichtig sind aber auch die pädagogische Beziehung und das Feedback. Auf der Seite der Schüler sind u. a. das fachliche Leistungsniveau und die Lernvoraussetzungen, insbesondere aber die Selbsteinschätzung des eigenen Leistungsniveaus bedeutsam. Allein diese Faktoren können Effektstärken erzielen, die einen Leistungsvorsprung von einem ganzen Schuljahr ausmachen. Hattie schaut nur auf die Leistung und betont selbst, „dass empirische Belege auf der Basis von Effektstärken für sich genommen zu schlechten Ergebnissen führen können" (Hattie 2013, S. 301). Aber natürlich sind auch andere Wirkungen wichtig, wie etwa Motivation, Fachinteresse oder Selbstwirksamkeitserleben. In nachfolgenden Publikationen wurden diese Faktoren zwar unterschiedlich kombiniert und gewichtet. Für Schulentwicklung bleibt die Frage, wie sich diese empirisch ermittelten Bedingungsfaktoren bei Lehrenden und Lernenden verbessern lassen. Auf Seiten der Schüler/innen stellen sie Voraussetzungen dar, die sich schwer oder gar nicht verändern lassen. Auf der Seite der Lehrkräfte reichen die üblichen Nachmittagsfortbildungen zur Wissensvermittlung für nachhaltige Verhaltensänderungen kaum aus. Sie müssten durch praktische Einübung im Schulalltag im Rahmen gegenseitiger Beobachtung und Kontrolle im Team in schulhausinternen Fortbildungskursen ergänzt werden.

Heute geht die Unterrichtsforschung von folgenden Basisdimensionen für lernwirksamen Unterricht aus, in denen jeweils mehrere Faktoren zusammengefasst sind: die kognitive Aktivierung; die Klassenführung; konstruktive Unterstützung und ein unterstützendes Lernklima (Hattie/Zierer 2018, S. 137). Diesen Dimensionen werden unterschiedliche Faktoren zugeordnet, und vielfach wird die vierte Dimension „Lernklima" nicht weiter verfolgt. Die Faktoren der Dimension „Lernklima" habe ich im vorigen Abschnitt als Gestaltungsprinzipien für Erziehungsrahmen beschrieben und ihnen auch ihre Bedeutung für den Unterricht zugewiesen.

Ein typisches Beispiel für die begrenzte Perspektive empirischer Zugangsweisen zur Verbesserung der Unterrichtsqualität ist das neue Modell des „Deeper Learning" (Sliwka/Klopsch 2022). In diesem Ansatz werden die ersten drei Dimensionen eines lernwirksamen Unterrichts, Klassenführung („classroom management"), kognitive Aktivierung und konstruktive Unterstützung als „Tiefenstrukturen der Unterrichtsqualität beim Deeper Learning" gekennzeichnet (Sliwka/Klopsch 2022, S. 35). Die Autorinnen beziehen sich dabei auf Kunter/ Trautwein (2013, S. 76) und bezeichnen diese Tiefenstrukturen als „Qualitätsmerkmale von Lehr- und Lernprozessen, die für Beobachter zunächst unsichtbar sind" (S. 195), ohne zu erläutern, wie und warum sie wirksam sind. Der Begriff der Tiefenstruktur wird nicht erläutert und verweist nicht auf Strukturen, sondern auf Anweisungen, wie Lehrpersonen das Schülerverhalten steuern sollten (z. B. „transparente Regeln ...", „klare Vorgaben ...", „professionelle Reaktion ...", „respektvoller Umgang ...", „formatives Feedback ..."). Dieses Modell des „Deeper Learning in der Schule" wird sogleich als „Pädagogik des digitalen Zeitalters" verkauft; eine praktische Überprüfung und Evaluation des Ansatzes liegt allerdings bisher nicht vor.

Solche Modelle zur Verbesserung der Unterrichtsqualität, die auf empirischen Daten über korrelative Zusammenhänge einzelner Bedingungsfaktoren für guten Unterricht beruhen, sind aus systemischer Sicht wenig hilfreich. Sie sagen nichts darüber aus, wie die einzelnen Faktoren zu gewichten sind, wie sie als Ensemble wirken. Sie geben keine Hinweise für die Gestaltung unterrichtlicher Rahmen, auch dort nicht, wo sie in umfangreichen Tabellen in einen vielleicht systematischen, aber nicht systemischen Zusammenhang gebracht werden (vgl. z. B. das „Strukturmodell von Unterricht jenseits von Leistungstests" von Cappella, Aber & Kim 2016, S. 250, zit. nach Schratz 2016, S. 74). Wo in diesen empirisch begründeten Unterrichtstheorien von „Lernumgebungen" die Rede ist, geht es nur um die äußeren, materialen, medialen und zeitlich-räumlichen Gestaltungsmerkmale einer Lernsituation, während die Lehrperson als wichtigstes Umweltsystem für die Lernenden außeracht gelassen wird. Aus systemischer Sicht bekommen empirisch ermittelte Faktoren, wie sie z. B. in der Dimension „kognitive Aktivierung" zusammengefasst werden, in der Praxis erst dann einen Sinn, wenn bei der Gestaltung unterrichtlicher Rahmen den Schülern/innen auch entsprechende Freiräume für eine eigenaktive Auseinandersetzung mit dem Lerngegenstand gewährt wird. In den Auflistungen über Merkmale guten Unterrichts wird auf diese fundamentale Voraussetzung nicht hingewiesen (vgl. Schratz 2016, S. 71).

5.3 Merkmale unterrichtlicher Kommunikation in einer Lernkultur der Offenheit

Unter den einschränkenden strukturellen Bedingungen von Schule ist es schwierig, die Strukturen des Unterrichts an die unterschiedlichen inneren Strukturen der Schüler/innen anzupassen und damit den Lernenden Anschlussmöglichkeiten an die unterrichtlichen Kommunikationsprozesse zu bieten. Ein solcher „adaptiver Unterricht" erfordert meines Erachtens eine *Lernkultur* der *Offenheit*, in der die unterrichtlichen Rahmen kontextabhängig, fallbasiert, problemorientiert und aufgabengeleitet ausgerichtet sind. Sie gewähren den Lernenden Handlungsfreiräume, in denen sie sich allein oder in Gruppen eigenaktiv mit dem Lerngegenstand auseinandersetzen und dabei Selbstwirksamkeit, Autonomie und soziales Eingebundensein erfahren können (Spanhel 2017). Wenn in der Schule nicht nur die Qualität fachlichen Lernens verbessert, sondern auch Bildungsprozesse und die Entwicklung der Persönlichkeit angestrebt werden sollen, dann müssen unterrichtliche Rahmen in ihren Strukturen offen und variabel sein, damit sie von Lehrenden und Lernenden in reflexiven Kommunikationsprozessen gemeinsam als Bildungsräume gestaltet werden können. Unter dem Begriff einer Lernkultur der Offenheit möchte ich Möglichkeiten aufzeigen, wie Lernkontexte aus systemischer Sicht prinzipiell zu gestalten sind, um das Zusammenwirken personaler, sozialer und fachlicher Lernprozesse zu organisieren und auf vereinbarte Lernziele hin zu steuern.

Aus systemtheoretischer Sicht zeichnen sich folgende Merkmale einer Lernkultur der Offenheit ab: Sie betrachtet das Lernen als sozialen Prozess, nutzt die *Emergenz des Sozialen* und beruht auf der Kooperation aller Mitglieder des Systems Schule. Diese stellen sich gegenseitig ihre kognitive Kompetenz zur Verfügung, weshalb Teams auf allen Ebenen mehr leisten können als Einzelpersonen. Das Soziale gründet auf gelingender Kommunikation, die einen „konsensuellen Bereich" voraussetzt und alle Elemente des unterrichtlichen Rahmens zu einem Lernkontext verbindet, der die Lernprozesse steuert. Alles Lernen ist in Kommunikationsprozesse eingebettet, die eine Verbesserung des fachlichen Lernens bewirken, wenn sie Handlungsfreiräume zur Selbststeuerung des Lernens gewähren. Kommunikation bildet den Kern der Kontextsteuerung, mit der Komplexität und Kontingenz unterrichtlicher Rahmen reduziert werden. Wenn aus den Merkmalen gelingender Kommunikation die Prinzipien zur Gestaltung unterrichtlicher Rahmen im Sinne einer Lernkultur der Offenheit abgeleitet werden, ist zu bedenken: Unterrichtliche Rahmen sind Kontexte, also Muster auf Zeit. Muster können sich ändern, unterschiedliche Muster sind denkbar. In der Kommunikation organisieren und arrangieren sie auf bestimmte Weise das Zusammenspiel der für die Lernenden relevanten Umweltsysteme: Lehrperson(en), Lerngegenstand und Lernziele, Mitschüler/innen und ihre innere Umwelt, Arbeitsmaterialien und Medien, unter den räumlich-zeitliche Rahmenbedingungen der Schule und der Schulklasse als Meta-Kontexte. Eine Lehrperson mag eine Unterrichtsstunde noch so genau vorgeplant und in allen Einzelheiten vorbereitet haben: In einer Lernkultur der Offenheit entfaltet der unterrichtliche Rahmen als Kontext seine Steuerungswirkung erst in der Situation und führt zu einer eigenen Dynamik des Kommunikationsprozesses. Dieser ist im Einzelnen nicht vorhersehbar, nicht kontrollierbar und kann jederzeit vom Plan abweichen. Gelingende Kommunikation ist die stets kontingente Basis aller Lernprozesse. Ohne Verbesserung der Kommunikation gibt es keine Unterrichtsentwicklung.

Fachliche Lernprozesse vollziehen sich in Prozessen der *Verständigung über* die Realität (über den Lerngegenstand) oder *über* die Erfahrungen beim unmittelbaren (übenden oder probierenden) Umgang mit der Wirklichkeit (mit diesem Lerngegenstand), d. h. aber nichts anderes als: Kommunikation selbst wird zum Zweck des Unterrichts. Der für die Verständigung über Realität notwendige Zugang zur Realität erfolgt durch Rückgriff auf die „Lebenserfahrungen" der Interaktionspartner mittels Sprache oder durch Medien verschiedenster Art (Bücher, Bilder, Modelle, digitale Medien). Die zu behandelnde Realität wird in den unterrichtlichen Rahmen also in den meisten Fällen zeichenhaft, bildhaft, sprachlich oder in Modellen repräsentiert. Dort, wo Realität direkt präsentiert werden kann, z. B. im Biologieunterricht bei der mikroskopischen Untersuchung von Pflanzen, bei chemischen oder physikalischen Versuchen oder beim Erlernen eines Musikinstruments dient der Umgang mit dem Gegenstand nicht einem Selbstzweck, sondern der Gewinnung von Erkenntnissen über den Unterrichtsgegenstand oder der Einübung von Kompetenzen oder Fertigkeiten auf der Basis von Kommunikation.

Wenn sich für die Schüler/innen Lernchancen nur durch Teilnahme an der unterrichtlichen Kommunikation ergeben, erhebt sich als erstes die Frage, wie durch eine entsprechende Unterrichtsorganisation allen Schülern/innen diese Teilhabe ermöglicht werden kann. Das erforderliche Mindestmaß an Eigenaktivität der Schüler/innen setzt die Gewährung von Handlungsfreiräumen voraus, in denen die Lernenden ihre Lernprozesse selbst steuern und die Fähigkeit dazu ständig verbessern können. Als zweites fragt sich, wie möglichst optimale Lernbedingungen im Kommunikationsprozesse zu gestalten sind, denn unter den oben beschriebenen Voraussetzungen werden alle Bedingungen des kommunikativen Systems zu Lernbedingungen. Die äußeren Bedingungen sind die sozialen Strukturen, flexible Formen der Teamarbeit und der Kooperation sowie flexible zeitlich-räumliche Strukturen, um Handlungsfreiräume zu ermöglichen. Im Zentrum steht der Lerngegenstand, der mithilfe des Medieneinsatzes in unterschiedlichen Perspektiven präsentiert werden muss. Zu den inneren Lernbedingungen zählen wenigstens minimale kommunikative Kompetenzen der Schüler/innen, die sie zur Teilnahme an der Kommunikation befähigen. Um die inneren Lernbedingungen insgesamt zu verbessern, stellt sich als drittes die Frage, wie die Schüler/innen in der Teilnahme am unterrichtlichen Kommunikationsprozess ihre kognitiven, affektiven, sozial-emotionalen und symbolischen (sprachlichen) Fähigkeiten verbessern und in einem Gleichgewicht halten können, um sich untereinander und mit der Lehrperson verständigen zu können. Da unterrichtliche Kommunikation wie alle Kommunikation an Medien gebunden ist, setzt sie bei allen Beteiligten Sprachfähigkeit und Medienkompetenz voraus.

Unterrichtliche Kommunikation ist das Medium der Konstruktion von Wissen, aber gleichzeitig auch Konstituens der pädagogischen Beziehungen zwischen Lehrenden und Lernenden. Damit wird das Sich-Verständigen über einen Lerngegenstand und untereinander zum pädagogischen Zweck des Unterrichts. Kommunikation dient nicht nur dem Austausch von Intentionen und Informationen, sondern bestimmt die Verständigungsebene, auf der Lerngegenstände erst einen Sinn bekommen. Damit fachliche Lernprozesse gelingen, muss die Verständigungsebene erreicht werden. Gelingende Kommunikation als Voraussetzung gelingender Lernprozesse im Rahmen einer Lernkultur der Offenheit stellt hohe Anforderungen an die Kommunikationskompetenz der Lehrkräfte. Die Gestaltung unterrichtlicher Kommunikation sollte sich an folgenden Prinzipien orientieren:

- Öffnung der Kommunikation
  Nur durch eine aktive Beteiligung aller Lernenden am Kommunikationsprozess kann Lernen als ein sozialer Prozess seine Fruchtbarkeit entfalten. Bisher wird die Art der Beziehungen zwischen Lehrenden und Lernenden weitgehend von der Lehrperson aufgrund ihrer Position und ihres Erfahrungs- und Wissensvorsprungs bestimmt. Sie strukturiert, steuert und kontrolliert die Kommunikation. Um die Verständigungsebene zu erreichen, müssen Lehrkräfte die Anliegen, Probleme oder Vorstellungen der Schüler/innen sensibel wahrnehmen, damit diese einen Anschluss an den sozialen Prozess finden und ihn mitbestimmen können.
- Ausbildung eines „konsensuellen Bereichs"
  Das Verhältnis der Schüler/innen zum Unterrichtsgegenstand wird nicht allein von ihrem Interesse am Fach oder am Thema bestimmt, sondern hängt auch von ihrem unterschiedlichen Entwicklungs-, Erfahrungs- und Wissensstand, von ihren Bedürfnissen und Neigungen, Hoffnungen und Ängsten, sozialer Position und Anerkennung ab. Lehrkräfte müssen für diese Unterschiede offen sein und versuchen, mit den Schülern/innen eine gemeinsame Ausgangsbasis als Zugang zum Unterrichtsthema zu finden.
- Entwicklung einer gemeinsamen Intentionalität
  Häufig wird eine mangelnde Motivation der Schüler/innen beklagt. Das Problem liegt jedoch nicht in den Lernenden, sondern in ihrer Beziehung zum Thema. Durch eine multiperspektivische und multimediale Repräsentation des Lerngegenstandes können die Schüler/innen eher einen Zugang zum Thema und ein Interesse daran finden. Lehrkräfte müssen versuchen, mit der Schulklasse eine *gemeinsame* Handlungsorientierung auf das Lernziel hin zu entwickeln und zu vereinbaren, damit Lernen als sozialer Prozess funktioniert.
- Sinnorientierung des Lernens
  Die Inhalte der Kommunikation entstammen der Systematik eines Unterrichtsfaches und dienen nicht der Bewältigung der augenblicklichen Lebenssituation der Schüler/innen. Sie sollen vielmehr daran lernen, zukünftige

Sachprobleme oder Lebenssituationen zu meistern. Lehrkräfte müssen sich bemühen, ein Unterrichtsthema in für die Schüler/innen nachvollziehbare fachliche oder überfachliche Sinnzusammenhänge zu stellen, damit sie ihm eine subjektive Bedeutung zuschreiben können.

- Offenheit der Lernziele
  Unterrichtliche Kommunikation wird meist schon von vorneherein auf eindeutige Lernziele hin ausgerichtet. Sie müssten jedoch in einem gewissen Maß offengehalten, durch Zwischenziele und hinsichtlich des Umfangs der Zielerreichung differenziert werden, damit die Schüler/innen entsprechend ihren Lernvoraussetzungen im Rahmen unterschiedlicher Lerngruppen eine Chance auf Zielerreichung haben.

- Ausrichtung an multikriterialer Zielerreichung
  Die Kommunikation dient nicht nur dem Erwerb von Kompetenzen oder Fachwissen, sondern ist selbst Ziel und Inhalt des Lernens: Lehrkräfte müssen darauf achten, dass die Schüler/innen nicht nur isoliertes Wissen oder Können, sondern eine bestimmte Teilnahme an bestimmten Handlungszusammenhängen lernen und dabei ihre Kommunikationskompetenz, ihre Handlungs- und Lernfähigkeit verbessern können.

- Sprache als wichtigstes Kommunikationsmedium
  Unterrichtssprache beruht auf einem Wechsel zwischen verständigungsbezogenem und fachbezogenem Sprechen. Als Lerngruppensprache vermittelt sie zwischen der Umgangssprache der Schüler/innen und der (wissenschaftlichen) Fachsprache des Unterrichtsgegenstandes. Lehrkräfte müssen sorgfältig auf diesen Wechsel der sprachlichen Codes achten und die Schüler/innen bei der Entwicklung ihrer fachsprachlichen Kompetenz unterstützen.

- Unterrichtskommunikation ist ein *Prozess mit Eigendynamik*.
  Die Lehrpersonen versuchen, die Unterrichtskommunikation entsprechend den Lernzielen, Inhalten, Medien und auf der Grundlage ihres fachlichen und pädagogisch-psychologischen Wissens möglichst genau zu planen und zu steuern. Sie müssen lernen, mit Kontingenz umzugehen, flexibel von der Planung abzuweichen und die in der Situation auftretenden Lernprobleme oder persönlichen Schwierigkeiten der Schüler/innen erkennen und als pädagogische Möglichkeiten nutzen.

Wenn Schule, Schüler/innen oder Lernkontexte selbst zum Unterrichtsthema und damit zum Gegenstand der Kommunikation werden, – seien es persönliche oder soziale Probleme, Lernschwierigkeiten, Verfahrensregelungen oder Ordnungen – richtet sich das kommunikative Handeln auf Kommunikation, die direkt verändert werden soll. Dann geht es um Meta-Kommunikation, um die kommunikativen Bedingungen des Unterrichts kritisch in den Blick zu nehmen und nach Veränderungsmöglichkeiten zu suchen. (Vgl. Überlegungen zum Thema: Unterricht über Unterricht, z. B. Uttendorfer-Marek 1975, S. 221 ff.; Hiller-Ketterer, Hiller 1974, S. 268 ff.)

5.4 Schritte zur Realisierung einer Lernkultur der Offenheit durch Kontextsteuerung

Die Idee der Offenheit einer Lernkultur muss sich auf alle Strukturen des Interaktionssystems einer Unterrichtseinheit beziehen. Das erfordert eine flexible Regulierung der Beziehungsmuster im Kontext, damit eine Öffnung in den sozialen, zeitlichen, sachlichen, operativen und kognitiven Strukturen erreicht und gesichert werden kann. Gleichzeitig muss diese Offenheit so begrenzt werden, dass die Einheit eines unterrichtlichen Rahmens als Interaktionssystem erhalten bleibt. Die Einheit des Systems beruht auf der Sinnorientierung, auf der Absicht, gemeinsam vereinbarte Lernziele in gemeinsamer Arbeit zu erreichen. Dieses Zusammenspiel von Offenheit und Begrenzung reguliert den Ablauf des unterrichtlichen Kommunikationsprozesses, in den die Lernprozesse eingelagert sind. Da Lehrende und Lernende den Kommunikationsprozess konstituieren, regulieren sie auf dem Wege der Selbststeuerung ihre Lernprozesse selbst. Die Kontextsteuerung der Lernprozesse beruht also auf rekursiven Prozessen, wie sie für soziale Systeme typisch sind. Allerdings gilt hier die Besonderheit, dass für dieses nicht vorhersehbare, nicht planbare Zusammenwirken der personalen Systeme im Kommunikationsprozess den Lehrkräften aufgrund ihrer fachlichen und pädagogischen Kompetenz die letzte Verantwortung zukommt. In diesem täglichen Umgang mit Kontingenz liegt die besondere Herausforderung, aber auch der besondere Reiz ihrer beruflichen Tätigkeit. Diese Regulationen im Wechsel von Offenheit und Begrenzung möchte ich im Folgenden wegen ihrer zentralen Bedeutung für den Unterricht für die vier Schritte eines Lernprozesses an Beispielen genauer erläutern. (vgl. hierzu Abschnitt 5.2 im zweiten Kapitel sowie Spanhel 2021, S. 268 ff.). Dabei werde ich auch dezidiert auf die Chancen und Grenzen des Einsatzes digitaler Medien hinweisen.

Vereinbarungen über Lernziele und eine gemeinsame Intentionalität

Kontextsteuerung setzt voraus, dass sich Lehrende und Lernende auf ein klar bestimmtes Lernziel einigen. Die Bedeutung dieses Zusammenhangs für den Lernerfolg ist empirisch durch ein ganzes Bündel von Bedingungsfaktoren mit hoher Effektstärke abgesichert (Hattie/Zierer, S. 243). In einer Lernkultur der Offenheit dürfen Lernziele nicht einfach verbindlich vorgegeben werden, sondern die Schüler/innen müssen die Möglichkeit erhalten, sie mit ihren persönlichen Interessen, Fähigkeiten und Vorstellungen in Verbindung zu bringen. Sie müssen sie für sich akzeptieren können und als erstrebenswert ansehen. Entscheidend dafür ist, welche Bedeutung sie dem Thema geben, wie sehr es sie interessiert, auf welche Weise sie von ihm angesprochen oder angerührt werden, ob es Neugier oder Langeweile, freudige Erwartung oder Angst auslöst. Das sind zunächst (nur?) gefühlsmäßige Anmutungen, die die direkte Beziehung zwischen den einzelnen Schülern/innen und dem Lerngegenstand erleichtern, erschweren oder gar verhindern können. Die Lehrperson muss natürlich die Bedeutung des Themas im fachsystematischen Zusammenhang erläutern, aber auch auf mögliche Bedeutungen der damit erworbenen Kenntnisse oder Kompetenzen in der Alltagswelt der Schüler/innen hinweisen. Wenn sie ihre eigene Einstellung zu der Sache deutlich macht, ihre Wertschätzung, ihre Begeisterung für das Thema, dann springt vielleicht ein Funke auf die Schüler/innen über. Hat sich in der Schulklasse bereits ein „konsensueller Bereich" über die Bedeutsamkeit und die interessanten Inhalte eines Faches herausgebildet und stabilisiert, dürfte es nicht schwierig sein, mit den Schülern/innen eine Zielvereinbarung zu treffen, hinter der alle stehen. Wenn für einen Lehrgang einmal eine Zielvereinbarung getroffen worden ist, genügt es, später daran zu erinnern, notwendige Zwischenziele und Arbeitsschritte zu benennen, um zielorientiertes Lernen zu sichern. Zur Entwicklung einer gemeinsamen Intentionalität, einer zielorientierten Lern- und Anstrengungsbereitschaft kann es hilfreich sein, das Lernziel in Arbeitsziele zu differenzieren, damit jede(r) entsprechend ihren/seinen Fähigkeiten einen Beitrag leisten und sein (ihr) persönliches Lernziel erreichen kann. Digitale Lernwerkzeuge machen es möglich, dass die Schüler/innen bei den Entscheidungen über Lernziele und -inhalte, über die Lernwege, das Lerntempo und die Lernkontexte (z. B. beim projektbezogenen Lernen in der Gruppe) mitbestimmen.

Aus einer anthropologischen Sicht von Lernen ist bei dieser Einigung auf Lerngegenstand und Lernziele besonders darauf zu achten, welche weiteren *Lernzieldimensionen* zugleich mit dem fachlichen Lerninhalt verwirklicht werden können: Weiterentwicklung der Lerninstrumente (der Methoden und Medienkompetenz), soziales Lernen (interkulturelle Kompetenz) und Identitätsbildung. Von einer Verbesserung der Unterrichtsqualität kann erst gesprochen werden, wenn unterrichtliche Rahmen so gestaltet werden, dass möglichst alle Lernzieldimensionen angemessen berücksichtigt werden. Zu einer „multikriterialen Zielerreichung" (F. Weinert 1999), gehören neben dem Erwerb fachbezogener Kenntnisse und Fähigkeiten folgende Wissensstrukturen und Kompetenzen:

- deklaratives Wissen: Orientierungswissen und abstraktes Überblickswissen;
- operatives Wissen zur Bewältigung neuer Situationen und Probleme;
- prozedurales Wissen: Methoden zur Steuerung der eigenen Lernprozesse;
- Wertwissen: Kriterien zur Bewertung und Auswahl von Informationen;
- Sprach-, Kommunikations- und Medienkompetenz;
- Fähigkeiten zum gemeinsamen Einsatz von Wissen zur Problembewältigung;

- Reflexionsfähigkeit und Metakognitionen zur Kontrolle der inneren Lernbedingungen in der Person;
- Fähigkeit zum Umgang mit der Unsicherheit und Veränderbarkeit des Wissens und mit dem Nichtwissen.

Die gemeinsame Zielsetzung hat aus systemischer Sicht jedoch noch einen wichtigen pädagogischen Effekt, der eigentlich selbstverständlich ist, aber meist nicht ins Bewusstsein kommt: Zielsetzung bedeutet Grenzsetzung. Damit sind andere Sinn- und Handlungsorientierungen, Interessen, Wünsche, Bedürfnisse ausgeschlossen. Mit ihrer Zustimmung zu einem Lernziel verpflichten sich die Schüler/innen zur Selbstkontrolle ihres Denkens, Handelns und Wollens und müssen dann auch akzeptieren, dass die Lehrperson regulierende Maßnahmen ergreift, wenn sie nicht am Thema bleiben.

Gewährung von Handlungsfreiräumen

Nach der Ausrichtung auf einen Lerngegenstand und die Einigung auf Lernziele sollen sich die Schüler/innen möglichst selbstgesteuert, ohne Anleitung und ständiges Dirigieren durch die Lehrkraft direkt mit dem Lerngegenstand auseinandersetzen. Jede(r) einzelne kann sich dabei entsprechend ihren (seinen) individuellen Vorkenntnissen, Interessen, Kompetenzen, sprachlichen Fähigkeiten und Kräften einbringen. Dafür benötigen sie Handlungsfreiräume, die die Lehrkräfte gewähren oder die gemeinsam in der Klasse ausgehandelt und hinsichtlich ihrer zeitlich-räumlichen Grenzen, ihrer Sozialformen und Inhalte (Arbeitsaufgaben, -formen, -ziele, -materialien) abgesprochen werden. Im Rahmen von Schulentwicklung müssen sich das Kollegium und jede einzelne Lehrkraft immer wieder die Frage stellen, wie schulische oder unterrichtliche Organisationsstrukturen trotz der engen Zeitgrenzen transformiert werden könnten, um Handlungsfreiräume zu ermöglichen. Darin sehe ich das wichtigste Prinzip für das Gelingen der Kontextsteuerung.

Diese unterrichtlichen Rahmen sind als *offene Lernkontexte* nach dem Konzept des „situierten Lernens" (H. Mandl) problemorientiert oder aufgabengeleitet zu gestalten:

- Unterricht bietet den Schüler/innen Anschlussmöglichkeiten an ihre außerschulischen Lernerfahrungen, aktiviert ihre Lerninstrumente und regt sie zu einer intensiven Auseinandersetzung mit fallbasierten, problemorientierten Lernaufgaben.
- Schüler/innen lernen, aus der Palette der Medien, der Vielfalt der Software, der Fülle an inhaltlichen Medienangeboten kritisch auszuwählen und die In-

halte entsprechend ihren Interessen und Lernfähigkeiten kreativ weiter zu bearbeiten und die Ergebnisse zu überprüfen.

- Lehrkräfte stellen vielfältige Handlungsmöglichkeiten und Erfahrungsräume in Form aktiver Medienarbeit bereit, z. B. bei eigenen Medienproduktionen, wie Fotomontagen, Hörbilder, Videofilme, Homepage oder bei fächerübergreifenden, über die Schulklasse und Schule hinaus gehenden Medienprojekten.

- Schüler/innen bekommen die Möglichkeiten zur Selbstorganisation ihrer Lernprozesse, damit sie die Grundbedürfnisse befriedigen können, die nach den noch immer gültigen Erkenntnissen der Motivations- und Interessenforschung (Krapp/Ryan 2002) für die Ausbildung vielfältiger Interessen und für die Motivation zum Weiterlernen bedeutsam sind: Das Erleben von Selbstwirksamkeit, Autonomie-Erfahrung und soziales Eingebunden sein.

Offene Lernkontexte setzen gemeinsame Festlegungen über die sozialen Strukturen (Einzel-, Partner- oder Gruppenarbeit), zeitliche und räumliche Grenzen sowie Bereitstellung von Arbeitsmaterialien und Möglichkeiten der Informationsgewinnung voraus. Außerdem sind sie an die inneren Lernbedingungen der Schüler/innen gebunden. Diese müssen im Laufe der Jahre erst lernen, selbständig zu arbeiten, ob allein oder in einer Gruppe, denn Freiarbeit oder Gruppenarbeit können nicht einfach angeordnet werden. Sie gelingen auch bei genauen Arbeitsanweisungen nur, wenn die notwendigen Arbeitsformen nach jahrelanger Einübung sicher beherrscht werden. Zur Arbeit in offenen Lernkontexten gehören eigenständige Entscheidungen über Arbeitsschritte, Zwischenziele, Arbeits- und Übungsmethoden, Gesprächsformen, Umgang mit Materialien, Texten, digitalen Medien, die Interpretation und Einordnung und Bewertung der gewonnenen Informationen, die Formulierung und Sicherung der Arbeitsergebnisse und die Möglichkeiten zu ihrer Präsentation vor der Klasse.

Zur Sicherung der Fähigkeit zur Selbststeuerung müssen die Schüler/innen über die gesamte Schullaufbahn hinweg beim systematischen Aufbau von Methoden- und Medienkompetenz unterstützt und immer wieder zu einer kritischen Reflexion ihrer Lernformen und Lernwege angeleitet werden. Mit dem verstärkten Einsatz digitaler Medien gewinnt die Förderung folgender basaler Kompetenzen für das selbstgesteuerte Lernen zusätzlich an Bedeutung:

- Meta-kognitive Fähigkeiten: Sie beruhen auf einem reflexiven Wissen über den Ablauf von Lernprozessen. Dazu gehören die sichere Beherrschung von Lernstrategien und Strategien zur Steuerung, Gestaltung und Überwachung des Lernfortschritts, wie sie in der PISA-Studie (PISA 2000, S. 281 ff.) als wichtige Bedingungsfaktoren für Lesekompetenz ausgewiesen werden.

- Medien-Lese-Kompetenz: Medien vermitteln Sinneinheiten, die als Texte zu bezeichnen sind, ganz gleich, aus welchen Zeichenkombinationen oder Kombinationen von Zeichensystemen (Schrifttexten, Grafiken, Bildern, Videos, Musik) sie zusammengesetzt sind. Zu ihrem Verständnis reicht eine an Printmedien ausgerichtete Lesekompetenz nicht mehr aus.

- Fähigkeit zur Meta-Kommunikation: Je vielfältiger und komplexer mediale Darstellungsformen und symbolische Sinnwelten sind, desto häufiger ist eine Verständigung *über* die medial vermittelten Bedeutungen erforderlich. Nur mittels Sprache können die Schüler/innen eine kritisch-reflexive Distanz zu den Medien, ihren Inhalten und ihrem Medienhandeln herstellen.
- Sprachfähigkeit: Sie stellt als Basis für den Aufbau dieser Kompetenzen eine zentrale Bildungsaufgabe in allen unterrichtlichen Rahmen dar.

Offene Lernräume für selbstgesteuertes Lernen erfordern außerdem geeignete Arbeitsmaterialien und Quellen, damit für die Lernenden verschiedene Schwerpunktsetzungen oder Zugangsweisen zum Lerngegenstand möglich sind. Auch hierfür ermöglicht der Einsatz digitaler Medien personalisiertes Lernen in offenen Erfahrungs- und Lernräumen (Holmes u. a. 2018). In digitalen Medien steht eine ungleich größere Vielfalt an möglichen Lerninhalten bereit als in Schulbüchern oder in der Person des Lehrers. Und das nicht nur in Form verbindlicher Texte oder Lehreraussagen, sondern in einer reichen Vielfalt an Bildern, Filmen, Tönen und Grafiken, die ausgewählt, interpretiert und bewertet werden müssen und allen Schülern/innen auch unabhängig von den Lehrkräften zugänglich sind. Mit einer Ausweitung des Medieneinsatzes werden die Kommunikationsprozesse im Unterricht erheblich differenzierter und komplexer und erfordern flexible Zeitstrukturen.

Handlungsfreiräume für die Lernenden ist die eine Seite der Medaille. Aber jede Beziehung ist das Ergebnis einer doppelten Beschreibung: Auch die andere Seite, der Lerngegenstand muss offengehalten werden, sodass er ganz unterschiedliche Zugangsweisen, Betrachtungsperspektiven, Fragestellungen und Bearbeitungsmöglichkeiten bietet. Hier ist der Fachdidaktiker gefragt (vgl. z. B. Hiller 1973). Diese Adaptivität des Unterrichts muss stets sowohl von der Seite der Schüler/innen und als auch von der Gegenstandsseite her gesichert werden. Darin liegen weitere Chancen des Einsatzes digitaler Medien. Sie sind zum einen hervorragende Beobachtungs- und Recherscheinstrumente. Die medialen Darstellungen sind das Ergebnis von Beobachtungen, die andere gemacht haben und veranlassen die Schüler/innen zu Beobachtungen 2. Ordnung. Sie offenbaren bedeutsame Unterschiede bezüglich des Unterrichtsgegenstands, müssen aber kritisch beurteilt werden, um zu Informationen zu werden. Zum anderen bieten digitale Medien unerschöpfliche Handlungsmöglichkeiten mit dem Unterrichtsgegenstand, weil sich die Medieninhalte eigentätig variieren, koordinieren, umformen, bearbeiten, vergleichen und interpretieren lassen. Piaget (1973) hat darauf aufmerksam gemacht, dass Erkenntnis aus Handeln erwächst. Handlungsmöglichkeiten ergeben sich zum einen aus wechselnden Beobachtungsformen unter Verwendung unterschiedlicher Beobachtungsinstrumente

(Mikroskop, Messinstrumente, Beobachtungsraster), aus unterschiedlichen Umgangsweisen mit dem Lerngegenstand (z. B. in den naturwissenschaftlichen Fächern, in künstlerisch-musischen Fächern oder im Sport) oder aus unterschiedlichen Bearbeitungsformen der medialen Repräsentation des Gegenstands, z. B. der Texte, Bilder oder Graphiken. Zum anderen bieten die digitalen Medien vielfältige mediale Behandlungsmöglichkeiten, z. B. durch Umformen, Einfügen in andere Kontexte, Umcodierung (Messwerte in Tabelle einordnen, Bilder verbalisieren). Damit liefern sie vielseitige Instrumente und Formen zur Konstruktion, Verarbeitung und Vermittlung fachlicher Lerninhalte. In wechselnden sozialen Kontexten erfolgen eine gemeinsame Konstruktion von Wissen und seine Überprüfung an objektiven Kriterien. Die Schüler/innen finden so vermehrte Anschlussmöglichkeiten an ihre außerschulischen Medienerfahrungen und können ihre individuellen Interessen, Kenntnisse und Fähigkeiten in den Unterricht einbringen. Das gibt ihnen wiederum viele Möglichkeiten, an ihrer Identitätsentwicklung zu arbeiten.

Wenn in einer offenen Lernsituation Schwierigkeiten, Störungen oder Abweichungen vom geplanten Weg auftauchen, die die Schüler/innen nicht allein bewältigen können, müssen die Lehrpersonen adäquate Lernhilfen anbieten. Diese können eine direkte Zuwendung bei aktuellen fachlichen, methodischen oder organisatorischen Fragen, die Bereitstellung von Arbeitsmaterialien, der Hinweis auf Informationsquellen oder Medien sein, aber auch eine Intervention bei unangemessenem Verhalten oder aufbrechenden Konflikten. Gemeinsam mit den Lernenden sollten die Lehrpersonen bereits vorab Orientierungshilfen für die einzelnen Lernschritte, Steuerungsinstrumente und Lernkontrollen vereinbaren, z. B. Lerntagebücher, Möglichkeiten zur Überprüfung des eigenen Lernfortschritts, Feedback über den individuellen Leistungsstand, Formen der Evaluation und schließlich Gelegenheiten zur Präsentation und Weitergabe der Lernergebnisse vor der Klasse.

Bei der Arbeit in offenen Lernkontexten werden die Lehrkräfte im Laufe der Zeit ein feines Gespür dafür entwickeln, wieviel Eigenständigkeit sie den Schüler/innen zumuten können, ohne sie zu überfordern oder zu unterfordern. Sie müssen sie in ihrem Verhalten und ihren Arbeitsweisen zurückhaltend beobachten, überlegen, wann und wie sie korrigierend eingreifen und stets für Fragen und Hilfen bereitstehen. Handlungsfreiräume bieten den Schüler/innen die beste Gelegenheit, Autonomie und Selbstwirksamkeit zu erfahren, das Gefühl zu erleben, einen eigenen Beitrag geleistet zu haben und in eine Gruppe eingebunden zu sein. Dabei können sie – neben Leistungsfeststellungen und Prüfungen – am ehesten zu einer sicheren Selbsteinschätzung ihres eigenen Leistungsniveaus gelangen, einer der wirksamsten Bedingungsfaktoren für gute Lernleistungen (Hattie/Zierer 2018, S. 137). Nach den Forschungsergebnissen aus der Motivationspsychologie sind diese Erfahrungen die wichtigsten Bedingungsfaktoren zur Verbesserung der Leistungsmotivation (Krapp, Ryan 2002).

Reflexion und Evaluation der Lernwege und Lernergebnisse

Für die Kontextsteuerung fachlicher Lernprozesse ist die dritte Phase des Lernprozesses von besonderer Bedeutung. Aber eine kritische Selbstbewertung der Lehrkräfte oder eine Reflexion des Unterrichts mit den Schülern hat offensichtlich an den Schulen keinen hohen Stellenwert (Pirner 2019, S. 18). Wichtig ist zum einen, dass die einzelnen Schüler/innen ein positives Feedback von der Lehrkraft oder den Mitschüler/innen für ihre Arbeit erhalten. Dadurch gewinnen die Lernergebnisse an Nachhaltigkeit. Zum anderen müssen die Lernerfahrungen und die erworbenen Kompetenzen im kommunikativen Austausch in der Klasse gemeinsam gemacht, eingeordnet, bewertet und so zu einem kollektiven Wissen verarbeitet werden, mit dem die Klassengemeinschaft weiterarbeiten kann. Lernwege, Lernmethoden und Verfahrensschritte müssen kritisch hinterfragt und im Hinblick auf ihre weitere Verwendung bewertet werden.

Digitale Medien bieten Anlässe zur Reflexion und Evaluation des Lernens. Sie eröffnen vielfältige Möglichkeiten, Beobachtungsergebnisse, gewonnene Informationen oder Erkenntnisse, aber auch Vermutungen und weiterführende Fragestellungen festzuhalten und für die weiteren Diskussionen in einer anderen Gruppe oder in der Klasse medial zu präsentieren. Auf diese Weise kann sowohl die Präsentation und Bestärkung der Lernergebnisse als auch eine kritische Reflexion des Lernwegs, der Methode, des Lernprozesses gesichert werden. Damit sind die digitalen Medien mit ihren vielfältigen Einsatzmöglichkeiten hervorragend für einen adaptiven, selbstorganisierten und differenzierenden Unterricht im kooperativen Lernformen geeignet. (Vgl. dazu zahlreiche und kreative Umsetzungsformen in den Preisträgerschulen des Deutschen Schulpreises, in: Schratz, Pant, Wischer 2015.)

5.4.2 Anregung von Bildungsprozessen

Die Beziehung zwischen Schüler/innen und Lerngegenstand ist ein Kopplungsprozess, der seine Wirksamkeit erst über einen längeren Zeitraum entfaltet. Der Blick darf sich daher nicht nur auf einzelne Lerneinheiten richten, sondern unterrichtliche Rahmen müssen im *Kontext des Lehrgangs eines Unterrichtsfaches* gesehen werden, der sich über ein oder mehrere Jahre erstreckt. Die Beobachtungen der Lernenden richten sich aus unterschiedlichen Perspektiven zu unterschiedlichen Zeitpunkten mit unterschiedlichen Methoden und Instrumenten wiederholt auf den Lerngegenstand und dabei kommen immer neue Differenzen des Lerngegenstands zum Vorschein. Ein individueller Bildungsprozess kommt zustande, wenn auf beiden Seiten der Beziehung eine selbstgesteuerte Entwicklung in Gang kommt, in der sich die inneren Strukturen der Lernenden und des Lerngegenstands einander angleichen. Diese Adaption zwischen dem „Lernapparat" der

Schüler/innen und dem Lerngegenstand als gemeinsame Entwicklung über einen längeren Zeitraum wird von den Lehrpersonen angestoßen und vorangetrieben, indem sie die Themen immer wieder neu in den Wahrnehmungshorizont der Schüler/innen bringen und die handelnde und kommunikative Auseinandersetzung weiterführen. Der Entwicklungsprozess des Lernapparats orientiert sich dabei an der Entwicklung der Sachstruktur, genauer an der sich entwickelnden, immer differenzierter und komplexer werdenden (Re-)Präsentation und Anforderungsstruktur des Lerngegenstandes, mit der die Schüler/innen im Laufe eines Schuljahres und über die Schuljahre hinweg entsprechend dem Curriculum konfrontiert werden. Als Bildungsprozess lassen sich diese aufeinander abgestimmten Entwicklungsprozesse bezeichnen, wenn in dem sich die immer komplexer, differenzierter und flexibler werdenden kognitiven Strukturen der Lernenden und die zunehmend komplexeren sachlichen (logischen) Strukturen des Unterrichtsgegenstandes gegenseitig herausfordern und stimulieren, und dabei die Entwicklung von den persönlichen Interessen, Vorlieben und Fähigkeiten der Lernenden angetrieben wird.

5.4.3 Einsatz digitaler Medien zur Verbesserung des fachlichen Lernens

Der verstärkte Einsatz digitaler Medien kann das fachliche Lernen wirksam verbessern, wenn die Schüler/innen für selbst erarbeitete Fragestellungen in kleinen Gruppen eigene Lernwege und Problemlösungen finden und diese dann im Austausch mit den andern Gruppen – mithilfe der Lehrperson als Moderator – evaluieren und verbessern können. In offenen unterrichtlichen Kontexten werden dann am ehesten auch Bildungsprozesse angestoßen. Seit einigen Jahren wird der Einsatz digitaler Medien geradezu als Allheilmittel zur Verbesserung der Unterrichts- und Schulqualität angesehen (KMK 2016). Es sind aber auch die damit verbundenen Probleme und die Grenzen des Einsatzes zu beachten (vgl. Spanhel 2023). In der Mediendidaktik gibt es dazu vielfältige und anregende Vorschläge. Hier einige Hinweise für ihren Einsatz aus systemischer Sicht.

Die Chancen für den Einsatz der digitalen Medien liegen darin, dass sich die Bedingungen und Möglichkeiten des fachlichen Lernens in allen fünf Dimensionen verändern, die lernende personale oder soziale Systeme kennzeichnen, in der sachlichen, sozialen, zeitlichen, operativen und kognitiven Dimension (Willke 1991, S. 61 ff.).

In der *sachlichen Dimension* bietet die Digitalisierung den Schüler/innen eine unvorstellbare Fülle von Beobachtungs-, Erfahrungs- und Erlebnismöglichkeiten. Sie müssen lernen, aus der Datenfülle sinnvoll auszuwählen, die Qualität der Daten, die meist aus Beobachtungen zweiter Ordnung resultieren, richtig einzuschätzen und mit der Handlungsunsicherheit als Folge erhöhter Kontingenz fertig zu werden.

In der *sozialen Dimension* erhöhen sich durch die Verfügbarkeit über die virtuelle Realität in den Medien die Kommunikationsmöglichkeiten der Schüler/innen. Sie bieten ihnen in offenen Lernarrangements wunderbare Möglichkeiten, gewonnene Informationen aktiv handelnd in soziale Praktiken einzubringen, vielfältige Handlungsmuster zu erwerben und alternative Problemlösungen zu erproben und dabei die im Kompetenzrahmen der KMK aufgeführten Kompetenzen in der digitalen Welt zu erwerben. Entscheidend ist jedoch, dass diese sozialen Praktiken genutzt werden, um ihre Kommunikationskompetenz und ihre Sprachfähigkeit als wichtigstes Instrument der Wissensgenerierung kontinuierlich weiter zu entwickeln.

In der *zeitlichen Dimension* führt die Beschleunigung der kulturellen Evolution durch Digitalisierung zur Verunsicherung bei der pädagogischen Steuerung des Lernens. Zum einen stellt sich die Frage, wie die Schüler/innen auf nicht vorhersehbare Lernanforderungen in der Zukunft und auf die Notwendigkeit zum ständigen Umlernen vorbereitet werden können. Zum anderen muss das schulische *Lernen in der zeitlichen Dimension* als ein zusammenhängender Prozess gesehen werden, der mehrere Stufen im Entwicklungsprozess der Heranwachsenden umfasst. Diese individuellen Entwicklungsprozesse sind gleichzeitig in die zeitlich differierenden Entwicklungsverläufe des Unterrichts, des Systems Schule und einer Gesellschaft im digitalen Wandel eingelagert. Damit wird Synchronisation immer mehr zu einem grundlegenden pädagogischen Problem: Es geht bei den schulischen Lernprozessen um zeitliche Abstimmungsprozesse zwischen den eng aneinander gekoppelten, aber unterschiedlich schnell verlaufenden biologischen, psychischen und sozialen Entwicklungsprozessen (Büeler 1994, S. 97ff.).

In der *operativen Dimension* kommt es zu einer enormen Steigerung der Reflexivität des Wissens, einer Beobachtung der Rückwirkungen des Wissens auf den Lernprozess und den Umgang mit dem Wissen. Lehrkräfte müssen diese Prozesse durch gemeinsame Reflexion des Lernens und des Unterrichts mit den Schüler/innen unterstützen und damit deren Reflexionsfähigkeit und metakognitive Fähigkeiten fördern. Lernen entwickelt eine eigene Dynamik, es erhöhen sich die Differenzen in der individuellen Entwicklung der Lernfähigkeit und des Wissens der Heranwachsenden, mit der Folge, dass es immer schwieriger wird, altersgleiche Schüler/innen gemeinsam zu unterrichten. Dafür müssen neue Organisationsformen für Unterricht und Lernarrangements gefunden werden.

In der *kognitiven Dimension* wird im Kontext der Nutzung digitaler Medien deutlich, dass in der Schule nicht nur die Schüler/innen und Lehrkräfte lernen, sondern auch die sozialen Systeme. Schulklassen, Kollegien und Schulen als soziale Systeme bilden eigene kognitive Fähigkeiten aus und erwerben kollektives Wissen, das sich in ihren Strukturen, Regeln und Prozessen niederschlägt (Spanhel 1999). Schulentwicklung bietet die Chance, dass sich personale und kollektive kognitive Fähigkeiten wechselseitig steigern und dadurch die Schulqualität verbessern.

Diese Lernkultur der Offenheit auf der Grundlage eines verstärkten Einsatzes der digitalen Medien ist entscheidend auf die Fähigkeit der Schüler/innen zur Teamarbeit angewiesen. Lernende sind so früh und so weit als möglich in die Planungsüberlegungen einzubeziehen und müssen lernen, von Anfang der Schulzeit an in unterschiedlichen Gruppierungen zu arbeiten und zielgerichtet zu kooperieren. Es kommt darauf an, in den Arbeitsgruppen eine gemeinsame Intentionalität in Bezug auf den Lerngegenstand zu entwickeln und durch Handlungsfreiräume und zurückhaltende Hilfestellung die Voraussetzungen und Möglichkeiten einer Selbststeuerung der Lernprozesse zu sichern.

6. Schulentwicklung als iterativer Prozess

6.1 Schulentwicklung auf der Basis einer Schule als lernendes System

Im ersten Abschnitt wurden die Problembereiche gekennzeichnet, an denen Maßnahmen zur Schulentwicklung gezielt ansetzen müssten. Aber woran erkennt eine Schule vorhandene Abstimmungsprobleme und wie müsste sie zu ihrer Lösung gezielt vorgehen? Mit dieser Frage wird unterstellt, dass eine Schule als System über Erkenntnisfähigkeit und Handlungsfähigkeit verfügt. Wie im Abschnitt über die Autonomie der Einzelschule im ersten Kapitel ausgeführt, ist die Schule dazu in der Lage, weil sie sich die kognitive Komplexität und die Handlungsfähigkeit ihrer Mitglieder zunutze macht. Das kollektive Handeln eines Systems vollzieht sich in Form der systemischen Kommunikation. Diese entfaltet ihre Wirkungen als kollektives Handeln auf Grund der Zurechnung des Handelns der Mitglieder der Schule auf das Sozialsystem. (Willke 1991, S. 128 ff.). Wenn eine Schule als System handelt, dann kommt es nicht auf die Absichten oder Interessen einzelner Personen an, sondern auf die Regeln, nach denen die Schule als System operiert, also wie die ganze Schule betreffende Beschlüsse fasst oder Vereinbarungen im Kollegium getroffen werden. Auf dieser Grundlage stellt dann z. B. der Schulleiter nicht als Person, sondern als Repräsentant der Schule bestimmte finanzielle Forderungen zur Verbesserung der Ausstattung an die Kommune. Oder ein Klassenleiter handelt als Repräsentant der Lehrerkonferenz, wenn er dort beschlossene Maßnahmen gegen Mobbing in seiner Klasse durchsetzt.

Erkenntnis-, Handlungs- und Lernfähigkeit der Einzelschule als System sind die Voraussetzungen für eine selbstgesteuerte zielgerichtete Schulentwicklung. Sie entfalten ihre Wirksamkeit, wenn es der Schule gelingt, mit ihren Vorstellungen von einer verbesserten Schulqualität neue Sinnorientierungsmöglichkeiten für Erziehung und Unterricht zu eröffnen und – wie gezeigt – Freiräume für ihre kreative Umsetzung zu schaffen. Dabei kommt es auf Grund der enormen Komplexität des Systems Schule, bedingt durch ihre Ausdifferenzierung in Teilsysteme und die Vielzahl an Mitgliedern mit unterschiedlichen Rollen, zu einem Überschuss an Interaktions- und Kommunikationsmöglichkeiten, die längst nicht alle realisiert werden können. Deshalb müssen ständig Entscheidungen darüber getroffen werden, welche Maßnahmen aus der Vielfalt an Handlungsoptionen zur Erreichung der Bildungs- und Erziehungsziele ausgewählt werden sollen. Die Einzelschule als System produziert selbst Handlungsmöglichkeiten in einem Ausmaß, das immer schwieriger zu bearbeiten ist: Schule wird sich selbst zum Problem. Das System Schule erlangt aber dank seiner hohen Eigenkomplexität auch ein Bewusstsein von sich selbst, bildet eine eigene Identität aus und wird dadurch zur Selbstbeobachtung und Selbstreflexion fähig. Damit erhält eine Schule die Möglichkeit zur Selbst-Thematisierung: Sie stellt ihre eigene Qualität zur Debatte, versucht, Probleme und Konflikte in den internen und externen Systembeziehungen in ihren Folgen zu erkennen und Konzepte für ihre Überwindung durch bessere interne Regulationen zu entwerfen.

Abbildung 12: Schule als lernendes System: Prozess der Schulentwicklung und die einzelnen Entwicklungsbereiche im Überblick (eigene Darstellung)

Schule als „lernendes System"

Entwicklung als strukturelle Transformationen der Teilsysteme
durch Kontextsteuerung

Schulleitung Kollegium

Lernkultur der Offenheit
selbstgesteuertes Lernen
Eigenverantwortung
für verständnisintensives,
bedeutungsvolles Lernen
(personalisiertes Lernen)

**Gestaltung
der sachlichen, sozialen,
raum-zeitlichen Strukturen**

Steuerungskriterien:
- pädagogische Sinnorientierung
- vereinbarte Lernziele

Schulkultur der Offenheit
Leitbild
Vielfalt in der
Gemeinsamkeit

„Schule lernen"
(demokratische Strukturen
Mitbestimmung)

Leistung

Verantwortung

Kommunikationsstrukturen

Unterrichtliche Rahmen
Organisation der multimedialen
Lernkontexte für
selbstgesteuertes Lernen

Sprache
Medieneinsatz,
Raumausstattung,
Arbeitsmittel

Erziehungsrahmen
Pädagogische
Atmosphäre
Schulgemeinschaft

- gemeinsame Intentionalität
- vereinbarte Handlungsfreiräume
- pädagogische Unterstützung

Professionalität der pädagogischen Fachkräfte
(Begründung, Planung, Steuerung, Evaluation
und Reflexion der Entwicklungsschritte)

Unterricht
gemeinsame
Kontrolle und Reflexion der
Lernprozesse und
Lernergebnisse

Meta-Kommunikation
gemeinsame Reflexion der
Entwicklungsschritte
Kontrolle, Bewertung, Korrektur
der Prozesse und Strukturen

Schulleben
gemeinsame
Reflexion und Evaluation
durch Schulleitung,
Kollegium, Eltern, Schüler

Der Versuch einer Schule, Problembereiche gezielt zu bearbeiten, macht sie zu einem *lernenden System*. Systemlernen bedeutet strukturelle Transformationen im Inneren und in den Außenbeziehungen des Systems. Dabei kommt es auf eine reflexive Steuerung dieser Transformationsprozesse durch systemische Kommunikation und auf die Prozesse der Metakommunikation an. Abbildung 12 zeigt die Bereiche an, auf die sich die Transformationen beziehen. Dafür muss das System Schule seine „kognitive Komplexität" erhöhen (Willke 1991, S. 84 ff.), z. B. durch schulhausinterne Fortbildungen, durch die Bildung fach- und themenspezifischer Arbeitsgruppen, etwa Planungsteams, durch Erfahrungsaustausch mit anderen Schulen oder durch Konferenzen mit externen Experten. Abbildung 12 soll durch die Verbindungslinien veranschaulichen, dass alle Entwicklungsbereiche untereinander in Austauschbeziehungen stehen: Transformationen in einem Bereich können zu unterschiedlichen Auswirkungen in anderen Bereichen führen. Im Zentrum stehen die Lehrpersonen, die als wichtige Steuerungsgröße fungieren. Im Sinne der Kontextsteuerung geschieht dies aufgrund ihrer Professionalität durch Abstimmungsprozesse und Vereinbarungen. Entscheidend ist dabei die gemeinsame reflexive Kontrolle der Steuerungskriterien, der systemischen Kommunikation und der Evaluation der Lern- und Entwicklungsprozesse in Form von Meta-Kommunikation. Darin liegt die besondere Bedeutung der Professionalität der Lehrkräfte für den Entwicklungsprozess.

Schule als lernendes System lässt sich folgendermaßen kennzeichnen: Das Leitbild einer Schule, ihre Schulordnung, Schulkultur und Lernkultur der Offenheit, ihre Rituale und Regeln des täglichen Schulbetriebs sind Ergebnisse des Lernens der Schule als System. In diesen Lernprozessen stellen sich ihre Teilsysteme, z. B. Schulleitung, Kollegium oder Schulklassen und die personalen Systeme der Lehrenden und Lernenden gegenseitig ihre kognitiven Kompetenzen zur Verfügung. Im Prozess der Schulentwicklung auf der Basis struktureller Transformationen bedingen sich Systemlernen und personales Lernen wechselseitig: Es gibt kein Lernen der Schule als System ohne Zusammenwirken mit den Lernprozessen der Lehrpersonen und der Schüler/innen. Dabei kommt den Lernprozessen der Lehrkräfte die größte Verantwortung zu, da sie an allen Lernprozessen im schulischen System entscheidend mitwirken. Ohne ihre Lernbereitschaft ist prinzipiell keine Schulentwicklung möglich. Allerdings zeigen empirische Forschungen, dass sich ihre Überzeugungen nur sehr schwer verändern lassen (Pirner 2019, S. 9). Daran scheitern viele Entwicklungsvorhaben schon im Ansatz, insbesondere von außen kommende Anstöße oder administrative Vorgaben. Schulentwicklung muss daher bei den Lehrpersonen ansetzen, muss sie von Anfang an ins Zentrum stellen und ihre Professionalität nutzen. Es kommt darauf an, ihre Veränderungsbereitschaft zu wecken und sie zu einer geteilten Intentionalität in Bezug auf gemeinsam ausgehandelte Entwicklungsziele zu animieren. Das größte Hindernis dafür sehe ich darin, dass Lehrpersonen größtenteils noch als Einzelkämpfer in ihren Schulklassen arbeiten.

Die Verwirklichung einer Schulkultur und Lernkultur der Offenheit im Rahmen von Schulentwicklung hängt entscheidend davon ab, ob es gelingt, auf allen Ebenen zusammenzuarbeiten und dabei auch Hierarchien in der Schule zu überwinden. Kontextsteuerung durch die Gestaltung der unterrichtlichen Kommunikation gelingt einem *Team von Lehrpersonen* besser als einer einzelnen Lehrkraft. Daher müssen auf Schulebene die Planungskontexte für Unterricht und Erziehung anders gestaltet werden. Für gelingende Schulentwicklung ist es von ganz entscheidender Bedeutung, Planung und Vorbereitung, Begleitung und Reflexion nicht nur der unterrichtlichen Rahmen, sondern auch der Erziehungsrahmen in einem Klassenstufenteam vorzunehmen, das einen Schülerjahrgang zwei Jahre begleitet und für Unterricht und Erziehung verantwortlich ist. Ein Team nutzt die Emergenz des Sozialen, die Mitglieder stellen ihr Fachwissen, ihre Kompetenzen und beruflichen Erfahrungen gegenseitig zur Verfügung, tauschen ihre täglichen Beobachtungen und Erfahrungen mit der Klasse aus und können in der gemeinsamen Reflexion aufgetretene Probleme bearbeiten und neue Erkenntnisse gewinnen.

6.2 Konzept formativer Evaluation als Basis für einen zielgerichteten Entwicklungsprozess

Um die Veränderungsbereitschaft und die kognitive Komplexität der Schulleitung und der Lehrpersonen, aber auch aller anderen Beteiligten zur Verbesserung der Schulqualität effektiv zu nutzen, braucht die Schule ein überzeugendes, evidenzbasiertes Verfahren, das den Gesamtprozess überschaubar und planbar macht. Ein solches Verfahren müsste die notwendigen Entwicklungsschritte und damit verbundene Aufgaben kenntlich machen, damit alle Beteiligten für sich abschätzen können, ob sie den Anforderungen gewachsen sind. Ein Entwicklungskonzept müsste den Gewinn für die Schule und für alle Beteiligten verdeutlichen und eine gewisse Sicherheit vermitteln, dass der Prozess auch mit Aussicht auf Erfolg durchlaufen werden kann.

Dafür schlage ich vor, den Entwicklungsprozess am Konzept einer „responsiven Evaluation" zu orientieren, das in den 1970er Jahren in den USA entwickelt und Ende der 1980er Jahre von W. Beywl in die sozialwissenschaftliche Diskussion in Deutschland eingeführt wurde (Spanhel 2001). Ich habe dieses Konzept für den von mir geleiteten vierjährigen Modellversuch der Bund-Länder-Kommission für Bildungsforschung und Forschungsförderung über eine „integrative Medienerziehung in der Hauptschule" in den 1990er Jahren an einer Erlanger Schule adaptiert und erprobt (Spanhel 1999). Es ist ausreichend flexibel, um die Besonderheiten einer Einzelschule berücksichtigen und auf seiner Grundlage auch unvorhersehbare Anforderungen oder Probleme bewältigen zu können. Nach meinen Erfahrungen bietet es die Orientierung und den Halt, den Schulleitung, Lehrkräfte und Eltern benötigen, um sich auf einen länger dauernden Entwicklungsprozess einzulassen.

Eine zielgerichtete Schulentwicklung, die sich an diesem Verfahren einer formativen Evaluation orientiert, vollzieht sich dann als ein iterativer, datengestützter Prozess, an dem alle an der Schule beteiligten und betroffenen Personengruppen aktiv mitwirken. Die erforderlichen empirischen Daten liefert ein wissenschaftlich evaluierter Fragebogen aus dem Ansatz einer „Wahrnehmungs- und werteorientierten Schulentwicklung" (WWSE) (Wild 2006). Dabei handelt es sich um ein bewährtes Beobachtungs- und Evaluationsinstrument, das eine ausreichende Basis für Handlungsentscheidungen abgibt.

Im Folgenden gilt es zu zeigen, wie die Schule ihre Lernprozesse als System sowie die Lernprozesse der Teilsysteme (der Schulleitung, des Kollegiums, der Schulklassen, der Lehrerteams und der Schülervertretung) mithilfe dieses Konzepts einer formativen Evaluation auf die vereinbarten Entwicklungsziele hin steuern, kontrollieren, evaluieren und korrigieren kann. Das Verfahren einer responsiven Evaluation zeigt die erforderlichen Schritte auf, wie unter Berücksichtigung aller Beteiligten und Betroffenen in einem offenen Entwicklungsprozess ein Konzept zur Verbesserung der Schulqualität entworfen und realisiert werden kann. Das bedeutet, dass eine Schule zuerst ein eigenes Konzept von Schulqualität mit allen an dem Vorhaben beteiligten Personen, Gruppen und Institutionen gemeinsam entwickelt. Dieses wird dann in sich wiederholenden Arbeitsschritten umgesetzt. Damit sind folgende Merkmale des Verfahrens verbunden:

- Responsive Evaluation ist *konstruktivistisch*: Sie beschreibt und analysiert nicht nur die Realität einer Schule, wie sie gerade funktioniert, sondern schafft in einem gemeinsamen Entwicklungsprozess eine neue Realität entsprechend dem vereinbarten Leitbild einer guten Schule. Formative Evaluation bewertet nicht die bestehende Schule, sondern den Konstruktionsprozess, in dem diese neue Schule hervorgebracht wird. Dieser Prozess wird fortlaufend beobachtet und evaluiert und es wird immer wieder geprüft, wo noch Schwierigkeiten und Mängel bestehen, die überwunden werden müssen.
- Responsive Evaluation ist *emergent*: Sie nutzt die verbesserte Lernfähigkeit sozialer Systeme, indem sie die kognitive Kompetenz einzelner Personen und Gruppen zusammenführt, um ein eigenes, an die Besonderheiten der einzelnen Schule angepasstes Konzept guter Schule, ein eigenes Leitbild und einen Plan zu seiner Realisierung zu erarbeiten. Dabei wird auch auf die Kompetenz von Experten, Wissenschaftlern und Lehrpersonen aus anderen Schulen zurückgegriffen, die bereits Erfahrungen mit Schulentwicklung gemacht haben.
- Evaluation ist *responsiv*: Sie ist empfindlich und empfänglich für die Belange der am Entwicklungsprozess Beteiligten und Betroffenen, der Schulleitung

und der Lehrkräfte, der Schüler/innen und Eltern, der Kommune und der Schuladministration. Sie antwortet auf deren Anliegen und Konfliktthemen, indem diese als Steuerungskriterien für die folgenden Entwicklungsschritte fungieren. Das entspricht genau dem Verfahren der Kontextsteuerung, wie ich es für das soziale System Schule beschrieben habe. Ein solches sensibles Reagieren auf die Interessen der Mitwirkenden setzt allerdings eine Steuergruppe mit hoher fachlicher Kompetenz und besonderem Engagement voraus, die sich aus Mitgliedern der Schulleitung, des Kollegiums und externer Experten zusammensetzt.

Aufgrund dieser Merkmale sehe ich in dem Konzept der responsiven Evaluation letztendlich eine Form der Kontextsteuerung, die den Prozess der Schulentwicklung als übergreifenden Lernprozess des sozialen Systems Schule lenkt, kontrolliert und korrigiert und damit gleichzeitig die Handlungsrahmen und Sinnorientierungen für die Lernprozesse der beteiligten Personen und Gruppen vorgibt. Das Konzept hilft der Schule dabei, die Prozesse der systemischen Kommunikation im Rahmen von Konferenzen, Teambesprechungen, Elternabenden oder Fortbildungen zu organisieren. Es geht dabei um die Einrichtung von Arbeitsgruppen zur Planung und Evaluation von Projekten, von Informationskanälen zum Erfahrungs- und Ideenaustausch oder von Plattformen, um Vereinbarungen auszuhandeln, Entscheidungen zu treffen oder Informationen zu auszutauschen.

6.3 Phasen des Schulentwicklungsprozesses als Lernprozess der Schule

Der Ablauf des Schulentwicklungsprozesses vollzieht sich nach diesem Konzept in fünf Phasen, die schleifenartig immer wieder neu durchlaufen werden:

1. Gegenstandsbestimmung: Leitbild einer guten Schule;
2. Informationssammlung über die Ausgangslage;
3. Informationseinspeisung und Entscheidung für einen Schulentwicklungsprozess sowie Vereinbarungen über Entwicklungsziele und Entwicklungsmaßnahmen;
4. Umsetzung und Dokumentation der Maßnahmen im Team;
5. Reflexion und Evaluation der Entwicklungsmaßnahmen; Wiedereinführung der Evaluationsergebnisse in den Prozess als Ausgangsbasis für einen neuen Durchlauf der Phasen.

Man kann sich den gesamten Prozess als ein fortwährendes Fragestellen, Antworten, Informieren, Bewerten und Aushandeln vorstellen, in den alle Beteiligtengruppen möglichst umfassend einbezogen werden. Das erfordert Kommunikationskompetenz und dadurch verändert sich schlagartig die systemische Kommunikation an einer Schule. Damit sind hohe Anforderungen an Schulleitung, Steuergruppe, Kollegium und Schüler/innen verbunden, denn diese Kommunikationsprozesse müssen organisiert und verstetigt werden. Es sind Zeitfenster und Gesprächsforen sowie Entlastung für die Mitglieder der Steuergruppe zu schaffen, um Kontinuität sicherzustellen. Digitale Medien können helfen, den Informationsfluss zu sichern und zu beschleunigen, Erfahrungen auszutauschen, Lernergebnisse festzuhalten und allen verfügbar zu machen, z. B. Protokolle über Vereinbarungen, schriftlich fixierte Regeln oder ein Konzept zur Medienintegration an der Schule. In der folgenden Beschreibung der Entwicklungsphasen geht es daher nicht um die Gestaltung der angesprochenen Inhalte, sondern um die Frage, wie die Kommunikationsprozesse zur Gewinnung und Verbesserung dieser Inhalte organisiert werden können.

6.3.1 Gegenstandsbestimmung

Zur vorläufigen Bestimmung des Gegenstandes, des Projekts „Schulentwicklung" gehört nicht nur ein Leitbild und eine Idee von guter Schule als einer ersten Zielprojektion. Die Frage ist, wie kommt eine Schule zu einem Leitbild und zur Vorstellung von einer guten Schulkultur, welche Aspekte von Schule und welche Personengruppen müssen berücksichtigt werden, wenn die Schule einen Entwicklungsprozess in Angriff nehmen will. Es gilt auch zu klären, in welches Umfeld, in welchen situativen Kontext das Vorhaben eingelagert ist, welche Personengruppen davon profitieren oder betroffen sind und welche Anliegen und Konfliktthemen sie einbringen könnten. Wenn in einer Konferenz von Schulleitung und Kollegium Schulentwicklung zum Thema gemacht wird, dann ist zu bedenken, in welcher aktuellen Situation sich die Schule befindet und welchen Sinn es macht, gerade jetzt ein Projekt Schulentwicklung in Angriff zu nehmen. Befindet sich die Schule in einer Not- oder Umbruchsituation (z. B. drohende Auflösung, immer schwierigeres soziales Umfeld, hoher Anteil an Kindern mit Migrationshintergrund, Auflösung des humanistischen Zweigs an der Schule); gibt es im Kollegium oder bei den Eltern gravierende Kritikpunkte am laufenden Schulbetrieb oder Hinweise auf eine mangelhafte Erfüllung der Bildungs- und Erziehungsaufgaben (z. B. hohe Berufsunzufriedenheit im Kollegium, Gewaltproblematik, hoher Anteil an Absolventen ohne Schulabschluss) oder hat eine Schule den Ehrgeiz, ihr hohes Ansehen weiter zu verbessern. Vor diesem Hintergrund können erste Ideen über eine Verbesserung der Schulqualität und/oder ein (neues) Leitbild der Schule gesammelt werden. Dann ist abzuschätzen, wie Schuladministration, Kommune, Eltern und Schüler/innen auf das Entwicklungsziel reagieren würden, wer ein besonderes Interesse daran haben könnte und welche Widerstände oder Konflikte zu erwarten wären. Am Ende dieser ersten Phase könnte eine Steuergruppe aus

Vertretern/innen der Schulleitung, des Kollegiums, der Eltern und Schüler/innen eingesetzt werden, um diese Überlegungen zusammenzufassen und einen ersten Vorschlag für ein Entwicklungsprojekt zu erarbeiten. Schon während dieser Eingangsphase ist es wichtig, Anliegen, Interessen oder Konfliktthemen aus dem Kollegium und den anderen Beteiligtengruppen sensibel wahrzunehmen und sie bei der Steuerung der weiteren Entwicklungsschritte einzuplanen.

6.3.2 Informationssammlung über die Ausgangslage

Die wichtigste Gruppe der Beteiligten und zugleich der Betroffenen sind die Lehrkräfte, die sowohl die Organisation des Entwicklungsprozesses verantworten und tragen als auch die Umsetzung der einzelnen Entwicklungsmaßnahmen im Schulalltag und im Unterricht realisieren müssen. Deshalb ist es von ausschlaggebender Bedeutung, Informationen über ihre Einschätzung der Ausgangslage, über ihre Vorstellungen einer guten Schule und ihre Überzeugungen und Werthaltungen hinsichtlich der Qualität von Unterricht zu gewinnen. Diskussionen darüber in einer Konferenz des Kollegiums wären uferlos. Es bietet sich daher an, dafür einen wissenschaftlich evaluierten Fragebogen einzusetzen. So muss niemand argumentieren oder sich rechtfertigen, sondern alle können bei der schriftlichen oder Online-Bearbeitung des Fragebogens unbeeinflusst voneinander ihre Einschätzungen zu einzelnen Faktoren von Schul- und Unterrichtsqualität und zur Umsetzung dieser Qualitätsmerkmale an der eigenen Schule abgeben. Genau das leistet der Fragebogen aus dem Konzept WWSE (Wild 2006, S. 213 ff.), der seither an mehreren Hundert Schulen aller Schulformen in mehreren Ländern Europas erfolgreich eingesetzt und weiterentwickelt wurde. Auf der Homepage von WWSE heißt es dazu:

„Wesentliche Elemente von WWSE® sind der empirisch abgesicherte und in mehreren schulart- und schulprofilspezifischen Ausprägungen laufend weiterentwickelte Fragebogen sowie der bausteinartige Ablauf, in dem die Schulen begleitet werden." (http://www.kse.phil.fau.de/wwse Aufruf 04.03.2024)

Ergebnisse aus den Befragungen wurden inzwischen einer Sekundäranalyse unterzogen, um Ansatzpunkte für eine weiter führende interne Schulevaluation zu gewinnen (Pirner u. a. 2019). Der Fragebogen hat sich als ein hervorragendes Beobachtungsinstrument bewährt. Er liefert differenzierte Daten über die Einschätzung der konkreten Schulsituation durch die Lehrkräfte und über deren Vorstellungen von einer guten Schule. Der Fragebogen mit zwei mal 41 Items (in einer ursprünglichen Fassung) zu den Qualitätsmerkmalen einer guten Schule bezieht sich auf die ursprünglich von Rolff (2007) beschriebenen Bereiche von Schulentwicklung: Organisationsentwicklung (10 Single-Items); Unterrichtsentwicklung (12 Single-Items) und Personalentwicklung (19 Single-Items). An Hand dieser Items werden die Lehrkräfte einer Schule mithilfe einer fünfstufigen Bewertungsskala zuerst befragt, wie sie die Realisierung dieser Qualitätsmerkmale an ihrer Schule einschätzen. In einem zweiten Durchgang durch den Fragebogen sollen sie ihre Idealvorstellungen von guter Schule angeben. Zur statistischen Auswertung des Fragebogens werden die anonymisierten Einzelwerte zu den Items der Idealvorstellungen und der Realeinschätzungen zu Mittelwerten zusammengefasst. Für die drei Entwicklungsbereiche werden die Mittelwerte zu den Einschätzungen „ideal" und "real" in Form von Polaritätsprofilen grafisch dargestellt, um Übereinstimmungen und Unterschiede sichtbar zu machen. Die folgenden drei beispielhaft ausgewählten Polaritätsprofile aus einer Sekundarschule zeigen die Unterschiede zwischen Ideal- und Realeinschätzungen der Einzelitems zu den drei Entwicklungsbereichen. Geringe Unterschiede verweisen darauf, dass eine Schule bezüglich der Verwirklichung dieser Qualitätsmerkmale den Idealvorstellungen des Kollegiums relativ nahekommt. Wo zwischen den Ideal- und den Realeinschätzungen die Abstände am größten sind, liegen mögliche Problemfelder der Schule, an denen Entwicklungsmaßnahmen ansetzen könnten. Aber es geht nicht nur um die Identifizierung der großen Abstände zwischen Real- und Ideal-Zustand und darum, genau diese Abstände durch die nächsten Schulentwicklungsmaßnahmen zu verkleinern. Es ist nur wichtig, dass sich die Lehrkräfte (und ggf. weitere Betroffene) mit dem Gesamtbild auseinandersetzen und sich mit dem Wissen um die Mittelwerte und die kollegiale Erörterung darüber einigen, welche (z. B. 6) Items sie am meisten „bewegen", welches die „wesentlichen Aussagenpaare" sind. Es können Aussagenpaare sein, über deren Mittelwerte man sich nun wundert, freut oder ärgert. Man kann z. B. auch Items mit hoher Real-Ideal-Übereinstimmung bzw. mit sehr guter Real-Bewertung für besonders bedeutsam erklären und die nächsten Schulentwicklungsmaßnahmen darauf ausrichten.

Das Polaritätsprofil in Abbildung 13 veranschaulicht die Einschätzung der Lehrkräfte zum Bereich Organisationsentwicklung. Die Merkmale der Organisation einer idealen Schule (Items 62–72) werden überwiegend sehr hoch eingeschätzt (Zustimmungswerte meist über 4,5), während die Organisationsentwicklung an der eigenen Schule geringer eingeschätzt wird. Die Realisierung der Items 2, 6, 11 kommt den Idealvorstellungen der Lehrkräfte ziemlich nahe. Die Items 5, 9, 10 weisen die größten Differenzen zwischen „ideal" und „real" auf. Die Werte zu Item 5 deuten darauf hin, dass das Kollegium eine Überprüfung vereinbarter Ziele nicht regelmäßig durchführt und dies auch nicht als sehr wichtig für eine gute Schulorganisation ansieht. Besonders auffällig sind die großen Diskrepanzen in den Items 9 und 10: Die Lehrkräfte schätzen zwar eine gerechte Aufgabenverteilung im Kollegium sowie klare Kommunikationsstrukturen für eine gute Organisation sehr hoch ein (je 4,79), sehen sie aber an ihrer Schule nur sehr gering realisiert. Hier liegt im Kollegium dieser Schule offensichtlich ein Problem, das im Rahmen von Schulentwicklung früh angegangen und beseitigt werden müsste.

Abbildung 13: Beispiel eines Polaritätsprofils einer Sekundarschule: Einschätzung einer Auswahl von Items zum Bereich Organisationsentwicklung durch die Lehrkräfte (L=Lehrpersonen)

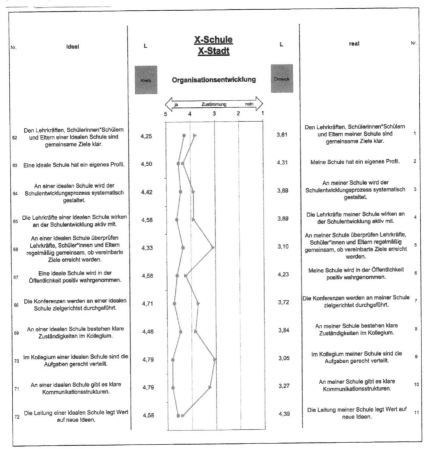

Das zweite Polaritätsprofil aus der gleichen Schule betrifft den Qualitätsbereich Unterrichtsentwicklung. In diesem Profil sind die Ergebnisse aus einer Erstbefragung der Lehrkräfte (L1) und aus einer Zweitbefragung (L2) nach einem Jahr (üblicherweise nach 3–4 Jahren) Schulentwicklung gegenübergestellt. Dabei wird deutlich, dass die Lehrkräfte nach diesem Jahr den Unterricht in allen Merkmalen als besser wahrnehmen. Besonders fällt auf, dass sie nicht nur die Bedeutung der Teamarbeit für die Verbesserung des Unterrichts höher einschätzen (Item 100), sondern auch eine intensivere Zusammenarbeit wahrnehmen (Item 39). Positiv hat sich entwickelt, dass Lehrkräfte mit ihren Schülerinnen und Schülern über den Unterricht sprechen und deren Rückmeldungen eher zur Verbesserung des Unterrichts aufnehmen (Items 50, 51). Allerdings weist das Profil auch auf drei Schwachpunkte in der Unterrichtsentwicklung hin, die sich nach einem Jahr kaum verbessert haben: Die Lehrkräfte halten nicht viel von den Möglichkeiten fächerübergreifender Zusammenhänge im Unterricht sowie von einem methodisch abwechslungsreichen Unterricht. Sie verwirklichen diese Merkmale auch kaum (Items 40; 43). Aus den Einschätzungen zu Item 46 (107) lässt sich schließen, dass die Lehrkräfte eine regelmäßige kritische Bewertung ihrer Erziehungsarbeit als Merkmal guten Unterrichts nicht für wichtig halten und tatsächlich kaum realisieren.

Abbildung 14: Beispiel eines Polaritätsprofils einer Sekundarschule: Einschätzungen der Items zum Bereich Unterrichtsentwicklung im Vergleich einer Erstmessung mit einer Zweitmessung

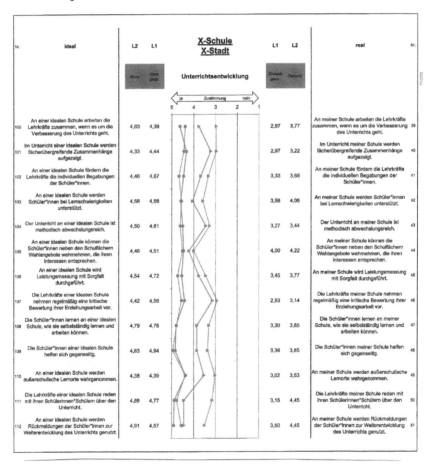

Um die Informationsbasis über die Situation an der Schule noch zu verbreitern und damit die Schulentwicklung auf eine noch besser abgesicherte Grundlage zu stellen, wurden in dem WWSE-Konzept zusätzlich Fragebögen für die

Abbildung 15: Beispiel eines Polaritätsprofils einer Sekundarschule: Einschätzungen ausgewählter Items zum Bereich Personalentwicklung: Einschätzungen der Lehrkräfte (L), Eltern (E) und Schüler (S) im Vergleich

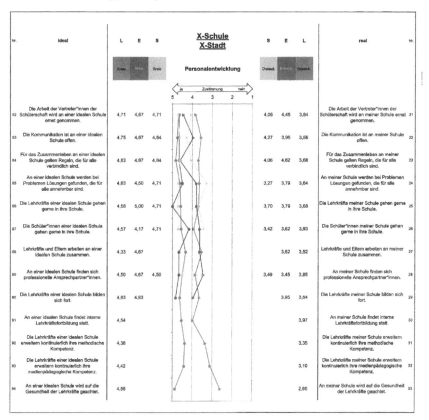

Eltern und Schüler/innen entwickelt und erprobt. Sie beziehen sich auf ausgewählte Items, und die Ergebnisse werden ebenfalls in Form von Polaritätsprofilen präsentiert. Auf diese Weise erfahren Schulleitung und Kollegium, wie wichtige Merkmale ihrer Schule von Eltern und Schüler/innen wahrgenommen werden. Das zeigt das folgende dritte Beispiel eines Polaritätsprofils in Abbildung 15 aus der gleichen Schule, das die Einschätzungen der Lehrkräfte, Eltern und Schüler/innen zu den Qualitätsmerkmalen aus dem Bereich der Personalentwicklung darstellt. Ohne auf die einzelnen Profile im Detail einzugehen, lässt sich feststellen: Die drei Gruppen nehmen die reale Schule durchaus unterschiedlich wahr, stimmen aber den Merkmalen einer idealen Schule einheitlich hoch zu. Bei den Eltern fallen die hohen Zustimmungswerte zu den Items 88, 89 und die niedrigen zu den Items 27, 28 auf, die darauf hindeuten, dass die Eltern eine gute Kooperation mit den Lehrkräften für wichtig halten, diese aber an der Schule nicht zufriedenstellend verwirklicht sehen. Die Schüler/innen bemängeln vor allem, dass bei Problemen an der Schule keine für alle annehmbaren Lösungen gefunden werden (Item 24), während sie die Realisierung der Items 21, 22, 23 als besser ansehen als die Lehrkräfte. Die größte Diskrepanz zwischen „ideal" und „real" in diesem Profil besteht in der Einschätzung der Lehrkräfte hinsichtlich der Wertschätzung ihrer Gesundheit (Items 94 und 33), die ihnen besonders wichtig ist, aber im Schulalltag zu wenig beachtet wird. In der Zusammenschau mit den Wahrnehmungen aus den Items 10 und 11 im ersten Polaritätsprofil lässt das vermuten, dass einige Mitglieder des Kollegiums sich überlastet fühlen.

Die Fragebogenergebnisse liefern damit wertvolle Informationen über Stärken und Schwächen der Schule aus der Perspektive der Beteiligten und Betroffenen, die in dieser Differenziertheit und Klarheit sonst nie zu bekommen wären. Entscheidend ist, dass über Stärken und Schwächen der Schule auf dieser „objektiven" Grundlage evidenzbasierter Daten im Kollegium viel offener diskutiert werden kann, ohne dass sich einzelne Lehrkräfte persönlich betroffen oder angegriffen fühlen müssen. Auf dieser Basis können geeignete Maßnahmen ausgehandelt und beschlossen werden, um die Schulqualität zu halten und zu verbessern.

6.3.3 Informationseinspeisung, Zielvereinbarungen und Projektplanung

Der Fragebogen ist in das Dienstleistungspaket einer „Wahrnehmungs- und werteorientierten Schulentwicklung (WWSE) eingebunden, das am Kompetenzzentrum für Schulentwicklung der Universität Erlangen-Nürnberg angesiedelt ist. Dort können die aktuellen schulartspezifischen Fragebögen sowie Informationen über Einsatz und Kosten sowie über Beratung und Begleitung während der Umsetzung angefordert werden: www.kse.phil.fau.de/wwse (Aufruf 04.03.2024)

Die Schulen erhalten beim Einsatz und der Auswertung des Fragebogens sowie bei der Rückmeldung der Ergebnisse an das Kollegium professionelle Beratung und Begleitung durch speziell ausgebildete Moderatoren. Die Kosten sind für jede Schule erschwinglich. Entscheidend ist, dass sich die Befragung, sowohl hinsichtlich der Inhalte als auch der Darstellung der Beobachtungsergebnisse, genau in den Ablauf der responsiven Evaluation einfügt. Wenn eine Schule an WWSE teilnimmt, werden die Ergebnisse der Befragung den Schulen nicht einfach zugeschickt, sondern die Auswertungen werden durch ausgebildete Moderatoren dem Kollegium vorgestellt. Anschließend werden in kollegialen Kleingruppen an Hand der vorgelegten Polaritätsprofile die Untersuchungsergebnisse diskutiert, gewichtet und danach im gesamten Kollegium nach ihrer Bedeutsamkeit für den weiteren Schulentwicklungsweg bewertet. Werden auch die Schüler/innen und Eltern befragt, können die Befragungsergebnisse auf die gleiche Weise mit der Vertretung der Lehrkräfte, Eltern und Schüler/innen diskutiert und gewichtet werden. Die Beurteilungen und Gewichtungen der Resultate geben Schulleitung, Kollegium, Schüler/innenvertretung und Elternvertretung wichtige Hinweise für eine gemeinsam verantwortete weitere Schulentwicklungsarbeit. Daraufhin können sich die Lehrkräfte unter Beteiligung von Schüler/innen- und Elternvertretung entscheiden, in welchen Problemfeldern sie an der Planung und Umsetzung einzelner Entwicklungsmaßnahmen mitarbeiten wollen. Zum Schluss muss ein Zeitrahmen vereinbart werden, innerhalb dessen die Arbeitsgruppen ihre Projekte konzipieren, um sie dann im Kollegium vorzustellen und zur Umsetzung zu verabschieden.

6.3.4 Umsetzung der Entwicklungsmaßnahmen in Teams

Dieser Entwicklungsschritt hängt nun von den konkreten Entscheidungen an jeder einzelnen Schule ab. Wichtig ist, dass die Teams die Entwicklungsmaßnahmen für den übernommenen Problembereich in eigener Verantwortung planen können. Das Team braucht einen Handlungsspielraum, um sich zusammenzufinden, eigene Vorstelllungen zu entwickeln, Materialien, Methoden und Programme für diese Thematik zu recherchieren und für die eigene Umsetzung auf der Grundlage erster Erprobungen zu präzisieren. Wenn für diese Phase ein längerer Zeitraum vorgesehen ist, kann es sinnvoll sein, die endgültige Planung im Kollegium und in den weiteren schulischen Gremien vorzustellen, zu diskutieren und die Möglichkeiten, Anforderungen und Konsequenzen für eine Umsetzung in der ganzen Schule zu erörtern und entsprechende Vereinbarungen zu treffen.

6.3.5 Dokumentation und Evaluation der Entwicklungsmaßnahmen

In diesem Entwicklungsschritt vollziehen sich meines Erachtens die wichtigsten Lernprozesse im sozialen System. Sie beruhen darauf, dass sich die Lehrkräfte in den Arbeitsgruppen öffnen, gemeinsam Projektaktivitäten vorbereiten, ihre Erfahrungen bei der Umsetzung der Maßnahmen austauschen, sich gegenseitig während der Arbeit beobachten und korrigieren, die Arbeitsergebnisse dokumentieren und gemeinsam reflektieren. Wenn die Erfahrungen und Projektergebnisse im Gesamtkollegium vorgetragen und mit Blick auf die vereinbarten Projektziele gemeinsam kritisch reflektiert werden, gewinnt das soziale System Schule an Wissen. Auf dieser Grundlage können Schulleitung und Kollegium gemeinsam mit Schüler/innen und Eltern eine neue Gesamteinschätzung der Schulqualität vornehmen und bewerten, wie sich durch die Entwicklungsmaßnahmen die Schule verändert hat, was verbessert werden konnte, wo noch Schwierigkeiten bestehen und ob neue Probleme aufgetaucht sind.

Diese Zwischenevaluation ist der Ausgangspunkt für neue Zielsetzungen und Vereinbarungen über die nächsten Entwicklungsschritte. Dann können die fünf

Phasen des Entwicklungsprozesses erneut durchlaufen werden. Wenn Schulleitung und Kollegium Klarheit über die erzielten Fortschritte haben möchten, können Fragebogen und Moderationsverfahren von WWSE nach einem oder zwei bis drei Jahren erneut eingesetzt und für die Weiterführung des Entwicklungsprozesses genutzt werden.

6.4 Begleitung und Unterstützung des Schulentwicklungsprozesses

Zielgerichtete Schulentwicklung als fortlaufender Prozess struktureller Transformationen ist vielschichtig und komplex, schwer zu steuern und zu kontrollieren. Und sie steht im Augenblick vor unvorstellbaren und nicht vorhersehbaren Aufgaben. Gerade die Entwicklungen im Bereich der "künstlichen Intelligenz" werden in einer besonders herausfordernden Weise die Lebenswirklichkeit der nachwachsenden Generationen prägen (Nida-Rümelin, Weidenfeld 2018, S. 150 ff.). Mediale Realitäten werden die Fähigkeiten im sinnlichen Wahrnehmungsbereich so infrage stellen, dass gewohnte Wirklichkeitsbereiche bis zur Unkenntlichkeit verschwimmen und es für Individuen unter Umständen kaum oder nicht mehr möglich sein wird, die Authentizität von medial inszenierten Stimmen, Bildern, Menschen vom primären Wirklichkeitsbereich, also vom eigenen Erleben zu unterscheiden. Dies könnte anthropologisch gewachsene und internalisierte Gewissheiten in einem bisher nie gekannten Ausmaß auflösen und die Grundfesten menschlicher Wahrnehmungsfähigkeit und des menschlichen Daseins überhaupt fundamental erschüttern.

In dieser schwierigen Situation ist es sinnvoll und unerlässlich, dass sich eine Schule für ihr Entwicklungsvorhaben fachliche Expertise über den Moderationsprozess im Rahmen von WWSE hinaus in Form einer kontinuierlichen Begleitung und externen Unterstützung sichert. Drei Problemfelder sind dabei zu beachten. Zu allererst brauchen die Schulen Unterstützung bei der Entscheidung für einen Entwicklungsprozess, bei der Zielfindung und bei den ersten Schritten in diesem Prozess. Eine zweite Herausforderung liegt darin, eine kontinuierliche fachliche Begleitung bei organisatorischen oder pädagogischen Problemen im Entwicklungsprozess zu organisieren. Schließlich kommt es bei einer zielgerichteten Entwicklung darauf an, die Schulen methodisch bei der Reflexion und Evaluation der einzelnen Entwicklungsschritte und damit bei der Steuerung dieses langwierigen Prozesses zu unterstützen. Dazu im Folgenden einige Hinweise.

6.4.1 Hilfen zur Entscheidung für einen Entwicklungsprozess

In der Phase der Entscheidung der Schulen für einen zielgerichteten Entwicklungsprozess stellen sich folgende Fragen:

- Wie kommt es am Anfang zu einer Initialzündung im Kollegium, die andere mitreißt und einen Prozess in Gang bringt?
- Wie lassen sich anfängliche Ängste der Lehrkräfte vor Mehrbelastungen überwinden? Wie können sie davon überzeugt werden, dass nach einer Phase der Mehrarbeit auch Entlastungen und sogar größere Sicherheit und Zufriedenheit im professionellen Handeln zu erwarten sind?
- Wie ist es möglich, die an der Schule bereits bestehenden unterschiedlichen Aktivitäten, Projekte oder Programme für einen Prozess der Schulentwicklung zu nutzen?
- Wie ist es möglich, in allen Entwicklungsphasen auch Schüler/innen und Eltern mit einzubeziehen?

Persönliche Begegnungen bei Hospitationen an Schulen, die einen Entwicklungsprozess erfolgreich hinter sich gebracht haben, können Schulleitungen oder Lehrkräften helfen, Vorbehalte, Hemmnisse oder Ängste zu überwinden. Dabei käme es darauf an, dass Kollegium und Schulleitung, Schüler/innen und Eltern die Bedeutung einer Entwicklung und Qualitätssicherung ihrer Schule erkennen und von deren Notwendigkeit überzeugt werden. Preisträgerschulen des Deutschen Schulpreises der Robert Bosch Stiftung können darüber berichten, welche Faktoren und Umstände bei ihnen dazu geführt haben, Schulentwicklung als Lösung für die spezifische Problemsituation an ihrer Schule zu erkennen und zu akzeptieren, und welchen Gewinn und welche Erfolge ihnen der Entwicklungsprozess gebracht hat. Erfahrene Lehrkräfte oder Schulleiter/innen aus diesen Schulen können den Kollegen/innen eine klare Vorstellung von den Qualitätsmerkmalen einer guten Schule vermitteln und sie davon überzeugen, dass diese Entwicklungsziele geeignet sind, den aktuellen Herausforderungen auch an ihrer Schule zu begegnen.

Als Voraussetzung für eine kontinuierliche Begleitung brauchen die Schulen Hilfe bei einer grundlegenden Bestandsaufnahme, bei einer Analyse des Entwicklungsstandes, ihrer Stärken und Schwächen, Bedürfnisse und Probleme sowie bei der Festlegung der Entwicklungsziele, wie das bereits beschriebene Konzept der „Wahrnehmungs- und werteorientierten Schulentwicklung" (WWSE) sie bietet. Zu Beginn müssten die Schulen eine Vorstellung davon bekommen, was Schulentwicklung als Prozess fortlaufender struktureller Transformationen bedeutet, wie ein solcher Prozess gesteuert, kontrolliert und evaluiert werden kann und welche Herausforderungen damit für Schulleitung und Kollegium verbunden sind.

Schulen, die bereits erste Entwicklungsschritte zurückgelegt haben, sind dann auf offene Beratungs- und Fortbildungsangebote angewiesen, aus denen sie selbst auswählen können, um bestimmte Teilziele anzugehen und anstehende Aufgaben zu bewältigen. Nach allen bisherigen Erfahrungen sind jedoch die üblichen, punktuellen themenzentrierten Fortbildungen wenig effektiv. Für eine kontinuierliche fachliche Begleitung der Schulen eignen sich längerfristige Fortbildungsformen nach dem Blended-Learning-Modell. Als methodische Grundlage könnte das von mir für die Lehrerfortbildung ausgearbeitete Modell zur „Nachhaltigkeit des Lernens in virtuellen Kontexten" dienen (Spanhel 2006). In der pädagogischer Aus- und Fortbildung wird selten die Notwendigkeit zur Reflexion des eigenen beruflichen Handelns thematisiert, obwohl sie ein wesentliches Merkmal des professionellen Handelns von Lehrkräften darstellt. Insbesondere müssten Fortbildungen aufzeigen, wie der Aufbau eines professionellen Selbst bei Lehrkräften unterstützt werden könnte, die sich neu auf einen Prozess der Schulentwicklung einlassen wollen.

6.4.2 Unterstützung für die Lehrkräfte

Der Entwicklungsprozess stellt Kollegien und Schulleitungen immer wieder vor neue Herausforderungen und löst große Vorbehalte und Ängste aus. Für die Lehrkräfte ist daher eine kontinuierliche Unterstützung bei der kritischen Reflexion ihrer Arbeit außerordentlich wichtig. Um Konflikte, persönliche Angriffe oder Kränkungen zu vermeiden, sollten möglichst objektive, wissenschaftlich begründete Evaluationsverfahren eingesetzt werden, die Reflexionsprozesse in den Arbeitsteams anregen können. Ergebnisse aus der Sekundäranalyse der WWSE-Daten zeigen, dass viele Lehrkräfte offenbar nicht bereit oder nicht in der Lage sind, eine kontinuierliche Reflexion ihrer Arbeit vorzunehmen, weder auf der Ebene des eigenen Unterrichts noch auf der Ebene der Schule. Lehrkräfte sind meist Einzelkämpfer, denen es schwerfällt, eigene Schwächen oder Fehler gegenüber Kollegen/innen, Schulleitung oder gar Eltern zuzugestehen. Hinzu kommt, dass viele Eltern auf Grund eigener Unsicherheiten in ihrem Erziehungsverhalten nach Ursachen für Lern- und Erziehungsschwierigkeiten ihrer Kinder bei den Lehrkräften suchen. Diese fühlen sich in ihrer Eigenverantwortung für Unterricht und Erziehung häufig allein gelassen, weil es an vielen (den meisten?!) Schulen weder eine Absprache über ein gemeinsames Erziehungskonzept noch Vereinbarungen über ein für das vertiefte Lernen förderliches, gemeinsam vereinbartes Unterrichtskonzept gibt.

Die Weiterentwicklung und kritische Reflexion des professionellen Selbst der Lehrpersonen und Schulleitungen ist ein entscheidender Steuerungsfaktor im Prozess der Schulentwicklung. Gleichzeitig stellt eine wirksame Unterstützung und Stärkung des professionellen Selbst von außen eine der schwierigsten Aufgaben einer wissenschaftlichen Begleitung dar. Einer standardisierten professionellen Ausbildung und Fortbildung der Lehrkräfte kommt daher für die

Zukunft unserer Schulen eine herausragende Bedeutung zu, ohne die langfristig auch der eklatante Lehrermangel nicht überwunden werden kann. Weder in der universitären Ausbildung noch im Referendariat werden die Lehrkräfte darauf vorbereitet oder darin eingeübt, im Team zu arbeiten und gemeinsam die eigene Arbeit kritisch zu hinterfragen und alternative, wissenschaftlich fundierte Handlungskonzepte gemeinsam zu erarbeiten, zu erproben, zu überprüfen und zu korrigieren. Die hohen beruflichen Belastungen angesichts der tief greifenden Veränderungen bergen für Lehrkräfte außerdem die Gefahr der Überlastung und psychischer Probleme, die die notwendige Kooperations- und Reflexionsfähigkeit beeinträchtigen. Diese Hürden für gelingende Schulentwicklung müssten dringend durch eine grundlegende Reform der Lehrkräfteausbildung an den Universitäten und in der zweiten Ausbildungsphase sowie durch neue Methoden einer nachhaltigen Fortbildung beseitigt werden.

6.4.3 Externe Unterstützung

Zu Beginn der Arbeit habe ich darauf hingewiesen, dass Schule als soziales System nicht ohne die vielfältigen Verflechtungen mit relevanten Umweltsystemen zu denken ist. Schulentwicklung kann daher nur erfolgreich sein, wenn die Schule bei ihren Bemühungen um Abstimmungsprozesse mit den Systemen in ihrem Umfeld von diesen positive Signale und wirksame Hilfen erhält. Das betrifft die Schuladministration, das Bildungssystem, Elternschaft und die Kommune als Sachaufwandsträger, mit denen eine Schule in allen Phasen des Entwicklungsprozesses in engen Austauschbeziehungen steht. Schulleitung und Kollegium müssen diese Systeme als Partner betrachten und sie schon zu Beginn über die Absicht eines Entwicklungsvorhabens informieren. Sie müssten sich selbst frühzeitig klar darüber werden, welche Auswirkungen der Entwicklungsprozess auf die einzelnen Partner haben könnte. In den Abstimmungsprozessen geht es dann darum, gegenseitige Erwartungen auszutauschen und zu Übereinkünften zu kommen. Für einen Erfolg versprechenden Entwicklungsprozess ist die Schule letztlich auf aktive Unterstützung oder Zustimmung von allen Partnern angewiesen. Deshalb ist es wichtig, von Anfang an in einem offenen und vertrauensvollen Kommunikationsprozess alle Anliegen, Wünsche, Konfliktthemen und zu erwartende Schwierigkeiten zu thematisieren und gemeinsam nach Lösungen zu suchen. Dafür muss die Schule die Entwicklungsziele, Arbeitsschritte und Maßnahmen fortlaufend in diesen Abstimmungsprozess einbringen.

Angesichts der steigenden Anforderungen an das Bildungssystem und auch an jede Schule (z. B. Inklusion, soziale Gerechtigkeit, Demokratie und insbesondere künstliche Intelligenz) sind alle Bemühungen um Schulentwicklung und Qualitätsverbesserung der einzelnen Schulen unabdingbar. Sie werden aber langfristig nicht erfolgreich und nachhaltig sein, wenn nicht das gesamte Schul-

und Bildungssystem, in das die Schulen integriert sind, ebenfalls seine Ziele und Funktionen auf die neuen Herausforderungen umstellt. Dazu müssen die für Bildung und Schulen Verantwortlichen auf allen politischen Ebenen umdenken, die Bedeutung der Schulen für den künftigen Zusammenhalt in einer demokratischen Gesellschaft erkennen, die notwenigen Reformmaßnahmen unverzüglich einleiten und die einzelnen Schulen bei ihren Entwicklungsbemühungen in jeder Weise unterstützen.

Literatur

Ahl, K. (2020): Schule verändern – jetzt! Wegweisende Antworten auf drängende Fragen. Hannover. Klett, Kallmeyer.

Allemann-Ghionda, C. (1997): Interkulturelle Bildung. In: R. Fatke (Hrsg.): Forschungs- und Handlungsfelder der Pädagogik. ZfPäd, 36. Beiheft, Weinheim. Beltz, S. 107–150.

Altrichter, H., Moosbrugger, R. & Zuber, J. (2016): Schul- und Unterrichtsentwicklung durch Datenrückmeldung. In: H. Altrichter & K. Maag-Merkl (Hrsg.). Handbuch Neue Steuerung im Schulsystem (2. Aufl., S. 235–277). Wiesbaden: Springer VS.

Balser, H. (1993): Systemische Problembewältigung. Wetzlar. GWAB.

Bateson, G. (1990a): Natur und Geist. Eine notwendige Einheit. Frankfurt/a. M., 2.Aufl. Suhrkamp.

Bateson, G. (1990b): Ökologie des Geistes. Frankfurt/a. M., 3. Aufl. Suhrkamp.

Baumert, J., Klieme, E., Neubrand, M., Prenzel, M., Schiefele, U., Schneider, W., Stanat, P., Tillmann, J. & Weiß, M. (Hrsg.) (2001): PISA 2000. Basiskompetenzen von Schülerinnen und Schülern im internationalen Vergleich. Opladen. Leske, Budrich.

Bauer, K.-O. (1998): Pädagogisches Handlungsrepertoire und professionelles Selbst von Lehrerinnen und Lehrern. In: ZfPäd. (44. Jg.), S. 343–359.

Bauer, K.-O. (2008): Lehrerinteraktion und Kooperation. In: Helsper, W., Böhme, J. (Hrsg.): Handbuch der Schulforschung. Wiesbaden. VS. S. 839–856.

Baumert, J. & Kunter, M. (2006): Stichwort: Professionelle Kompetenz von Lehrkräften. Zeitschrift für Erziehungswissenschaft, 9(4), S. 469–520.

Baumgartner, I., Häfele, W., Schwarz, M. & Sohm, K. (1995): OE-Prozesse. Die Prinzipien systemischer Organisationsentwicklung. Bern, Stuttgart. Haupt.

Beutel, W., Fauser, P. (Hrsg.) (2009): Demokratie, Lernqualität und Schulentwicklung. Schwalbach / Ts. Wochenschau.

Bohl, T., Schelle, C., & Helsper, W. (Hrsg.) (2010): Handbuch Schulentwicklung. Theorie – Forschungsbefunde – Entwicklungsprozesse – Methodenrepertoire. Bad Heilbrunn. Klinkhardt.

Boldt, H. (2014): Räume, Zeit und Menschen mit Gestaltungskraft. Was hat das Klima einer Schule im Aufbau geprägt? In: Pädagogik, 7–8. Weinheim, S. 66–69.

Bollnow, O. F. (1947): Einfache Sittlichkeit. Göttingen. Vandenhoeck, Ruprecht.

Bollnow, O. F. (1966): Sprache und Erziehung. Stuttgart. Kohlhammer.

Bos, W., Lankes, E.-M., Prenzel, M., Schwippert, K., Valtin, R. & Walther, G. (Hrsg.) (2004): IGLU. Einige Länder der Bundesrepublik Deutschland im nationalen und internationalen Vergleich. Münster. Waxmann.

Bruner, J. (1996): The Culture of Education. Cambridge, Mass., London.

Budde, J. (Hrsg.). Unscharfe Einsätze: (Re-)Produktion von Heterogenität im schulischen Feld. Wiesbaden VS..

Buer, J. von, Wagner, C. (Hrsg.) (2007): Qualität von Schule. Ein kritisches Handbuch. Frankfurt/a. M. Peter Lang.

Büeler, X. (1994): System Erziehung. Ein bio-psycho-soziales Modell. Bern, Stuttgart. Haupt.

Bundesministerium für Bildung und Forschung (BMBF) (Hrsg.) (2016): Steuerung im Bildungssystem – Implementation und Wirkung neuer Steuerungsinstrumente im Schulwesen. Berlin. BMBF.

Damasio, A. R. (1994): Descartes Irrtum. Fühlen, Denken und das menschliche Gehirn. München. Hanser.

Damasio, A. R. (2021): Wie wir denken, wie wir fühlen. Die Ursprünge unseres Bewusstseins. München. Hanser.

Deci, E. L. & Ryan, R. M. (1993): Die Selbstbestimmungstheorie der Motivation und ihre Bedeutung für die Pädagogik. In: Zeitschrift für Pädagogik, 39 (2), S. 223–238.

Dignath, C., Fischer A. (2023): Die Rolle der Lehrkraft im Kontext von Selbstregulation beim Lernen. In: McElvany, N., Grecu, A., L., Lorenz, R., Becker, M., Dignath, C., Gaspard, H., Lauermann, F. (Hrsg.): Jahrbuch der Schulentwicklung Band 23. 50 Jahre Schulentwicklung – Leitthemen der empirischen Bildungsforschung. Weinheim, Basel. Beltz, Juventa, S. 291–314.

Doll, J., Prenzel. M. (Hrsg.)(2004): Bildungsqualität von Schule. Lehrerprofessionalisierung, Unterrichtsentwicklung und Schülerförderung als Strategien der Qualitätsverbesserung. Münster. Waxmann.

Eder, F. (2010): Schul- und Klassenklima. In: D. H. Rost (Hrsg.), Handwörterbuch Pädagogische Psychologie (4. Auflage). Weinheim. Beltz, S. 694–703.

Eikenbusch, G. (2016): Können Schulen lernen? Sie müssen! In: Beutel, S.-I. u. a. (Hrsg.) (2016): Handbuch Gute Schule. Seelze. Klett, Kallmeyer, S. 144–155.

Ellinger, S., Hechler, O. (2021): Entwicklungspädagogik. Erzieherisches Sehen, Denken und Handeln im Lebenslauf. Stuttgart. Kohlhammer.

Faßler, M. (2014): Das Soziale. Entstehung und Zukunft menschlicher Selbstorganisation. Paderborn. Fink.

Feldstein, M., Hill. P. (2016): Personalised Learning. What It Really Is and Why It Really Matters (Personalisiertes Lernen. Was es wirklich bedeutet und warum es so wichtig ist). https//library.educause.edu/-/media/files/library/2016/1/elib1601-pdf.pdf (Aufruf 04.03.20244)

Fend, H. (1998): Qualität im Bildungswesen. Weinheim, München. Juventa.

Fend, H. (2009): Neue Theorie der Schule. Einführung in das Verstehen von Bildungssystemen (2., durchges. Aufl). Wiesbaden. VS.

Fend, H. (2008a): Neue Theorie der Schule. 2. Auflage. Wiesbaden. VS.

Fend, H. (2008b): Schule gestalten. Systemsteuerung, Schulentwicklung und Unterrichtsqualität. Wiesbaden. VS.

Fetz, R. L. (1988): Struktur und Genese. Piagets Transformation der Philosophie. Bern, Stuttgart. Haupt.

Fullan, M. (2014): The Principal. Hoboken.

Gerecht, M. (2010): Schul- und Unterrichtsqualität und ihre erzieherischen Wirkungen. Eine Sekundäranalyse, auf der Grundlage der Pädagogischen Entwicklungsbilanzen. Münster. Waxmann.

Goffman, E. (1989): Rahmen-Analyse. Ein Versuch über die Organisation von Alltagserfahrungen. Frankfurt/a. M., 2. Aufl. Suhrkamp.

Gröhlich C: (2012): Bildungsqualität. Strukturen und Prozesse in Schule und Unterricht und ihre Bedeutung für den Kompetenzerwerb. Münster. Waxmann.

Groff, J. S. (2017): Personalised Learning. The State of the Field & Future Directions (Personalisiertes Lernen. Aktueller Stand und zukünftige Entwicklungen). Boston: Center for Curriculum Redesign. https://dam-prod.media.mit.edu/x/2017/04/26/PersonalizedLearning_CCR_April2017.pdf (Aufruf 04.03.2024)

Grzesik, J. (1998): Was kann und soll Erziehung bewirken? Münster. Waxmann.

Häcker, T. & Walm, M. (2015): Inklusion als Entwicklung – Einleitung. In: Häcker & M. Walm (Hrsg.), Inklusion als Entwicklung. Konsequenzen für Schule und Lehrerbildung (S. 11–24). Bad Heilbrunn/Obb. Klinkhardt.

Hahn, S., Asdonk, J., Pauli, D. & Zenke, C. T. (Hrsg.) (2015): Differenz erleben – Gesellschaft gestalten. Demokratiepädagogik in der Schule, Schwalbach/Ts.: Wochenschau.

Hargreaves, A., O'Connor, M. (2018): Collaborative Professionalism. When Teaching Together Means Learning for All". 1st. Thousand Oaks. Corwin.

Hattie, J. (2014): Lernen sichtbar machen (2., korr. Aufl.). Baltmannsweiler, Hohengehren. Schneider.

Helmke, A. (2014): Unterrichtsqualität und Lehrerprofessionalität. Diagnose, Evaluation und Verbesserung des Unterrichts (5., überarb. Aufl.). Seelze. Klett, Kallmeyer.

Hermanns, A. (1995): Erziehungswissenschaft. Einführung in die Grundstruktur es Fachs. Stuttgart, Dresden. Klett.

Hiller, G. G. (1973): Konstruktive Didaktik. Düsseldorf. Schwann.

Hiller-Ketterer, J., Hiller G. G. (1974):, Unterricht über Unterricht und pädagogische Verständigung. In: Bildung und Erziehung, 27. Jg. (1974), S. 268–276.

Hofmann, F. (2020): Authentisches und kontextsensibles Lehrerinnen- und Lehrerhandeln. Das Selbst als Quelle und Ziel pädagogischen Tuns. Weinheim. Beltz, Juventa.

Holmes, W., Anastopoulou, S., Schaumburg, H. & Mavrikis, M. (2018): Personalisiertes Lernen mit digitalen Medien. Ein roter Faden. Stuttgart. Robert Bosch Stiftung.

Huber, S. G. (2016): Schulentwicklung beraten, steuern kontrollieren. In: Pädagogik, 5, S. 40–44.

Hüther, G. (2016): Mit Freude lernen – ein Leben lang. Weshalb wir ein neues Verständnis von Lernen brauchen. Göttingen. Vandenhoeck, Ruprecht.

Huschke-Rhein, R. (1989): Systemische Pädagogik. Systemtheorien für die Pädagogik, Bd. 3, Köln. Rhein-Verlag.

Jonas, H. (1979): Das Prinzip Verantwortung. Versuch einer Ethik für die technologische Zivilisation. Frankfurt/a. M. Suhrkamp.

Juranek, M. (2019): Eigenverantwortlich – selbstständig – autonom. Was wir aus einem Rechtsvergleich hinsichtlich schulischer Entscheidungsfreiräume lernen können. Aus: Rauscher, Erwin; Wiesner, Christian; Paasch, Daniel; Heißenberger, Petra (Hrsg.) (2019). Schulautonomie – Perspektiven in Europa. Befunde aus dem EU-Projekt INNOVITAS, Seite 21 ff. https://www.waxmann.com/?eID=texte&pdf=3940Volltext.pdf&typ=zusatztext (Aufruf 03.04.2024)

Kaltwasser, V. (2016): Praxisbuch Achtsamkeit in der Schule. Selbstregulation und Beziehungsfähigkeit als Basis von Bildung. Weinheim, Basel. Beltz.

Kerres, M. (2001): Multimediale und telemediale Lernumgebungen. Konzeption und Entwicklung. 2. vollständig überarb. Aufl., München, Wien. Oldenbourg.

Keupp, H., Höfer, R. (Hrsg.)(1997): Identitätsarbeit heute. Frankfurt/a. M. Suhrkamp.

Klemm, K. (2020): Inklusion in Deutschlands Schulen. Entwicklungen – Erfahrungen – Erwartungen. Weinheim. Beltz Juventa.

Klopsch, B. & Sliwka, A. (2021): Kooperative Professionalität: Internationale Ansätze der ko-konstruktiven Unterrichtsentwicklung. Weinheim. Beltz Juventa.

KMK (Kultusministerkonferenz) (2012): Medienbildung in der Schule. https://www.kmk.org/fileadmin/Dateien/veröffentlichungen_beschluesse/2012/2012_03_08_Medienbildung.pdf (Aufruf 04.03.2024).

KMK (Kultusministerkonferenz)(2017): Bildung in der digitalen Welt. https://www.kmk.org/fileadmin/Dateien/veröffentlichungen_beschluesse/2016/2016_12_08-Bildung-in-der-digitalen-Welt.pdf (Aufruf 04.03.2024)

Koerrenz, R., Berkemeyer, N. (Hrsg.) (2020): System Schule auf dem Prüfstand. Weinheim. Beltz, Juventa.

Krapp, A., Ryan, R. M. (2002): Selbstwirksamkeit und Lernmotivation. Zeitschrift für Pädagogik, 44 (Beiheft), S. 54–82.

Krappmann, L. & Petry, C. (Hrsg.) (2016): Worauf Kinder und Jugendliche ein Recht haben. Kinderrechte, Demokratie und Schule: Ein Manifest. Schwalbach/Ts. Wochenschau.

Küng, H. (1990): Projekt Weltethos. München, Zürich. Piper.

Küng, H., Kuschel K.-J. (Hrsg.) (1996): Erklärung zum Weltethos. München. Zürich. Piper.

Langenohl, A. (2008): Die Schule als Organisation. In: Willems, H. (Hrsg.): Lehr(er)buch Soziologie. Für die pädagogischen und soziologischen Studiengänge. Band 2. Wiesbaden. VS. S. 817–833.

Lindemann, H. (2006): Konstruktivismus und Pädagogik. Grundlagen, Modell, Wege zur Praxis. München, Basel.

Lipowsky, F. (2016): Unterricht entwickeln und Lehrpersonen professionalisieren. In: Pädagogik, 1, S. 76–79.

Luhmann, N. (2014): Vertrauen. Ein Mechanismus zur Reduktion sozialer Komplexität. 5. Aufl. Frankfurt/a. M. Suhrkamp.

Luhmann, N. (2004): Schriften zur Pädagogik. Erziehender Unterricht als Interaktionssystem (1985). Frankfurt/a. M. Suhrkamp, S. 11–22.

Luhmann, N. (1991): Soziale Systeme. Grundriß einer allgemeinen Theorie. Frankfurt/a. M., 4. Aufl. Suhrkamp.

Luhmann, N., Schorr, K. E. (Hrsg.) (1996): Zwischen System und Umwelt. Fragen an die Pädagogik. Frankfurt/a. M. Suhrkamp.

Maag-Merkl, K. (2016): Unterrichtsentwicklung als zentrales Element von Schulentwicklung. In: Pädagogik 1, S. 44–47.

Mandl, H., Gruber, H., Renkl, A. (2002): Situiertes Lernen in multimedialen Lernumgebungen. In: Issing, L. J., Klimsa, P. (Hrsg.): Information und Lernen mit Multimedia und Internet. Weinheim (3. vollst. überarb. Aufl.). Beltz, S. 138–148.

Maturana, H. (1985): Erkennen. Die Organisation und Verkörperung von Wirklichkeit. 2. Aufl. Braunschweig, Wiesbaden. Vieweg.

Maturana, H., Varela, F. (1991): Der Baum der Erkenntnis. Die biologischen Wurzeln menschlichen Erkennens. 2. Aufl. Bern. Scherz, Goldmann.

McGregor, N. (2018): Leben mit den Göttern. München. Beck.

McElvany, N., Grecu, A., L., Lorenz, R., Becker, M., Dignath, C., Gaspard, H., Lauermann, F. (Hrsg.) (2023): Jahrbuch der Schulentwicklung Band 23. 50 Jahre Schulentwicklung – Leitthemen der empirischen Bildungsforschung. Weinheim, Basel. Beltz, Juventa.

Meder, N. (1987): Der Sprachspieler. Der postmoderne Mensch oder das Bildungsideal im Zeitalter der neuen Technologien. Köln. Janus Presse.

Merkens, H. (2006): Pädagogische Institutionen. Pädagogisches Handeln im Spannungsfeld von Individualisierung und Organisation. Wiesbaden. VS.

Miller, M. (1986): Kollektive Lernprozesse. Studien zur Grundlegung einer soziologischen Lerntheorie. Frankfurt/a. M.: Suhrkamp.

Ministerium für Schule und Weiterbildung des Landes Nordrhein-Westfalen (Hrsg.)(2015): Referenzrahmen Schulqualität Nordrhein-Westfalen (Schule in NRW, Nr. 9051) Düsseldorf. Ministerium für Schule und Weiterbildung des Landes Nordrhein-Westfalen.

Nassehi, A. (2019): Muster. Theorie der digitalen Gesellschaft. München. Beck.

Nida-Rümelin, J., Weidenfeld, N. (2018): Digitaler Humanismus. Eine Ethik für das Zeitalter der Künstlichen Intelligenz. 4. Aufl. München. Piper, S. 150–163.

Omer, H., Haller, R. (2019): Raus aus der Ohnmacht. Das Konzept Neue Autorität für die schulische Praxis. Göttingen. Vandenhoeck.

Pant, A., Stanat, P., Schroeders, U., Roppelt, A., Siegle, T. & Pöhlmann, C. (Hrsg.). IQB-Ländervergleich 2012. Mathematische und naturwissenschaftliche Kompetenzen am Ende der Sekundarstufe I. Münster. Waxmann.

Piaget, J. (1973): Einführung in die genetische Erkenntnistheorie. Frankfurt/a. M. Suhrkamp.

Piaget, J. (1981): Jean Piaget über Jean Piaget. Sein Werk aus seiner Sicht. München. Kindler.

Pirner, M. L., Spanhel, D., Wild, K., Gläser-Zikuda, M. (2019): Fokusmuster interner Schulevaluation – eine Sekundäranalyse empirischer Schulevaluationsdaten. Schulpädagogische Untersuchungen Nürnberg. Forschungsbericht Nr. 42. Erlangen-Nürnberg.

PISA 2000: Deutsches PISA-Konsortium (Hrsg.)(2001): PISA 2000. Basiskompetenzen von Schülerinnen und Schülern im internationalen Vergleich. Opladen. Leske, Budrich.

PISA-Studie 2022: Zusammenfassung (2022): http://www.pisa.tum.de/fileadmin/w00bgi/www/Berichtsbaende_und_Zusammenfassungen/PISA-2022-zusammenfassung.pdf (Aufruf 04.03.2024)

Posch, P. (2016): Selbstevaluation durch Lesson- and Learning-Studies. In: Pädagogik 6, S. 44–47.

Prengel, A. (2006): Pädagogik der Vielfalt. Verschiedenheit und Gleichberechtigung in Interkultureller, Feministischer und Integrativer Pädagogik (3. Aufl., zuerst 1993). Wiesbaden.

Prenzel, M., Schratz, M. & Schultebraucks-Burgkart, G. (2011): Fünf Jahre Deutscher Schulpreis: Rückblick und Vorschau. In: Dies. (Hrsg.). Was für Schulen! Das Buch zu Deutschen Schulpreis 2011: Schulen der Zukunft – Lehren und Lernen in sozialer Verantwortung. Seelze, S. 6–16.

Reich, K. (2010): Systemisch-konstruktivistische Pädagogik. Einführung in die Grundlagen einer interaktionistisch-konstruktivistischen Pädagogik. Weinheim. Beltz.

Reimann-Pöhlsen, Inga (2020): In Würde lernen: Wege des Kompetenzerwerbs – selbstbestimmt, einprägsam und angstfrei. Bielefeld. Transcript.

Rolff, H.-G. (1992): Die Schule als besondere soziale Organisation. Zeitschrift für Sozialisationsforschung und Erziehungssoziologie, 4 (12), S. 306–324.

Rolff, H.-G. (2016): Schulentwicklung kompakt. Modelle, Instrumente und Perspektiven (3. Aufl.). Weinheim. Beltz.

Roth, G. (2001): Fühlen, Denken, Handeln. Wie das Gehirn unser Verhalten steuert. Frankfurt/a. M., Suhrkamp.

Rusch, G. (1999): Eine Kommunikationstheorie für kognitive Systeme. In: Rusch, G., Schmidt, S. J. (Hrsg.): Konstruktivismus in der Medien- und Kommunikationswissenschaft. Frankfurt/a. M. Suhrkamp.

Saldern, von, M. (1991): Erziehungswissenschaft und neue Systemtheorie. Berlin. Duncker, Humboldt.

Sälzer, C., Prenzel, M., Klieme, E. (2013): Schulische Rahmenbedingungen der Kompetenzentwicklung. In: M. Prenzel, C. Sälzer, E. Klieme & O. Köller (Hrsg.), PISA 2012. Fortschritte und Herausforderungen in Deutschland. Münster/New York/München/Berlin. Waxmann, S. 155–187.

Schiepe-Tiska, A. & Schmidtner, S. (2013): Mathematikbezogene emotionale und motivationale Orientierungen, Einstellungen und Verhaltensweisen von Jugendlichen in PISA 2012. In: M. Prenzel, Ch. Sälzer, E. Klieme & O. Köller (Hrsg.). PISA 2012: Fortschritte und Herausforderungen in Deutschland, S. 99–121). Münster. Waxmann.

Schiepe-Tiska, A., Heine, J.-H., Lüdtke, O., Seidel, T. & Prenzel, M. (2016): Mehrdimensionale Bildungsziele im Mathematikunterricht und ihr Zusammenhang mit den Basisdimensionen der Unterrichtsqualität. Unterrichtswissenschaft, 44 (3), S. 211–225.

Schmidt, S. J. (2000): Kalte Faszination. Medien, Kultur, Wissenschaft in der Mediengesellschaft. Weilerswist. Velbrück Wissenschaft.

Schöler, T. & Schabinger, V. (2017): Wir machen uns auf den Weg. In: J. Zylka (Hrsg.). Schule auf dem Weg zur personalisierten Lernumgebung, S. 72–78. Weinheim. Beltz.

Schratz, M. & Westfall-Greiter, T. (2010): Schulqualität sichern und weiterentwickeln. Seelze. Klett, Kallmeyer.

Schratz, M., & Westfall-Greiter, T. (2010): Das Dilemma der Individualisierungsdidaktik. Plädoyer für personalisiertes Lernen in der Schule. Journal für Schulentwicklung, 12 (1), 18–31.

Schratz, M., Pant, H. A. & Wischer, B. (2013): Was für Schulen! Schule als lernende Institution. Seelze. Klett, Kallmeyer.

Simon, F. B. (2008): Einführung in Systemtheorie und Konstruktivismus. Heidelberg. Carl-Auer.

Sliwka, A. und Klopsch, B. (2022): Deeper Learning: Pädagogik des Digitalen Zeitalters. Weinheim. Beltz.

Spanhel, D. (2023): Sozialisation im digitalen Wandel. In: Communicatio Socialis. 56. Jg. (2) S. 158–173.

Spanhel, D. (2023): Schulische Lern- und Bildungsprozesse im Kontext digitalen Wandels. Vergessene anthropologische und pädagogische Aspekte. In: Felgentreu, J. u. a. (Hrsg.): Bildung und Medien. Theorien, Konzepte und Innovationen. Wiesbaden. Springer. S. 39–59.

Spanhel, D. (2021): Aufwachsen in mediatisierten Lebenswelten. Zur Notwendigkeit des Zusammenwirkens von Medienpädagogik und Medienschutz. MedienPädagogik 16. Jahrbuch Medienpädagogik, S. 231–280. https://doi.org/10.21240/mpaed/jb16/2021.02.26.X.

Spanhel, D. (2020): Kinder, Jugendliche und junge Erwachsene in digitalisierten Lernwelten. In: Handbuch Soziale Arbeit und Digitalisierung. Weinheim Basel. Beltz Juventa.

Spanhel, D. (2017): Mediale Bildungsräume – Spielräume der Freiheit in realen und virtuellen Lebenswelten? In: MedienPädagogik. Zeitschrift für Theorie und Praxis der Medienbildung, März 2017: www.medienpaed.com/article/view/430 (Aufruf 04.03.2024)

Spanhel, D. (2013a): Der Prozess der Identitätsbildung in mediatisierten Alltagswelten. In: Wijnen, Christine, W., Trültz, Sascha, Ortner, Christine (Hrsg.): Medienwelten im Wandel. Wiesbaden. Springer VS, S. 79–94.

Spanhel, D. (2013b): Sozialisation in mediatisierten Lebenswelten. In: Aufwachsen in komplexen Medienwelten. merz Wissenschaft. medien+erziehung 57. Jg. H. 6. S. 30–43.

Spanhel, D. (2014): Der Prozess der Medienbildung auf der Grundlage von Entwicklung, Lernen und Erziehung. In: Marotzki, Winfried, Meder, Norbert (Hrsg.): Perspektiven der Medienbildung. Wiesbaden. Springer VS, S. 121–148.

Spanhel, D. (2014a): Das Kerngeschäft der Schule ist nicht der Unterricht, sondern das Lernen der Schülerinnen und Schüler (W. Edelstein). In: Zwischen den Sprachen. Festschrift für Marianne Häuptle-Barcelo. Eichstätt. Academic Press UG, S. 111–119.

Spanhel, D. (2010 a): Erziehung und Entwicklung unter den Bedingungen von Medialität. In: Pietraß, Manuela, Funiok, Rüdiger (Hrsg.), Mensch und Medien. Philosophische und sozialwissenschaftliche Perspektiven. Wiesbaden. Springer VS, S. 65–90.

Spanhel, D. (2010 b): Mediale Bildungsräume. Ihre Erschließung und Gestaltung als Handlungsfeld der Medienpädagogik. In: Bauer, Petra, Hoffmann, Hannah, Mayrberger, Kerstin (Hrsg.): Fokus Medienpädagogik. Aktuelle Forschungs- und Handlungsfelder. München. Kopaed, S. 29–44.

Spanhel, D. (2006): Nachhaltigkeit des Lernens in virtuellen Kontexten – Überlegungen am Beispiel der Lehrerfortbildung. In: Arnold Rolf, Lermen Markus (Hrsg.): eLearning-Didaktik. Grundlagen der Berufs- und Erwachsenenbildung, Band 48. Baltmannsweiler, Hohengehren. Schneider, S. 91–104.

Spanhel, D. (2005): Medienpädagogik unter anthropologischem Aspekt – Konsequenzen für die Schule. In: Medien und Menschen. Paderborn. Universität Paderborn.

Spanhel, D. (2002): Der Wandel der Bedingungen des Lehrens und Lernens: Organisatorische Rahmenbedingungen für multimediale Lernumgebungen. In: Grundlagen der Weiterbildung Praxishilfen. Ergänzungslieferung Nr. 50. Neuwied. Luchterhand, S. 1–22.

Spanhel, D. (2001): Grundzüge der Evaluationsforschung. In: Hug, T. (2001) (Hrsg.): Wie kommt die Wissenschaft zu Wissen? Bd. 2.: Einführung in die Forschungsmethodik und Forschungspraxis, S. 249–264. Baltmannsweiler. Hohengehren. Schneider.

Spanhel, D. (2001a): Sprache im Unterricht. In: Roth, L. (Hrsg.): Pädagogik. Handbuch für Studium und Praxis (2. Überarb. und erw. Aufl.). München. Oldenbourg, S. 931–940.

Spanhel, D. (2000): Professionalität des Philologen – Lehrerbild, Lehrerprofessionalität und Schulwirklichkeit heute. In: Bayerischer Philologenverband (2000) (Hrsg.): Lehrerbildung – Gymnasium 2000. Bildungskongress. München. Kriechbaumer, S. 78–99.

Spanhel, D. (2000): Neue Medien – neue Lernchancen. Ein integratives Konzept für die Medienerziehung. In: Lernchancen 3 (2000) H. 14, S. 5–14.

Spanhel, D. (1999): Integrative Medienerziehung in der Hauptschule. Ein Entwicklungsprojekt auf der Grundlage responsiver Evaluation. München: Kopaed.

Spanhel, D., Hüber, H. G. (Hrsg.) (1995): Lehrersein heute – berufliche Belastungen und Wege zu deren Bewältigung. Bad Heilbrunn/Obb. Klinkhardt.

Spiewak, M. (2021a): Haltet durch! In: Die Zeit vom 11. März, S. 27 f.

Spiewak, M. (2021): Ungerecht von Anfang an. In: Die Zeit vom 10. Juni, S. 33 f.

Steffens, U., Bargel, T. (Hrsg.) (2016): Schulqualität – Bilanz und Perspektiven. Münster, New York. Waxmann.

Steffens, U., Posch, P. (Hrsg.)(2019): Lehrerprofessionalität und Schulqualität. Münster, New York. Waxmann.

Terhart, E. (2011): Lehrerberuf und Professionalität. Gewandeltes Begriffsverständnis – neue Herausforderungen. In: Helsper, W., Tippelt, R. (Hrsg.): Pädagogische Professionalität (Zeitschrift für Pädagogik, Beiheft 57). Weinheim, Basel. Beltz, S. 202–224.

Thiel, F., & Thillmann, K. (2012): Interne Evaluation als Instrument der Selbststeuerung von Schulen. In A. Wacker, U. Maier & J. Wissinger (Hrsg.), Schul- und Unterrichtsreform durch ergebnisorientierte Steuerung. Wiesbaden. Springer VS, S. 35–55.

Thies, B. (2017): Historische Entwicklung der Forschung zur Lehrer-Schüler-Interaktion. In: M. Schweer (Hrsg.), Lehrer-Schüler-Interaktion. Inhaltsfelder, Forschungsperspektiven und methodische Zugänge (3. überarb. und aktual. Aufl.). Wiesbaden. Springer VS, S. 65–88.

Tomasello, M. (2006): Die kulturelle Entwicklung des menschlichen Denkens. Frankfurt a. M. Suhrkamp.

Tomasello, Michael (2009): Die Ursprünge der menschlichen Kommunikation. Frankfurt a. M. Suhrkamp.

Tugendhat, E. (2010): Anthropologie statt Metaphysik. München. Beck.

Trautmann, M. & Wischer, B. (2011): Heterogenität in der Schule. Eine kritische Einführung. Wiesbaden. VS.

vbw (2014) – Vereinigung der Bayerischen Wirtschaft e. V. (Hrsg.)(2014): Psychische Belastungen und Burnout beim Bildungspersonal. Gutachten. Münster. Waxmann.

vbw (2022) – Vereinigung der Bayerischen Wirtschaft e. V. (Hrsg.) (2022): Bildung und Resilienz. Gutachten. Münster. Waxmann.

Veith, H. (2016): Gute Schulen investieren in ihre Kultur. Die Perspektive der Wissenschaft. In: S.-I. Beutel, K. Höhmann, H. A. Pant & M. Schratz (Hrsg.). Handbuch Gute Schule, Sechs Qualitätsbereiche für eine zukunftsweisende Praxis, S. 116–129. Seelze. Klett, Kallmeyer.

Uttendorfer-Marek, I. (1975): In: Wagner, A. C.: Schülerzentrierter Unterricht. München, S. 221–238.

Was für gute Schulen. Der Deutsche Schulpreis. Heftreihe für die Robert Bosch Stiftung und die Heidehofstiftung. Seelze. Klett, Kallmeyer.

Weinert, F. E. (1999): Disparate Unterrichtsziele: Empirische Befunde und theoretische Probleme multikriterialer Zielerreichung. Vortragsmanuskript. Nürnberg.

Weinert, F. E. (1999): Konzepte der Kompetenz. Paris.

Welling, S., Breiter, A., Schulz, A. H. (2015): Mediatisierte Organisationswelten in Schulen. Wiesbaden. Springer.

Wild, K. (2006): Wahrnehmungsorientierte Schulentwicklung – Innere Schulentwicklung unter Berücksichtigung der Wahrnehmung von Schulqualität durch Lehrkräfte (2. Aufl. 2010). Winzer: Duschl.

Willke, H. (1991): Systemtheorie. Eine Einführung in die Grundprobleme der Theorie sozialer Systeme. 3. Aufl. , Stuttgart. Gustav Fischer.

Willke, H. (2005): Symbolische Systeme. Grundriss einer soziologischen Theorie. Weilerswist. Velbrück-Wissenschaft.

Willke, H. (2014): Systemtheorie III: Steuerungstheorie. 3. Aufl. Konstanz. Konstanzer Universitätsverlag. UTB.

Willke, H. (2015): Kontextsteuerung. In: Zinnecker, S., Tripp, W.: Verbandsentwicklung. Stuttgart. Schwabenverlag.

Johannes Baumann | Thomas Götz
Werteorientierung und Wertebildung in der Schulentwicklung
2023, 138 Seiten, broschiert
ISBN: 978-3-7799-7786-5
Auch als E-BOOK erhältlich

Die Vermittlung und Umsetzung von Werten an Schulen ist eine herausfordernde Aufgabe. Welche Werte sollten vermittelt und gelebt werden? Wie kann die Wertevermittlung in den vollen Schulalltag integriert werden? Dieses Buch bietet inspirierende Ideen und Hilfestellungen, basierend auf einem normativen Ansatz der Menschenwürde. Es stellt praxistaugliche Methoden zur Wertevermittlung vor, wie die Arbeit mit Phasenleitbildern und Positive Leadership. Dieses Buch ist ein hilfreicher Leitfaden für Schulen, die eine umfassende Wertevermittlung anstreben.

www.beltz.de
Beltz Juventa · Werderstraße 10 · 69469 Weinheim

Eva Maria Waibel
Haltung gibt Halt
Mehr Gelassenheit in der Erziehung
2022, 232 Seiten, broschiert
ISBN: 978-3-7799-7018-7
Auch als E-BOOK erhältlich

Auf der Grundlage ihrer langen Erfahrung als Mutter, Großmutter, Lehrerin, Psychotherapeutin und Dozentin für Pädagogik entfaltet die Autorin Themen wie Menschsein und Selbstbestimmung, Werte und Haltung, Gelassenheit und Offenheit. Sie lenkt unseren Blick auf eine an der Person und deren Sinn orientierte Pädagogik. Dabei geht es um den Blick hinter die Kulissen und tiefes Verstehen, um Augenhöhe und Anfragen, um Grenzsetzung und Abgrenzung. Es geht um Erziehung im Dialog.

In diesem Buch finden Sie dazu vertiefendes Hintergrundwissen und praktische Hinweise, aber auch eine „Landkarte" mit elementaren Wegweisern.

www.beltz.de
Beltz Juventa · Werderstraße 10 · 69469 Weinheim